Albrecht Weinert
Java für Ingenieure

Java für Ingenieure

von Prof. Dr. Albrecht Weinert

mit zahlreichen Bildern und Tabellen sowie einer CD-ROM

Fachbuchverlag Leipzig
im Carl Hanser Verlag

Die Deutsche Bibliothek - CIP-Einheitsaufnahme

Ein Titeldatensatz für diese Publikation
ist bei Der Deutschen Bibliothek erhältlich.

ISBN 3-446-21567-0

Fachbuchverlag Leipzig
im Carl Hanser Verlag

© 2001 Carl Hanser Verlag München Wien
Internet: http://www.fachbuch-leipzig.hanser.de
Lektorat: Dipl.-Ing. Erika Hotho
Herstellung: Renate Roßbach
Satz: 2 Women production GbR, Leipzig
Umschlaggestaltung: Zentralbüro für Gestaltung GmbH, Augsburg
Druck und Bindung: Druckhaus "Thomas Müntzer" GmbH, Bad Langensalza
Printed in Germany

Vorwort

Java für Ingenieure ist selbstverständlich auch Java für Ingenieurinnen – und für Physikerinnen, Chemikerinnen und Technikerinnen. Im Titel und im Text dieses Buches wird immer nur eine Geschlechtsform verwendet, ohne dass dies die jeweils andere ausschließt.

Die Sprache Java

Die Zahl der Programmiersprachen, die die Informatik in den letzten fünfzig Jahren hervorgebracht hat, ist Legion. Ernst zu nehmende Schätzungen sprechen von mehr als 20.000. Den Ingenieur interessieren aber hauptsächlich Programmiersprachen, die in großem Umfang geschäftlich und industriell eingesetzt werden. Deren Anzahl lässt sich, wenn man die Maschinensprachen der unterschiedlichen Prozessorfamilien als eine nimmt, eher an zwei Händen abzählen: Ada, Assembler, C/C++, Cobol, Fortran, Java, Step5/7, VisualBasic und vielleicht noch ein oder zwei andere.

Unter diesen ernsthaft eingesetzten Sprachen ist Java die jüngste. Sie wurde 1995 eingeführt und hat sich mit einer immensen Dynamik verbreitet. Keine Sprache hat so schnell nach ihrer Einführung eine so breite Beachtung, Wirkung und Anwendungsbasis gefunden wie Java. In den Wachstumsraten schlägt Java alle ihre zurzeit (Mai 2000) noch verbreiteteren Mitbewerber. Ingenieure, Informatiker, Programmierer und Berater mit Java-Kenntnissen werden in den USA bereits höher bezahlt als Fachleute für C/C++ mit vergleichbarem Hintergrund. Auch in der Hochschullehre hat sich Java inzwischen fest etabliert, meist auch als erste gelehrte Programmiersprache.

Die Gründe für den einzigartigen Erfolg sind vielfältig. Eine wichtige Rolle spielt auch die „Gnade der späten Geburt". Die Fortschritte der Informatik in der Theorie der Sprachen und der Compilertechnik – auch erarbeitet von den oben genannten 20.000 – machten es möglich, vernünftige Konzepte zu entwickeln und gut zu verwirklichen. Insbesondere ließen sich manche schlimme Fehler der Vorgänger vermeiden. Nun ist, wie zahlreiche groß angelegte Programmiersprachenprojekte der letzten zehn Jahre zeigen, der Erfolg auch unter solchen Bedingungen keineswegs selbstverständlich. Man muss es der Firma Sun hoch anrechnen, dass sie ein innovatives Umfeld und eine Arbeitsatmosphäre geschaffen hatte, in der geniale Entwickler ihre Ideen bis zur Marktreife verwirklichen konnten.

Java ist eine robuste, objektorientierte Sprache, die moderne Konzepte klar verwirklicht. Der Erfolg am Markt beruht auf den drei Säulen

- gute Konzeption,
- sicherer plattformunabhängiger Einsatz als ausführbarer Inhalt (executable content, applet) von Internetseiten und
- nahe syntaktische Anlehnung an C.

Bei naher syntaktischer Anlehnung an C vermeidet Java alle konzeptionellen und teilweise sicherheitskritischen Mängel von C/C++; letztere sind vielfach historisch durch die Anfänge der Sprache in den frühen Siebzigerjahren bedingt. Die syntaktische Anlehnung an C wurde stellenweise ein wenig übertrieben und sie bedingt auch einige entsprechende Nachteile und Ungereimtheiten. Andererseits drückt sich hierin eine respektvolle Anerkennung der weitverbreiteten C-Kenntnisse und der riesigen Investitionen in C/C++ aus. Für den Einsatz von C/C++ in großen industriellen Projekten gab es ja, wegen fehlender anderer Werkzeuge beispielsweise, oft keine Alternative.

Java ist als Sprache seit der Version 1.1.3 des JDK stabil. Das Java Development Kit, oder kurz JDK, umfasst alle Werkzeuge, Ablaufsysteme und Bibliotheken, die man zum Arbeiten mit Java braucht; es wird frei von Lizenzgebühren abgegeben. Die Klassenbibliotheken wurden beim Übergang von JDK1.1.x nach JDK1.2.x erweitert und teilweise überarbeitet und können nun auch als stabil gelten. Die jetzt aktuelle Version JDK1.3.0 heißt offiziell Java 2.

Bezüglich einer internationalen Standardisierung von Java gab es hoffnungsvolle Ansätze beim JTC1 der ISO/IEC und der ECMA. Diese haben sich zerschlagen. Inzwischen ist die Normungsfrage für die Verbreitung und Durchsetzung von Java nicht mehr so entscheidend. Ein guter Firmenstandard kann ja auch erfolgreich sein. Das bei anderen Sprachen aufgetretene Zerfallen in mehrer Dialekte (etwa in die drei Geschmacksrichtungen Sun, Microsoft und übrige) wäre eine Gefahr für Java, die ein internationaler Standard zwar nicht verhindern, aber effektiv mindern könnte.

Das Buch

Im Frühjahr 1996 war ich bei Siemens in Hard- und Softwareprojekte eingebunden und setzte als Sprachen C und C++ sowie diverse Pascal-Dialekte ein. Durch frühere und andere Arbeiten war ich unter anderem mit Algol und Fortran und durch die Arbeit meiner Frau auch mit Ada vertraut. Als ich damals Java zum erstenmal sah, wusste ich: Das ist es! Wenn man den damaligen Zustand der Sprache, ihre Verbreitung und das Umfeld – noch kaum Internetzugang privat von zu Hause und sehr restriktive Handhabung in Firmen – in Betracht zieht, war diese Erkenntnis nicht so selbstverständlich, wie sie aus heutiger Sicht scheinen mag.

In der Fachhochschule Bochum setze ich seit dem Wintersemester 1997 Java als erste Programmiersprache in der Ingenieurausbildung ein. Das war in Deutschland damals noch ungewöhnlich. Die Gründe für die Wahl von Java für diese Lehrveranstaltung waren und sind:

- Java bietet alle wesentlichen Konzepte einer modernen Programmiersprache.
- Einige konzeptionelle Nachteile bei der Nebenläufigkeit (gegenüber den entsprechenden Konzepten in Ada) spielen für die Lehre gar keine Rolle.
- Die Syntax von Java entspricht in grundlegenden Dingen der von C. Wer Java beherrscht, kann mit einer guten C/C++-Referenz zur Hand auch viele (vernünftig geschriebene) C- und C++-Programme lesen und recht bald auch solche schreiben.

Diese schon eingangs erwähnte Nähe zu C führte dazu, dass in der Literatur Java vielfach anhand der Unterschiede zu C geschildert wird. Eine weitere Beobachtung ist, dass Java-Lehrbücher und -Einführungen sich in erster Linie mit Texten und Grafiken befassen, aber kaum mit Formeln, Berechnungen, Gleitkommadatentypen und den entsprechenden Bibliotheken sowie den Grundlagen der Sprache (dem „Handwerk"). Diese Vermeidung – im Vorwort des betreffenden Werks oft und für manche Leserkreise zutreffend als Vorteil geschildert – ist für den Ingenieur, der Projekte in Java durchführen wird, ein Nachteil.

Die Arbeit von Ingenieuren (und angewandten Naturwissenschaftlern und Technikern) ist durch zielgerichtetes Vorgehen sowie die Beherrschung ihrer Arbeitsmittel und der physikalischen und mathematischen Grundlagen ihres Arbeitsgebiets geprägt. In vielen Fällen sind aufwendige und komplexe Berechnungen erforderlich. Deren Ausführung mit Hilfe von Computern macht diese oft erst als Werkzeug wertvoll. Als Werkzeug ist ein Computer ja erstaunlich universell: die Handhabung von Texten, Bildern und Tönen, die Bewältigung großer Datenmengen mit und ohne Datenbanken, Kommunikationsanwendungen und die Ausführung umfangreicher Rechnungen werden von derselben Maschine beherrscht. Und Java als universelle Programmiersprache umfasst alle diese Aspekte.

Der Wunsch nach einer eigenständigen Darstellung der Sprache ohne Abstützung auf C-Kenntnisse und das Nicht-Ausschließen von Aspekten, die dem Ingenieur vertraut und notwendig sind, haben zu diesem Buch geführt. Es beruht in Teilen auf meinem im Wintersemester 1997 hierzu erstmals erschienenen Skript, das seitdem ständig erweitert und verbessert wurde.

Alle Installationshinweise und Programmbeispiele in diesem Buch sind erprobt. Sollte ein direkt aus dem Buch (statt von der beigefügten CD) übernommenes Programmstück nicht laufen, wird es vermutlich daran liegen, dass bei der Übertragung von der Programmquelle zum Buchtext ungewollte Änderungen – oft durch automatische „Korrekturen", Trennhilfen etc. – passiert sind. Die Plattform für die Erprobung ist das JDK1.3 auf MS-Windows NT4.0 (Servicepack 6a). Dies passt zum ingenieurmäßigen Arbeiten. Windows ist nun mal das derzeit im industriellen Umfeld vorherrschende Betriebssystem mit der breitesten Werkzeugbasis und von allen seinen Varianten ist NT die professionellste und stabilste und damit als industrielle Arbeitsplattform die am besten geeignete. Dies mag sich in nächster Zeit ändern, wenn beispielsweise unter Linux stabile und zum derzeitigen Standard kompatible Office- und Entwicklungswerkzeuge verfügbar werden.

Eine hervorragende Eigenschaft von Java ist seine Plattformunabhängigkeit. Die Java-Werkzeuge und die Java-Anwendungen laufen – letztere im Allgemeinen ohne Neuübersetzung – auf vielen Plattformen. Insofern ist die eben genannte konsequente Erprobung auf einer Basis gerade bei Java keine große Einschränkung. Lediglich Hinweise zur Installation und Handhabung der Werkzeuge, Einstellungen der Systemumgebung und dergleichen müssen Windows95/99/2000- und Linux-Anwender nicht wörtlich nehmen, sondern mit ihren Systemkenntnissen sinngemäß umsetzen.

Die Unterschiede zu früheren Java- beziehungsweise JDK-Versionen (wie JDK1.1.7), auf die im Buch nicht eingegangen wird, sind für das Vorliegende unbedeutend. Manche Funktionen der Klassenbibliotheken (Erweiterungen bei den Container-Klassen und anderes) stehen erst seit 1.2.x zur Verfügung. Versionen vor JDK1.1.6 sollte man heute gar nicht mehr benutzen. Bei einer Neuinstallation ist das zurzeit neuste JDK1.3.0 die beste Wahl. Java 2 wird sich als Standard durchsetzen – hoffentlich auch (ohne plug-in!) in den immer etwas hinterherhinkenden Browsern und Entwicklungsumgebungen – und alles andere ist dann Schnee von gestern.

Das Buch ist in sechs Teile unterteilt, die auch eigenständig genutzt werden können.

Teil I beschreibt die Installation, Handhabung und Wirkungsweise der Softwarewerkzeuge (JDK). Zum Testen der Installation dient ein Schnelldurchgang durch die Programmierung in Java mit drei einfachen Beispielen. Ziel dieses Teils ist es, möglichst schnell am eigenen PC „Java zum Laufen" zu bekommen, ohne zunächst auf die Syntax von Java und die Erklärung der Sprache näher einzugehen. Die verwendete Software, die frei von Lizenzgebühren (aber nicht von Lizenzregeln!) ist, finden Sie auf der CD beziehungsweise in möglicherweise aktuelleren Versionen im Internet.

Teil II fasst einige für das Verständnis der Programmierung notwendige Grundlagen und Begriffe als Einführung in die Informatik zusammen.

Teil III ist die eigentliche Beschreibung der Sprache Java.

Teil IV behandelt Pakete und wichtige zum Sprachumfang gehörende Klassenbibliotheken.

Teil V enthält Projekt- und Designempfehlungen sowie einige Lösungsmuster. Er kann als Teil eines Pflichtenhefts für Java-Projekte genutzt werden.

Teil VI ist ein Anhang mit Programmbeispielen, Glossar und Listen.

Die Teile I bis V können in dieser Reihenfolge durchgearbeitet werden. Allerdings ist das Erlernen einer Programmiersprache kaum möglich, ohne alles Schritt für Schritt auf einem PC selbst auszuprobieren. Dies wiederum setzt gewisse Installationen auf dem zur Verfügung stehenden PC und auch einige Kenntnisse in der Programmiersprache voraus, die ja gerade erst erlernt werden soll. Die hierfür nötigen Hilfen sind im Teil I zusammengestellt, dessen volles Verständnis sich vielleicht erst beim wiederholten Lesen und parallelen Durcharbeiten der Teile II und III erschließen wird. Ähnliches gilt für das Verhältnis von Teil II zu den Teilen III und IV. Insbesondere bedürfen die bereits in Java geschriebenen Beispiele in den beiden ersten Teilen ohne das im Teil III vermittelte Wissen einer intuitiven Erfassung durch den Leser.

Kenntnisse in anderen Programmiersprachen und insbesondere C-Kenntnisse werden (wie oben gesagt) hier nicht vorausgesetzt. Wegen der Verbreitung von C und der gewollten syntaktischen Nähe von Java zu C gibt es im Anhang (Teil VI, Kapitel 28) ein vergleichendes Kapitel. Hier wird auch auf Java-Lösungsmuster für einige nicht direkt übertragbare C/C++-Ansätze hingewiesen.

Längere Programmbeispiele und Ergebnisse sind nicht im Buch abgedruckt. Sie finden sich neben vielem anderen auf der CD zum Buch (siehe auch Kapitel 29.3 im Anhang, Teil VI) und auch gegebenenfalls aktualisiert auf meinem www-Bereich. Mögliche Einstiege sind

> http://www.fh-bochum.de/fb3/meva-lab/index.html und
> http://www.a-weinert.de .

Besondere Textstellen sind mit kleinen Grafiken gekennzeichnet:

 Ergänzende Hinweise und Anmerkungen, Dinge, die besonderer Beachtung bedürfen und Tipps

 Zu finden auf der CD und/oder gegebenenfalls aktualisiert auf dem www-Bereich

 Nichts ist perfekt. Hinweis auf Probleme oder Fehler der Sprache Java oder des JDK.

Bilder, Tabellen, Beispiele und Übungen sind kapitelweise durchnummeriert. Programmfragmente, Datei- und Verzeichnisnamen sowie die Namen von bestimmten Programmelementen sind im laufenden Text zumeist in einer `nicht proportionalen Schrift` gesetzt. Diese abweichende Formatierung gilt für alle Variablen- und Methodennamen und für eigene Klassennamen. Normal gesetzt sind hingegen die Namen von Java-Standardklassen und Java-Schlüsselworte.

Danksagung

Ohne die Firma Sun, der wir die Sprache Java und ihre Verbreitung und damit einen echten Fortschritt in der Softwarewelt verdanken, hätte dieses Buch natürlich keine Grundlage. Mein Dank gilt auch den anderen Firmen und Programmieren, die mir die Verbreitung ihrer Werkzeuge und Arbeitsergebnisse auf der CD erlaubt haben.

Dieses Buch wäre ohne die Unterstützung meiner Familie nicht möglich gewesen. Mein Dank gilt meiner Frau, die die Entstehung aktiv unterstützt hat und monatelang vieles übernommen hat, was eigentlich zu meinen Pflichten gehörte. Auch meine Kinder hatten lange nur einen Viertel-Papa.

Im Fachbuchverlag Leipzig im Carl Hanser Verlag haben viele Mitarbeiter, insbesondere aus den Bereichen Herstellung und Layout, für dieses Buch gearbeitet. Stellvertretend für alle möchte ich die Lektorin, Frau Erika Hotho, ausdrücklich erwähnen und allen für ihren Rat und ihre ausgezeichnete Arbeit danken. Auch die Ingenieurstudenten des Fachbereichs Elektrotechnik und Informatik der Fachhochschule Bochum haben in der Entstehungsgeschichte des oben genannten umfangreichen Vorlesungsskripts Kritik und Anregungen beigetragen.

Für Fehler und Mängel des Buches bin ich natürlich ausschließlich selbst verantwortlich und Anregungen und Hinweise sind mir immer willkommen. E-Mail-Adressen, Fehlerkorrekturen und Weiteres zum Buch finden Sie ausgehend von den gerade genannten www-Seiten.

Bochum im Januar 2001   *Albrecht Weinert*

Inhaltsverzeichnis

Teil I – Der Start mit Java

Dieser Teil beschreibt die Installation, Handhabung und Wirkungsweise der für die Arbeit mit Java notwendigen Softwarewerkzeuge. Zum Testen der Installation dient ein Schnelldurchgang durch die Programmierung in Java mit drei einfachen Beispielen. Ziel ist es, möglichst schnell am eigenen PC „Java zum Laufen" zu bekommen, ohne dabei zunächst auf die Syntax von Java und die Erklärung der Sprache näher einzugehen. Sie finden aber (Vor-) Verweise auf die Erklärungen in den anderen Teilen des Buches, denen Sie in einem ersten Durchgang nicht nachgehen müssen.

 Die verwendete Software, die frei von Lizenzgebühren ist, finden Sie auf der CD beziehungsweise (auch in möglicherweise aktuelleren Versionen) im Internet.

1 Die Grundausstattung an Werkzeugen – das JDK

Oft ist im Zusammenhang mit Informatik und Datenverarbeitung von Werkzeugen oder Tools die Rede. Dann sind meist keine Zangen, Schraubenzieher und Lötkolben, sondern allgemein verwendbare Programme wie Editoren, Übersetzer (Compiler), Linker, Debugger und Hilfsprogramme für alle möglichen Zwecke gemeint. Schraubenzieher und dergleichen braucht man für Arbeiten an Rechnern aber gelegentlich auch.

Zur Entwicklung von Java-Anwendungen wie den drei in diesem Teil I geschilderten einfachen Hello-Programmen benötigt man auch einige solche Softwarewerkzeuge. Für die Entwicklung von Java-Anwendungen sind dies

- ein Editor für reine Textdateien, zum Beispiel Editpad,
- der Compiler Javac,
- der Emulator der Java virtual machine (JVM), Java oder Javaw, sowie
- eine Bibliothek von Klassendateien, auf die die JVM zugreift.

Die beiden ersten Komponenten werden zum Erstellen des Java-Programms benötigt (compile time environment) und die beiden letzten zum Laufenlassen. Diese immer benötigte Untermenge wird auch Java run time environment, kurz JRE, genannt. Erstellung und Nutzung können auf demselben System, wie beispielsweise einem einzigen PC, liegen, sie müssen es aber nicht.

Ein für Programmtexte geeigneter Editor sollte als zur Grundausstattung jedes Systems gehörend vorausgesetzt werden. Word, aber auch die Editoren von Entwicklungsumgebungen für andere Sprachen, wie Borland-TurboAssembler, sind prinzipiell geeignet, aber auch frei erhältliche Programme, wie der hier verwendete Editpad. Von MS-Notepad hält man sich im Zusammenhang mit Java besser fern. Ein für Java-Entwicklung geeigneter Editor muss lange Dateinamen beherrschen und darf die Groß-/Kleinschreibung bei Dateinamen nicht unterdrücken.

Die übrigen genannten Werkzeuge (und einiges mehr) findet man im Java Development Kit, kurz JDK. Das JDK muss auf dem Entwicklungsrechner (compile time environment) installiert sein. Voraussetzung ist ein Betriebssystem, das ein hierarchisches Dateisystem hat und so genannte lange Dateinamen mit Groß-/Kleinschreibung unterstützt. Zu diesen Begriffen siehe Kapitel 7.1. Windows 3.1x und entsprechende ältere DOS-Versionen sind also ungeeignet.

1.1 Zur Installation und den Beispielen

Wie bereits im Vorwort gesagt und begründet, beziehen sich alle Beispiele und Installationshinweise auf Windows NT4.0 (ServicePack 6a) und das Java Development Kit (JDK) 1.3beta oder 1.3.0rc1, rc3 beziehungsweise 1.3.0 (final). Seit dem JDK 1.2.x wird das Ganze auch Java 2 genannt. Um die Beispiele, Ausgaben und Bildschirmabzüge im Folgenden besser einordnen zu können, werden in diesem Kapitel diese Systemvoraussetzungen weiter konkretisiert und in den darauf folgenden Kapiteln die Installation der Werkzeuge geschildert.

Das heißt nicht, dass man die gleichen Systemvoraussetzungen haben und die gleiche Installation genau so durchführen muss, um mit dem Buch zu arbeiten. Alle Beispiele und Programme im Buch sind unter den hier geschilderten Voraussetzungen und Empfehlungen gelaufen und erprobt. Die genaue Schilderung dieser Voraussetzungen ist bei Problemen mit anderen Installationen oft hilfreicher als allgemeine Hinweise.

Hier wird also Windows NT4.0 verwendet. Windows wurde auf dem Laufwerk C: in

```
C:\WINNT\
```

installiert, mit all seinen Unterverzeichnissen, wie unter anderen

```
C:\WINNT\system32\
```

Allgemein verwendbare Kommandodateien (Skript, Batch, .bat) liegen in einem Verzeichnis

```
C:\BAT\
```

und Programme werden auf dem Laufwerk D: in einem entsprechenden Unterverzeichnis von

```
D:\Programme\
```

installiert, also beispielsweise in

```
D:\Programme\EdidPad\
D:\Programme\JDK1.3\
D:\Programme\NETSCAPE\
D:\Programme\util\
```

Falls der Windows-PC in ein Netzwerk eingebunden ist, in dem ein Applikations-Server ein entsprechendes freigegebenes Programmverzeichnis bietet, so ist dieses als logisches Laufwerk P: eingebunden:

```
net use P: \\applicationserver\Programme\
```

Für den Suchpfad für Programm- und Kommandodateien, also die Systemvariable PATH, gilt in der Grundeinstellung

```
Path=C:\Bat;D:\Programme\util;C:\WINNT\system32;C:\WINNT
```

Der Zweck der Variable PATH ist folgender: Wenn ein Programm ohne explizite Verzeichnisangabe gestartet werden soll, so wird die ausführbare Datei in den in PATH angegebenen Verzeichnissen gesucht und zwar in der dort angegebenen Reihenfolge. Letzteres ist bei mehreren Dateien gleichen Namens wichtig.

Wird nur der Name der Datei ohne Erweiterung angegeben, so wird übrigens nach Dateien mit in der Systemvariablen PATHEXT angegebenen Erweiterungen (extensions) gesucht.

```
PATHEXT=.COM;.EXE;.BAT;.CMD
```

Es bewährt sich, die gewünschten vorrangigen Verzeichnisse und die beiden immer gegenwärtigen Windows-Verzeichnisse in zwei weiteren Systemvariablen zu hinterlegen:

```
PathEnd=C:\WINNT\system32;C:\WINNT

PathStart=C:\Bat;D:\Programme\util
```

Dies bietet die einfachste Möglichkeit, dynamisch weitere Programmpfade mit sinnvollem Suchvorrang mit beispielsweise

```
set path=%pathStart%;D:\Programme\jdk1.3\bin;%PathEnd%
```

beziehungsweise

```
set path=%pathStart%;P:\jdk1.1.8\bin;%PathEnd%
```

hinzuzufügen und den Grundzustand mit

```
set path=%pathStart%;%PathEnd%
```

wiederherzustellen.

Um zusätzliche Systemvariablen wie PathEnd und PathStart zu definieren, muss man als Administrator angemeldet sein und Start → Einstellungen → Systemsteuerung → System → Umgebung wählen.

Wie gesagt, sind die eben geschilderten Einstellungen und Festlegungen kein Muss, sondern ein bewährtes Beispiel, auf das sich das Folgende bezieht. Es ist im Allgemeinen deutlicher, konkret ein Verzeichnis wie D:\Programme\ zu nennen, als in einer kryptischen und oft missverständlichen Meta-Syntax von <Programminstallationslaufwerk>:<Programminstallationspfad> zu schreiben. Man stelle sich die folgende beispielhafte Kommandofolge entsprechend umgearbeitet vor.

```
C:\ Temp>d:
D:\>cd Programme
D:\ Programme>md EditPad
D:\ Programme>cd EditPad
D:\ Programme\EditPad>
```

Wer seine Programme immer in C:\Programs\ statt in D:\Programme\ installiert, wird dies trotzdem verstehen.

Wer ein Windows NT-System hat und noch keine anderen Festlegungen getroffen oder Gründe für solche hat, kann die hier genannten Einstellungen natürlich einfach übernehmen. Dann passen alle folgenden Beispielangaben eins zu eins.

Wer ein anderes Betriebssystem und andere Festlegungen hat, muss und kann alle solche Angaben für seine Verhältnisse umsetzen. Wenn Sie Java auf einem Nicht-Windows (95, 98, NT...) -System (also MAC, Linux oder andere) installieren wollen, benötigen Sie auch andere Installationsdateien als die hier verwendeten.

Jede Programmiersprache, und für Java gilt dies auch, lernt man nicht nur durch Lesen, sondern vor allem durch Selbermachen. Dazu gehört das praktische Nachvollziehen der Beispiele und Übungen am eigenen PC und dann das kreative Fortschreiten zu eigenen und größeren Projekten.

Das Ziel der folgenden Kapitel ist die hierfür passende Installation und Konfiguration des JDK (Java 2) sowie einiger JDK-Erweiterungen („installed extensions" unter anderem für serielle Schnittstellen) und anderer Werkzeuge. Wer dies alles schon hat oder die Einrichtung auf später verschieben möchte, kann auch mit Kapitel 1.5 fortfahren.

Wem die bei dieser Schilderung der beispielhaften Rechnerumgebung benutzten Begriffe und Kommandos nicht geläufig sind, kann auch erst mal einen Blick in die entsprechenden Kapitel des Teils II zu Rechner (Kapitel 8), Dateisystem (Kapitel 7.1) und Betriebssystem (Kapitel 7) werfen.

1.2   Kommandoeingabe (Shell)

Viele Werkzeugaufrufe und Einstellungen lassen sich nur per Kommandozeileneingabe vornehmen. Oft ist dies Vorgehen auch dann sinnvoller, wenn eine grafische Alternative (Folge von Mausklicks) geboten wird. Unter anderem kann man Kommandofolgen als

Texte verbreiten, in Script- oder Batch-Dateien ablegen und so einfach wiederholen. Unter Windows NT bietet die so genannte DOS-Shell oder MSDOS-Eingabeaufforderung die Möglichkeit der Kommandoeingabe, siehe Bild 1.1. Das Programm \system32\cmd.exe ist diese „DOS-Shell". Wenn man mit diesem Programm arbeitet, sagt man auch manchmal, man arbeite unter MS-DOS. Das ist natürlich unzutreffend, denn man arbeitet nicht mit einem anderen Betriebssystem, sondern mit einer Kommandoschnittstelle von NT. (Es ist allerdings Absicht, dass diese so aussehen und sich so verhalten soll wie ein einzelnes MS-DOS – bis hin zu einigem historischen Ballast.)

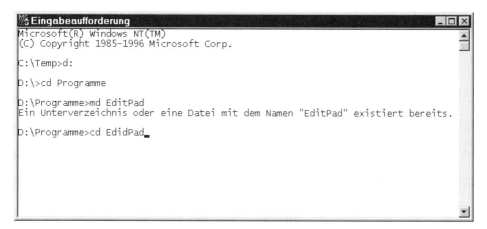

Bild 1.1: Die Kommandoeingabe von Windows NT (DOS-Shell, cmd.exe)

Ein Programm startet man „unter MS-DOS", indem man als Reaktion auf die Eingabeaufforderung – das ist der so genannte Prompt – den Namen des Programms, gegebenenfalls gefolgt von weiteren Parametern, auf der Tastatur eingibt und das Ganze mit der return-Taste (Wagenrücklauf) abschließt. Der Name des Programms ist genau genommen der Name einer ausführbaren Datei, wobei man die Namenserweiterung wie .exe und .bat beim Aufruf weglassen darf. Darüber hinaus bietet die DOS-Shell einige eigene Kommandos wie md, cd, dir und viele andere mehr (siehe auch Tabelle 7.1)

Im Zusammenhang mit Java und in diesem Buch wird viel textorientiert und kommandozeilengesteuert gearbeitet. Dies gilt übrigens zunehmend auch in anderen Entwicklungsbereichen. Der Trend hin zu integrierten grafischen Entwicklungsumgebungen hat sich nach diversen Enttäuschungen und gefährdeten Projekten zumindest vielfach stark abgeschwächt.

Für die Arbeit ist es wichtig, die verwendete Kommandoeingabe vernünftig zu konfigurieren (über das Menü Eigenschaften). Hierzu gehört eine gut lesbare nicht proportionale Bildschirmschriftart mit geeigneter Farbe und Hintergrund – im Zweifelsfalle schwarz auf weiß –, eine geeignete Fenstergröße – im Allgemeinen 24 Zeilen zu 80 Spalten sowie die Einstellung einiger Arbeitserleichterungen. Zu diesen sollten heutzutage als Selbstverständlichkeiten

- Wiederholen der letzen Eingaben (Kommandopuffer),
- diverse Editiermöglichkeiten (Einfügen, Ausschneiden auch von/zu anderen Anwendungen) und
- ein großer Fensterpuffer (Rollmöglichkeit weit zurück) gehören.

Bild 1.2 zeigt, wie man die DOS-Shell entsprechend diesen Ansprüchen einstellt.

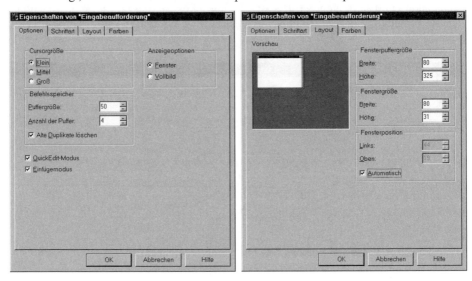

Bild 1.2: Einstellung der Eigenschaften der Kommandoeingabe von Windows NT

Die Grundeinstellung der DOS-Shell ist im Lieferzustand so konsequent unergonomisch, dass man kaum noch an einen Zufall glaubt. (Also ändern!)

Übung 1.1: Verschaffen Sie sich einen Überblick über die Shell-Kommandos und die zugehörigen Online-Hilfen.

Tipps: Geben Sie in der DOS-Shell Help Cmd, Help Dir, Help XCopy und so weiter ein. Geben Sie winhlp32 C:\WINNT\Help\31users.hlp ein oder machen Sie im Windows-Explorer einen Doppelklick auf die Datei WINNT\Help\31users.hlp.

1.3 Die Installation des Editors

Zum Programmieren von Java-Anwendungen und -Applets, HTML-Seiten, Shell-Skripts (Batch-Dateien) und vielem anderen mehr benötigt man auch einen rein zeichenorientierten Editor, gelegentlich auch ASCII-Editor genannt. Für Java-Arbeiten ist der von Windows mitgelieferte NotePad.exe ungeeignet. Bewährt hat sich für all solche Arbeiten der Editor EditPad, der NotePad in jeder Hinsicht überlegen ist.

Das Microsoft-Programm Notepad.exe „verdirbt" in einigen Versionen manche Java-Quelldateien ohne Warnung und Mitteilung dahin gehend, dass sie nur noch

mit Microsoft-Werkzeugen, aber nicht mehr mit denen anderer Firmen und des Java
Development Kit (JDK) zu benutzen sind. (Dies Verhalten ist möglicherweise eine der
Waffen im Kampf zwischen Microsoft und Monopolbrechern wie Sun und Netscape.)
Also Hände weg von MS-Notepad bei Java-Arbeiten.

 EditPad ist frei verfügbar und umfasst alle NotePad-Funktionen.

Um ihn zu installieren benötigt man eine der Dateien

```
D:\Programme\EditPad> dir \cd\SW\EditPad
Verzeichnis von D:\cd\SW\EditPad
28.01.00  09:22              299.101 EditPad.zip
28.01.00  09:22              290.154 EdtPadDE.zip
               2 Dateien     589.255 Bytes
D:\Programme\EditPad>
```

EditPad.zip beinhaltet die englische und EdtPadDE.zip die deutsche Version.

Das .zip-Archiv der gewünschten Version kann man mit WinZip oder, wenn man bereits
ein installiertes JDK hat, auch mit jar.exe anzeigen und in das gewünschte
Zielverzeichnis auspacken.

```
Eingabeaufforderung                                            _ □ ×
D:\Programme\EditPad>
D:\Programme\EditPad>jar tvf \cd\SW\EditPad\EdtPadDE.zip
   531 Sat Oct 23 03:51:00 GMT+02:00 1999 LANGUAGE.txt
 10058 Sat Oct 23 03:51:00 GMT+02:00 1999 LIESMICH.txt
293343 Sat Oct 23 03:51:00 GMT+02:00 1999 EditPad.exe

D:\Programme\EditPad>jar xvf \cd\SW\EditPad\EdtPadDE.zip
extracted: LANGUAGE.txt
extracted: LIESMICH.txt
extracted: EditPad.exe

D:\Programme\EditPad>xcopy EditPad.exe c:\WINNT\
D:EditPad.exe
1 Datei(en) kopiert

D:\Programme\EditPad>del c:\WINNT\NotePad.*

D:\Programme\EditPad>del c:\WINNT\System32\NotePad.*

D:\Programme\EditPad>xcopy EditPad.exe c:\WINNT\NotePad.exe
Ist das Ziel C:\WINNT\NotePad.exe ein Dateiname
oder ein Verzeichnisname
(D = Datei, V = Verzeichnis)? d
D:EditPad.exe
1 Datei(en) kopiert

D:\Programme\EditPad>xcopy EditPad.exe c:\WINNT\system32\NotePad.exe
Ist das Ziel C:\WINNT\system32\NotePad.exe ein Dateiname
oder ein Verzeichnisname
(D = Datei, V = Verzeichnis)? d
D:EditPad.exe
1 Datei(en) kopiert

D:\Programme\EditPad>_
```

Bild 1.3: Die Installation von EditPad, auch als Ersatz für NotePad

Die so in D:\Programme\EditPad installierte Version ist 3.5.1 DE. Um den EditPad jederzeit verfügbar zu haben, kann man die Datei EditPad.exe in das Windows-Verzeichnis kopieren. Und da EditPad ein vollwertiger und besserer Ersatz für NotePad ist, kann man darüber hinaus NotePad löschen und eine entsprechend benannte Kopie von EditPad in die Windows-Verzeichnisse setzen (NotePad gibt es meist doppelt). Bild 1.3 zeigt die gesamte Kommandofolge als Bildschirmabzug (Screenshot).

Vor der ersten Benutzung durch jeden Windows NT-Benutzer fordert EditPad eine Initialisierung und man müsste noch einige Konfigurationseinstellungen ändern, um mit Java und HTML besser arbeiten zu können.

 Diesen Teil kann man sich sparen, wenn man (jeder NT-Nutzer ein einziges Mal) die vorbereitete Registrierungsdatei editpadcuruserreg.reg mit

```
regedit \cd\SW\EditPad\editpadcuruserreg.reg
```

(oder Doppelklick auf diese .reg-Datei) laufen lässt.

 Das in der vorgestellten Installation benutzte Werkzeug jar.exe hat man erst, wenn man ein JDK installiert hat. Hat man das nicht, muss man die JDK-Installation (nächstes Kapitel) vorziehen oder gegebenenfalls auf WinZip ausweichen.

1.4   Allgemeines zu Editoren und ihrer Handhabung

Editoren sind Programme zum Eingeben und Ändern von Textdateien. Von der Art der zu behandelnden Textdateien sind „reine Textdateien" und solche mit codierten Formatierungsinformationen zu unterscheiden.

Mit der „reinen" Textinformation – mit lediglich Zeilenvorschüben als einziger „Formatierungsinformation" – kommen die meisten Programmiersprachen aus. Da diese Zeichen häufig im ASCII (in der Standard 7-Bit-Kodierung oder einer der leider zahlreichen 8-Bit-Erweiterungen) codiert sind, spricht man auch oft von ASCII-Dateien; siehe auch Tabelle 8.9.

Daneben sind natürlich auch Dateiformate wichtig, die neben dieser Textinformation komplexere Formatierungs-, Font- (Druckzeichen-) und ähnliche Informationen tragen, bis hin zu eingebetteten Bildern und Ähnlichem. Für solche erweiterten Textdateiformate gibt es zwei grundsätzlich unterschiedliche Ansätze. In dem einen sind diese Informationen in einer für den Menschen unlesbaren Form „binär" codiert. Beispiele für solche Dateiformate sind Word- (.DOC) und Acrobat- (.PDF) Dateien. Betrachtung und Bearbeitung solcher Dateien erfordern besondere Programme und Werkzeuge.

In einem anderen Ansatz sind alle Formatierungs- und sonstige Informationen in einer besonderen Syntax in Textform (wie bei einer Programmiersprache) in der Datei enthalten. Solcher mit zusätzlichen textuellen Befehlen versehener Text (Englisch „marked up text") ist mit Standardwerkzeugen wie dem Editor EditPad, aber auch Standardsuchwerkzeugen wie Grep zu betrachten und (von einem Kundigen) zu bearbeiten.

Beispiele für solche Text-Dateiformate sind T_EX, RTF, HTML (siehe Kapitel 9) und XML.

Für die Arbeit mit all solchen („ASCII"-) Dateiformaten und für die Programmquellen fast aller Programmiersprachen ist der EditPad also geeignet. Java verwendet nun zwar den Unicodezeichensatz (vgl. Kapitel 8.2.7 ab Seite 151 und die Codetabellen in Kapitel 26 im Anhang) und damit einen 16-Bit-Zeichensatz. Um die Kompatibilität zu weitverbreiteten Texteditoren und Textdateiformaten zu wahren, gilt für Java-Quelltexte eine 8-Bit-ASCII-Kodierung (Latin-1), die sich mit den ersten 256 Unicodezeichen deckt. Für die übrigen – extrem selten bis nie benötigten – Unicodezeichen wird in Java-Quelldateien die Unicode-Escapesequenz (\uxxxx) eingesetzt. Hierbei ist xxxx eine vierstellige Hexadezimalziffer mit gegebenenfalls führenden Nullen, die die Nummer des Unicodezeichens angibt.

 Wer mit der Handhabung von Editoren und speziell des EditPad sowie mit den Editierfunktionen der DOS-Shell vollkommen vertraut ist, kann den Rest dieses Kapitel überspringen.

Die Handhabung der wesentlichen Editieroperationen ist glücklicherweise bei den meisten Windows-basierten Werkzeugen wie auch dem EditPad weitgehend gleich gehalten. Die beim Erstellen von Programmquelltexten wichtigsten Operationen mit einem Editor sind:

- Einlesen einer vorhandenen Textdatei oder Beginn mit einem neuen leeren Text. Dies geschieht durch den Start des Werkzeugs mit dem Namen einer vorhandenen beziehungsweise neu zu erstellenden Datei oder (mit der Maus) über die Menüpunkte Datei→Neu beziehungsweise Datei→Öffnen oder File→New beziehungsweise File→Open.
- Navigieren in dem eingelesenen beziehungsweise bereits eingegebenen Text zum Lesen am Bildschirm und zum Positionieren der Schreibmarke (Cursor). Dies geschieht im Allgemeinen mit den Cursor-Tasten (Pfeiltasten) oder mit der Maus (meist Maus-Cursor verschieben und mit der linken Maustaste den Textcursor an die Mausstelle holen).
- Eingabe von (weiterem) Text mit der Tastatur. Je nach Modus wird ab der Schreibmarkenposition eingefügt oder der Text rechts davon Zeichen für Zeichen überschrieben. Der Einfügemodus ist im Allgemeinen vorzuziehen; man sollte die Operationen Eingabe und Löschen nicht verquicken.
- Das Löschen einzelner Zeichen. Löschen links von der Schreibmarke einschließlich deren Verschieben nach links geschieht meist mit der großen „Backspace"-Taste; Löschen rechts von der Schreibmarke geschieht meist mit der „Entf"- oder „Del"-Taste.
- Das Markieren von zusammenhängendem Text als „markierter Block". Das Markieren geschieht oft mit den Cursortasten bei festgehaltener „Umschalt-" beziehungsweise „Shift-" Taste oder mit der Maus bei festgehaltener linker Maustaste.
- Ein markierter Block kann kopiert (copy), ausgeschnitten (cut) oder gelöscht (del) werden. Dies geschieht mit der Maus über das Menü Bearbeiten beziehungsweise Edit oder durch die Tastenkombinationen cntl+C, cntl+X und del.
  In den ersten beiden Fällen (copy und cut) landet der markierte Text in einem Hintergrundpuffer.

- Der Text des Hintergrundpuffers kann im Text ab der Schreibmarke eingefügt werden. Dies geschieht mit der Maus über das Menü Bearbeiten oder durch die Tastenkombination cntl+V.

Der Gesamtvorgang wird gerne als „copy and paste" (Kopieren und Einfügen) und „cut and paste" (Ausschneiden und Einfügen) bezeichnet und gehört zu den wichtigsten Fähigkeiten von (allen Arten von) Editoren.

Den zu „copy/cut and paste" gehörigen Hintergrundpuffer gibt es (meist) in einem einzigen Exemplar. Man muss selbst im Auge behalten, was man kopiert beziehungsweise ausgeschnitten hat und nochmaliges Ausschneiden oder Kopieren löscht den Inhalt dieses Puffers unwiederbringlich. Windows-Programme benutzen einen gemeinsamen, „Zwischenablage" genannten Puffer, so dass der „cut/copy and paste"-Mechanismus anwendungsübergreifend funktioniert.

☞ Von allen Windows-basierten Werkzeugen macht die DOS-Shell bei der Bedienung von „copy and paste" leider eine Ausnahme. Kopieren von markiertem Text geschieht mit der Eingabe-Taste. (Das heißt also, dieselbe Taste, welche ohne markierten Text das aktuelle Kommando auslöst, hat hier kontextabhängig eine total andere Funktion.) Das Einfügen von Text in die aktuelle Kommandozeile geschieht mit der rechten Maustaste. Die Einfügemarke lässt sich übrigens nicht mit der Maus positionieren. Diese schlechte Windows-stilwidrige Lösung (von Microsoft selbst) ist recht fehlerträchtig in der Handhabung, also Vorsicht.

Die weiteren wesentlichen Operationen mit einem Editor sind:

- Schreiben des Ergebnisses in eine Textdatei.
  Dies geschieht mit den entsprechenden Befehlen des Menüs Datei. Bei der Angabe einer vorhandenen Datei, die nicht diejenige der ursprünglichen Eingabe ist, wird im Allgemeinen vor deren versehentlichem Überschreiben gewarnt.
- Suchen nach einem gegebenen Textmuster oder Ersetzen von einem Textmuster durch ein anderes.
  Dies geschieht durch die entsprechenden Befehle des Menüs Bearbeiten, welche noch die Einstellung diverser Suchoptionen zulassen.
- Rückgängigmachen einer vorangegangenen Operation.
  Dies geschieht mit dem Menüpunkt Bearbeiten→Rückgängig beziehungsweise Edit→Undo
- Das gleichzeitige Bearbeiten unterschiedlicher Texte oder Textausschnitte in mehreren Fenstern. Der EditPad kann dies.

Der letzte Punkt ist bei Windows-Programmen zum Teil durch mehrfaches Laufenlassen desselben Werkzeugs ersetzbar.

Übung 1.2: Machen Sie sich mit den Fähigkeiten und der Handhabung des EditPad vertraut. Kopieren Sie auch Textstücke von der DOS-Shell in den Editor und umgekehrt. Dies ist besonders für das Erstellen und Testen von so genannten (Kommando-) Skript- oder Batch-Dateien nützlich.

1.5 Die Installation des JDK

Das JDK wird von Sun Microsystems kostenlos abgegeben. Man kann es über das Internet laden und man findet es auf der CD.

Zur Zeit des Schreibens war für 32-Bit-Windows das JDK1.3 die aktuelle Version. Hiervon hat sich die Beta-Version JDK1.3beta ein halbes Jahr lang gut bewährt, was bei den Versionen JDK1.3.0rc1, rc3 (release candidate, fast fertig) und erst recht JDK1.3.0 (final) zeitlich noch nicht möglich war. Man muss sich für eine dieser genannten oder eine spätere Version entscheiden. Um das JDK einschließlich Online-Dokumentation zu installieren, benötigt man eine Datei, deren Name mit „-win.exe" endet sowie eine, deren deren Namen mit „-doc.zip" endet; siehe Tabelle 1.1.

 Kontrollieren Sie vor Verwendung einer heruntergeladenen oder auf CD bezogenen Datei die Größen aufs Byte genau. Manchmal werden „abgeschnittene" Versionen weitergereicht.

Tabelle 1.1: Die Installationsdateien von JDK1.3beta und JDK1.3.0-Versionen für Windows

Dateidatum	Länge / Bytes	Dateiname	Zweck
26.08.99 18:49	25.662.367	jdk1_3beta-win.exe	JDK1.3beta-Installation
27.08.99 10:11	22.165.968	jdk1_3beta-doc.zip	JDK1.3beta-Dokumention
28.02.00 10:28	30.847.507	j2sdk1_3_0rc1-win.exe	JDK1.3.0-Installation (rc1)
28.02.00 10:28	30.805.302	j2sdk1_3_0rc3-win.exe	JDK1.3.0-Installation (rc3)
28.02.00 10:35	22.181.946	j2sdk1_3_0rc1-doc.zip	JDK1.3.0-Dokumention
24.08.00 14:12	30.916.766	j2sdk1_3_0-win.exe	JDK1.3.0-Installation (final)
24.08.00 14:07	22.310.316	j2sdk1_3_0-doc.zip	JDK1.3.0-Dokumentation

Die in Tabelle 1.1 aufgeführten .zip-Dateien enthalten als gepacktes Archiv die Dokumentation der jeweiligen Version und die .exe-Datei installiert das entsprechende JDK (und das JRE). Beide Dateien benötigt man nach der Installation nicht mehr. Entscheiden Sie sich für eine der genannten oder eine neuere Version. Wenn im Folgenden von JDK1.3beta oder 1.3.0rc1 die Rede ist, sind immer die anderen Versionen mitgemeint, es sei denn, es wird ausdrücklich auf Unterschiede hingewiesen.

Einen der Unterschiede erkennt man schon beim Betrachten der obigen Dateiliste: Auch für Java gilt das „Softwarewachstumsgesetz". Das JDK1.3 ist von beta nach 0 in der gepackten Installationsdatei um 5 MB gewachsen.

 Wenn man einen HTTP-Server installiert hat, der in Archive (.zip, .jar) schauen kann, wie DataService auf der CD, dann kann man die Dokumentation (jdk1_3beta-doc.zip, j2sdk1_3_0rc1-doc.zip und auch andere, wie zum Beispiel aWeinertBibDoc.jar) unausgepackt lassen.

 Das installierte JDK1.3beta benötigt einschließlich komprimierter Dokumentation etwa 89 MB Plattenplatz in 6985 Dateien und 459 Verzeichnissen.

Ohne Dokumentation wären es 33 MB in 765 Dateien und 19 Verzeichnissen und mit unkomprimierter Dokumentation etwa 145 MB. Die richtige Zeit zum Aufräumen und Defragmentieren von Laufwerken ist vor der Installation.

Um mit der Installation des JDK zu beginnen, startet man die Datei jdk1_3beta-win.exe aus der DOS-Box mit

```
D:\Programme>  D:\cd\SW\jdk1.3\jdk1_3beta-win.exe
```

oder durch Doppelklicken auf diese Datei im Windows-Explorer. Die laufende Vorbereitung der Installation wird durch Bild 1.4 angezeigt.

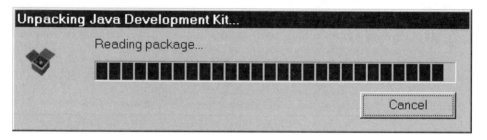

Bild 1.4: Die Vorbereitung der Installation des JDK

Während der Vorbereitung der Installation wird auch ein Textfenster mit den Lizenzbedingungen angezeigt. Diese sollte man lesen. Wenn man ihnen zustimmen kann und dies durch einen Klick auf die entsprechende Antwort kundtut, geht die Installation weiter. Ohne Zustimmung würde sie natürlich abgebrochen. Als nächstes wird man nach dem Zielverzeichnis für die Installation gefragt. Wenn man mit der Vorgabe nicht einverstanden ist, kann man nach Klicken auf den Knopf „Browse" ein anderes Verzeichnis angeben – beispielsweise D:\Programme\jdk1.3 – wie dies im Bild 1.5 gezeigt ist.

Als nächstes wird man in einem Auswahlfenster, Bild 1.6, gefragt, welche Komponenten man installieren möchte. „Program Files" und „Native Interface Header Files" ist eine gute Wahl. Auf die „Demos" und „Java Sources" sollte man bei Platzmangel verzichten. Mit „Java Sources" bekommt man die Quellen des JDK in einem Archiv (D:\Programme\jdk1.3\src.jar, 19.574.623 Byte) geliefert; dies gilt abweichend von Bild 1.6 nicht für die beta-Version.

Nach der Komponentenauswahl läuft die letzte Phase der JDK-Installation, Bild 1.7, automatisch durch. In dieser letzten Phase wird auch das Java run time environment, das JRE, installiert.

 In diesen Versionen (1.3) fragt der Installierer nicht, wohin er das JRE tun soll. So kommt es in der Beispielinstallation nach C:\Programme\JavaSoft\JRE\1.3\ , ohne dass man darauf Einfluss hat.

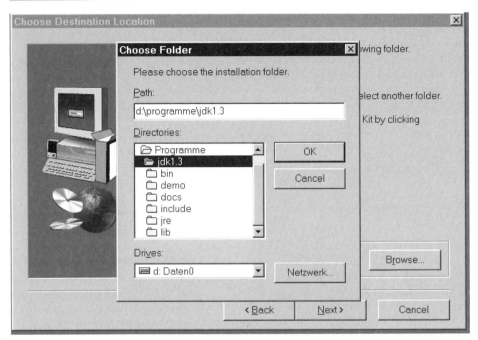

Bild 1.5: Die Auswahl des Zielverzeichnisses bei der Installation des JDK

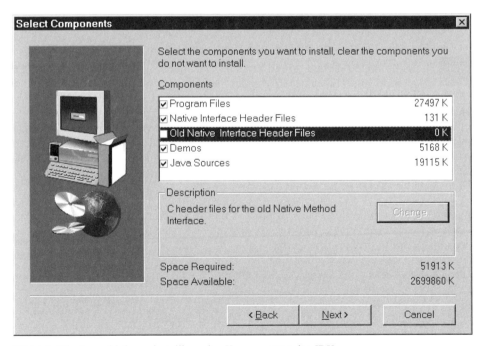

Bild 1.6: Die Auswahl der zu installierenden Komponenten des JDK

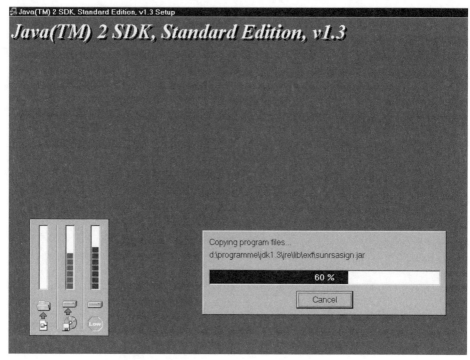

Bild 1.7: Die letzte Phase der Installation des JDK
Gerade wird eine „installed extension (s.u.) – Suns RSA Signature – installiert

Hinzu kommen einige grundsätzliche Nachteile einer solchen getrennten Installation von JDK und JRE. Von der Sache her könnte und sollte das JRE eine Untermenge des JDK sein. Da dies nicht so gehandhabt wird, werden einige Werkzeuge und Klassenbibliotheken doppelt installiert. Hierbei stört weniger der verschwendete Platz, als dass man zweimal dieselbe JVM hat. So muss man beispielsweise so genannte installed extensions (Kapitel 1.4) konsequenterweise auch jedes Mal doppelt installieren (sonst fehlen sie mal da und mal da). In unserer Installation gehörten diese dann (doppelt) in die Verzeichnisse C:\Programme\JavaSoft\JRE\1.3\lib\ext\ für das JRE und D:\Programme\jdk1.3\jre\lib\ext für das JDK.

Und um zum letzten Punkt noch etwas draufzusetzen, werden (zumindest in diesen Versionen) einige Werkzeuge (wirklich exakt dieselben Dateien java.exe und javaw.exe) zum dritten und vierten Mal im Windows-Verzeichnis und seinem Unterverzeichnis \system32\ installiert. Dies hat wohl die beabsichtigte Wirkung, dass eine JVM auch ohne Ergänzung des Suchpfades (Systemvariable PATH) zur Verfügung steht. Aber dann findet diese „Windows-JVM" wesentliche Klassenbibliotheken und sämtliche installed extensions nicht. Dadurch werden nicht vorhandene Fehler vorgetäuscht und unter Umständen zeitraubende Arbeiten ausgelöst. Es ist durchaus zu empfehlen, die genannten Dateien aus den Windows-Verzeichnissen einfach zu löschen und den Pfad (PATH) um das bin-Verzeichnis von JDK oder JRE zu ergänzen.

☞ Die Aufforderung am Ende der Installation, den PC neu zu starten, kann man ablehnen und einen Neustart bis zum Ende der weiteren Vorbereitungs- und Installationsarbeiten (oder noch länger) zurückstellen. Der Neustart soll lediglich einige Registrierungseinträge wie unter anderem

HKEY_LOCAL_MACHINE\SOFTWARE\JavaSoft\Java Development Kit und
HKEY_LOCAL_MACHINE\SOFTWARE\Microsoft\Windows\CurrentVersion\
App Paths\java.exe

wirksam werden lassen.

Um das gerade installierte JDK nutzen zu können, ergänzt man, wie im Kapitel 1.1 bereits beschrieben, den Suchpfad:

```
D:\Programme>
D:\Programme>set
path=%pathStart%;D:\Programme\jdk1.3\bin;%PathEnd%

D:\Programme>path
PATH=C:\Bat;D:\Programme\util;D:\Programme\jdk1.3\bin;
C:\WINNT\system32;C:\WINNT

D:\Programme>java -version
java version "1.3beta"
Java(TM) 2 Runtime Environment, Standard Edition
(build 1.3beta-O)
Java(TM) HotSpot Client VM (build 1.3beta-O, mixed mode)

D:\Programme>
```

Der letzte Befehl „java -version" liefert einem zur Belohnung das erste Lebenszeichen des eben installierten und im Suchpfad (PATH) eingeklinkten JDK. Nun installiert man noch die Online-Dokumentation des JDK, indem man jdk1_3beta–doc.zip in das Progammverzeichnis auspackt:

```
D:\Programme>
D:\Programme> jar xf D:\cd\SW\jdk1.3\jdk1_3beta-doc.zip
D:\Programme>
```

☞ Der Vorgang dauert einige Zeit. Es ist wichtig, dass man sich – als aktuelles Verzeichnis – in dem Verzeichnis befindet, in das das JDK installiert wurde und nicht („eins tiefer") im jeweiligen JDK-Verzeichnis selbst. Im Beispielfall heißt das, man muss in D:\Programme sein und nicht in D:\Programme\jdk1.3. In der Verzeichnisinformation der .jar-Datei ist sinnvollerweise enthalten, zu welchem JDK die Dokumentation gehört. Mit jar xvf ... statt jar xf ... bekommt man eine laufende Anzeige aller entpackten Dateien.

☞ Mit dem NTFS-Dateisystem empfiehlt es sich das Verzeichnis D:\Programme\jdk1.3\docs\ einschließlich aller Unterverzeichnisse zu komprimieren. Dies spart etwa 52% oder 56 MB des von der Online-Dokumentation ohne

Komprimierung beanspruchten Platzes. (In Tausenden von HTML-Dateien ist eben viel „Komprimierungsluft" drin.) Die Komprimierung kann schon während des Entpackens erledigt werden, wenn man vor dem obigen Aufruf jar xf... ein (leeres) Verzeichnis D:\Programme\jdk1.3\docs anlegt und für dieses die Eigenschaft „Komprimieren" einschließlich aller Unterverzeichnisse setzt.

Nach der Installation des JDK erhält man die in Bild 1.8 dargestellte Verzeichnisstruktur.

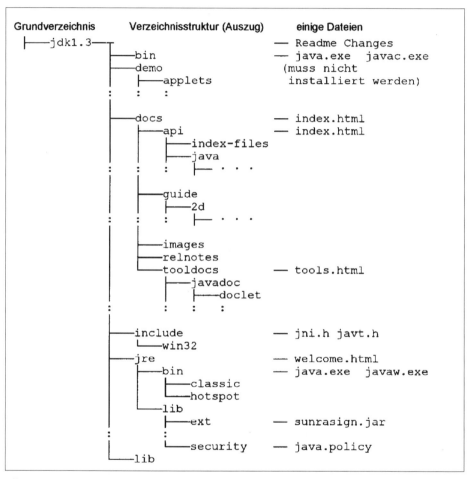

Bild 1.8: Verzeichnisstruktur (teilweise) des installierten JDK

 Klassendateien sind teilweise in .jar-Dateien (Java-Archiven) zusammengefasst, wie unter anderem tools.jar und rt.jar. Diese Dateien dürfen nicht ausgepackt werden!

 Nun ist auch ein guter Zeitpunkt, den Editor EditPad wie im Kapitel 1.2 beschrieben zu installieren, falls man dies wegen des bisher fehlenden Werkzeugs jar.exe zurückgestellt hatte.

1.6 Die Installation von Java-Erweiterungen (extensions)

Seit „Java 2" ist es möglich, dem JDK und JRE in Archive (.jar) gepackte Klassenbibliotheken und Eigenschaften („Properties") so hinzuzufügen, dass diese allen Java-
Anwendungen uneingeschränkt und ohne besondere Maßnahmen zur Verfügung stehen.
Auch der Compiler kennt die betreffenden Klassen dann ohne weiteres. Diese Möglichkeit wird „installed extensions" genannt.

Der Name „installierte Erweiterung" sagt, dass solche Erweiterungen des Sprachumfangs
nur mit stabilen, bewährten und vielfach zu nutzenden Paketen gemacht werden sollte.
Für die meisten Java-Programme und die Beispiele zu diesem Buch benötigt man keine
solche Java-Erweiterung. Einige Anwendungen aber benutzen die serielle Schnittstelle
und brauchen damit die Bibliothek Comm-Extensions oder die Bibliothek aWeinertBib
(Paket DE.a_weinert mit Unterpaketen). Für andere, eigene größere Projekte wird
man weitere andere Erweiterungen benötigen. Da man sich also sowieso mit dieser
Möglichkeit vertraut machen sollte, und wir gerade beim Installieren sind, erweitern wir
unser Java um die beiden genannten Bibliotheken.

Für das JDK kommen die zugehörigen Archive in das auch im Bild 1.8 gezeigte
Verzeichnis jdk1.3\jre\lib\ext\ und für das JRE in das Verzeichnis
JavaSoft\JRE\1.3\lib\ext\.

Die Installation von aWeinertBib ist einfach. Man kopiert die Datei aWeinertBib.jar in
die beiden genannten Verzeichnisse der zu erweiternden Java-Installation:

```
D:\temp>
D:\temp>cd \cd\SW\java-extensions
D:\cd\SW\java-extensions>dir
Verzeichnis von D:\cd\SW\java-extensions
23.05.99  10:41         272.690 javacomm20-win32.zip
01.05.00  11:24          70.895 aWeinertBib.jar
01.05.00  11:24         531.327 aWeinertBibDoc.jar
             3 Dateien 874.912 Bytes

D:\cd\SW\java-extensions>xcopy aWeinertBib.jar
               D:\Programme\jdk1.3\jre\lib\ext

D:\cd\SW\java-extensions>xcopy aWeinertBib.jar
               C:\Programme\JavaSoft\JRE\1.3\lib\ext
```

Anschließend sollte man noch die mitgelieferte HTML-Online-Dokumentation
aWeinertBibDoc.jar in ein eigenes Verzeichnis ..\docs\ auspacken. Dies ist der gleiche
Vorgang wie bei der JDK-Dokumentation.

Mit den Java-Comm-Extensions, die die Zugriffe auf die seriellen und parallelen
Schnittstellen ermöglichen, ist es etwas komplizierter. Zunächst sollte man in das
Verzeichnis ..\docs\ des JDK wechseln und dort das Archiv javacomm20-win32.zip aus-
packen.

Hierzu begibt man sich am besten in das Dokumentationsverzeichnis ...\docs der JDK-Installation. Dann „landet" die COMM-API-Dokumentation gleich an der sinnvollsten Stelle.

```
D:\temp>cd D:\Programme\jdk1.3\docs
D:\Programme\jdk1.3\docs>jar xf
        D:\cd\SW\java-extensions\javacomm20-win32.zip
```

Dies ergibt zehn Dateien und zwei Verzeichnisse in einem neu angelegten Verzeichnis

```
D:\Programme\jdk1.3\docs\commapi,
```

die in Tabelle1.2 aufgeführt sind.

Tabelle 1.2: Die Dateien der Java-Comm-Extension

Länge / Bytes	Dateiname	Zweck	Anmerkung
28.043	comm.jar	Klassen	.../jre/lib/ext/
27.648	win32com.dll	Bibliothek f. native methods	.../jre/lib/
467	javax.comm.properties	Eigenschaften	.../jre/lib/bin
3.335	apichanges.html	Dokumentation	
8.141	COMM2.0_license.txt	Dokumentation	
5.374	CommAPI_FAQ.txt	Dokumentation	
2.182	jdk1.2.html	Dokumentation	
3.715	PlatformSpecific.html	Dokumentation	
3.913	Readme.html	Dokumentation	
1.821	ReceiveBehavior.html	Dokumentation	
Verzeichnis	javadocs	Dokumentation	
Verzeichnis	samples	Beispiele	

Von den in Tabelle 1.2 aufgeführten Dateien ist comm.jar die eigentliche Bibliothek, sie kommt in dieselben Verzeichnisse wie oben schon aWeinertBib.jar. Es werden aber noch drei weitere Dateien benötigt:

1. Die Datei javax.comm.jar kommt in das JRE-lib-ext-Verzeichnis,
2. die Datei javax.comm.properties kommt in das JRE-lib-Verzeichnis und
3. die Datei win32com.dll kommt in das JRE-bin-Verzeichnis,

und alle drei jeweils für das JRE und für das JDK:

```
D:\Programme\jdk1.3\docs\commapi>xcopy comm.jar
        C:\Programme\JavaSoft\JRE\1.3\lib\ext
```

```
D:\Programme\jdk1.3\docs\commapi>xcopy javax.comm.properties
        C:\Programme\JavaSoft\JRE\1.3\lib\
D:\Programme\jdk1.3\docs\commapi>xcopy win32com.dll
        C:\Programme\JavaSoft\JRE\1.3\bin\

D:\Programme\jdk1.3\docs\commapi>xcopy comm.jar
        D:\Programme\jdk1.3\jre\lib\ext
D:\Programme\jdk1.3\docs\commapi>xcopy javax.comm.properties
        D:\Programme\jdk1.3\jre\lib\
D:\Programme\jdk1.3\docs\commapi>xcopy win32com.dll
        D:\Programme\jdk1.3\jre\bin\
```

Die drei nun zweimal richtig platzierten Dateien comm.jar, javax.comm.properties und
win32com.dll kann man aus dem Verzeichnis ...\commapi\ löschen, da sie dort nicht
benötigt werden. Die übrigen im Archiv javacomm20-win32.zip enthaltenen und nach
..\commapi\ ausgepackten Dateien einschließlich des Verzeichnisses javadocs gehören
zur Online-Dokumentation. Sie stehen nun schon an einer passenden Stelle
(...\jdk1.3\docs\ ), wenn man sich an den obigen Hinweis gehalten hat.

 Die hier benutzte Version javacomm20-win32.zip der COMM-Extensions und
ältere Versionen wie javacomm-ea3-win32.zip sind nicht kompatibel.

 Um die gerade durchgeführte Installation der COMM-Extensions zu testen, lasse
man die Java-Anwendung ShowPorts laufen.

```
D:\cd\SW\java-apps>java ShowPorts

Port COM1 freie serielle Schnittstelle
9600 Baud, 8 Databits, 1 Stopbits, 0 par(kode)
 CD = false CTS = false DSR = false DTR = true  RI = false.

Port COM2 freie serielle Schnittstelle
9600 Baud, 8 Databits, 1 Stopbits, 0 par(kode)
 CD = false CTS = false DSR = false DTR = true  RI = false.

Port LPT1 freie parallele Schnittstelle
 PaperOut = false PrinterBusy = false  PrinterError = false.

Port LPT2 freie parallele Schnittstelle
Port currently owned by Unknown Windows Application

D:\cd\SW\java-apps>
```

Aus der Ausgabe des Programms ShowPorts geht hervor, dass auf diesem System die
Schnittstellen COMM1, COMM2 und LPT1 für Java-Programme verfügbar sind.

1.7 Überblick über das JDK

Mit dem installierten JDK hat man neben einer großen Klassenbibliothek und umfangreicher Dokumentation die folgenden Werkzeuge zur Verfügung:

javac   Der Compiler für die Sprache Java
            übersetzt in Java geschriebene Programme in den Bytecode.

javadoc   Ein Generator für Dokumentation von Java-Software
            erzeugt ein ausführlich verknüpftes und indiziertes System von HTML-
            Dokumenten (siehe Kapitel 18).

java   Der Java-Interpreter
            lässt Java-Applikationen (genauer den übersetzten Bytecode) laufen.
            Normalein- und Normalausgabe sind Tastatur und zeichenorientierter
            Monitor (sprich die DOS-Shell).

javaw   Der Java-Interpreter
            arbeitet wie java, aber ohne Normalein- und Normalausgabe auf Tastatur
            und Monitor. Für „stumme" oder rein grafikorientierte Programme. javaw
            aus der DOS-Shell gestartet gibt diese im Gegensatz zu java sofort, also
            vor Ende der gestarteten Java-Applikation, wieder frei. So genannte exe-
            cutable .jar-files (siehe in Kapitel 21.5) können sinnvoll mit javaw ver-
            knüpft werden und eine darin verpackte grafische Anwendung kann dann
            unter Windows mit Doppelklick gestartet werden.

appletviewer Der Java-Applet-Betrachter
            zeigt Applets in angegebenen HTML-Dateien ohne Verwendung eines
            Internet-Browsers an und unterstützt deren Tests und Serialisierung.

jdb   Der Debugger zur Sprache Java
            kann bei der Suche nach Programmierfehlern helfen, insbesondere in
            Zusammenhang mit just in time Compilern, die die Quell-Information bei
            Ausnahmen durch ihre Optimierungen vergessen.

javah   Der C-Header-Generator
            erzeugt C-Header-Dateien und -Programmrumpfdateien für eine Java-
            Klasse mit so genannten native methods. Diese Dateien benötigt man, um
            die Implementierung der native methods in einer anderen Sprache (im
            Allgemeinen C) schreiben zu können.

javap   Der Java-Disassembler
            liefert eine lesbare (Text-) Repräsentation des Java-Bytecodes aus
            Klassendateien (.class).

native2ascii Ein Konverter für (Programmquell-) Texte
            konvertiert Dateien von einer gegebenen 8-Bit-Zeichencodierung nach
            Latin-1-ASCII und Unicode-Escapesequenzen und umgekehrt.

javakey	Das Java-Sicherheits-Tool
	generiert digitale Unterschriften für Archive, organisiert eine Datensammlung über Einheiten (Menschen, Organisationen) und ihre privaten und öffentlichen Schlüssel.
rmi.....	Die so genannten RMI-Tools – rmic, rmiregistry und rmid.
serialver	Das Seriennummer-Werkzeug
	ermitteln oder zeigen die Seriennummer einer Klasse an. Dies wird unter anderem für die Serialisierung von Objekten genutzt.
jar	Das Java-Archiv-Tool
	kann gepackte Archive handhaben und mehrere Dateien in einem einzigen Java-Archiv (.jar-Datei) komprimiert zusammenfassen. Eine solche .jar-Datei kann von einem Browser, der Applet-Tags mit Archiv-Parameter beherrscht, in einem Zug zeitsparend geladen werden.
	Beispiel: <applet code=ComplDemo.class archive=compldemo.jar alt="Complex-Applet" width=460 height=360> <param name="ShowPi" value="false"> </applet>

Für die Entwicklung von Anwendungen kommt man mit den ersten zwei bis vier der oben genannten Werkzeuge, nämlich javac, java, javadoc und javaw aus. Zusätzlich braucht man einen ASCII-Editor wie EditPad.

Eine Kurzanleitung zu den Werkzeugen findet man im JDK im Verzeichnis ...\docs\tool-docs\win32.

Übung 1.3: Installieren Sie einen Browser (HTML-Seitenbetrachter) wie beispielsweise

 Netscape, falls Sie noch keinen haben.

Übung 1.4: Verschaffen Sie sich mit Ihrem Browser einen Überblick über die Struktur der Online-Dokumentation und die darin enthaltene Beschreibung der Werkzeuge.

Übung 1.5: Kopieren Sie Textstücke wie kleine Codebeispiele und Namen von Klassen aus der Online-Dokumentation in eine von Ihnen bearbeitete Textdatei – sprich aus dem Browser in den EditPad.
Kopieren Sie desgleichen Textstücke aus der DOS-Shell in den EditPad.
Die Verfahren sollte man beherrschen, denn wo man nicht abtippt, kann man keine Tippfehler machen.

Am Ende dieses Kapitels, also nach der erfolgreichen Installation der Werkzeuge Editor (EditPad), Browser (Netscape) und insbesondere eines aktuellen JDK, hat man alles, was man zum Arbeiten mit Java braucht. Man kann allein mit diesen Mitteln auch große (kommerzielle) Projekte durchführen.

An dieser Stelle mag die Frage auftauchen, warum Sun dies alles ohne Lizenzgebühren hergibt. Die Motive der Firma liegen sicher nicht darin, uns mit Geschenken glücklich zu machen, denn sie muss natürlich, wie alle, Geld verdienen. Sun hat – wohl auch nach den

Erfahrungen, die andere mit Ada gemacht haben – dies als einzig möglichen Weg erkannt, eine weltweite nennenswerte Verbreitung der Sprache zu erreichen und ständig auszubauen und so andere Softwarehersteller (Browser, Server, Werkzeuge, Anwendungen) „ins Boot" zu ziehen. In dieser Beziehung läuft praktisch nichts, solange die Frage „Ja, benutzt das denn überhaupt jemand?" auftaucht. Bei Java ist es Sun gelungen, dass längst keiner mehr diese Frage stellt. Bei Ada wurde mit dem umgekehrten Marketingansatz, nämlich von Anfang an und mit der Grundsoftware „richtig Geld zu verdienen", erreicht, dass diese Frage in nicht vernachlässigbarem Umfang immer noch auftaucht.

Die Verbreitung von Java führt dazu, dass auch gute zusätzliche Werkzeuge entwickelt und verkauft werden. Mit anderen Herstellern im Boot sind Lizenzgebühren zu verdienen. Und außerdem verhindert die Verbreitung von Java und von Java-fähigen Browsern ein Microsoft-Monopol auch bei (HTTP- und anderen) Servern und damit bei einem Kerngeschäft von Sun.

2   Der Start mit ersten kleinen Programmen

Der Einstieg in eine neue Programmiersprache erfolgt – inzwischen kann man sagen traditionell – anhand eines Programms, das einen Gruß wie „Hello world" auf der Normalausgabe des Rechners ausgibt. Bei einem PC ist die Normalausgabe üblicherweise der Bildschirm. Das Erzeugen und Laufenlassen von solchen Programmen, jeweils eines in Maschinensprache (Assembler) und ein erstes in Java, ist in Bild 2.1 gezeigt.

So einfach und nutzlos ein solches „Hello world"-Programm auch ist, so hat man – wenn es läuft – doch einiges gemeistert:

1 Die Eingabe des Quelltextes in eine Datei mit einem Editor (EditPad im Beispiel von Bild 2.1).
2 Die Übersetzung des Quelltextes mit einem Übersetzer, auch Assembler beziehungsweise Compiler genannt (TASM beziehungsweise Javac im Beispiel).
3 Das Herstellen eines lauffähigen Programms für das Zielsystem, im Allgemeinen mit einem so genannten Linker (hier TLINK). Der Schritt entfällt bei Java.
4 Das Starten beziehungsweise Laufenlassen des Programms im Zielsystem (mit Hello beziehungsweise Java Hello).

☞   Der direkte Zugriff auf die Werkzeuge Editor, Compiler, Linker etc. kann auch unter der Oberfläche einer so genannten integrierten Entwicklungsumgebung (IDE) verborgen werden. Für das automatisierte Erstellen großer Programmsysteme und um Mängel und Lücken der jeweiligen IDE zu umgehen, wird direkt, wie in Bild 2.1 gezeigt, auf die Kommandozeilenwerkzeuge zugegriffen und oft auch zu Lehrzwecken, um eine Sprache „ungeschminkt" kennen zu lernen. Vor- und Nachteile des Einsatzes von IDEs sind vielfältig und am Anfang schwer zu übersehen; siehe dazu das Kapitel 21.3.1.

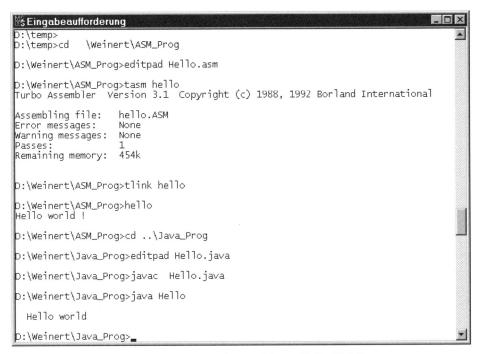

```
MS Eingabeaufforderung                                      _□×
D:\temp>
D:\temp>cd    \Weinert\ASM_Prog

D:\Weinert\ASM_Prog>editpad Hello.asm

D:\Weinert\ASM_Prog>tasm hello
Turbo Assembler  Version 3.1  Copyright (c) 1988, 1992 Borland International

Assembling file:    hello.ASM
Error messages:     None
Warning messages:   None
Passes:             1
Remaining memory:   454k

D:\Weinert\ASM_Prog>tlink hello

D:\Weinert\ASM_Prog>hello
Hello world !

D:\Weinert\ASM_Prog>cd ..\Java_Prog

D:\Weinert\Java_Prog>editpad Hello.java

D:\Weinert\Java_Prog>javac  Hello.java

D:\Weinert\Java_Prog>java Hello

  Hello world

D:\Weinert\Java_Prog>_
```

Bild 2.1: Generieren und Laufenlassen von ASM- und Java- „Hello World"
(Die Arbeit mit dem Editor EditPad findet in anderen Fenstern statt)

2.1 Hello world in Assembler (ASM)

Ein Beispiel in Assembler scheint in einem Java-Buch etwas wesensfremd. Für ein solches Beispiel an dieser Stelle gibt es zwei Gründe.

Zum einen sind die im letzten Kapitel aufgeführten vier Schritte einzeln darstellbar und das gezeigte Schema ist somit auf andere Sprachen wie (Turbo-) Pascal und C/C++ (und auch auf für Java ungeeignete Plattformen) übertragbar. Wer nur Java sieht, kennt das Zusammenfügen von Programmen (Schritt 3 oben) gar nicht.

Zum anderen können winzige Assemblerprogramme, die etwas ganz (betriebs-) systemspezifisches beziehungsweise plattformabhängiges erledigen, eine ideale Ergänzung zu einer Java-Anwendung sein. Das Java-Programm führt das Assembler-Prográmmchen mit System.exec() „an der Leine". Wenn etwas nicht mit 100% pure Java zu bewerkstelligen ist, kann dieses („Weinertsche") Java+ASM-Vorgehen (ein Beispiel ist auf der CD) eine Alternative zu den umständlichen native methods sein.

Beispiel 2.1: „Hello World" in Assembler

```
.MODEL    tiny                ; Segmentmodellangabe
     .STACK    10H            ; Ein bisschen Stack
     .DATA                    ; Start Datensegment
Meld  DB 'Hello world !',13,10,'$' ; Zeichenkette
     .CODE                    ; Start Kodesegment
     mov ax,@data
     mov ds,ax                ; DS = Datensegmentadresse
     mov dx,OFFSET Meld       ; Adresse innerhalb DS ('$'=Ende)
     mov ah,9                 ; INT21-Funktion Nr. 9  Ausgabe
     int 21h                  ; Aufruf der DOS-Funktion
     mov ah,4Ch               ; Funktion Nr. 4C  Programmende
     int 21h                  ; Aufruf dieser DOS-Funktion
     END
```

Als Erstes erstellt man eine (ASCII-) Textdatei mit dem in Beispiel 2.1 gezeigten Inhalt. Dies ist der Programmquelltext in Assembler für einen Prozessor der 80x86-Familie unter einem Betriebssystem DOS/Windows. Die Kommentare ab Semikolon bis Zeilenende spielen für die Funktion keine Rolle.

Als Werkzeug für die Eingabe sollte man den gerade installierten EditPad verwenden. Ihn kann man wie die übrigen hier benötigten Werkzeuge, aus der DOS-Shell von Windows starten.

Der Aufruf des Editors EditPad, wobei man ihm gleich die zu bearbeitende Datei als Parameter übergibt, wäre also

```
editpad   Hello.asm
```

Hello.asm ist der Name der Datei, in der der Quelltext steht. Der Namensteil nach dem Punkt ist die so genannte Dateierweiterung. Hierfür gibt es zahlreiche Konventionen. .asm ist die übliche Dateierweiterung für Assembler beziehungsweise Maschinensprache.

Für die beispielhafte Schilderung der nächsten beiden Schritte wird angenommen, dass TASM (Borland-Turbo-Assembler; TASM und TLINK sind bei vielen Borland-Paketen dabei) auf dem Rechner installiert ist.

Mit dem Aufruf

```
tasm   Hello
```

wird das Programm TASM.exe gestartet (vgl. Bild 2.1). Dies ist der Borland-Assembler. (TASM = TurboAssembler; ein entsprechendes Programm einer anderen Firma ist auch geeignet.) Der Parameter Hello sagt ihm, dass er eine Quelldatei Hello.asm übersetzen und daraus eine so genannte Objektdatei namens Hello.obj erzeugen soll. Die Objektdatei enthält bereits das Äquivalent der zugehörigen Quelle in der Form von Maschinenbefehlen des Zielprozessors; im Falle von PCs ist das ein Mitglied der Intel-80x86-Familie. Zum lauffähigen Programm fehlen allerdings unter anderem noch Adressfestlegungen und gegebenenfalls Funktionen aus Bibliotheken.

Ein so genannter Linker erledigt diese noch fehlenden Schritte. Mit dem Aufruf

```
tlink   Hello
```

oder

```
link   Hello
```

wird er gestartet. Der Parameter Hello sagt dem Linker, dass er eine Objektdatei Hello.obj lesen und ein lauffähiges Programm Hello.exe erzeugen soll. Die Datei-erweiterung .exe ist bei DOS/Windows für lauffähige Programme reserviert.

Mit dem Aufruf

```
HELLO
```

wird nun – und das ist der vierte der oben genannten Schritte – das eben erzeugte Programm gestartet. Dieses Programm gibt „Hello world" auf dem Bildschirm aus und beendet sich dann.

Wie bereits erwähnt, startet man Programme unter MS-DOS durch Eingabe des Namens der ausführbaren Datei (wobei Namenserweiterungen weggelassen werden können). Die im eben geschilderten Ablauf so gestarteten Programme waren Editpad.exe, TASM.exe, TLINK.exe und Hello.exe. Der Mechanismus des Betriebssystems zum Laden des ausführbaren Maschinenprogramms in den Arbeitsspeicher des Rechners und zum Starten des Programms ist übrigens in allen Fällen derselbe. Dass die ersten drei Programme weitverbreitete Produkte sind und das vierte ein kleines gerade selbst gemachtes, interessiert das Betriebssystem an dieser Stelle nicht.

Übung 2.1: Klären Sie, ob Sie auf Ihrem System einen Assembler und einen Linker zur Verfügung haben. Falls ja, vollziehen Sie die Schritte von der Assembler-Quelldatei bis zur lauffähigen (.exe) Programmdatei nach.

Übung 2.2: Haben Sie keinen Assembler, aber die Werkzeuge für eine andere Ihnen geläufige Programmiersprache außer Java wie C++, C, Pascal, so übertragen Sie das Beispiel auf diese Sprache. Entscheidend sind alle Schritte bis zur Windows- (32Bit-) .exe-Datei.

 Das oben erwähnte Java+.exe-Vorgehen (System.exec()) ist natürlich unabhängig von der Quellsprache der .exe-Datei anwendbar und nicht an Assembler gebunden.

2.2 Hello world in Java

Ab nun wird endgültig vorausgesetzt, dass ein JDK installiert ist (und dass sein bin-Verzeichnis in die PATH-Variable eingetragen ist). Eine Installation unter Windows ist in Kapitel 1.3 beschrieben.

2.2.1 Hello als Java-Anwendung oder Java-Applikation

Als Erstes erstellt man mit dem Editor EditPad eine (ASCII-) Textdatei namens Hello.java mit dem in Beispiel 2.2 gezeigten Inhalt. Dies ist der Quelltext in der Sprache Java.

Beispiel 2.2: „Hello World" in Java

```
public class Hello {
    static public void main(String[] args)  {
        System.out.println(„\n Hello world");
    }  // main
}  // Hello
```

Wie schon Bild 2.1 zeigt, ist der Aufruf des Editors EditPad aus der DOS-Shell heraus, wobei man ihm gleich die zu bearbeitende Datei als Parameter übergibt,

```
editpad  Hello.java
```

Hierzu sollte man sich in einem eigenen „Java-Arbeitsverzeichnis" als aktuellem Verzeichnis befinden. Die vier Zeichen lange Dateierweiterung .java ist für Java-Quelltexte festgelegt.

 Da EditPad in einem getrennten Fenster läuft, könnte man vor dem nächsten Schritt vergessen, die bearbeitete Datei mit „Speichern" zu aktualisieren. EditPad nimmt Änderungen zunächst in einem eigenen Arbeitsbereich vor und aktualisiert die „dahinter stehende" Datei erst auf ausdrückliche Anweisung oder nach Rückfrage beim Beenden.

Mit dem Aufruf

```
javac Hello.java
```

wird das Programm Javac.exe gestartet. Dies ist der Java-Compiler. Der Compiler muss mit mindestens einem Aufrufparameter aufgerufen werden; dieser gibt die zu übersetzende Quelldatei an. Für jede in der Quelldatei definierte Klasse wird eine entsprechende Datei mit der Erweiterung .class erzeugt; im Beispiel also eine Datei namens Hello.class.

 Der Name der Klassendatei Hello.class ist aus dem Namen der Klasse im Quelltext und nicht etwa (wie beim oben angeführten Assembler TASM) aus dem

Namen der Quelldatei abgeleitet. Die dem Quelltext entsprechende Groß-/
Kleinschreibung des Klassennamens ist für die folgenden Schritte relevant. Ist eine
Klasse öffentlich (public), muss der Quelldateiname dem Klassenname einschließlich
Groß-/Kleinschreibung entsprechen.

Die Klassendatei enthält die Übersetzung der Quelle in den direkt ausführbaren
Maschinencode eines eigens für Java erfundenen Prozessors, der so genannten Java virtual machine, kurz JVM. Auf einer solchen Maschine wären die Klassendateien direkt
ausführbar. Einen Linker wie im obigen ASM-Beispiel benötigt man also nicht. Nun ist
ein solcher JVM-Prozessor (noch) in kaum einem Rechner hardwaremäßig vorhanden.
Er lässt sich aber durch ein geeignetes Programm emulieren.

Von Emulation spricht man, wenn ein Prozessor durch ein entsprechendes Programm auf
einem zweiten, davon verschiedenen, simuliert wird. Der Maschinencode des ersten
Prozessors wird dann durch ein entsprechendes Programm auf dem zweiten interpretiert.

Auf diese Weise kann man auch veraltete Systeme auf neuen Rechnern „weiter leben"
lassen. Durch den technische Fortschritt ist eine solche Emulation oft wesentlich schneller als der Lauf auf dem alten Originalsystem. Man kann aber auch eine gedachte – „virtuelle" – Maschine beziehungsweise Architektur darstellen, die es körperlich (noch) gar
nicht gibt. Und genau das tut man mit der JVM. Der Emulator für die JVM unter
DOS/Windows ist das Programm Java.exe (und auch JavaW.exe).

Mit diesem Emulator Java.exe kann man die Klasse Hello, die in der Klassendatei
Hello.class enthalten ist, laufen lassen. Der Aufruf ist:

```
java   Hello
```

Das emulierte (und zum Teil auch „just in time" übersetzte) Programm gibt nun „Hello
world" auf dem Bildschirm aus und beendet sich dann, worauf sich auch der Emulator
beendet.

Das war's. Das erste Java-Programm läuft.

☞ Man beachte, dass beim Aufruf von java hier keine Erweiterung .class hinter
Hello angegeben werden darf. Anders als beim Compiler javac bezeichnet dieser
Parameter hier keine Datei, sondern den Namen einer Klasse. Der Dateiname wird aus
dem Klassennamen „ausgerechnet".

Die „Punkt-Syntax" wird an dieser Stelle für Klassen in Paketen (package, Kapitel 19)
verwendet. Hello.class würde also eine Klasse namens class im Paket Hello
bezeichnen, wobei die Klassendatei class.class in einem Unterverzeichnis Hello
zu suchen wäre. Das heißt, die Datei hieße dann Hello\class.class (und eine solche kann aus mehreren Gründen nicht erzeugt worden sein).

☞ Beim Klassennamen spielt – wie bei allen Java-Bezeichnern – die Groß-/
Kleinschreibung eine Rolle. Java ist „case-sensitive". Dies gilt bei DOS und
Windows nicht für die Programmdatei Java.exe. Für das obige Beispiel gilt:

java Hello, JAVA Hello, JaVa Hello	ist alles richtig, aber
java hELLO	ist falsch.

Unser Hello-Programm, Beispiel 2.2 beziehungsweise Beispiel 2.3, ist die kleinste denkbare Java-Applikation, die sichtbar etwas tut.

Beispiel 2.3: „Hello World" in Java (Beispiel 2.2 mit Zeilennummern)

```
public class Hello {                              // 1
    static public void  main(String[] args) {     // 2
        System.out.println(„\n Hello world");      // 3
    }  // main(String[])                           // 4
}  // class Hello                                  // 5
```

Hier nur eine kurze, dem Teil III vorgreifende Erläuterung dieses Programmquelltextes:

Alles was nach zwei Schrägstrichen // und dem Zeilenende steht (einschließlich weiterer
Schrägstriche) ist Kommentar und wird vom Compiler javac vollkommen ignoriert.
Desgleichen ignoriert der Compiler zusätzliche Leerzeichen (außer innerhalb von
Zeichenketten " ").

In Java läuft nichts ohne eine Klasse. Deren Definition beginnt in Zeile 1 und endet mit
der zugehörigen schließenden Blockklammer } auf Zeile 5. public, class, static und void
sind Schlüsselworte der Sprache Java. Hello, main, String, args, System, out und println
sind vom Programmierer gewählte Namen. Klassennamen (hier Hello, String und
System) beginnen in Java konventionell mit einem Großbuchstaben, und die Namen von
Methoden (hier main() und println()) und von Variablen (hier args und out)
beginnen klein.

☞ Regeln zur Namenskonvention finden Sie in Kapitel 22.1, Regeln zur Handhabung von Leerzeichen, Zeilenwechseln und Kommentaren finden Sie in den
Kapiteln 22.2 und 22.3. und alle Schlüsselworte von Java finden Sie in Tabelle 10.2. Um
Methoden- von Variablennamen zu unterscheiden (die beide mit einem Kleinbuchstaben
beginnen), setzt man in Buch- und Dokumentationstexten oft ein leeres
Parameterklammerpaar () hinter den Methodennamen. Das leere Klammerpaar im Text
besagt nichts über die Anzahl der Parameter der betreffenden Methode.

In der Klasse Hello wird eine einzige statische Methode namens main() definiert. Sie
beginnt auf Zeile 2 und ihre Implementierung endet mit ihrer schließenden
Blockklammer } auf Zeile 4. Das einzige, was sie tut, ist auf Zeile 3 der Aufruf einer
Methode println() mit einer Zeichenkettenkonstante als Parameter. Die
Zeichenkette beginnt mit einem Zeichen Unicode-Nr. 10 für einen Zeilenvorschub, das
in Zeichen- und Zeichenkettenkonstanten durch die Folge \n dargestellt wird, gefolgt von
den Zeichen Hello World einschließlich der Leerzeichen. Diese Zeichenkette wird auf
der Normalausgabe (System.out) ausgegeben.

Eine statische Methode, die dadurch gekennzeichnet ist (man sagt auch eine statische
Methode der Signatur), dass

- sie keinen Wert (nichts) zurückgibt – void –,
- `main` heißt und
- genau einen Parameter vom Datentyp Array von String – String[] – übernimmt (hier innerhalb der Methode `args` genannt),

ist in Java ein möglicher Startpunkt einer Applikation. Anders gesagt: Wenn eine Klasse von der JVM (java oder javaw) als Erstes geladen wird, beginnt das Programm in einer solchen Methode `main()` der betreffenden Klasse. Endet diese Methode, ist auch die Anwendung beendet – um genau zu sein, ihr (hier einziger) Hauptausführungsfaden. Diese Art des Programmstarts ist einfach eine Festlegung der Sprache Java.

Ein Array (auch Feld oder Datenfeld genannt) ist eine Satz von Variablen eines Basistyps, auf die man mit einem so genannten Index in eckigen Klammern, [0], [1] etc. zugreifen kann. Der Index kann Werte im Bereich 0 bis n-1 haben, wenn n die Anzahl der Elemente des Arrays ist. Falls beim Start einer Anwendung nach dem Klassennamen weitere Parameter angegeben werden, wie beispielsweise

```
java Hello Otto uhu Emil.txt
```

so stehen diese weiteren Parameter der Methode main als Elemente des String-Arrays zur Verfügung. In diesem Beispiel hätte `args[ 0]` den Wert „Otto", `args[ 1]` den Wert „uhu" und `args[ 2]` den Wert „Emil.txt". Auf diese Weise können einer Java-Anwendung Befehlsparameter wie beispielsweise Dateinamen oder URLs übergeben werden.

Übung 2.3: Führen Sie das „Hello world"-Beispiel durch.
Falls etwas nicht läuft, versuchen Sie systematisch zu unterscheiden:

- Fehler Ihrer Installation: die Werkzeuge laufen nicht.
- Fehler im Java-Quell-Text: Der Compiler javac macht Meldungen und erzeugt keine (neue) Klassendatei.
- Fehler zur Laufzeit: Ihr Programm erzeugt nicht die erwartete Ausgabe oder Sie erhalten Meldungen der Art „Exception xyz ...".

Ab nun wird endgültig vorausgesetzt, dass Sie über einen (HTML-) Browser wie beispielsweise den Netscape Navigator, verfügen. Installieren Sie einen solchen, auch wenn Ihr Rechner nicht vernetzt ist und Sie mit diesem Rechner keinen Internet-Zugang haben. Sie benötigen einen Browser für die Arbeit mit Applets und vor allem zum Lesen der (mitgelieferten und später von Ihnen selbst generierten) Java-Dokumentation.

Übung 2.4: Finden Sie in der Online-Dokumentation etwas zu System, System.out und `println()`.

Übung 2.5: Experimentieren Sie mit Ihren Hello-Programmen. Ändern Sie den Text, geben Sie mehrere Zeilen aus und Ähnliches.

Übung 2.6: Versuchen Sie statt lediglich konstantem Text auch den der zusätzlichen Kommandoparameter auszugeben. Nennen Sie die geänderte Klasse HelloP.

☞ Falls Sie bei Ihren Texten Umlaute und Eszet verwenden, werden Sie von der Ausgabe höchstwahrscheinlich enttäuscht sein. Dies ist ein Microsoft-Windows/Windows-DOS-Shell-Problem. Es werden in ein und demselben System unterschiedliche Zeichencodierungen für alle Windowsanwendungen (im Allgemeinen ISO 8859-1 = Latin1) und für die Ein- und Ausgabe der DOS-Shell (im Allgemeinen Codepage Cp850) verwendet. Die Kommandozeile der DOS-Shell denkt dann übrigens wieder in ISO 8859-1. Dieses Problem, das man anhand des Kapitels 8.2.6 und der Tabelle 26.3 nachvollziehen kann, kann man in Java durch den Einsatz von entsprechend konstruierten PrintWriter- und Reader-Objekten (siehe auch Kapitel 20.6) bewältigen.

⚠ Auf ein echtes Java-Problem – einen harten Designfehler von java und javaw – können Sie stoßen, wenn Sie die Ausgabe der Programmparameter verwirklicht haben. Geben Sie einen Parameter mit so genannten Datei-Wildcard-Zeichen * oder ? ein, so wird dieser Parameter in einem oder mehrere andere expandiert, falls es im betreffenden Verzeichnis passende Dateien gibt. Nur wenn es keine passende Datei gibt, wird ein solcher Parameter unverändert übergeben.

Geben Sie als Test einmal `Java HelloP Hell*.*` und einmal Java `HelloP X.*` ein. Diese Expansion von Wildcard-Zeichen erfolgt für die Anwendung vollkommen unkontrollierbar. Die Anwendung kann nicht einmal feststellen, dass eine solche Expansion stattgefunden hat. Dieses „Feature" (das ein „Bug" ist) kann für vorhandene Dateien gefährlich werden – man denke an eine Kopieranwendung mit Quell- und Zielparameter.

Natürlich wird die Expansion von Wildcardnamen und der Vergleich von solchen mit festen Namen in manchen Anwendungen benötigt. Dann sollten diese Anwendungen diese Dienste aber unter eigener Kontrolle als vorgegebene Methoden komfortabel nutzen können. Hierzu findet sich in den JDK-Klassenbibliotheken leider fast nichts. Die Klasse `DE.a_weinert.Datei` aus der Bibliothek aWeinertBib schließt diese Lücke teilweise.

2.2.2   Hello World als Applet

Ein Java-Programm, wie das beispielhafte „Hello", das (kommandozeilengesteuert) auf einer JVM läuft und mit der statischen Methode `main()` der ersten geladenen Klasse startet, nennt man eine Anwendung (oder nach dem englischen application auch oft Applikation). Das eben geschriebene Hello-World-Programm, Beispiel 2.2 oder 2.3, ist eine Applikation. Java-Programm, -Applikation und -Application werden oft synonym gebraucht.

Das Laden und Starten der vielfach bekannten Applets ist ganz anders festgelegt. Die zuerst zu ladende Klasse, die eine Unterklasse von Applet sein muss, wird im code-Parameter des applet-Tags einer HTML-Seite festgelegt. Der Appletviewer des JDK oder ein Browser (im Sinne von HTML-Seitenbetrachter, z. B. Netscape), der so eine HTML-Seite darstellt, lädt diese Klasse und erzeugt (intern) eine Instanz – ein Objekt – dieser Klasse. Um das Applet dann laufen zu lassen, werden die (nicht-statische)

Objektmethoden `init()`, `start()`, `stop()`, `paint()` etc. vom Browser aufgerufen.

 Zu den Begriffen Klasse und Objekt, siehe unter anderem das Kapitel 6.3; zu den Applet-Methoden siehe Kapitel 20.8 ; zu HTML siehe Kapitel 9.

Eine Methode `main()` wird für ein Applet nicht benötigt. Daraus ergibt sich dann auch die Möglichkeit, in einer Klasse beides, Applikation und Applet, zu verwirklichen, indem alle für beide Rollen nötigen Methoden bereitgestellt werden.

Um ein Applet zu erzeugen und laufen zu lassen, benötigt man also eine Java-Quelle, Beispiel 2.4, die man mit javac übersetzen muss und eine HTML-Seite, Beispiel 2.5.

Beispiel 2.4: "Hello World" als Java-Applet `HelloApplet`

```
import java.applet.Applet;                    //  1
import java.awt.*;                            //  2

public class HelloApplet extends Applet {     //  4

    public static final Font gtFont = new Font(  //  6
                "SansSerif",Font.BOLD,22);       //  7

    public void paint(Graphics gr) {          //  9
        setBackground(Color. yellow);         // 10
        gr.setFont(gtFont);                   // 11
        gr.setColor(Color.red);               // 12
        gr.drawString("Guten Tag!", 65, 45);  // 13
        gr.drawOval(20,17, 200,41);           // 14
    } // paint()                              // 15
} // class HelloApplet                        // 16
```

Die import-Anweisungen der Zeilen 1 und 2 machen dem Compiler den Namensraum der Klassen Applet (Kapitel 20.8) und aller (*) Klassen aus dem Paket java.awt (hier insbesondere Font, Graphics und Color) bekannt. Es wird eine von der Klasse Applet abgeleitete Klasse `HelloApplet` definiert; die Klassendefinition beginnt in Zeile 4 und endet mit der zugehörigen schließenden Blockklammer } auf Zeile 16. `HelloApplet` erbt alle notwendigen oben genannten Methoden (`start()`, `init()` usw.) von Applet. Um tatsächlich etwas darstellen zu können, muss die geerbte funktionslose Methode `paint()` ersetzt oder überschrieben werden; dies geschieht in den Zeilen 9 bis 15. Zum Erben bei Klassen siehe unter anderem das Kapitel 17.2.3.

Die Methode `paint()` übernimmt als Parameter eine Referenz auf eine Objekt vom Typ Graphics, hier in die lokale Variable `gr`. Objekte diese Klasse kapseln ganz allgemein farbige, grafische Ausgabemöglichkeiten auf einer ebene Fläche. Die Benutzung solcher Objekte ist unabhängig davon, ob es sich um ein Blatt Papier in einem Drucker oder Plotter oder um einen Bildschirm handelt (dank Vererbung und Polymorphie). Alle Graphics-Objekte denken in Pixel-Koordinaten, wobei der Ursprung (0,0) in der linken oberen Ecke liegt und nach rechts und ungewohnterweise nach unten positiv gezählt wird. Alle Zahlenkonstanten in den Beispielen 2.4 und 2.6 sind solche Pixel-Koordinaten beziehungsweise -Abmessungen.

Die Aktionen der „Mal"- Methode `paint()` sind schnell aufgezählt. Sie setzt in Zeile 10 die Hintergrundfarbe (des ganzen Applets) auf gelb. In Zeile 12 wird die Vordergrundfarbe des Graphics-Objekts für alle weiteren Ausgaben auf rot gesetzt, nachdem für Textausgaben in Zeile 11 die in den Zeilen 6 und 7 erzeugte Schriftart gesetzt wurde. Mit diesen Einstellungen wird in Zeile 13 ein Text ausgegeben, dessen linke untere Ecke die Koordinaten (65,45) hat. Dieser Text wird in Zeile 14 noch mit einer Ellipse umkringelt. Die Methode `paint()` wird vom Browser jedes Mal mit einem passenden Graphics-Objekt aufgerufen, wenn das Applet oder ein Teil davon auf dem Bildschirm (neu) ausgegeben oder wenn es gedruckt werden muss.

Ein Applet läuft innerhalb eines Browsers und muss dazu in eine HTML-Seite eingebettet werden. Beispiel 2.5 ist eine zum Applet `HelloApplet` (Beispiel 2.4) passende Seite.

Beispiel 2.5: Die HTML-Seite hello-applet.html zum Laufenlassen von `HelloApplet`

```
<!DOCTYPE html PUBLIC "-//W3C//DTD XHTML 1.0 Transitional//EN">
<html><head>
<title>Das Hello-Applet   </title>
<meta name="GENERATOR" content="EditPad" />
<meta name="AUTHOR" content="Albrecht Weinert" />
<meta http-equiv="content-language" content="de" />
</head><body bgcolor="#ffffff" text="#000000">
Hier l&auml;uft das Hello-Applet.<br />
<br />
<applet code="HelloApplet.class" width="250" height="80"
hspace="25">Wenn Sie diesen Text sehen, ist Ihr Browser
nicht in der Lage, Java-Applets laufen zu lassen. </applet>
<br /><br />Das wars.<br />
<br />
</body></html>
```

Für unsere Zwecke ist eigentlich nur das so genannte applet-Tag im so genannten body der HTML-Seite wichtig. Seine hier verwendeten Parameter bestimmen die Klassendatei des auszuführenden Applets, die Größe seiner grafischen Darstellung sowie deren seitlichen Freiraum.

Die Klassendatei HelloApplet.class – das Ergebnis der Übersetzung von HelloApplet.java – und die HTML-Datei helloapplet.html müssen sich im selben Verzeichnis befinden. Wenn man dann die HTML-Seite mit einem Browser wie Netscape anschaut, erhält man das in Bild 2.2 gezeigte Ergebnis. Das Applet zeigt „Guten Tag!" mit großer roter Schrift, „umkringelt", auf gelbem Hintergrund.

Übung 2.7: Führen Sie das Applet-Beispiel durch.
Falls das Applet nicht wie in Bild 2.2 angezeigt wird, obwohl Sie die Klassendatei durch

eine fehlerfreie Übersetzung erhalten und die richtige HTML-Seite haben, probieren Sie Folgendes:

- Konfigurieren Sie Ihren Browser so, dass er Java (Applets) erlaubt. Applets sind kaum sicherheitskritisch, ganz im Gegensatz zu JavaScript, ActiveX, Cookies, VBScript etc.
- Versuchen Sie es mit dem AppletViewer aus dem JDK.

Übung 2.8: Finden Sie in der Online-Dokumentation etwas zu Applet und zu Graphics heraus.

Übung 2.9: Experimentieren Sie mit dem Applet und der HTML-Seite (andere und zusätzliche Texte, weitere Grafikelemente). Um Änderungen der Klassendatei wirksam werden zu lassen, muss man beim Netscape auf den Reload-Knopf (Bild 2.2) bei gedrückter Shift-Taste drücken.

Übung 2.10: Vereinigen Sie die Hello-Word-Applikation und das Applet in einer neuen Klasse HelloUniv und lassen Sie diese mal als Applikation (mit java) und mal als Applet (mit einer entsprechend modifizierten HTML-Datei) im Browser laufen.

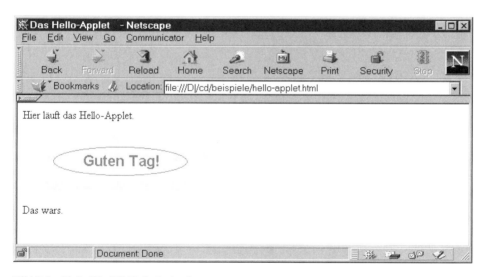

Bild 2.2: „Hello World" läuft als Applet

2.2.3   Hello World als grafische Applikation

Mit dem Applet des letzten Kapitels sind die grafischen Möglichkeiten von Java ein bisschen angeklungen. Nun kann auch eine eigenständige Java-Applikation (die ohne Browser läuft und in der Methode `main()` startet) Fenster und Grafik erzeugen. Beispiel 2.6 soll auch diesen Aspekt aus dem Reigen der Möglichkeiten von Java demonstrieren und nach der JDK-Installation erproben.

Beispiel 2.6: „Hello World" als grafische Java-Anwendung

```java
import java.awt.*;
import java.awt.event.*;
public class HelloGraf extends Frame {

    public final Font gtFont = new Font("SansSerif",
                        Font.BOLD,22);

    public HelloGraf(String s) {
        super(s);
        setSize(new Dimension(400,200));
        addWindowListener(new WindowAdapter() {
            public void windowClosing(WindowEvent e) {
            setVisible(false);
            dispose();
            System.exit(0);
            }
        });
        setBackground(Color.yellow);
        setVisible(true);
    } // Konstruktor

    public void paint(Graphics g) {
        g.setFont(gtFont);
        g.setColor(Color.red);
        g.drawString("Guten Tag!", 75, 105);
        g.drawOval(30,77, 200,41);
    } // paint()

    public static void main(String[] args) {
        new HelloGraf("Hello als Grafik");
    }

} // class HelloGraf
```

Diese Quelle wird hier nicht näher erläutert; sie erschließt sich, wenn man mit dem Buch beziehungsweise dem Studium der Sprache Java einmal durch ist. Sie muss wie die textorientierte „Hello World"-Applikation mit javac übersetzt und mit java, oder hier auch javaw, gestartet werden:

```
javac HelloGraf.java
javaw HelloGraf
```

Die Anwendung stellt sich als normales Windows-Fenster dar, Bild 2.3. Die Anwendung kann mit Klick auf das rechte obere Kreuzlein oder mit dem Menüpunkt „Schließen" unter der Java-Tasse beendet werden.

Die Handhabung und Programmierung von Applets und von grafischen Anwendungen weist neben vielen Gemeinsamkeiten tiefgreifendere Unterschiede auf, als die kleinen Beispiele 2.4 und 2.6 erahnen lassen. Dennoch ist es unter Umständen und mit etwas Aufwand möglich, eine Klasse so zu gestalten, dass sie sowohl als Applet als auch als grafische Applikation läuft.

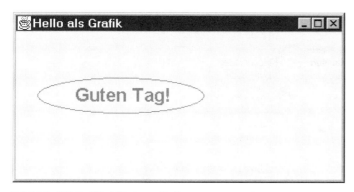

Bild 2.3: "Hello World" als grafische Java-Anwendung

 Ein Beispiel hierfür, `ComplDemo`, findet sich auf der CD; siehe auch Kapitel 25.5 .

Man kann in der sehr unterschiedlichen Handhabung von Applet und Applikation – und im Ansatz für die letztere – durchaus einen Mangel im Entwurf von Java sehen. Auf der einen Seite hat man den Start innerhalb eines Objekts einer ziemlich mächtigen Ausgangsklasse mit unter anderem relativ einfach zugänglichen Möglichkeiten, Bilder und Töne zu handhaben etc. Auf der anderen Seite steht das völlig objektorientierungswidrige Konzept des Starts in einer statischen Methode, die fast nichts vorfindet. Selbst die vorgegebenen Normalein- und -ausgabeobjekte sind nur eingeschränkt verwendbar, was sich auch darin zeigt, dass ihre Klassen teilweise abgekündigt (deprecated; vgl. Kapitel 18.1) sind. Wer viele (ernsthafte) Applikationen schreibt, wird feststellen, dass man immer wieder die gleichen Ablaufumgebungen, Grunddienste und -informationen erzeugen und bereitstellen muss, bevor die eigentliche Arbeit der Anwendung beginnen kann. Dies kann man weitgehend in eine gemeinsame (abstrakte) Applikationsklasse auslagern.

 `DE.a_weinert.App` (aus der Bibliothek aWeinertBib) ist ein solcher Ansatz. Zu hoffen bleibt, dass eines Tages ein anderer Ansatz für Applikationen im Sprachumfang bereitgestellt wird.

Im Kapitel 25.1 werden noch zwei Erweiterung des ersten Hello-Beispiels besprochen.

3   Erstellung und Lauf von Java-Anwendungen

Als Abschluss der Installation und Erprobung des JDK soll noch einmal der Weg einer Java-Anwendung von der Quelle bis zum Laufen anhand des Bilds 3.1 verfolgt werden. Das Augenmerk liegt dabei auf den Besonderheiten von Java gegenüber dem Vorgehen in anderen Programmiersprachen und auf der Portabilität.

Der Quelltext der Anwendung wie die als Beispiel 3.1 gegebene „Verallgemeinerung" des Hello-World-Programms wird mit einem Editor eingegeben und in einer Datei

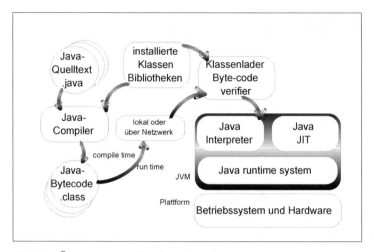

Bild 3.1: Übersetzung und Lauf von Java-Programmen

Test.java gespeichert. Diese Datei ist im Bild 3.1 oben links als ein Kreis „Java-Quelltext" dargestellt.

Beispiel 3.1: Eine abgewandelte Hello-World-Anwendung.
Anstelle eines festen Textes „Hello ..." gibt sie die Aufrufparameter aus

```
public class StartPar {

    public static void main(String[] args) {
        for (int i = 0; i < args.length; i = i+1) {
            System.out.print(args[ i] + " ");
        }   // for
        System.out.println();
    } // main

}   // class
```

Man übersetzt die Quelle mit dem Java-Compiler JavaC aus dem JDK:

```
javac StartPar.java
```

Der Compiler erzeugt für die in der Quelle definierten Klassen .class-Dateien, die den Bytecode für die JVM enthalten. Diese .class-Dateien sind im Bild 3.1 unten links als Kreis „Java-Bytecode" dargestellt. In Java ist alles in Klassen verpackt; als Ergebnis der (javac-) Übersetzung von Java-Quellen erhält man ausschließlich solche Klassendateien. Für jede in einer Quelle definierte Klasse (und jede definierte Schnittstelle) entsteht genau eine .class-Datei. In einem Projekt gibt es so im Allgemeinen mehr Klassen- als Quelldateien, und bei großen Projekten sind es dann eben sehr viele (die man aber in einem Java-Archiv, einer .jar-Datei, zusammenfassen kann).

Der Bytecode der Klassendateien ist portabel und plattformunabhängig. Das heißt, dasselbe Kompilat läuft auf unterschiedlichen Rechnern und Betriebssystemen (ohne Neuübersetzung). Diese Eigenschaft ist grundlegend für die Erfolge von Java in Netzwerken. Sie ist im Bild 3.1 durch die mögliche Unterscheidung in ein Erstellungssystem („compile time": Editor, Java-Compiler) in der linken Bildhälfte und ein Zielsystem („run time": Klassenlader, JVM) in der rechten Bildhälfte dargestellt.

Diese beiden Systeme dürfen auch identisch sein. Das heißt, bei Java spielt es keine Rolle, ob dieselben Klassendateien einfach auf dem Erstellungssystem (=Zielsystem) liegen bleiben, mit einer Diskette zu einem anderen, auch unterschiedlichen System transportiert oder über ein Netzwerk dorthin übertragen werden.

Man kann auch sagen: Die Java-Plattform sieht auf allen Zielsystemen gleich aus; dies ist in Bild 3.2 dargestellt.

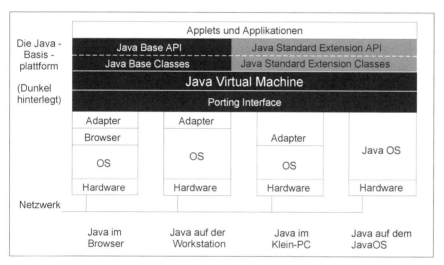

Bild 3.2: Die Java-Plattform – sie sieht für alle Systeme gleich aus.
Über ein Netzwerk können unterschiedliche Systeme kommunizieren und dieselben Klassendateien austauschen und nutzen.

Das rechte Beispiel in Bild 3.2 ist eine Besonderheit. Hier ist das ganze Betriebssystem so entworfen, dass es (auch) die „Porting interface" genannte einheitliche Schnittstelle direkt bedient. Die höheren Schichten solcher JavaOS genannten Betriebssysteme sind dann meist in Java geschrieben.

Weiter mit der erstellten Java-Anwendung: Man startet nun die erstellte Java-Applikation (auf dem Zielsystem) indem man eine Java virtual machine (JVM) laufen lässt:

```
java StartPar Hallo  Welt!
```

Die Programme java.exe und javaw.exe aus dem JDK emulieren die JVM. Der erste Parameter im Beispiel benennt die Klasse, die die statische Startmethode namens main() enthält, siehe Beispiel 3.1. Weitere Parameter werden dieser Methode gegebenenfalls als Array (Datenfeld) von Zeichenketten (String[]) übergeben.

Wenn alles gut geht und erlaubt ist, ergibt dieser Aufruf die Ausgabe „Hallo Welt!" auf dem Bildschirm.

Bevor das passiert, startet die JVM (Java.exe) als erstes einen so genannten Klassenlader. Dieser ist übrigens auch ein Objekt und verwendet dieselben Mechanismen der JVM wie die Java-Anwendungen selbst. Der Klassenlader holt die angegebene Klassendatei und überprüft sie unter anderem auf die Einhaltung von Java-Standards und Sicherheitsregeln. Eine manipulierte .class-Datei, die beispielsweise Zugriffsbeschränkungen verletzt, wird abgewiesen.

Dann wird der Bytecode der geladenen .class-Datei in der JVM abgearbeitet. Bei Java-Anwendungen beginnt die Ausführung am Anfang der main-Methode der ersten geladenen Klasse. Bei Applets läuft es im Grundprinzip ähnlich, nur muss man sich die JVM innerhalb eines Browsers vorstellen. Von frisch geladenen Applet-Klassen wird ein Objekt erzeugt und die Ausführung beginnt in dessen Methode init().

Anweisungen, die (über Methoden der API-Klassen) auf Dienste des unterlagerten Betriebssystems zugreifen, unterzieht die JVM einer Sicherheitsüberprüfung. Dies gilt auch für rein lesende Zugriffe und Anfragen. Dies geschieht zur Laufzeit bei jedem entsprechenden Zugriff. Dieser (relativ geringe) „overhead" ist ein Preis für die hohe Sicherheit von Java.

Die „Sicherheitsphilosophie" der JVM ist konfigurierbar und von Applets nicht manipulierbar. Die häufig verwendete Standardphilosophie ist, dass lokal geladene Anwendungen alles dürfen und Applets vom Netz fast nichts. Die Begründung ist, dass man Applets einfach nicht traut. Mit der Standardeinstellung können sie keinerlei Schaden anrichten, aber auch wenig Nützliches tun („security first"). Lokale Anwendungen hat man hingegen selbst erstellt beziehungsweise von einer bekannten Quelle – hoffentlich – bewusst bezogen.

Diese übliche rigorose – aber so keineswegs notwendige – Beschränkung der Möglichkeiten von Applets hat zeitweise zum falschen Verdacht geführt, Java tauge wohl für lustige Animationen auf Web-Seiten, aber nicht für ernsthafte Anwendungen. Inzwischen hat sich Java durchgesetzt und wird selbst auf www-Seiten kaum noch für „Tanzbären" missbraucht. Das abstufbare Sicherheitskonzept ab Java 1.2 und so genannte „signed .jar-files" erlauben auch die Darstellung ernsthafter Dienste mit Applets. Und so werden Applets auch beispielsweise für das Online-Banking millionenfach genutzt.

Bild 3.3 zeigt als Gegensatz zu Bild 3.1 den bei anderen Programmiersprachen üblichen Weg eines Programms von der Quelle bis zur Ausführung. Dies gilt auch für das Assembler-Beispiel 2.1.

In Java (Bild 3.1) ist das Übersetzungsergebnis (.class) plattformunabhängig und auch selbst direkt auf einer (in Bild 3.3 nicht notwendigen) JVM lauffähig. Die Java-

Werkzeuge sind damit lediglich von der Erstellungsplattform und die JVM ist lediglich von der Zielplattform abhängig – z. B. JDK für Windows und JVM für Money-Card. Da beim Vorgehen in anderen Sprachen bereits das Übersetzungsergebnis, der so genannte Objektcode in Bild 3.3, zielplattformspezifisch ist, muss es für jede Kombination von Entwicklungs- und Zielsystem eigene Werkzeuge (Assembler, Compiler etc.) geben.

Das Endergebnis eines Compilerlaufs oder Assemblerlaufs ist ein dem Quelltext entsprechendes Programm für das Zielsystem in der Form von Maschinenbefehlen des Zielprozessors; im Falle von PCs ist das ein Mitglied der Intel-80x86-Familie. Die Form dieser Ausgabe des Compilers wird aus historischen Gründen Objekt und bei Ablage in einer Datei Objektdatei genannt. Die Bezeichnung hat nichts mit objektorientierter Programmierung zu tun; es sind mit Objektcode hier einfach (fast) lauffähige Programme oder Programmstücke für das Zielsystem gemeint.

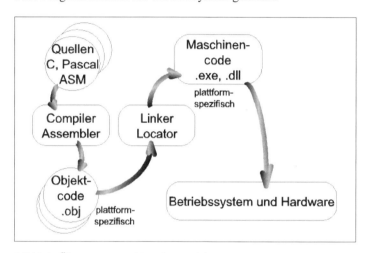

Bild 3.3: Übersetzung und Lauf von Nicht-Java-Programmen

Für die meisten Zielplattformen (Rechnerarchitektur mit Betriebssystem) hat sich eine bestimmte Form solcher „Objektdateien" durchgesetzt, die unabhängig von der Quellsprache ist. Das heißt, ein Pascal-Compiler und ein Assembler liefern dann dieselbe Form der Objektdatei. Diesen Objektdateien fehlen zum lauffähigen Programm unter anderem noch Adressfestlegungen und Funktionen aus Bibliotheken und anderen Quellen. Außerdem kann sich ein lauffähiges Programm aus mehreren Quellen und Objekten zusammensetzen (getrennte Übersetzung).

Diese letzten fehlenden Schritte, wie die Auflösung von Bezügen auf „externe" Funktionen oder Variablen und die weitere Festlegung von Adressen, erledigen Programme, die Linker („Zusammenbinder"), Locator („Platzierer") oder so ähnlich genannt werden. Ihr Ergebnis ist das auf der Zielplattform lauffähige Programm.

Der Schritt des Linkens als des Zusammenbaus von unter Umständen sehr vielen Modulen zu teilweise großen (monolithischen) Blöcken und gegebenenfalls die Überlegung zu ihrer Unterteilung in handhabbare und ladbare Blöcke, entfällt bei Java ganz.

Java ist „dynamisch". Es lädt zur Laufzeit nur die im jeweiligen Ablauffall benötigten Klassen. Wenn eine riesige Java-Anwendung, die Tausende von eigenen Klassen umfasst, bei einem Start feststellt, dass sie nichts tun kann (fehlende Parameter oder was auch immer), so wird vielleicht nur eine einzige anwendungsspezifische Klasse geladen.

Auffälligster Unterschied ist das Fehlen der JVM in Bild 3.3. Direkt in Maschinencode der Zielplattform ausführbare Dateien erkaufen ihre mögliche Schnelligkeit mit dem Verlust – in Vergleich zu Java – von Plattformunabhängigkeit, Dynamik und vielen Sicherheitsmechanismen. Natürlich wird gerade bei kleinen Anwendungen wie den Hello-World-Beispielen immer gelten: Eine „Mini-Assembler-Exe-Datei" von hier nur 544 Byte Länge wird schon fertig sein, bevor ein eigens hierfür gestartetes java.exe (selbst schon 13,3 KByte) überhaupt wissen kann, was es tun soll.

Die immer gern aufgeführten Geschwindigkeitsnachteile von Java werden allerdings für große (Server-) Anwendungen (also da wo sie wirklich wehtun würden) durch zahlreiche Fortschritte (wie auch so genannte just in time compiler – JIT, Bild 3.1) immer bedeutungsloser. Hinzu kommen gerade hier alle Vorteile durch die Robustheit und die kürzeren Entwicklungszeiten von Java im Vergleich zu allen anderen Konkurrenten zum Tragen.

Teil II – Grundbegriffe aus der Informatik

Die Informatik (Englisch computer science) ist die Wissenschaft von der systematischen Verarbeitung von Informationen insbesondere der automatischen Verarbeitung auf Digitalrechnern (Computer). Im Vordergrund stehen prinzipielle Verfahren und weniger die spezielle Realisierung. Die Inhalte der Informatik sind daher vorwiegend logischer Natur und unabhängig von bestimmten Rechnern, Rechnerarchitekturen oder Programmiersprachen.

4   Algorithmus

Ein Algorithmus ist eine Verarbeitungsvorschrift, die so präzise formuliert ist, dass sie automatisch ausgeführt werden kann.

Für die Zwecke der Programmierung (in einer imperativen, prozeduralen Sprache) kann man sich auf prozedurale Algorithmen beschränken. Sie lassen sich als Folge von Aktionen beschreiben, die Zustandsübergänge eines tatsächlichen oder gedachten Systems bewirken. Die Zustände beschreibt man durch den Inhalt von Variablen.

Elementare Aktionen sind

- die Übernahme von Werten, genannt Eingabe,
- die Änderung der Werte von Variablen (Kapitel 4.2) des Algorithmus, genannt Wertzuweisung, und
- die Übergabe von Werten, genannt Ausgabe.

Einige Algorithmen, insbesondere solche zur Lösung nummerischer Probleme oder solche zum Handhaben von Daten – Suchen, Sortieren und so weiter –, haben eine klare so genannte EVA-Struktur. Sie sind eine Folge von Eingabe, Verarbeitung und Ausgabe.

☞   Mit Ein- und Ausgabe sind in diesem Zusammenhang aus der Sicht des Algorithmus ganz allgemein die Übernahme und Rückgabe von Werten in und aus Variablen gemeint. Bei einer konkreten Realisierung (Implementierung) des Algorithmus kann dies zum Beispiel über Parameter und Rückgabewerte von Methoden oder Funktionen, aber auch als „echte" (Prozess-) Ein- und Ausgabe geschehen.

4.1 Automat

Ein (deterministischer) Automat, Bild 4.1, ist ein System

- mit Ein- und Ausgabe,
- das Zustände hat
- und Zustandsübergänge kennt.

In einzelnen (Arbeits-) Schritten ändert sich der Zustand in Abhängigkeit des (Vor-) Zustandes und der Eingabe und es wird eventuell eine Ausgabe produziert.

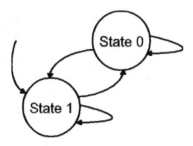

Bild 4.1: Ein endlicher Automat mit (nur) zwei Zuständen

Mit dem Automatenbegriff ist man auch in der Lage, die Abarbeitung eines Algorithmus Schritt für Schritt oder Aktion für Aktion von einem Anfangszustand bis zum (Ergebnis-) Endzustand zu modellieren.

 Ein digitaler Rechner – Ihr PC – ist ein endlicher Automat in diesem Sinne.

4.2 Datentypen und Variablen

Unter Datentyp versteht man die Zusammenfassung einer (endlichen) Menge von Werten und eines klar definierten Satzes von Operationen.
Beispiele für Wertemengen sind

- logische Werte, nämlich Wahr und Falsch (true und false),
- ganze Zahlen im Bereich von -32.738 bis +32.737,
- ganze Zahlen im Bereich von -2.147.483.648 bis +2.147.483.647,
- rationale Zahlen im Bereich von 0,0 bis $\pm 1.797693*10^{+308}$ (mit $4,9*10^{+324}$ als betragsmäßig kleinstem darstellbaren Wert).

Erlaubte Operationen für logische Werte sind unter anderen Und, Oder, Nicht und Exklusiv-Oder (siehe Kapitel 8.2.1 ab Seite 134). Erlaubte Operationen für Zahlen sind neben anderen +, -, *, /, abs (Absolutbetrag) und Vergleiche.

Solche Operationen haben im Allgemeinen einen oder zwei Operanden. Beispiele für Operationen mit einem Operanden sind Nicht und Absolutbetrag; Beispiele für den häufigeren Fall von zwei Operanden sind die Grundrechnungsarten und die Vergleiche.

Die Ergebnisse der Operationen haben auch einen Datentyp. Das Ergebnis kann vom Typ eines der Operanden sein oder auch von einem ganz anderen Typ. So liefert der Vergleich zweier Zahlen einen logischen Wert: Der Ausdruck `zahlA > zahlB` ist entweder wahr oder falsch.

Variable dienen zur Speicherung des Zustands von Algorithmen beziehungsweise der entsprechenden Programme. Eine Variable eines bestimmten Datentyps ist eine Art Behälter (Container), in dem ein Wert aus der Wertemenge des Datentyps gespeichert werden kann. Eine logische Variable kann also entweder den Wert Wahr oder Falsch – und keinen sonst – haben. Variablen sind letztlich Abstraktionen von Speicherzellen.

Der Wert einer Variablen kann sich beim Ablauf eines Programms ändern; ihr Datentyp und im Allgemeinen auch ihre Bedeutung bleiben gleich.

4.3 Kontrollstruktur und Kontrollfluss

Ein Algorithmus ist deterministisch, wenn nach jeder Aktion die Nachfolgeaktion eindeutig feststeht. Im trivialen Fall einer festen Sequenz von Aktionen gibt es jeweils nur eine mögliche Nachfolgeaktion. Wenn es mehrere mögliche Nachfolgeaktionen gibt, so muss eine eindeutige Entscheidung aufgrund des Zustands (der Werte der Variablen) gegeben sein.

Ein Algorithmus heißt terminierend, wenn er das verlangte Ergebnis in einer endlichen Zahl von Aktionen oder Schritten erreicht und dies bei jeder zulässigen Eingabe.

Unter Kontrollfluss versteht man die tatsächliche Reihenfolge der Aktionen, die bei einer (konkreten) Abarbeitung eines Algorithmus durchlaufen werden. Welche Folgen von Aktionen überhaupt möglich sind, bestimmt die Struktur oder Kontrollstruktur des (deterministischen) Algorithmus.

Der Begriff Kontrollfluss beschreibt also ein Geschehen, eine Abarbeitung (etwas zur Laufzeit), das bei jeder Abarbeitung (mit anderen Eingangsdaten) anders aussehen kann. Die Kontrollstruktur hingegen ist eine (feste) Eigenschaft eines Algorithmus.

Diese Struktur, die alle prinzipiell möglichen Folgen von Aktionen und Entscheidungen beschreibt, lässt sich auch grafisch darstellen. Zwei Formen, sind verbreitet, siehe Bild 4.2, nämlich

- Flussdiagramme   (Ablaufpläne) nach DIN 66001 (1983) und
- Struktogramme   nach Nassi-Schneidermann, DIN 66261 (1985).

Flussdiagramme erlauben die Darstellung beliebiger – auch total verworrener – Kontrollstrukturen. Struktogramme lassen hingegen nur wenige klare und theoretisch gut verstandene Kontrollstrukturen zu, nämlich

- (einfache) Sequenz,
- Bedingung,
- Alternative,
- Auswahl,
- Wiederholung und
- (Zähl-) Schleife.

Diese früher geschätzte erzieherische Eigenschaft von Struktogrammen ist bei Java unnötig, da Java nur diese Kontrollstrukturen (siehe auch Kapitel 16) kennt und andere, unstrukturierte Kontrollstrukturen gar nicht zulässt.

☞ Weder Struktogramme noch diese Eigenschaft von Java stellen irgendeine Einschränkung dar, da man bereits mit einer Teilmenge der genannten Kontrollstrukturen alles programmieren kann. Man braucht also nicht mehr (insbesondere kein „goto"), es genügt weniger.

4.3.1   Alternative als ausgeführtes Beispiel

Unter der Alternative versteht man eine Kontrollstruktur, bei der zunächst eine Bedingung ermittelt wird. Erweist sich diese als gegeben (wahr, true), so wird eine Aktion ausgeführt. Erweist sie sich hingegen als nicht gegeben (unwahr, falsch, false), so wird alternativ (sonst, andernfalls, else) eine ganz andere Aktion ausgeführt.

Die Bedingung ist eine Vereinfachung der Alternative. Eine Aktion wird ausgeführt, falls eine Bedingung gegeben ist. Das heißt die Aktionen im nicht gegebenen Fall sind leer (Wegfall des sonst- oder else-Teils).

Wo hier von jeweils einer Aktion die Rede war, können auch mehrere Aktionen und/oder Kontrollstrukturen stehen. Man kann die genannten Grundkontrollstrukturen also beliebig schachteln.

Beispiel 4.1: Zwei ineinander geschachtelte Alternativen in Java

```
if (bedingung1) {          // 1
    if (bedingung2)        // 2
        tue("Aktion 1");   // 3
    else                   // 4
        tue("Aktion 2");   // 5
} else                     // 6
    tue("Aktion 3");       // 7
```

Beispiel 4.1 stellt zwei ineinander geschachtelte Alternativen dar, die in Bild 4.2 als Flussdiagramm und als Struktogramm dargestellt sind.

Zunächst wird die bedingung1 ausgewertet (Zeile 1 im Beispiel 4.1). Nur wenn sie gegeben (true) ist, wird bedingung2 ausgewertet (Zeile 2). Gegebenenfalls (true) wird Aktion1 ausgeführt (Zeile 3), andernfalls (false, else) Aktion2 (Zeile 5). Falls bedingung1 (Zeile1) nicht gegeben (false) ist, wird nur Aktion3 (Zeile 7) ausgeführt.

Man spricht bei einer konkreten Abarbeitung eines Algorithmus oder Programms auch anschaulich von einem „Ausführungsfaden" (Englisch thread), der die Folge von Aktionen durchläuft, oder vom Kontrollfluss. Die Kontrollstruktur eines Algorithmus oder eines Programms beschreibt die Gesamtheit der möglichen „Abwicklungswege" dieses Fadens. In der linken Hälfte des Bilds 4.2 könnte man mit einem Stift einen der (drei) möglichen Wege von oben nach unten nachzeichnen.

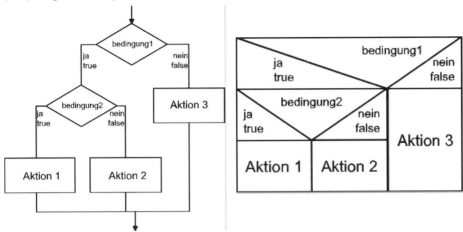

Bild 4.2: Geschachtelte Alternativen in den grafischen Darstellungen Flussdiagramm (links) und Struktogramm (rechts)

Die in Beispiel 4.1 und in Bild 4.2 dargestellte kleine Kontrollstruktur kann man auch in einer kleinen Java-Anwendung Laufenlassen, wenn man sie, wie in Beispiel 4.2 geschehen, in die main-Methode (Zeilen 6 bis 16) einer Klasse steckt. Zur Verdeutlichung wurde die Kontrollstruktur aus Beispiel 4.1 (nun Zeilen 8 bis 14) eingerahmt von je einer unbedingten zusätzlichen Aktion 0 (Zeile 7) am Anfang und Aktion 4 (Zeile 15) am Ende. Die Bedingungen wurden als vorbesetzte Boole'sche Variablen (Typ „Wahrheitswert"; Zeilen 3 und 4) realisiert. Hinzu sind drei Implementierungen der in Beispiel 4.1 mehr symbolisch gemeinten Methode tue() gekommen (Zeilen 18 bis 30).

Beispiel 4.2: Ineinander geschachtelte Alternativen in Java
Zum Laufenlassen sind sie in die Methode main() der Klasse ShowAkt verpackt.

```
public class ShowAkt {                                      // 1

    static public boolean bedingung1 = false; // Falsch    // 3
    static public boolean bedingung2 = true;  // Wahr      // 4

    public static void main(String[] args) {               // 6
        tue(0);                                            // 7
        if (bedingung1) {                                  // 8
            if (bedingung2)                                // 9
                tue("Aktion 1");                           //10
            else                                           //11
                tue("Aktion 2");                           //12
        } else                                             //13
            tue(3);                                        //14
        tue(4,1);                                          //15
    } // main                                              //16
```

```
    public static void tue(String s) {                     // 18
        System.out.println("   ____|____ ");               // 19
        System.out.println(" [ " + s + " ]");              // 20
        System.out.println("        |  ");                 // 21
    } // tue(String)                                       // 22


    public static void tue(int aktNum) {                   // 24
        tue ("Aktion " + aktNum);                          // 25
    } // tue(int)                                          // 26


    public static void tue(int aktNum, int mitWert) {      // 28
        tue ("Aktion " +aktNum+ " mit Wert " +mitWert);    // 29
    } // tue(int, int)                                     // 30

} // class ShowAkt                                          // 32
```

Die hinzugekommenen Methoden tue() geben dann den tatsächlichen Kontrollfluss so aus, als habe man ihn in einer einfachen linearen Kontrollstruktur vorgegeben. Bild 4.3 zeigt Übersetzung und Lauf von Beispiel 4.2.

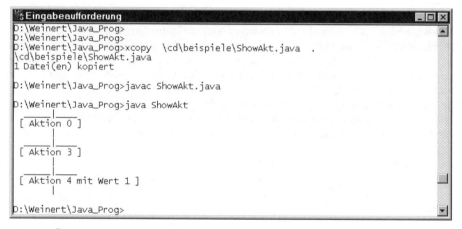

Bild 4.3: Übersetzung und Lauf von ShowAkt. (Beispiel 4.2)

Die Methoden tue() im Beispiel 4.2 nutzen die Möglichkeit von Java, unterschiedliche Methoden gleichen Namens sogar in derselben Klasse zu definieren. Diese müssen sich nur in der Parameterversorgung unterscheiden. Hier sind die Unterschiede ein Parameter vom Typ Zeichenkette (String; Zeile 18), ein Parameter von Typ ganze Zahl (int; Zeile 24) sowie zwei Parameter von Typ ganze Zahl (int, int; Zeile 28). Die in main() in den Zeilen 10 und 12 aufgerufene Methode tue() mit einem String-Parameter (Zeilen 18 bis 22) gibt die als Parameter übergebene Zeichenkette mit etwas „Semigrafik" aus eckigen Klammern und Strichen als Flussdiagrammaktion verpackt auf Normalausgabe aus. Der Ausdruck

```
    " [ " + s + " ] "
```

mit dem Operator + auf Zeile 20 hat hier nichts mit der arithmetischen Operation Addition zu tun. Sobald auch nur eine Zeichenkette (String) „links oder rechts" beteiligt ist, bedeutet + das Aneinanderhängen – gelegentlich auch konkatenieren (Englisch concatenate) genannt – von Zeichenketten. In diesem Ausdruck auf Zeile 20 werden die konstanten Zeichenketten " [" und "   ]   " mit der als Parameter s übergebenen Zeichenkette verknüpft. Der Ergebnisausdruck vom Typ String ist dann der einzige Parameter im Aufruf der Methode println(), die ihn schließlich ausgibt.

Ist bei einer solchen Stringverknüpfung mit + einer der Operanden keine Zeichenkette, so wird der Wert dieses Ausdrucks automatisch in eine Zeichenkettendarstellung gewandelt. Hiervon wird in den Zeilen 26 und 29 der anderen beiden Methoden tue() Gebrauch gemacht. Diese erzeugen auf diese Weise aus den als Parameter übergebenen Zahlenwerten die Texte (Strings) der Form "Aktion..." und nutzen dann die erste Methode tue() zu deren „semigrafischer" Ausgabe.

Übung 4.1: Führen Sie das ShowAkt-Beispiel durch.
Modifizieren Sie es so, dass auch andere Varianten des Kontrollflusses auftreten. Eine Möglichkeit dazu ist die Änderung der Vorbesetzung der Variablen bedingung1 und bedingung2 (Zeilen 3 und 4 im Beispiel 4.2) in allen denkbaren Kombinationen, Neuübersetzen und Laufenlassen.

Übung 4.2: Versuchen Sie das ShowAkt-Beispiel so zu modifizieren, dass man die Bedingungen bedingung1 und bedingung2 als Startparameter in der Form
java ShowAkt true false
vorgeben kann.
Wenden Sie dazu das „Rezept"
bedingung1 = Boolean.valueOf(args[0]).booleanValue();
sinngemäß zweimal an geeigneter Stelle an.
Ändern Sie entweder das Original ShowAkt oder führen Sie in einer Kopie eine neue Klasse ShowAktPar ein.

Bild 4.4 zeigt das Ergebnis dieser Übung mit einem Aufrufbeispiel (true false).

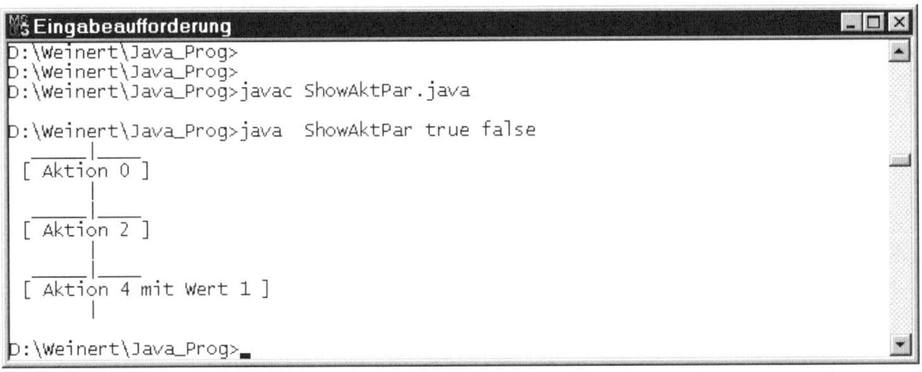

Bild 4.4: Übersetzung und Lauf von ShowAktPar (Beispiel 4.2 als Übung modifiziert)

☞ Das Rezept zur Ermittlung eines Boole'schen Werts (Wahrheitswert, true oder false) aus einem Aufrufparameter einer Anwendung oder ganz allgemein aus einem String lässt sich auch anderswo vielfältig anwenden. Noch häufiger wird das Ermitteln von Zahlenwerten aus Aufrufparametern oder anderen Zeichenketten (String) benötigt. Obgleich sein Verständnis vieles voraussetzt, was später kommt, wird das oft gebrauchte mögliche „Rezept" schon hier gegeben:

```
int wert = 1; // 1 ist der "default-" Wert
try {
    wert = Integer.decode(args[ 2] ).intValue();
} catch (Exception ex) {}
```

Ein Beispiel für die Anwendung dieses Verfahrens findet sich als ein noch mal modifiziertes Beispiel 4.2 als ShowAktPar2 auf der CD. Hier wird ein dritter Zahlenparameter beim Aufruf als zusätzlicher Wert der Aktion 4 anstelle der Konstanten 1 ausgegeben.

4.3.2 Zählschleife als ausgeführtes Beispiel

Unter der Zählschleife versteht man eine Kontrollstruktur, bei der eine Aktion für jeden Wert einer vorgegebenen Folge von ganzzahligen Werten ausgeführt wird. Anstelle der einen Aktion kann natürlich wieder eine Folge von Aktionen einschließlich geschachtelter weiterer Kontrollstrukturen stehen. Zur Organisation einer solchen Schleife gehört

1. die Initialisierung mit Bereitstellung des ersten Wertes aus der genannten Folge,
2. die Überprüfung, ob die Aktion (noch) auszuführen ist,
3. (gegebenenfalls) die Ausführung der Aktion und
4. die Bereitstellung des nächsten Werts der genannten Folge (und weiter mit 2).

Die Punkte 1, 2 und 4 – also die eigentliche Organisation der Schleife – fasst Java in einem so genannten for-Statement zusammen und Punkt 3 stellt den Schleifenblock (auch Schleifenrumpf oder -körper, Englisch body genannt) dar. Beispiel 4.3 zeigt eine solche Schleife und Bild 4.5 das zugehörige Flussdiagramm.

Beispiel 4.3: Die for-Schleife oder Zählschleife in Java

```
for (int i = 7; i < 10; i = i + 1) {   // 1
    tue(1, i);                          // 2
} // for                                // 3
```

Der Eintritt in die Schleife beginnt mit der Initialisierung (Schritt 1). Im Beispiel 4.3 (Zeile1 zwischen Klammer auf und erstem Semikolon) wird hier eine für die Schleife lokale ganzzahlige Variable i vereinbart und mit 7 initialisiert. Danach wird die Schleifenbedingung überprüft. Im for-Statement (Zeile 1) ist dies ein Boole'scher Ausdruck – einer der wahr (true) oder falsch (false) liefert –, der zwischen den beiden Semikola steht. Im Beispiel 4.3 wird hier überprüft, ob die Schleifenvariable i (noch) kleiner als 10 ist.

Trifft dies zu, so werden die Aktionen des Schleifenrumpfs ausgeführt (Schritt 3), der mit der schließenden Blockklammer } (Zeile 3) endet. Im Beispiel wird mit der aus dem letzten Kapitel bekannten Methode `tue()` die Aktion 1 für die Schleifenvariable i ausgeführt (Zeile 2). Danach wird die Weiterschaltanweisung (Schritt 4) ausgeführt. Sie steht im for-Statement zwischen zweitem Semikolon und schließender runder Klammer. Im Beispiel (Zeile 1) wird hier einfach die Schleifenvariable um 1 erhöht. Danach geht es mit der Überprüfung der Schleifenbedingung (Schritt 2) weiter.

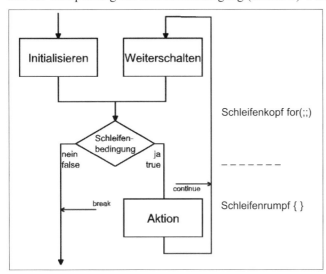

Bild 4.5: Die for-Schleife oder Zählschleife in der grafischen Darstellung Flussdiagramm

Anhand des Bilds 4.5 lassen sich diese Abläufe anschaulich verfolgen. Hier ist auch gezeigt, welche Wirkung die Befehle break; (Raus) und continue; (Weiter) haben, die praktisch Sprünge aus dem Schleifenrumpf heraus auf den „Abwärts"- beziehungsweise „Aufwärtszweig" sind.

Mit den im letzten Kapitel kennen gelernten Mitteln und Methoden (`tue()`) des Beispiels 4.2 (`ShowAkt`) kann man auch den Ablauf einer for-Schleife demonstrieren. Dies ist in Beispiel 4.4 geschehen.

Beispiel 4.4: Die Zählschleife in Java,
zum Laufenlassen verpackt in die main-Methode der Klasse `ShowFor`

```
public class ForAkt extends ShowAkt {          // 1

    public static void main(String[] args) {   // 3
        tue(0);                                 // 4
        for (int i = 7; i < 10; i = i + 1) {    // 5
            tue(1, i);                          // 6
            if (i == 8) continue;               // 7
            tue(2, i);                          // 8
        } // for                                // 9
```

```
        tue(3);                                     // 10
    } // main                                       // 11
} // class ForAkt                                   // 12
```

Die for-Schleife des Beispiels 4.3 (nun Zeile 5 bis 9 in Beispiel 4.4) ist auf zwei Aktionen im Schleifenrumpf erweitert worden (Zeilen 6 und 8). Für den Wert 8 der Schleifenvariablen i wird mit dem in Bild 4.5 gezeigten Befehl continue die Aktion 2 ausgelassen. Dies geschieht durch die bedingte Anweisung in Zeile 7 (== ist ein Vergleichsoperator und = ist die Wertzuweisung).

Die ganze Schleife ist mit zwei unbedingten Aktionen 0 und 3 vorher und hinterher umrahmt (Zeilen 4 und 10); und das Ganze ist zum Laufenlassen als Java-Anwendung in die main-Methode (Zeilen 3 bis 11 der Klasse ShowFor gepackt.

Mit extends ShowAkt (in Zeile 1) erbt die Klasse ShowFor alles von ShowAkt. Damit stehen alle Methoden tue() zur Verfügung, die man also kein zweites Mal implementieren muss. Voraussetzung ist, dass ShowAkt als Klassendatei (.class) oder als fehlerfrei übersetzbare Quelle (.java) zur Verfügung steht.

Bild 4.4 zeigt mit Übersetzen und Laufenlassen das Ergebnis des Beispiels 4.4.

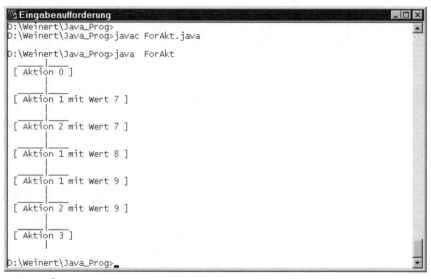

Bild 4.6: Übersetzung und Lauf von ForAkt (Beispiel 4.2)

Übung 4.3: Führen Sie das ShowFor-Beispiel durch.
Modifizieren Sie es so, dass auch andere Varianten des Kontrollflusses auftreten.
Modifizieren Sie Initialisierung, Schleifenbedingung und Weiterschaltanweisung des for-Statements.
Lassen Sie die Schleife auch mal rückwärts laufen.
Ersetzen Sie das continue durch break und experimentieren Sie mit beiden Möglichkeiten.

☞ Wenn Sie continue oder break ohne Bedingung (if) anwenden, werden Sie im Allgemeinen einen Übersetzungsfehler erleben. Der Rest des so verlassenen Schleifenrumpfes wäre dann unerreichbarer Code und so etwas ist ein Syntaxfehler. Der Java-Compiler will grundsätzlich nichts sehen, was unter keinen Umständen zur Ausführung kommen kann.

Übung 4.4: Versuchen Sie das `ShowFor`-Beispiel so zu modifizieren, dass man eine oder mehrere Zahlen statt als Konstanten als Programmstartparameter vorgeben kann; das „Rezept" finden Sie im vorigen Kapitel.

Die weiteren in Java möglichen Kontrollstrukturen werden im Kapitel 16 ab Seite 221 erklärt.

4.4 Zur Bedeutung von Flussdiagrammen und Struktogrammen

Die Bedeutung von Flussdiagrammen und Struktogrammen, siehe Bild 4.2, hat in letzter Zeit kontinuierlich abgenommen. Zur Überlegung und Darstellung kleiner Algorithmen im Team auf dem Papier sind solche Darstellungen sicher noch nützlich. Ansonsten versuchten Struktogramme (historische) Probleme zu lösen, die man mit modernen Programmiersprachen und Ansätzen gar nicht mehr hat oder die man heute ohne weiteres beherrscht.

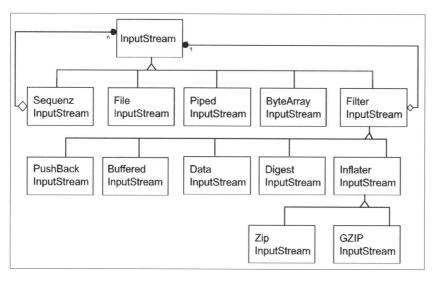

Bild 4.7: Die Vererbungs- und Assoziationsbeziehungen der InputStreams in Java (Zu den Stream-Klassen siehe auch Kapitel 20.6)

Mit modernen objektorientierten Ansätzen hat man ganz andere Entwurfsprobleme und Darstellungsanforderungen. Entsprechend wichtig wird hier die grafische Darstellung von Klassen- und Objektbeziehungen sowie die Darstellung des Nachrichtenaustauschs zwischen Objekten, Synchronisierung und Ereignissen bei mehreren asynchronen Ausführungsfäden und die Darstellung von Entwurfsmustern ([Rumb94], [Rumb97], [Gamm95], [Riehle96]). Bild 4.7 zeigt an einem Beispiel, wie so etwas aussehen kann. In diesem Beispiel sind die Vererbungsbeziehungen und die Assoziationen zwischen den InputStream-Klassen von Java dargestellt. (Ihre Beziehung verwirklicht das Entwurfsmuster Dekorierer oder Englisch decorator pattern aus [Gamm95].)

4.5 Zahlensysteme

Den meisten Menschen ist das dezimale Zahlensystem vertraut und die meisten kennen auch einige Algorithmen zum Rechnen in diesem System – auf dem Papier oder im Kopf.

Dies Zahlensystem hat die Basis 10, die zehn Ziffern von 0 bis 9 und (üblicherweise) eine stellenorientierte Schreibweise. Bild 4.8 zeigt dies am Beispiel der Zahl 11,75 (elfdreiviertel).

Stelle (Nr.)	1	0	Komma	-1	-2
Stellenwertigkeit	10^1	10^0	,	10^{-1}	10^{-2}
Stellenwertigkeit	10	1		1/10	1/100
Zahl	1	1	,	7	5
Zahlenwert	1*10 + 1*1		+	7/10 + 5/100	

Bild 4.8: Die Zahl 11,75 (als Beispiel) im Dezimalsystem
Basis 10, zehn Ziffern 0, 1, 2, ... 8, 9

Die Ziffern vor dem (bei ganzen Zahlen nur gedachten) Komma haben von rechts nach links die Wertigkeiten

$$10^0 = Basis^0 = 1, \qquad\qquad 10^1 = Basis^1 = 10$$

und so weiter und die Ziffern nach dem Komma haben von links nach rechts die Wertigkeiten

$$10^{-1} = Basis^{-1} = 1/10 = 1/Basis, \qquad 10^{-2} = Basis^{-2} = 1/100 = 1/Basis^2$$

und so weiter.

Die so vertraute Schreibweise und Handhabung zur Basis 10 hat ihre natürliche Ursache lediglich darin, dass die Menschen in der Steinzeit mit ihren zehn Fingern zu zählen und rechnen begannen. Man kann sich auch Zahlensysteme mit jeder beliebigen Basis > 0 denken und in Rechnern und bei deren Programmierung werden solche auch verwendet.

Man muss nur einmal vom Dezimalsystem abstrahieren

Basis b, Ziffern von 0 bis b-1, Stellenwertigkeiten ... b^1 b , b^{-1} b^{-2} ...

und sich klarmachen, dass letztlich alles wie im Dezimalsystem funktioniert, und dass auch alle Algorithmen zum Addieren, Subtrahieren, Multiplizieren etc. (auf dem Papier) genauso auch für jede andere Zahlenbasis funktionieren.

Bei Rechnern und ihrer Programmierung haben neben dem Dezimalsystem lediglich die Zahlensysteme zu den Basen 2, 8 und 16, also das Dual- (Binär-), das Oktal- und das Hexadezimalsystem, einige Bedeutung. (Das liegt daran, dass diese Basen alle Zweierpotenzen sind.) Mit ihrer Schreibweise und Handhabung sollte man einigermaßen vertraut sein.

Bild 4.9 zeigt dieselbe Zahl 11,75 (elfdreiviertel) im Hexadezimalsystem. Hier werden nun 16 Ziffernwerte von 0 bis 15 benötigt. Die starke Verwurzelung des Dezimalsystems in unserer Kultur hat dazu geführt, dass es keine Ziffernsymbole > 9 gibt. Für 10 bis 15 hilft man sich hier einfach mit den Buchstaben A für 10 bis F für 15. Die Römer haben ja auch mal mit Buchstaben als Ziffernsymbole angefangen.

Stelle (Nr.)	1	0	Komma	-1	-2
Stellenwertigkeit	16^1	16^0	,	16^{-1}	16^{-2}
Stellenwertigkeit	16	1		1/16	1/256
Zahl		B	,	C	
Zahlenwert		11*1	+	12/16	

Bild 4.9: Die Zahl 11,75 (als Beispiel) im Hexadezimalsystem
Basis 16, 16 Ziffern 0, 1, 2, ... 8, 9, A, B, C, D, E, F

Stelle (Nr.)	1	0	Komma	-1	-2
Stellenwertigkeit	8^1	8^0	,	8^{-1}	8^{-2}
Stellenwertigkeit	8	1		1/8	1/64
Zahl	1	3	,	6	
Zahlenwert	1*8 +	3*1	+	6/8	

Bild 4.10: Die Zahl 11,75 (als Beispiel) im Oktalsystem
Basis 0, 8 Ziffern 0, 1, 2, ... 7

Bild 4.10 zeigt das vertraute 11,75 (elfdreiviertel) nun im Oktalsystem. Mit den benötigten acht Ziffern von 0 bis 7 gibt es nun keine Probleme. Es muss nur klar sein, dass die Ziffern 8 und 9 in einer Oktalzahl nichts zu suchen haben (Syntaxfehler).

Im Dualsystem mit der Basis 2 (weniger geht nicht beziehungsweise läuft auf steinzeitliches Striche-Zählen hinaus) gibt es nur noch die Ziffern 0 und 1. elfdreiviertel hat dual die Darstellung 1011,11.

 Bei Java und bei vielen anderen Programmiersprachen wird bei Zahlenkonstanten ein Punkt an der Stelle des Dezimalkommas verwendet. In einem Programm schreiben Sie bei einer Zahl also 11.75 statt 11,75.

Bei Java können ganze Zahlen als Konstante auch oktal und hexadezimal geschrieben werden. Die Oktalschreibweise wird durch eine führende 0 (sic!) signalisiert und die Hexadezimalschreibweise durch vorangestelltes 0x. Die drei Konstanten

```
15     017     0xF
```

stellen denselben Wert, nämlich 15, dar.

Wie das Beispiel 4.5 und das Bild 4.11 zeigen, gibt es (in der Klasse Integer) auch Methoden, eine ganze Zahl in eine oktale, hexadezimale und binäre Zeichenkettendarstellung (String) zu wandeln.

```
Eingabeaufforderung                                          _□×
D:\cd\beispiele>
D:\cd\beispiele> javac Zahlensysteme.java

D:\cd\beispiele> java Zahlensysteme

    dez | oct | hex | bin
    32  | 40  | 20  | 100000
    33  | 41  | 21  | 100001
    34  | 42  | 22  | 100010
    35  | 43  | 23  | 100011
    36  | 44  | 24  | 100100
    37  | 45  | 25  | 100101
    38  | 46  | 26  | 100110
    39  | 47  | 27  | 100111
    40  | 50  | 28  | 101000
    41  | 51  | 29  | 101001
    42  | 52  | 2a  | 101010
    43  | 53  | 2b  | 101011
    44  | 54  | 2c  | 101100
    45  | 55  | 2d  | 101101
    46  | 56  | 2e  | 101110
    47  | 57  | 2f  | 101111
    48  | 60  | 30  | 110000
    49  | 61  | 31  | 110001

D:\cd\beispiele>
```

Bild 4.11: Übersetzung und Lauf von Zahlensystemen (Beispiel 4.5)

Beispiel 4.5: Zahlenausgabe dezimal, oktal, hexadezimal und dual (binär)

```
public class Zahlensysteme {                          // 1

    public static void main(String[] args) {          // 3

        System.out.println("\n      "                 // 5
            + "dez\t | oct \t | hex \t | bin");        // 6
```

```
        for (int i = 32; i < 50 ; i = i + 1 ) {        // 8
        System.out.println(„        " + i + " \t | "    // 9
            + Integer.toOctalString(i) + " \t | "       // 10
            + Integer.toHexString(i)   + " \t | "       // 11
            + Integer.toBinaryString(i) );              // 12
        } // for                                        // 13
      } // main                                         // 14
    } // class Zahlensysteme                            // 15
```

\n und \t in den Zeilen 5, 6 und 9 bis 11 des Beispiels 4.5 sind jeweils ein Zeichen, nämlich Zeilenvorschub und Tabulator.

Die (quasi externe) Darstellung von Zahlen (für Menschen) als Zeichenketten, also als Folge von Ziffern, Punkt oder Komma, Vorzeichen etc., ist logisch streng von der (internen) Darstellung beziehungsweise Codierung von Zahlenwerten in Rechnern zu trennen; siehe hierzu Kapitel 8.2.

5   Programm

Der Begriff Programm wird in zwei verschiedenen, aber verwandten Sinnen gebraucht:

1.) Ein Programm ist die von einem Rechner direkt ausführbare Verarbeitungsfolge in Form der (codierten) Maschinenbefehle im Arbeitsspeicher des Rechners oder deren Abbild in einer Datei.

2.) Ein Programm ist die Formulierung eines Algorithmus' – also einer präzisen funktionalen oder logischen (Verarbeitungs-) Vorschrift – in einer Programmiersprache.

Ein Programm im Sinne von 2 kann (unter gewissen Vorraussetzungen) in die Form 1 überführt werden.

Für die Umsetzung in Programme müssen die Algorithmen deterministisch und terminierend sein. Das Terminieren in einer endlichen Schrittanzahl ist hierbei nicht (nur) mathematisch, sondern recht praktisch gemeint. Die typisch oder maximal benötigte Bearbeitungszeit sollte dem Problem angemessen sein.

5.1   Komplexität von Algorithmen und Programmen

An dieser Stelle wird die Komplexitätstheorie von Algorithmen bedeutsam. Sie untersucht ganz allgemein, wie viele als elementar angesehene Aktionen ein Algorithmus' zur Lösung eines Problems gegebener Größe n benötigt. Die „Größe" n ist der Umfang oder die Anzahl der Ein- und Ausgangsdaten, wie beispielsweise die Anzahl der Einträge in einer zu durchsuchenden Liste. Haben bei gegebener Größe des Problems die Werte der Eingabe Einfluss auf die benötigte Anzahl der Aktionen, so sind noch ungünstigste, typische und günstigste Fälle (Englisch worst case, typical und best case) zu unterscheiden. Absolute Zahlen für die Anzahl der Aktionen eines Algorithmus' beziehungsweise die Laufzeit eines entsprechenden Programms auf einem Rechner interessieren für allgemeine Aussagen nicht. Die wesentliche Information für die Beurteilung eines Algorithmus' steckt in der Art, wie seine Aktionsanzahl beziehungsweise Laufzeit von der Größe des Problems abhängt. Hierfür hat sich die "O von n"-Schreibweise eingebürgert; Beispiele:

$O(1)$	Die Laufzeit ist unabhängig von der Größe des Problems.
$O(\log n)$	Die Laufzeit steigt logarithmisch mit der Größe des Problems.
$O(n)$	Die Laufzeit steigt linear mit der Größe des Problems.
$O(n^2)$	Die Laufzeit steigt quadratisch mit der Größe des Problems.
$O(\exp n)$	Die Laufzeit steigt exponentiell mit der Größe des Problems.

So kann man zum Suchen von Einträgen in einer Liste – je nach Geschick und Umständen – Algorithmen mit linearer $O(n)$ und solche mit logarithmischer $O(\log n)$ Laufzeit finden. Bei einer Liste von beispielsweise 1.000.000 Einträgen ist die Laufzeit eines $O(n)$-Algorithmus schon 50.000 mal größer als die eines $O(\log n)$-Algorithmus.

Etwas locker und unpräzise spricht man oft auch von den Kosten eines Algorithmus oder auch Programms oder Programmstücks. Dabei ist zu beachten, dass neben der Laufzeit auch die benötigte Anzahl von Variablen (für die Speicherung von Zwischenergebnissen) und möglicherweise auch noch andere benötigte Ressourcen „kostenträchtig" sind.

Die Gewichtung der „Kostenträger" hängt von den jeweiligen Umständen ab. Auch dies ist nicht theoretisch, sondern ganz praktisch gemeint: So kann sich beispielsweise ein schnellerer Algorithmus als nutzlos erweisen, wenn er mehr Speicherplatz benötigt, als verfügbar ist.

In die $O(n)$-Betrachtung gehen konstante Proportionalitätsfaktoren und der Grundaufwand eines Algorithmus nicht ein. Beides spielt für große n auch keine Rolle. Für kleine n kann es aber durchaus vorkommen, dass ein $O(n)$-Algorithmus günstiger ist als ein $O(\log n)$-Verfahren.

An diese Stelle passt noch eine Bemerkung zu den viel beschworenen und behaupteten Geschwindigkeitsnachteilen von Java gegenüber anderen Sprachen. Vergleichende Untersuchungen haben gezeigt, dass der Einfluss von „guter" und „schlechter" Programmierung den der Wahl der Programmiersprache weit übersteigt. Und in Java ist es einfacher, „gute" Programme zu schreiben als in mancher anderen Sprache. Übrigens hat es in den letzten zwanzig Jahren auf dem Gebiet der Algorithmen auch Fortschritte gegeben, die die Geschwindigkeitssteigerungen von Rechnern im selben Zeitraum teilweise weit übertreffen.

Übung 5.1: Suchen Sie in einem Telefonbuch einer Stadt a) einen Teilnehmer, von dem Sie den Namen kennen. Und suchen Sie b) einen Teilnehmer, von dem Sie lediglich die Rufnummer kennen. Wenn Sie mit den Teilaufgaben a) (vermutlich nach wenigen Sekunden) und b) (vermutlich nach vielen Stunden) fertig sind, kennen Sie den Unterschied zwischen einem $O(\log n)$- und einem $O(n)$-Algorithmus.

5.2 Programmiersprachen

Eine Programmiersprache ist eine Sprache zur Formulierung von Verarbeitungsvorschriften. Im Gegensatz zu natürlichen Sprachen wie Deutsch und Englisch, haben Programmiersprachen eine genau definierte Syntax und Semantik.

Zweideutigkeiten, die sich nur dem geübten Kenner einer Sprache aus dem Kontext erschließen, darf es in einer Programmiersprache nicht geben. Dass sich die Aussage „Das Barometer fällt" meist auf den Messwert und nicht auf das Gerät bezieht, ist ja eigentlich eher erstaunlich.

5.2.1 Syntax

Unter Syntax versteht man die Form und Grammatik einer Sprache.

Die Beschreibung der Grammatik einer Programmiersprache muss ihrerseits streng formalisiert sein. Genauer gesagt, sie sollte es sein. Frühe Programmiersprachen wie Fortran, waren teilweise so entworfen, dass das nicht möglich war. Die Formalisierung geschieht in einer Form, die das Problem der Sprachebenen klar löst. Um eine Sprache zu beschreiben, muss man wiederum eine Sprache benutzen. Die letztere wird Beschreibungssprache oder auch, um die höhere Sprachebene anzudeuten, Metasprache genannt.

Eine Grammatik (genauer eine kontextfreie Grammatik) besteht aus einer Reihe von Regeln, auch Produktionsregeln genannt. Jede Regel beschreibt ein abstraktes Symbol der Grammatik, ein so genanntes nicht terminales Symbol als mögliche Sequenz von terminalen und nicht terminalen Symbolen. Nicht terminale Symbole sind beispielsweise Begriffe wie Satz, Hauptsatz, Nebensatz, Fragesatz, Wort, Hauptwort, Artikel. Terminale Symbole sind das zugrunde gelegte Alphabet der Sprache wie Buchstaben, Ziffern und Satzzeichen.

Jede Regel einer solchen Grammatik hat, wie im Beispiel 5.1 gezeigt, die Form:
Nicht-Terminalsymbol = Meta-Entsprechung;

Beispiel 5.1: Die Syntax von (Pascal-) Bezeichnern

```
Bezeichner = Buchstabe   {Buchstabe | Ziffer};
Buchstabe  = `a` | `b` | `c` |  ..... | `Y` | `Z` ;
Ziffer = `0` | `1` | `2` | `3` |  ..... | `8` | `9` ;
```

Im Beispiel 5.1 steht

| für Alternativen ,
{ ... } für kein oder mehrmaliges Vorkommen und
`..` für ein terminales Symbol.

Im Kapitel 27 findet sich ein Auszug aus der Grammatik von Java, in der auch die übrigen Metasprachelemente erklärt werden.

Eine Grammatik in dieser Form startet immer mit einer Regel über das zu beschreibende Objekt, nämlich einen korrekten Text der betreffenden Sprache, also beispielsweise:

  Korrekter_Text = { Satz Satzendezeichen } ;

Die in dieser Startregel auf der rechten Seite vorkommenden nicht terminalen Symbole (im Beispiel Satz und Satzendezeichen) müssen ihrerseits durch weitere Regeln definiert werden. Eine Grammatik ist vollständig, wenn jedes nicht terminale Symbol direkt oder indirekt durch eine Folge von Regeln auf die Terminalsymbole zurückgeführt werden kann. Dies ist bei den drei Regeln des Beispiels 5.1, Bezeichner, der Fall.

Das auf der linken Seite der Startregel spezifizierte nicht terminale Symbol heißt Zielsymbol. Die gesamte Grammatik spezifiziert eine Sprache als die Menge der Folgen von terminalen Symbolen, die durch wiederholtes Anwenden der Regeln erzeugt werden können.

Eine solche Form der Grammatik heißt Backus-Naur-Form. Alternativ zur Textdarstellung wie im Beispiel 5.1 sind auch grafische Darstellungen möglich, siehe Bild 5.1. Für die automatische Bearbeitung sind (reine) Textdarstellungen wesentlich geeigneter. Aus der Backus-Naur-Textdarstellung einer Grammatik kann man ein Programm zur syntaktischen Analyse eines Textes automatisch erzeugen.

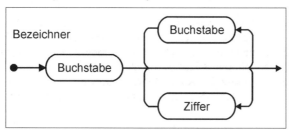

Bild 5.1: Backus-Naur grafisch entsprechend der textuellen Darstellung von Beispiel 5.1

Ein Text, der nach den Regeln einer kontextfreien Grammatik ein „korrekter Text" ist, ist lediglich syntaktisch richtig. Über die semantische Richtigkeit ist damit noch nichts ausgesagt.

Eine solche Grammatik definiert eine Sprache als die (im Allgemeinen unendliche) Menge der nach ihr korrekten Texte. Man kann jeden korrekten Text erzeugen, indem man von der Startregel ausgehend so lange andere Regeln anwendet, bis nur noch terminale Symbole dastehen. Daher heißen die Regeln auch Produktionsregeln.

☞ Während man über die deutsche Sprache durchaus in Deutsch redet und schreibt, beschreibt man eine Programmiersprache wie Java formal in grundsätzlich in einer anderen Sprache wie Backus-Naur. Diese beiden Sprachen darf man nicht durcheinander werfen. Das eckige Klammerpaar in Backus-Naur [ ] hat nichts mit dem Indexklammerpaar [ ] von Java zu tun.

5.2.2   Semantik

Die Semantik beschreibt die Bedeutung und Wirkung einzelner Sprachelemente und Konstrukte.

Beispiel:

Eine Wertzuweisung in Java hat die Syntax: Variable   `=`   Ausdruck `;`
also konkret zum Beispiel :   kontoStand =   59.23;

Die Bedeutung ist: Setze den Wert (Inhalt) der Variablen kontoStand gleich dem der Konstanten 59,23. Dies ist auf jeden Fall syntaktisch korrekt.

Ob diese Anweisung semantisch korrekt ist, ist erst im größeren Zusammenhang – also nicht mehr „kontextfrei" – entscheidbar. So muss unter anderem kontoStand als Variable geeigneten Datentyps (vgl. Kapitel 4.2) vereinbart worden sein und an der Stelle der beispielhaften Wertzuweisung muss der Zugriff erlaubt sein.

Die Semantik einer Maschinensprache oder ihrer symbolischen Darstellung (Assembler) ist durch die Arbeitsweise der Zielmaschine eindeutig beschrieben. Etwas vereinfachend kann man sagen:

Eine Assemblerzeile repräsentiert einen ganz bestimmten Maschinenbefehl mit genau definierter Wirkung. Diese Wirkung ist durch den gegebenen Prozessor implementiert und (hoffentlich) in dessen Datenbuch genau spezifiziert.

Die Semantik einer höheren Sprache beschreibt man oft dadurch, dass man für einen Teil der möglichen Konstrukte eine Wirkung auf einen tatsächlichen oder gedachten (Rechen-) Automaten definiert.

5.2.3   Unterscheidungsmerkmale von Programmiersprachen

Die Zahl der Programmiersprachen ist Legion. Die Informatik hat aber einige grundlegende Unterscheidungsmerkmale erarbeitet, anhand derer sich Programmiersprachen in Gruppen einteilen lassen.

Solche Merkmale sind

- keine, schwache oder strenge Typisierung,
- imperative versus funktionale Sprache
  (FORTRAN, Algol, Pascal, Modula, C, Java, Ada versus LISP, Logo),
- prozedurale versus prädikative Sprache
  (alle bisher genannten versus Prolog) und
- objektorientierte (OO) Sprachen.
  (OO Sprachen implementieren die Merkmale Geheimnis, Vererbung und Polymorphie).

Nach diesen Sprachmerkmalen ist Java eine

- streng typisierte,
- imperative, prozedurale und
- objektorientierte Sprache.

6   Übersetzer

Ein Übersetzer ist ein Programm, das eine Eingabe in einer Sprache in eine andere Sprache übersetzt. Einengend ist allerdings meist ein Compiler gemeint, der von einer Programmiersprache in den ausführbaren (Maschinen-) Code einer Rechnerarchitektur (oder seltener auch in eine niedrigere Programmiersprache) übersetzt.

Beispiel 6.1: Zeile eines Programms in einer höheren Programmiersprache

```
a = b + Math.sin(a / 360 * 2 * Math.PI);
```

Die Anweisung im Beispiel 6.1 lautet sinngemäß:
Nimm den Inhalt der Variablen b und addiere dazu den Sinus des Inhalts von Variable a und speichere das Ergebnis in der Variablen a. Der ursprüngliche Wert von a, also der Parameter der Sinusfunktion soll dabei in Grad gelten, obwohl Math.sin() Bogenmaß erwartet; daher die Multiplikation mit 2π und die Division durch 360.

Beispiel 6.2: Eine Übersetzung der Programmzeile des Beispiels 6.1 in die Maschinensprache einer Stackmaschine

```
FLD a   ; Lade Variable a auf den Floating point stack
FLD 57.29577951 ; Konstante auf Floating point stack
FDIV    ; Dividiere
FSIN    ; Sinus
FLD b   ; Lade Variable b auf den Floating point stack
FADD    ; Addiere
FWAIT   ; Warte auf Floatingpoint-Co-Prozessor fertig
FSTP a  ; Speichere Ergebnis in Variable a
```

Am Beispiel dieses kurzen Programmausschnitts zeigt sich auch ein wesentlicher Vorteil der Programmierung in einer höheren Sprache. Deren Programmtext (Beispiel 6.1) ist problemorientiert – hier Berechnen eines Werts nach einer gegebenen Formel – und für den Menschen schreib- und (!) lesbar.

Hingegen hat man bereits mit der textuellen Repräsentation der Maschinensprache (Assembler, Beispiel 6.2) Probleme, den Sinn des Programmstücks mit einem Blick zu erfassen. Ohne die Kommentare (bei den meisten Assemblern jeweils ab Semikolon bis Zeilenende) oder gar in Form der binären Kodierung der Maschinenbefehle wird das Lesen oder Schreiben eines solchen Programmstückchens zu einem für Menschen schwierigen Puzzle.

6.1 Schritte einer Übersetzung

Die automatische Übersetzung geschieht in einer (sturen) Abfolge von logischen Schritten, denen in den meisten Fällen auch konkrete Arbeitsschritte des Compiler-Programms entsprechen.

Das Ergebnis jeden Schrittes ist dann auch eine neue Darstellung des ursprünglichen Programmquelltextes. Die Schritte einer Übersetzung sind:

- lexikalische Analyse
- syntaktische Analyse
- semantische Analyse
- Codegenerierung

Bei einem oder mehreren dieser Schritte kann eine so genannte Optimierung hinzu-kommen.

6.1.1 Lexikalische und syntaktische Analyse

Die lexikalische Analyse zerlegt den Eingabetext entsprechend den grammatikalischen Regeln der Sprache in deren Grundelemente, die so genannten Token. Solche Token sind beispielsweise Namen (Identifier), Konstanten, Schlüsselworte und Operatoren.

Die Zeile

uhu = bertram + 99.9;

würde zerlegt in

Identifier:uhu Operator:Wertzuweisung   Identifier:bertram
     Operator:Plus   Konstante.Number.99,9   Separator.Semikolon

Für die lexikalische Analyse ist auch wesentlich, welche Folgen als bedeutungslos über-lesen werden können. Bei Programmiersprachen sind dies meist bestimmte Leer- und Trennzeichen (Leerzeichen, Tabulatoren, Zeilenvorschub etc.) sowie Kommentare, die ihrerseits bestimmten Syntaxregeln genügen. Die einzige Bedeutung solcher auch „white space" genannter Zeichen oder Zeichenfolgen ist, dass sie zwei aufeinander folgende Token trennen.

Ein weiterer Punkt bei der lexikalischen Analyse ist die Behandlung von Zeichenfolgen, die sich als ein Token oder als Folge von mehreren Token interpretieren ließen. Bei Java wird versucht, die jeweils längstmögliche Zeichenkette durch möglichst wenige Token zu interpretieren. So wird beispielsweise die Zeichenfolge -- nie als zweistelliger Operator Subtraktion -, gefolgt vom einstelligen Operator Negation -, oder als zwei mal Minus interpretiert, sondern immer als Dekrementoperator --.

Bei der Sprache Java besteht das Eingangsalphabet aus dem Unicodezeichensatz (siehe auch in Kapitel 8.2.7). Die lexikalische Analyse wandelt Unicode-Escapesequenzen in

Unicode um, entfernt Kommentare und „white space" und wandelt die Eingangsfolge in eine Folge von Java-Token um. Diese sind identifiers (Bezeichner), keywords (Schlüsselworte), literals (Konstante), separators (Trennzeichen wie { } ( ) [ ]) und operators (Operatoren).

Bei der syntaktischen Analyse wird dann die Folge von Token zu den höheren Sprachkonstrukten in Form eines Baumes zusammengefasst. Auf die obige Beispielzeile kann zweimal (verschachtelt) die Regel

Expression = ... | Expression Operator Expression | ...;   und einmal die Regel
Statement   = ... | Expression | ...´;´;

der Java-Grammatik (siehe Kapitel 27 im Anhang) angewandt werden.

6.1.2   Semantische Analyse und Codegenerierung

Bei der semantischen Analyse wird die Bedeutung und gewünschte Wirkung eines in der syntaktischen Analyse erzeugten Syntaxbaums erfasst. Dies geschieht im Allgemeinen dadurch, dass für den erlaubten Teil der möglichen Konstrukte eine Wirkung auf einen tatsächlichen oder gedachten Rechenautomaten definiert ist und die übrigen Konstrukte als fehlerhaft abgewiesen werden.

Die Codegenerierung ist der letzte Schritt einer Übersetzung. Hier wird die Folge der Maschinenbefehle des Zielprozessors erzeugt, die genau die oben erwähnte beabsichtigte Wirkung haben. Festlegungen von Speicheradressen können hier allerdings noch fehlen.

6.1.3   Optimierung

Unter Optimierung versteht man die (automatische) Verbesserung des erstellten Programms. Die Optimierung als Übersetzungsschritt ist optional. Außer bei Assemblern, wo sie von der Sache her nichts zu suchen haben, gehören Optimierungen zum Stand der Technik bei Übersetzern.

Optimierungen können in jeder Phase der Übersetzung und in jeder Darstellungsform – vom Quelltext bis zum Maschinencode – eingreifen. Es folgen einige gängige Optimierungstechniken, wobei jeweils auch der in der Literatur häufig anzutreffende englische Name aufgeführt ist:

Peephole, Guckloch

Zu den streng lokalen Verbesserungen mit der Perspektive eines kleinen „Gucklochs" gehört beispielsweise die Kombination von zwei aufeinander folgenden Maschinenbefehlen zu einem leistungsfähigeren.

Tail-call elimination, „Entrekursion"

Der rekursive Aufruf einer Prozedur, Funktion oder Methode an deren Ende durch sich selbst wird durch Schleifen ersetzt. Die (Laufzeit-) Kosten des Aufrufs werden vermieden.

Rekursive Methodenaufrufe werden von Programmierern gerne auch da verwendet, wo man sie ohne großen Aufwand vermeiden kann; siehe das Beispiel 12.5.

Constant folding and propagation, Berechnen und Einsetzen konstanter Ausdrücke

Der Compiler berechnet konstante Ausdrücke zur Übersetzungszeit und er ersetzt Zugriffe auf Variablen mit bekannt konstantem Wert (final) durch die entsprechende Konstante.

```
final double x = 30 * 50 + 89 * Math.sin(12);
y = x;
```

Common subexpression elimination, Vermeiden von Mehrfachberechnungen

Mehrfache gleiche Teilausdrücke werden nur einmal berechnet.

```
x = 20 * a / Math.sin(b * Math.PI);
y = 25 * a / Math.sin(b * Math.PI);
```

Strength reduction, aufwandarme Operationen

„Teure" Operationen werden durch „billigere" (das heißt schnellere) ersetzt. So kann beispielsweise die Division durch eine Zweierpotenz durch ein Verschieben nach rechts ersetzt werden. Bei einer ganzzahligen Variablen u bewirken die beiden folgenden Anweisungen dasselbe.

```
u = u  / 8;
u = u >> 3;
```

Function inlining, offener Einbau von Funktionen

Der Aufruf einer Prozedur, Funktion oder Methode wird durch den Code des (Prozedur)-Rumpfs (body) direkt ersetzt. Dies muss nicht notwendig zu längerem Code führen, wenn anschließend weitere Optimierungen greifen.

Dead code removal, Beseitigen von totem Code

Code, der unter keinen Umständen erreichbar ist, wird beseitigt. So etwas kann durch vorangegangene Optimierungsschritte entstanden sein.

In Java ist unerreichbarer Code, wie beispielsweise folgende zwei Zeilen in einer (void) Methode

```
return;
u >>= 3; // hierher nie
```

ein Syntaxfehler. Die einzige Ausnahme von dieser Regel ist das Verhindern der

Ausführung von Anweisungen oder Blöcken mit `if (false)` (oder genauer durch bedingte Anweisungen mit konstanten Boole'schen Ausdrücken als Bedingung).

Loop invariant code motion, Herausziehen von Schleifeninvarianten

Ausdrücke, die sich innerhalb einer Schleife nicht ändern, werden vor die Schleife gelegt. Im Beispiel

```
for (int j = 0; j < 100; j = j + 1) {
    a[ j]  =  a[ j]  +  13 *  b[ i] ;
}
```

ist es unsinnig den Teilausdruck `13 * b[ i]` in der Schleife immer wieder neu zu berechnen.

Loop unrolling, Auflösen von Schleifen

Schleifen werden (auch teilweise) aufgelöst. Die Zahl der Iterationen in Schleifen wird durch mehrfaches Einfügen des Schleifenrumpfs reduziert. So wird beispielsweise

```
    for (int i = 0; i < 3; i = i + 1)  f(i);
```
zu
```
    f(0);  f(1);  f(2);
```

Register allocation, Platzieren von Variablen in Registern

Unterausdrücke, Parameter und (kurzlebige) lokale Variablen werden wenn möglich ausschließlich in einem Register des Prozessors (also im kleinen Operandenspeicher des Prozessorkerns) und nicht im Arbeitsspeicher gehalten. Registerzugriffe sind wesentlich schneller als Speicherzugriffe. Ziel solcher Optimierungen ist es, alle Register des Prozessors ständig voll zu nutzen.

Instruction scheduling, Umstellen von Befehlen

Maschinenbefehle, deren Reihenfolge für das Programmergebnis unerheblich ist, werden so arrangiert, dass die Möglichkeiten der Parallelarbeit des Zielprozessors ausgenutzt werden. Bei manchen Architekturen können Arithmetikbefehle gleichzeitig mit anderen ausgeführt werden.

Der technische Stand der Optimierung durch Compiler macht heutzutage viele gängige Argumente gegen höhere Programmiersprachen anstelle Assembler oder gegen objektorientierte Programmiersprachen anstelle einfacherer Sprachen bei zeit- und ressourcenkritischen Anwendungen hinfällig.

☞ Gute Gründe der Eindeutigkeit und Robustheit der Sprachdefinition verbieten dem Java-Compiler manche in anderen Sprachen erlaubte Optimierungen. So ist in Java beispielsweise die Reihenfolge der Auswertung von Teilausdrücken und der Ausführung von Operationen streng vorgegeben, was einige der hier genannten und gängigen Techniken schlicht verbietet. Ziel dieses Verbots ist ein von der Plattform und vom Compiler unabhängiges immer gleiches (vorhersagbares) Verhalten zur Laufzeit bis hin zur gegebenenfalls Auslösung von Ausnahmen.

An laufzeitkritischen Stellen sollte der Java-Programmierer die unter tail-call elimination, common sub-expression elimination und loop invariant code motion genannten Techniken auf Quellsprachebene anwenden. Beziehungsweise er sollte sich entsprechende „Fehler" beim Programmieren gar nicht erst angewöhnen. (Der Ada-Programmierer darf das, da Ada-Compiler alle „Dummheiten wegoptimieren" dürfen und dies im Allgemeinen auch konsequent tun.)

Im Übrigen sollte man es mit dem Optimieren (das man korrekterweise Verbessern nennen müsste) auch nicht übertreiben. Manche Programmierer verbringen viel Zeit mit dem lokalen Optimieren von Stellen, an denen gar nicht die Rechenzeit verbracht wird. Bevor man also „Hand anlegt" ist ein grobes Messen mit beispielsweise

```
java   -Xrunhprof:cpu=samples,depth=3 MeineAnwend
```

angebracht.

Übung 6.1: Überzeugen Sie sich, dass zusätzlicher „white space" und Kommentare vom Compiler ignoriert werden. Vollziehen Sie nach, dass die Beispiele 6.3 und 6.4 – oder zwei entsprechende eigene – ein und dasselbe Ergebnis liefern.

Beispiel 6.3: DoubleValues zeigt ein paar Werte
Mit zusätzlichem white space (Leerzeichen, Zeilenvorschübe) und Kommentaren für den Menschen lesbar.

```java
public class DoubleValues {  // Zeigt ein paar Werte
    public static void main(String[] args) {
        System.out.println("Double.MAX_VALUE = "
                        + Double.MAX_VALUE);
        System.out.println("Double.MIN_VALUE = "
                        + Double.MIN_VALUE);
        System.out.println("Integer.MAX_VALUE = "
                        + Integer.MAX_VALUE);
        System.out.println("Integer.MIN_VALUE = "
                        + Integer.MIN_VALUE);
    } // main()
} // class
```

Beispiel 6.4: DoubleValues (Beispiel 6.3) in „kurz".
Ohne „unnötiges" white space (lesbar?)

```java
public class DoubleValues{public static void main(String
[] args){ System.out.println(„Double.MAX_VALUE = „+Double.
MAX_VALUE);System.out.println(„Double.MIN_VALUE = „+
Double.MIN_VALUE);System.out.println (
"Integer.MAX_VALUE = „+Integer.MAX_VALUE);System.out.
println(„Integer.MIN_VALUE = „+Integer.MIN_VALUE);}}
```

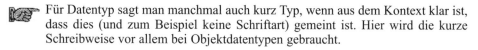 Die Klassendateien der Beispiele 6.3 und 6.4 und entsprechender Fälle unterscheiden sich übrigens in ganz wenigen Bytes, da sie unter anderem Bezüge zu den Zeilennummern des Quellcodes speichern.

Übung 6.2: Überzeugen Sie sich, dass der Compiler tatsächlich gewisse Optimierungen vornimmt. Ersetzen Sie beispielsweise die Zeile 7 des Beispiels 4.2 (ForAkt)

```
if (i == 8 ) continue;              //  7
```
durch
```
if (i == 29 / 5 + 3) continue; //  7
```

In diesem Fall bleibt nicht nur das Ergebnis des Programmlaufs unverändert (denn 29/5+3 berechnet sich ganzzahlig zu 8). Nun sind sogar die Klassendateien exakt gleich, da der Compiler diesen Ausdruck zur Übersetzungszeit berechnet hat (constant folding) und auch die Zeilennummerninformation unverändert ist.

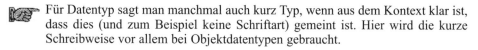 Von der Gleichheit der jeweils entstandenen Klassendateien können Sie sich so überzeugen: Benennen Sie die erste Klassendatei um.

```
D:\Weinert\Java_Prog> ren ForAkt.class *.class1
```

Nehmen Sie nun die Änderung vor und übersetzen Sie neu. Dann vergleichen Sie die alte und die neue Klassendatei mit dem Dateivergleichswerkzeug FC (file compare).

```
D:\MeinJava> fc /B ForAkt.class1 ForAkt.class
Vergleichen der Dateien ForAkt.class1 und FORAKT.CLASS
FC: Keine Unterschiede gefunden
```

6.2 Datenstrukturen

Eine Datenstruktur ist der Aufbau von komplexeren Wertebereichen durch Zusammenfassung von einfacheren beziehungsweise elementaren Datentypen. Die so zusammengefassten Teile nennt man Komponenten oder Elemente. Eine Datenstruktur ist ein Datentyp. Auch von Datenstrukturen gibt es Variablen. In Java sind das Referenzvariablen auf Objekte des betreffenden Typs.

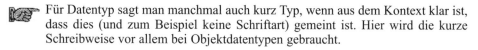 Für Datentyp sagt man manchmal auch kurz Typ, wenn aus dem Kontext klar ist, dass dies (und zum Beispiel keine Schriftart) gemeint ist. Hier wird die kurze Schreibweise vor allem bei Objektdatentypen gebraucht.

Die geläufigsten strukturierten Datentypen sind Datenfelder (oft kurz nur Feld oder meistens und hier auch Englisch Array genannt) und Verbunde.

- Arrays fassen ein feste Zahl von Daten des gleichen Basistyps zusammen.
  Auf Komponenten wird mit ihrem Index (ihrer Nummer) zugegriffen (karte[12]).

- Ein Verbund (record, structure, class) fasst eine feste Menge von Daten auch unterschiedlicher Typen zusammen wie beispielsweise eine Zeichenkette `nachname` und eine Zahl `gehalt`. Die einzelnen Elemente dieser Menge von Daten werden die Komponenten des Verbunds genannt; im Beispiel sind es `nachname` und `gehalt`.

Auf Komponenten von Arrays wird mit ihrem Index zugegriffen. Viele Programmiersprachen verwenden für diese Zugriffsoperation ein eckiges Klammerpaar (`karte[ 12]`), das einen geeigneten ganzzahligen Ausdruck umschließt. Manche Programmiersprachen (Ada, Pascal) erlauben eine freie Wahl von Indextyp und -bereich. Bei Java sind die Indizes ganzzahlig (vom Datentyp int) und sie laufen von 0 bis n-1 für ein Array der Länge n. Es gibt auch Arrays mit mehr als einem Index, die auch „mehrdimensionale" Arrays genannt werden. In Java werden diese mit dem rekursiven Ansatz „Array von Arrays" realisiert.

Auf die Komponenten eines Verbunds wird mit dem Komponentennamen zugegriffen. Der Operator für den Zugriff auf Komponenten (von Verbunden, Klassen, Objekten etc.) ist in vielen Programmiersprachen der Punkt oder „Punktoperator", also beispielsweise:

> `obermeister.nachname`   oder   `obermeister.gehalt`

In diesen Beispielen ist `obermeister` der Name eines (konkreten) Verbunds (das heißt einer Verbundvariablen) und `nachname` und `gehalt` sind im Verbundtyp festgelegte Komponentennamen.

Ein Beispiel für die Handhabung von Arrays haben Sie beim Testen Ihrer Java-Installation mit dem der Methode `main()` als Parameter übergebenen Array vom Basistyp Zeichenkette (String) kennen gelernt; siehe unter anderem das Beispiel 3.1.

In Java umfasst die Klasse (class) die Möglichkeiten von Verbunden. Das zum gerade Gesagten passende Beispiel 6.5 zeigt eine solche – aus mehreren Gründen prinzipiell schlechte – Verwendung von Klassen.

Beispiel 6.5: Ein Verbund als Java-Klasse namens `Angestellter`

```
public class Angestellter {                          // 1

    public String nachname;                          // 3
    public int gehalt;  // ganzahlig in DM           // 4

} // class Angestellter                              // 6
```

Die Klasse `Angestellter` des Beispiels 6.5 definiert lediglich zwei Elemente oder Komponenten: die Zeichenkette (String) `nachname` in Zeile 3 und die ganze Zahl (int) `gehalt` in Zeile 4. Beides sind Objektkomponenten (hier Objektvariable). Sie existieren erst, wenn ein Objekt der Klasse erzeugt wird (mit dem Operator new in den Zeilen 4 und 5 des Beispiels 6.6) und dann auch jeweils pro Objekt.

Beispiel 6.6: Die Anwendung `Kleinbetrieb` nutzt zwei Objekte vom Typ `Angestellter`

```
public class Kleinbetrieb {                                  // 1

    public static void main(String[] args) {                 // 3
        Angestellter obermeister = new Angestellter();       // 4
        Angestellter lehrling    = new Angestellter();       // 5
        obermeister.nachname = "von Bismarck";               // 6
        obermeister.gehalt   = 5000;                         // 7
        lehrling.nachname    = "Braussenwitz";               // 8
        lehrling.gehalt      = 1200;                         // 9

        System.out.println(obermeister.nachname +            //11
            " bekommt " + obermeister.gehalt + " DM");       //12
        System.out.println(lehrling.nachname +               //13
            " bekommt " + lehrling.gehalt + " DM");          //14
    } //main                                                 //15

} // class Kleinbetrieb                                      //17
```

Die Anwendung `Kleinbetrieb` im Beispiel 6.6 erzeugt in ihrer main-Methode (Zeilen 4 und 5) zwei Objekte vom Typ `Angestellter`, also der Klasse aus Beispiel 6.5. Die Objektkomponenten gibt es also auch zweimal. In den Zeilen 6 bis 9 wird auf sie wie oben beschrieben mit dem Mechanismus „Objektreferenz Komponentenzugriff (Punktoperator) Komponentenname" zugegriffen und so werden die Werte der Komponenten gesetzt. In den Ausgabeaufrufen (Zeilen 11 bis 14) wird mit dem gleichen Mechanismus auf diese Komponenten lesend zugegriffen. Bild 6.1 zeigt das Ergebnis.

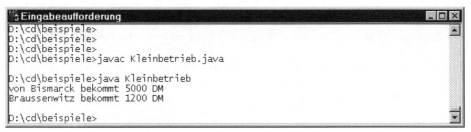

Bild 6.1: Übersetzung und Lauf von `Kleinbetrieb`

☞ Es sei ausdrücklich darauf hingewiesen, dass die – Pascal-record-artige – Verwendung von Klassen in den Beispielen 6.5 und 6.6 dem sinnvollen Gebrauch von Klassen in Java nicht entspricht, sondern eher einen Missbrauch darstellt. Es sollte hier lediglich ein Teil der prinzipiellen Möglichkeiten demonstriert werden.

6.3 Klassen und Objekte

Ein Objekt ist eine Zusammenfassung von Variablen und zugehörigen Methoden zu ihrer Abfrage und Veränderung. Es ist somit geeignet, einen logischen Automaten (vgl. Kapitel 4.1, Seite 71) mit Zuständen, codiert in den Variablen, und Verhalten, dargestellt durch die Methoden, zu implementieren.

Das kann man natürlich auch mit Variablen, Arrays und Verbunden, auf die davon getrennte Programmstücke (Prozeduren, Funktionen) wirken, erreichen. (Die obigen Beispiele 6.5 und 6.6 gehen genau so vor.) Bei Änderungen und Ergänzungen der Datenstrukturen müssen (potenziell) auch alle diese darauf zugreifenden Programmstücke geändert werden. Bei größeren Programmen und Projekten ist oft schwer zu überblicken, wo sich diese überhaupt befinden.

Der Vorteil, den ein objektorientierter (OO) Ansatz und die Verwendung einer OO-Sprache demgegenüber bietet, ist, dass die Zusammenfassung von Variablen und Methoden durch die Sprache unterstützt wird. Zudem lassen sich Aktionen, die beim Erzeugen eines neuen (new) Objekts auszuführen sind, in besonderen Methoden, so genannten Konstruktoren, implementieren. Eine solche Zusammenfassung von Variablen und Methoden wird in den meisten OO-Sprachen als Klasse (class) definiert.

Hinzu kommt bei den meisten OO-Sprachen die Möglichkeit, den Zugriff auf bestimmte Objektelemente (Variablen, Methoden) von außerhalb des Klassencodes über Objektreferenzen zu verhindern. Das heißt, solche Elemente werden zur „Privatangelegenheit" (private) der Klasse gemacht. In Java ist ein vierstufiges Zugänglichkeitskonzept zwischen keinem (private) und vollem Zugriff (public) von außerhalb der Klasse verwirklicht (siehe Kapitel 12.3).

Beispiel 6.7 zeigt mit der Klasse Angestellter2 einen „schon mehr objektorientierten" Ansatz als das entsprechende schlechte „Klasse als Verbund"-Beispiel 6.5.

Beispiel 6.7: Angestellter2 mit OO-Ansatz anstelle von Angestellter (Beispiel 6.5)

```
public class Angestellter2 {                      //     1

    private String nachname;                      //     3
    private int gehalt;  // ganzahlig in DM       //     4

    public String getNachname() {                 //     6
       return nachname;                           //     7
    }                                             //     8

    public int getGehalt() { return gehalt;}      //    10

    public void setGehalt(int betrag) {           //    11
       if (betrag <10)     // zu wenig -          //    12
          gehalt = 10;                            //    13
       else if (betrag > 30000) // zu viel -      //    14
          gehalt = 30000;                         //    15
       else                                       //    16
          gehalt = betrag;                        //    17
    }  // setGehalt(int)                          //    18
```

```
public Angestellter2(String name) { // Konstr.    20
   nachname = name;                           //    21
}                                             //    22

public String toString() { // Formatieren     //    24
   return nachname +" bekommt " + gehalt      //    25
                         + " DM";             //    26
}                                             //    27

} // class Angestellter2                       //    29
```

Die Objektvariablen `nachname` und `gehalt` (die Speicher des Objektzustands) sind nun in den Zeilen 3 und 4 private gemacht. Ein direkter lesender und schreibender Zugriff im Code einer anderen Klasse (wie im Beispiel 6.6 angewandt) ist nun nicht mehr möglich. Ein öffentlicher lesender Zugriff ist stattdessen mit den Methoden `getGehalt()` (Zeile 10) und `getNachname()` (Zeilen 6 bis 8) verwirklicht, die den Namen als String beziehungsweise das Gehalt in DM als ganze Zahl (int) liefern.

Zum Setzen des Gehalts steht nun eine öffentliche Setzmethode zur Verfügung (Zeilen 11 bis 18). Im Gegensatz zu einem (nun verbotenen) direkten schreibenden Zugriff auf die Objekt-Variable mit einer Wertzuweisung

```
lehrling.gehalt = 1000000;
```

werden in der Setzmethode `setGehalt()` nur sinnvolle Werte gesetzt. Der Objektzustand ist also nun unter Kontrolle (des Codes der Klasse).

Für das Setzen des Namens gilt nun, dass die Erzeugung eines Angestellten (-Objekts) ohne Namen sinnlos ist. Der einzige Konstruktor (Zeilen 10 bis 22) verlangt nun einen String-Parameter, nämlich den Namen. Ohne Namensfestlegung lässt sich kein Objekt (mit new) erzeugen.

Eine weitere Methode `toString()` liefert eine textuelle Repräsentation des Objektzustands als Zeichenkette (String).

Übung 6.3: Ändern Sie die Anwendung `Kleinbetrieb` (Beispiel 6.6) als `Kleinbetrieb2` so ab, dass die `Klasse Angestellter2` (Beispiel 6.7) statt `Angestellter` (Beispiel 6.5) verwendet und in ihren Möglichkeiten ausgenutzt wird.
Tipps:
```
new Angestellter2("Braussenwitz")
lehrling.setGehalt(1200)
System.out.println(obermeister)
```

Wenn alles korrekt umgesetzt ist muss die Anwendung Kleinbetrieb2 die gleiche Ausgabe erzeugen wie `Kleinbetrieb` (Bild 6.1).

☞ Der Ansatz mit einer „richtigen" Klasse (Beispiel 6.7) scheint verglichen mit dem „Verbund"-Ansatz vielleicht auf den ersten Blick unnötig umständlich (29 Zeilen statt 6). Aber bereits der Vergleich von `Kleinbetrieb` und `Kleinbetrieb2` zeigt, dass die Anwendung einfacher, kürzer und robuster wird.

Die Klasse ist die gemeinsame Definition von Variablen (Attributen) und Methoden. Eine Klasse fasst damit den Typ und die Implementierung zusammen. Eine Klasse ist in gewissem Sinne ein Bauplan für Objekte. Wie im Beispiel 6.6 gezeigt, können von einer Klasse mehrere Objekte erzeugt werden (falls dies nicht durch besondere Maßnahmen beschränkt wird). Die Erzeugung von Objekten einer Klasse nennt man auch instanzieren und jedes einzelne solche Objekt eine Instanz (Englisch instance). Jede solche Instanz hat einen eigenen Satz der Variablen, das heißt einen eigenen von den anderen Instanzen unabhängigen Zustand. Bild 6.2 zeigt die Rollen von Klasse und Objekt.

☞ Das deutsche Wort Instanz ist eine hier völlig unzutreffende Nichtübersetzung des englischen instance. (So etwas wird ja leider immer mehr Mode, wie die letzthin häufige „Übersetzung" von site mit Seite zeigt.) Konsequenterweise findet man in der deutschen Literatur (selten) auch den Sprachgebrauch erzeugen und Exemplar statt instanzieren und Instanz. Es bleibt abzuwarten, ob sich diese bessere Nomenklatur durchsetzt. Vermutlich kommt der lobenswerte Ansatz zu spät und ist vergeblich – hier wird auch Instanz gebraucht.

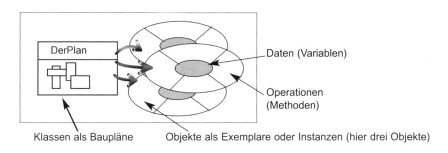

Bild 6.2: Klassen als Baupläne und Objekte als Instanzen

Beispiel 6.8: Erzeugen und Benutzen von Objekten
Es zeigt die Instanzierung von Objekten der einfachen obigen Beispielklasse `Angestellter2`.

```
Angestellter2 lehrling, obermeister;              // 1
lehrling    = new Angestellter2("Braussenwitz");  // 2
obermeister = new Angestellter2("von Bismarck");  // 3
lehrling.setGehalt(1200);                         // 4
obermeister.gehalt = 5000;                        // 5
```

In der Zeile 1 werden zwei (Referenz-) Variablen vom Typ `Angestellter2` verein-bart. In den Zeilen 3 und 4 werden zwei Objekte dieses Typs (dieser Klasse) erzeugt. Der new-Operator liefert eine Referenz auf das neu erzeugte Objekt, die hier jeweils einer passenden Referenzvariable zugewiesen wird (Wertzuweisung =).

Ein Programmstück, das ein Objekt besitzt oder erhält (sprich eine Referenz darauf hat), kann dessen (zugreifbare) Methoden und Variablen verwenden. Dies ist in Zeile 4 des Beispiels 6.8 gezeigt.

Es ist allgemeiner Sprachgebrauch, solche Programmstücke als Nutzer, Anwender, Kunden oder Besitzer der Objekte zu bezeichnen, so als handele es sich um Personen. Manchmal verwischt sich im Sprachgebrauch auch die Grenze zwischen solchen Programmstücken und den Personen, die sie schreiben.

Bei einem objektorientiertem (OO) Vorgehen ist es allerdings angebracht, sich die Objekte als selbständig handelnde Einheiten mit eigener „Intelligenz" vorzustellen, die Dienste anbieten – Botschaften empfangen – und ihrerseits andere Objekte besitzen oder nutzen. Bei einem OO-Vorgehen treten Objekte zueinander in vielfältige Beziehungen.

 Wenn im Zusammenhang mit OO-Sprachen und Ansätzen die Rede davon ist, dass man (sprich meist ein anderes Objekt) einem Objekt eine Botschaft sendet, so ist damit (technisch) der Aufruf einer Methode dieses Objekts gemeint. In Zeile 4 des Beispiels 6.8 wird also dem Objekt `lehrling` die Botschaft „Ändere dein Gehalt (deinen Objektzustand) in 1200 DM pro Monat!" gesendet.

Zeile 5 des Beispiels 6.8 ist zwar syntaktisch korrekt, wird aber vom Compiler (außerhalb der Klasse `Angestellter2`) abgelehnt. Die Quelle, die sie enthält, ist nicht übersetzbar und damit nicht verwendbar, da die Variable gehalt in der Klasse `Angestellter2` (Beispiel 6.7) als private deklariert wurde.

Im Allgemeinen wird nur ein Teil der (in der Klasse definierten) Methoden und vor allem der Variablen für den Objektbesitzer zugreifbar gemacht. Die übrigen Methoden und Variablen sind gegebenenfalls verborgene Implementierungsdetails. Sind sie privat, so gehören sie nicht zum Typ der Klasse. Eine Änderung der Implementierung beschränkt sich auf die Änderung der Klassendefinition. Die Erzeugung (Instanzierung) und Nutzung der Objekte dieser Klasse bleibt davon unberührt.

 Das fast immer richtige Standardvorgehen ist, nicht öffentliche Variablen hinter Methoden zu „verstecken", wie dies auch in Bild 6.2 angedeutet und in Beispiel 6.7 gezeigt ist.

Der Signaturbegriff

Wie im Beispiel 4.2 (`ShowAkt`) gezeigt, ist es in Java möglich in einer Klasse mehrere Methoden gleichen Namens zu schreiben(oder zu erben; Beispiel 4.3). In Programmiersprachen, in denen eine solche Mehrfachbelegung von Methodennamen nicht möglich ist, genügt der Name alseindeutiges Unterscheidungsmerkmal. Als solches dient in Java die so genannte Signatur.

Eine Methode wird durch

- ihren Namen,
- ihren Rückgabetyp und
- die Folge der Datentypen ihrer Parameter

gekennzeichnet. Diese Kennzeichnung heißt Signatur.

Die Methode `setGehalt()` im obigen Beispiel 6.7 (`Angestellter2`) gibt keinen Wert zurück (void) und erwartet einen Parameter vom Datentyp int. Die Methoden einer Klasse müssen sich in der Signatur unterscheiden, wobei ein Unterschied lediglich im Rückgabetyp allein nicht ausreichend ist. (In Ada wäre das ausreichend.) Die Signatur einer Methode ist auch ihr Typ. Die Menge der Signaturen und Typen aller zugänglichen (nicht privaten) Objektelemente einer Klasse ist deren Typ.

Schlagwortartig zusammengefasst:

- Variablen haben einen Datentyp.
- Datenstrukturen haben einen Datentyp (sind ein Typ).
- Methoden haben einen Typ.
- Objekte haben eine Klasse.
- Klassen haben einen Typ (oder mehrere Typen durch Vererbung und Schnittstellen).

☞ Die Möglichkeit, mehrere Methoden selben Namens in einer Klasse zu haben, lädt eigentlich kaum zum Missbrauch ein. Selbstverständlich sollte man nur Methoden, die Gleiches oder Ähnliches tun, denselben Namen geben. Das gilt auch über Klassengrenzen hinweg.

Objekt = Automat

Ein Objekt ist eine „intelligente" Einheit mit Zustand und Verhalten (implementiert in Variablen und Methoden). Es ist damit, wie eingangs dieses Kapitels gesagt, geeignet, einen logischen Automaten (vgl. Kapitel 4.1 und Bild 4.1) darzustellen. Bild 6.3 zeigt einen einfachen Automaten mit drei Zuständen.

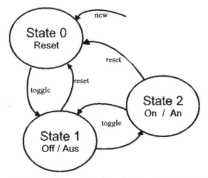

Bild 6.3: Ein endlicher Automat mit drei Zuständen (Rückgesetzt, Aus und An)

Beispiel 6.9: Die Klasse MiniAutomat
Sie stellt den Bauplan für einen Automaten nach Bild 6.3 dar.

```
public class MiniAutomat {                          //    1

    private static final String[] stateNames={      //    3
            "-Reset-",    "Off,Aus", "On , An"};     //    4

    private int state; // 0=reset, 1=Aus, 2=An       //    6

    private String message = "new";                  //    8

    public String toString() { // Formatieren        //   10
        return "Zustand " + getStatename()           //   11
                        + " durch " + message;       //   12
    }  // toString()                                 //   13

    public int getState() { return state;}           //   15

    public String getStatename() {                   //   17
        return stateNames[ state] ;                  //   18
    }
    public void reset() {                            //   20
        state   = 0;                                 //   21
        message = "reset";                           //   22
    }  // reset()                                    //   23

    public void toggle() {                           //   25
        message = "toggle";                          //   26
        if (state == 2)                              //   27
            state = 1;                               //   28
        else                                         //   29
            state = 2;                               //   30
    }  // toggle()                                   //   31

}  // class MiniAutomat                              //   32
```

Die Zustandsinformation eines MiniAutomat-Objekts steckt in der ganzzahligen (int) Objektvariablen state (Zeile 6). Sie ist als private vereinbart und der Klassencode sorgt dafür, dass sie nur die Werte 0, 1 und 2 für rückgesetzt, an und aus annehmen kann. Als zusätzliche Zustandsinformation merkt sich ein solches Objekt noch in der ebenso privaten Variable message (Zeile 8), durch welche Botschaft – sprich welchen Methodenaufruf – es in seinen aktuellen Zustand versetzt wurde. Die öffentliche Methode getState() (Zeile 15) liefert den Zustand des Automaten (Objekts) als Zahl.

Die Methoden zur Änderung des Automatenzustands sind reset() (Zeilen 20 bis 23) und toggle() (Wechsle!; Zeilen 25 bis 31). reset() setzt den Zustand auf rückgesetzt (=0). toggle() führt von den Zuständen rückgesetzt und an nach aus und vom

Zustand aus nach an; vergleiche Bild 6.3. Beide Methoden hinterlassen in der Variablen `message`, dass sie aufgerufen wurden (Zeilen 22 und 26).

Die öffentliche (public) Methode `toString()` liefert eine Aussage über den Zustand und durch welchen Übergang – durch welche Botschaft – er erreicht wurde als Text (String). Zur Umsetzung des ganzzahlig (als 0, 1 oder 2) codierten Objektzustands in eine entsprechende Zeichenkette ruft die Methode `toString()` in Zeile 14 die Methode `getStatename()` (Zeilen 17 und 18) auf. Diese bedient sich eines Arrays von Strings `stateNames`. Dieses ist in den Zeilen 3 und 4 vereinbart und mit drei zu den mit 0, 1 und 2 codierten Zuständen passenden Zeichenketten vorbesetzt. Zur Vereinbarung von Arrays mit der Vorbesetzung durch das hier verwendete Konstrukt der Array-Konstanten siehe das Kapitel 14.

☞ Man mag die geschilderte Verwendung der Methoden `toString()` und `getStatename()` zunächst unnötig umständlich finden. Die mögliche spätere Erweiterung der Klasse `MiniAutomat` durch Beerben wird so aber wesentlich erleichtert.

Beispiel 6.10: Die Anwendung `MiniAutomatUser`

```
public class MiniAutomatUser {                    // 1

    public static void main(String[] args) { //  3
        MiniAutomat mini = new MiniAutomat(); //  4

        System.out.println("\n" + mini);      //  6

        mini.toggle();                        //  8
        System.out.println(mini);             //  9

        mini.toggle();                        // 11
        System.out.println(mini);             // 12

        mini.reset();                         // 14
        System.out.println(mini);             // 15

        mini.toggle();                        // 17
        System.out.println(mini);             // 18
    } // main                                 // 19

} // class MiniAutomatUser                    // 21
```

`MiniAutomatUser`, Beispiel 6.10, ist eine Anwendung (eine Klasse mit main), die einen Miniautomaten, also ein Objekt der Klasse `MiniAutomat`, Beispiel 6.9, erzeugt (`mini` in Zeile 4) und benutzt. Die Benutzung dieses Objekts besteht darin, dem Objekt die Botschaften `toggle()` und `reset()` zu senden (Zeilen 8, 11, 14, 17) und seinen Zustand auszugeben (Zeilen 6, 9, 12, 15, 18). Bild 6.4 zeigt das Ergebnis.

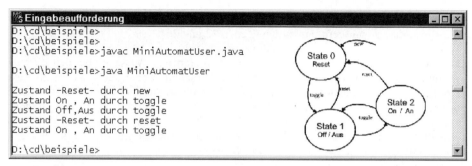

Bild 6.4: Übersetzung und Lauf von `MiniAutomatUser`
(mit hineinkopiertem Zustandsdiagramm).

Übung 6.4: Vollziehen Sie die Anwendung `MiniAutomatUser`, Beispiel 6.10, und die Klasse `MiniAutomat`, Beispiel 6.9, nach.
Ergänzen Sie den Automaten um weitere Übergänge, das heißt die Klasse `MiniAutomat` um weitere Methoden `on()` und `off()`, die aus jedem Zustand unbedingt nach an beziehungsweise aus führen. Ergänzen Sie auch die Anwendung `MiniAutomatUser` so, dass die neuen Methoden getestet werden.

☞ Wenn Sie sich (mit Recht) über einen fehlenden Konstruktor in der Klasse `MiniAutomat` wundern: Er fehlt nicht. Wenn Sie in einer Klasse keinen Konstruktor schreiben, ergänzt Java automatisch einen; hier ist das

```
public MiniAutomat(){ super();}
```

Wenn Sie dies als einzigen Konstruktor ergänzen, ändert sich an der Klasse nichts.

☞ Die knappen Ausgaben der Form `println(mini)` in `MiniAutomatUser`, Zeilen 6, 9 etc. rufen offensichtlich die Methode `toString()` aus der Klasse `MiniAutomat` auf. Wie bereits erwähnt, tut Java dies automatisch, wenn ein String verlangt oder (hier als Parametertyp von `println()`) akzeptiert wird, aber unpassenderweise eine Objektreferenz da ist. Wenn Sie also statt

```
System.out.println(mini);              // 9
```
dies

```
System.out.println(mini.toString());  // 9
```

schreiben, ändert sich gar nichts.

Übung 6.5 für (viel) später: Schreiben Sie ein Applet oder eine grafische Anwendung, die die Klasse `MiniAutomat`, Beispiel 6.9, nutzt und das Verhalten eines solchen Automaten (Objekts) darstellt. Das Zustandsdiagramm sollte entsprechend Bild 6.3 dargestellt werden. Das Senden von Botschaften kann durch Knöpfe (Buttons) ausgelöst und der aktuelle Zustand und der letzte Zustandsübergang im Zustandsdiagramm grafisch hervorgehoben werden.

Klassen wie `MiniAutomat` sollten so geschrieben sein, dass sie unverändert in einer solchen grafischen Anwendung und in einer nicht grafischen Anwendung wie `MiniAutomatUser` eingesetzt werden können.

Für den in Übung 6.5 vorgeschlagenen Einsatz fehlt `MiniAutomat` die Speicherung des letzten Zustands (natürlich mit lesendem Zugriff auf diese Information). Dies wird für die Darstellung „Übergang von Vorzustand nach Zustand" benötigt. In der Grafik wird man dies durch Hervorhebung (dicker, andere Farbe) des Zustandsübergangspfeils darstellen. Aber könnte eine textorientierte Anwendung sie nicht ebenso gebrauchen? Für ein Protokoll beispielsweise.

 Um übrigens die Klasse `MiniAutomat` durch Beerben erweitern und weiter verwenden zu können, müsste man die Variablen `state` und `message` protected vereinbaren. Der Rest des Beispiels 6.9 ist in diesem Sinne in Ordnung.

Übung 6.6: Ergänzen und ändern Sie die Klasse `MiniAutomat` im Sinne dieser universellen Verwendbarkeit.

6.4 Die Kennzeichen des objektorientierten Ansatzes

Die Worte Objekt und objektorientiert sind Modeworte und werden so auch oft unpräzise gebraucht. In der Informatik herrscht weitgehend Einigkeit, dass ein objektorientierter Ansatz folgende Kennzeichen haben muss:

- Geheimnisprinzip (information hiding)
- Vererbung (inheritance)
- Polymorphie (polymorphism, Vielgestaltigkeit)

Der erste Punkt wurde in den bisherigen Beispielen schon gezeigt.

Vererbung

Vererbung heißt, dass man nach außen hin sichtbare Erweiterungen von Zustand und Verhalten von Objekten in einer neuen Klasse definieren kann, wobei diese neue Klasse Zustand und Verhalten, also Variablen und Methoden, von einer anderen Klasse übernimmt. Das heißt alles, was diese andere Klasse hat und kann, bekommt man erst mal umsonst – also geschenkt oder „vererbt". Deshalb wird die andere Klasse auch oft Elternklasse genannt. Zusätzlich zu diesem Erbe kann man neue Variablen und Methoden hinzufügen und bedarfsweise auch vorhandene Methoden ändern – man spricht dann von überschreiben – oder ergänzen.

Die neue Klasse ist von der anderen abgeleitet und hat diese erweitert (Englisch to extend). Beispiele in der Literatur sind oft Klassen wie `Personenkraftwagen` oder `Lastwagen`, die von einer gemeinsamen Klasse `Auto` abgeleitet werden und deren Zustand und Verhalten nur noch um ein paar Spezialitäten ergänzt werden müssen.

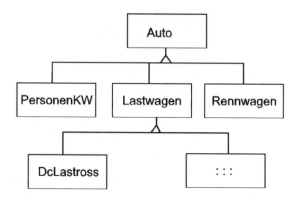

Bild 6.5: Die Vererbungshierarchie der Klasse Auto

Eine solche Hierarchie der Erben von Auto wird üblicherweise wie in Bild 6.5 grafisch dargestellt, vergleiche auch Bild 4.7.

Beispiel 6.11: Ausschnitte aus der Klasse Auto und ihrer Erben

```
class Auto {                                         // 1
   void belade(double gewicht) {                     // 2
// : : : : : : :              //Rest von Auto
class Lastwagen extends Auto {                        // 3
   void belade(double gewicht) {                     // 4
// : : : : : : :              //Rest von Lastwagen
class DcLastross extends Lastwagen {                  // 5
// : : : : :     :            //Rest von DcLastross
```

Mit dem Schlüsselwort extends wird gesagt, dass im Beispiel 6.11 die Klasse DcLastross die Klasse Lastwagen beerbt (Zeile 5), welche wiederum ein Erbe von Auto ist (Zeile 3). Die Klasse Auto definiert eine Methode der Signatur

```
void beladen(double)
```

(Beginn auf Zeile 2). Diese Methode wird von der Klasse Lastwagen überschrieben (Beginn auf Zeile 4), das heißt bei gleicher Signatur mit einer neuen Implementierung (Methodenrumpf) versehen. DcLastross erbt diese Methode von Lastwagen unverändert.

☞ Solch „knappe" Signaturangaben, wie hier void beladen(double), sind kein syntaktisch korrektes Java-Fragment, da der Parametername fehlt. Der Name eines Parameters ist als Name einer lokalen Methodenvariablen ohne jede

Bedeutung außerhalb der Methode und er gehört damit auch nicht zu ihrer Signatur. Insofern sind solche knappen Angaben sinnvoll und in Buch- und Dokumentationstexten üblich.

Polymorphie

Polymorphie (im Sinne moderner OO-Sprachen) heißt, dass überall, wo ein Objekt einer Klasse „gefragt" ist, auch ein Objekt einer abgeleiteten Klasse angegeben werden darf. Ein Objekt einer Klasse (genauer ein Referenzausdruck auf ein solches Objekt) ist „gefragt" beispielsweise bei einer Wertzuweisung auf eine Objektvariable vom Typ dieser Klasse oder als Parameterausdruck bei einem Methodenaufruf, wenn die Signatur der Methode eine Referenz auf ein Objekt dieser Klasse verlangt.

Bezogen auf das obige Beispiel 6.11 beziehungsweise Bild 6.5 heißt das: Ein Methodenparameter vom Typ `Auto` darf auch mit einem Objekt der Klasse `Lastwagen`, der Klasse `DcLastross` oder der Klasse `Rennwagen` – kurz: auch allem, was in der Vererbungshierarchie „unter" `Auto` kommt – versorgt werden. Und einer Variablen vom Typ `Auto` kann ein `Lastwagen` (-objekt) zugewiesen werden.

Diese (Zuweisungs-) Kompatibilität die Vererbungshierarchie hinunter funktioniert immer und das hat seinen Grund in der anderen Seite der Medaille der Vererbung: Die erbende Klasse bekommt nicht nur etwas, nämlich Variablen und Methoden mit Implementierung, sondern sie übernimmt auch sämtliche Verpflichtungen der Elternklasse.

Das ist wie im richtigen Leben: Wer eine Grundstück erbt, bekommt nicht nur den Apfelbaum und seine Ernte, sondern er „erbt" auch das Wegerecht des Nachbarn und das Vorkaufsrecht der Stadt.

Die Vererbungsregeln von Java lassen eine Einschränkung der Schnittstellen und Möglichkeiten einer Klasse nicht zu, sondern nur Erweiterungen. Beim Überschreiben einer Methode wird wohl deren Implementierung geändert (`belade()` im Beispiel 6.11), aber eine einmal „versprochene" Methodensignatur kann im Verlauf der Vererbung nicht mehr verschwinden oder in ihrer Verwendbarkeit eingeschränkt werden (zum Beispiel durch Deklaration als private).

Ein `Lastwagen` hat und kann alles, was ein `Auto` kann und hat. Also kann man einen `Lastwagen` überall dort einsetzen, wo ein `Auto` verlangt wird. Im Sinne der durch die in den jeweiligen Klassen definierten Schnittstellen kann man mit Fug und Recht sagen: Ein `Lastwagen` ist ein `Auto`.

Die Polymorphie (Vielgestaltigkeit) geht aber noch einen wesentlichen Schritt weiter. Wird eine in der Elternklasse vorhandene Methode in einer Kindklasse überschrieben (wie oben belade(double) in `Auto` und `Lastwagen`), so wird mit einer Variablen vom Typ einer Elternklasse dann die Kindmethode benutzt, wenn diese Variable gerade auf ein Kindobjekt weist. Beispiel 6.12 macht dies deutlich.

Beispiel 6.12: Referenz `meinAuto`,
mal in der Gestalt `Auto` und mal in der Gestalt `Lastwagen`

```
Auto meinAuto;                     // 1
meinAuto = new Auto();             // 2
meinAuto.belade(670.99);           // 3
meinAuto = new Lastwagen();        // 4
meinAuto.belade(12670.99);         // 5
```

In Zeile 1 des Beispiels 6.12 wird eine (Referenz-) Variable namens `meinAuto` vom Typ `Auto` vereinbart. Diesen Typ hat und behält die Variable – statisch – ihr Leben lang, und der Java-Compiler passt – zur Übersetzungszeit – darauf auf, dass mit dieser Variablen nur Dinge getan werden, die zu ihrem Typ passen. In Zeile 2 wird dieser Variablen ein `Auto`-Objekt zugewiesen. Das ist natürlich in jedem Fall in Ordnung, denn Variable und Wert haben denselben Typ.

In Zeile 3 wird mit der Variablen `meinAuto` eine Methode `belade()` mit einem Gleitkommaparameter aufgerufen. Auch das findet der Compiler in Ordnung, denn die Klasse `Auto`, das ist der statische Typ der Variable, hat eine solche Methode.

In Zeile 4 wird der Variablen `meinAuto` (vom Typ `Auto`) ein `Lastwagen` zugewiesen. Variable und Wert haben nun, anders als in Zeile 2, nicht mehr denselben Typ. Aber hier greift die obige Regel „Wo immer ein Objekt einer Elternklasse erwartet wird, können auch Kinder (und Enkel etc.) stehen". Also ist das in Ordnung.

In Zeile 5 geschieht Gleiches wie in Zeile 3 und der Compiler findet es aus genau den gleichen Gründen syntaktisch in Ordnung. Zur Laufzeit wird – mit derselben Variable vom Typ `Auto` – in Zeile 3 die `Auto`-Methode und in Zeile 5 die (überschriebene) `Lastwagen`-Methode aufgerufen.

Man sagt auch, dass eine Elternvariable in der Gestalt ihrer Kinder, Enkel und so weiter hinunter in der Klassenvererbungshierarchie auftreten kann.

Diese Polymorphie in einer objektorientierten Sprache ist gar nicht so leicht zu implementieren. Unter anderem kann eine aufzurufende Methode nicht mehr vom Typ der Objektvariable (Klasse `Auto` im Beispiel 6.12), sondern von ihrem aktuellen Wert (Objekt der Klasse `Lastwagen` oder der Klasse `Auto`) abhängen. Dies ist im Beispiel bei der Methode `belade()` der Fall, die die Klasse Lastwagen überschrieben hat. Das hier notwendige Ermitteln der Methode zur Laufzeit nennt man dynamisches Binden.

☞ Ohne Polymorphie stünde bereits zur Übersetzungszeit fest, welche Methode aufgerufen werden soll. Diese kann dann „statisch" gebunden werden, so dass sie sich im „fertigen" Maschinencode als feste Adresse eines aufzurufenden Unterprogramms darstellt. Übersetzer für nicht objektorientierte Sprachen haben es da also einfacher.

Nun könnte man einwenden, dass der Compiler bei hinreichender Analyse des Kontrollflusses des Beispiels 6.12 ja „wissen" kann, dass `meinAuto` in Zeile 3 auf ein

Auto und in Zeile 5 auf einen Lastwagen weist und somit den Polymorphie-Effekt auch ohne dynamisches Binden zur Laufzeit erreichen könnte. Eine solche Möglichkeit hinreichender Analyse des Kontrollflusses ist aber eher die Ausnahme. Die beschriebene Polymorphie funktioniert auch in derselben Anweisung, also wenn beispielsweise Zeile 3 in einer Schleife mehrfach ausgeführt wird und die Variable mal auf ein Auto und mal auf einen Lastwagen zeigt. Und das geht nur noch dynamisch zur Laufzeit.

Übung 6.7: Schreiben Sie eine einfache Klasse Auto und eine davon abgeleitete Klasse Lastwagen. Implementieren Sie in beiden Klassen eine Methode belade() derselben Signatur. Die Methoden sollen eine Meldung ausgeben, in der ihre Klasse genannt wird. Vollziehen Sie in einer einfachen Anwendung den Effekt der Polymorphie gemäß Beispiel 6.12 nach.
Versuchen Sie irgendwie zu erreichen, dass dieselbe Anweisung (dieselbe Zeile natürlich ohne Neuübersetzung) mal die eine und mal die andere Methode aufrufen muss.

Tipp: Nehmen Sie hierzu eine Schleife oder eine vorherige Wertzuweisung in Abhängigkeit von einem Startparameter der Anwendung, je nachdem mit welcher Technik Sie durch das Nachvollziehen der bisherigen Beispiele vertrauter sind.

6.5   Abstrakte Klassen

Bei einer Vererbungshierarchie von Klassen ist es möglich und vom Ansatz her oft sinnvoll, dass eine Klasse „weiter oben" in der Vererbungshierarchie so allgemein ist, dass es nicht sinnvoll ist, von ihr konkrete Objekte (Instanzen der Klasse) zu betrachten. Beispielsweise können Objekte der Klassen PersonenKW, Lastwagen, Rennwagen sinnvoll sein, aber nicht solche von Auto; vgl. Bild 6.5.

Eine Klasse, von der keine Objekte definiert werden können, heißt abstrakt. Man signalisiert dies durch das Schlüsselwort abstract (als so genannten Modifizierer) in der Klassendefinition.

```
public abstract class Auto { // nun gibt es keine Auto-Objekte
```

 Für die Übung 6.7 machen Sie die Klasse Auto nicht abstrakt.

In einer abstrakten Klasse können Methoden definiert sein, deren Implementierung noch fehlt. Die Implementierung muss in abgeleiteten Klassen nachgeholt werden. Eine solche Methode wird ebenfalls abstrakt genannt. Zu ihrer Definition wird ebenfalls das Schlüsselwort abstract verwendet und der Methodenrumpf (die nicht vorhandene Implementierung) wird durch ein Semikolon ersetzt.

So kann es sinnvoll sein, dass in der Klasse Auto festgelegt wird, dass es eine Methode belade() der bereits bekannten Signatur geben muss, es aber unmöglich ist, eine sinnvolle (Default-) Implementierung (für alle Erben) festzulegen. Die Definition von belade() als abstrakte Methode sähe dann so aus:

```
public abstract void belade(double gewicht);
```

Nicht abstrakte abgeleitete Klassen müssen (das ist eine der Verpflichtungen aus dem Erbe) diese Methode implementieren.

```
public void belade(double gewicht){
    /// Aktionen von belade
    System.out.println(„Meldung: Beladen eines ... ");
} // belade(double)
```

Die Implementierung (oder Nicht-Implementierung) einer Methode gehört nicht zu ihrer Signatur beziehungsweise Schnittstelle und das Schlüsselwort abstract damit auch nicht. Das trifft auch auf andere Schlüsselworte zu, die lediglich Implementierungsdetails betreffen, wie native, strictfp und synchronized.

In Java kann eine abstrakte Klasse, die ausschließlich abstrakte Methoden und Konstanten definiert, durch eine so genannte Schnittstelle (interface) ersetzt werden. Eine Klasse kann in Java nur von genau einer Klasse erben (Schlüsselwort extends), aber mehrere Schnittstellen implementieren (Schlüsselwort implements).

```
class ComfortCar extends PersonenKW
            implements Automatic, Climatronic {
```

Die Syntax der Definition einer Schnittstelle ähnelt der einer Klasse; siehe Kapitel 7.2.2.

7   Betriebssystem

Programme, wie die in den vorangegangenen Kapiteln aufgeführten Editoren, Compiler, Linker oder Emulatoren (JVM) laufen unter einem Betriebssystem. Bild 7.1 zeigt den grundsätzlichen Ablauf einer Entwicklung eines Nicht-Java-Programms unter einem Betriebssystem. Der Vorgang entspricht der Durchführung des Hello-World-Beispiels in Assembler (Kapitel 2.1; vgl. auch Bild 3.3).

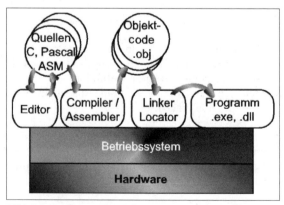

Bild 7.1: Erzeugen eines Nicht-Java-Programms

Ein Programm besteht zunächst aus einer Folge von Befehlen. Jeder Befehl veranlasst eine Maschine (Rechner) zu einer durch diesen Befehl definierten Aktion. Dies kann beispielsweise das Addieren des Inhalts einer Speicherzelle zum Inhalt eines Registers sein. Ein Programm auszuführen heißt also, einen Rechner zu veranlassen, eine Folge von Aktionen durchzuführen. Programme sind demnach nichts anderes als beliebig oft ausführbare Handlungsanweisungen für Rechner.

Programme müssen in einen Rechner eingegeben werden, denn sie müssen sich im Speicher des Rechners befinden, um ausgeführt werden zu können. Wenn der betreffende Rechner einen einzigen Zweck hat, der durch ein festes Programm implementiert wird, so wird das Programm in Festwertspeichern (ROM) hinterlegt. Beispiele hierfür sind Steuerrechner von Haushaltsgeräten (Waschmaschine) und Chipkarten (Telefonkarte).

Bei einem universell verwendbaren Rechner müssen Programme (die man ja zur Zeit der Herstellung des Rechners gar nicht kennt) in einer für den Rechner lesbaren Form auf Datenträgern wie Festplatten, Disketten, CDs, Bändern etc. vorliegen und vom Rechner selbst in den Arbeitsspeicher geladen und gestartet werden.

Dieses Laden und Ausführen von Programmen ist eine der Aufgaben eines besonderen Programms, das als Betriebssystem bezeichnet wird. Das Betriebssystem legt sich wie eine Schale – siehe Bild 7.2 – um die „nackte" Hardware einer Rechnerkonfiguration. Die Betriebssystemschichten verdecken jeweils die Einzelheiten der darunter liegenden Schichten (bis zur Hardware) und bieten den jeweils höheren Schichten (bis hin zu den Anwenderprogrammen) die Sicht einer verallgemeinerten und über unterschiedliche Konfigurationen hinweg einheitlichen Schnittstelle.

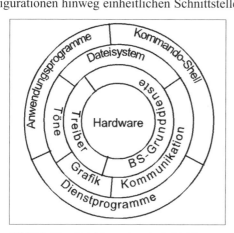

Bild 7.2: Das Betriebssystem in Schichten organisiert

Zu den Aufgaben eines Betriebssystems gehören

- das Laden und Starten der ausführbaren Programme,
- die Organisation des quasi-gleichzeitigen Laufens mehrerer Programme, Prozesse oder Tasks (multi-processing, scheduling),

- das Verwalten von Ressourcen und deren Zuteilung zu mehreren laufenden Programmen. Solche Ressourcen sind Peripheriegeräte, Zugriffe auf Dateien, Arbeitsspeicher und nicht zuletzt die Rechenzeit, das heißt der Prozessor selbst,
- das Verwalten der Peripherie und das Verdecken ihrer hardwaremäßigen Einzelheiten,
- die Organisation des Dateisystems.

Diese Dienste werden vom Betriebssystem im Allgemeinen an zwei Schnittstellen angeboten:

- an einer Kommandozeilenschnittstelle für die direkte Eingabe und Abarbeitung von Befehlen und oft auch für die Abarbeitung einer Zusammenfassung von mehreren Befehlen in einer Kommandodatei (Script- oder Batch-Datei genannt) und
- an einer Aufrufschnittstelle für Anwendungen und Programme, also einer Programmierschnittstelle oder API (application programmer's interface).

☞ Ein klarer schalenartiger Aufbau eines Betriebssystems mit immer höheren und abstrakteren Diensten, auf die voneinander völlig unabhängige Anwendungen aufsetzen, bietet viele strukturelle Vorteile und dem Verwender des Systems einiges an Flexibilität.

☞ Schnittstellen für den Aufruf von Betriebssystemdiensten durch Java-Anwendungen findet man (etwas verteilt) unter anderem in den Klassen java.lang.System, java.lang.Runtime und java.io.File.

Die Plattformunabhängigkeit von Java ist eine wesentliche Eigenschaft von Java und ein hohes Ziel. Bei seiner Verfolgung hat Sun es sich aber im Zusammenhang mit dem Zugriff auf Betriebssystemdienste zu einfach gemacht. Hier wurde nur (und nicht sehr systematisch) zur Verfügung gestellt, was vielen unterschiedlichen Systemen (DOS/Windows, Unix, MAC) als kleinster Nenner gemeinsam ist. So ist manches eigentlich Selbstverständliche wie der Zugriff auf bestimmte Dateiattribute, der Wechsel des aktuellen Verzeichnisses oder dergleichen kaum oder nur umständlich zu erreichen. Massive Proteste (Bug-Reports, Newsgroup-Beiträge) haben hier im Vergleich zu JDK1.1.x schon manches bewirkt, aber hier bleibt noch viel zu tun.

Die Kommandozeilenschnittstelle eines Betriebssystems wird oft durch ein besonderes, oft Shell (Schale) genanntes Programm verwirklicht, das sich seinerseits auf die Aufrufschnittstelle stützt. Beim Betriebssystem Windows (NT) ist dies die nun in den vorangegangenen Beispielen schon laufend benutzte DOS-Box oder DOS-Shell (...\system32\cmd.exe). Die Syntax der Kommandos beziehungsweise einer Kommandozeile ist im Allgemeinen recht einfach:

Kommandozeilen bestehen aus einem Kommando oder dem Namen einer ausführbaren Datei, optional gefolgt von Parametern. Tabelle 7.1 zeigt einige Beispiele für MS-DOS beziehungsweise die DOS-Shell von MS-Windows. Einige Betriebssysteme oder Shells halten einige allgemeine Systeminformationen in der Form kurzer Zeichenketten in so genannten Shell- oder Umgebungsvariablen. Auf diese kann über ihren Namen zugegriffen werden. Zur Kennzeichnung eines solchen Namens in nicht eindeutigen Fällen wird dieser bei MS-DOS mit zwei Prozentzeichen geklammert.

Tabelle 7.1: Einige wichtige DOS-Kommandos als Beispiel

Kommando	Wirkung
D:	Macht D zum aktuellen Laufwerk.
DIR	Listet alle Dateien und Unterverzeichnisse des aktuellen Verzeichnisses auf. Zu diesen Begriffen siehe das Kapitel 7.1.
DIR *.class	Listet alle Klassendateien des aktuellen Verzeichnisses.
DIR *.class /s	Listet alle Klassendateien des aktuellen Verzeichnisses und seiner Unterverzeichnisse.
MD meinJava	Erzeugt ein neues Unterverzeichnis (make directory) namens meinJava.
CD meinJava	Wechselt in das Unterverzeichnis meinJava (change directory). Dieses Verzeichnis wird zum aktuellen Verzeichnis.
XCOPY ..*.*	Kopiert alle (*.*) Dateien des übergeordneten Verzeichnisses in das aktuelle Verzeichnis.
DEL *.bak	Löscht (delete) im aktuellen Verzeichnis alle Dateien mit der Erweiterung .bak.
REN Uhu.tmp *.bak	Benennt die Datei Uhu.tmp in Uhu.bak um (rename).
ECHO %ClassPath%	Zeigt den Inhalt einer Umgebungsvariable ClassPath an.
PATH	Zeigt den Inhalt der Umgebungsvariable PATH an. (Dies ist eine Kurzform für ECHO %Path% speziell für diese Systemvariable.)
SET	Zeigt den Inhalt aller Umgebungsvariablen an.
SET MyPATH=.\	Setzt den Inhalt der Umgebungsvariable MyPATH auf ".\".
SET MYPATH=	Löscht die Umgebungsvariable MyPATH.
Editpad Hanoi.java	Startet das Programm EditPad mit dem Parameter „Hanoi.java".
Exit	Beendet die DOS-Shell (sofern dies möglich ist).

7.1 Dateisystem

Eine wesentliche Aufgabe der meisten Betriebssysteme ist die Darstellung eines Dateisystems. Dies gilt heute, soweit es für das Rechnersystem überhaupt zutrifft, fast durchgängig, obgleich man das Dateisystem auch logisch vom Betriebssystem trennen könnte.

7.1.1 Speicherarten, Dateibegriff

Die meisten allgemein verwendbaren Rechner (vgl. Bild 8.1) haben neben dem Arbeitsspeicher noch so genannte externe (Massen-) Speicher. Letztere arbeiten meist mit magnetischer oder mit optischer Aufzeichnung auf einem geeigneten Trägermedium.

Tabelle 7.2 zeigt die Eigenschaften von Arbeitsspeicher und Massenspeicher im Vergleich.

Tabelle 7.2: Eigenschaften von Arbeitsspeicher und Massenspeicher

Arbeitsspeicher	Massenspeicher
schnell ($t_{Zugriff}$ < Mikrosekunden)	langsam ($t_{Zugriff}$ > Millisekunden)
teuer (200 Euro für x MByte)	billig (1 Euro für x MByte)
wahlfreier Zugriff auf jedes einzelne Byte (random access)	Zugriff nur auf größere zusammenhängende Blöcke (am Stück)
flüchtig Information geht bei Abschalten der Versorgungsspannung verloren.	nicht flüchtig Information überlebt auch ohne Versorgung
fest im Rechner (CPU-nah) eingebaut	teilweise transportierbar, die Datenträger können teilweise für Archivierung und Transport aus einem System entfernt werden
dem Rechnersystem zugeordnet	teilweise in anderen Rechnersystemen eingebaut und über Netzwerk erreichbar

Die beiden „Sorten" von Speichern ergänzen sich also recht gut.

Arbeitsspeicher benötigt jedes Programm während seiner Laufzeit für seine Variablen und Zwischenergebnisse. Diese Informationen überleben die Laufzeit des Programms nicht. Bei einem Editor wären solche Informationen beispielsweise die Position der Schreibmarke, Anfang und Ende eines gegebenenfalls markierten Bereichs und dergleichen.

Die Ergebnisse (Ausgabe) der Programme – beim Beispiel des Editors der fertig bearbeitete Text – sollen aber über die Laufzeit des Programms hinaus und oft auch netzausfallsicher gespeichert werden und später diesem Programm oder anderen Programmen wieder als Eingabe zur Verfügung stehen können. Die unter Umständen umfangreiche Ein- und Ausgabe eines Programms in diesem Sinne stellt eine logisch zusammenhängende Folge von Daten dar, deren interner Aufbau sich nur aus einem „Übereinkommen" zwischen allen diese Datenfolge bearbeitenden Programmen erschließt. Nach „außen" hat eine solche Folge nur eine eindeutige Bezeichnung, einen „Namen", und eine Länge (in Bytes; vgl. Kapitel 8.2). Hinzu kommen je nach System vielleicht ein paar Attribute wie das Datum der letzten Modifikation und dergleichen.

Eine solche Folge von Informationen nennt man eine Datei; sie ist in aller Regel auf einem nicht-flüchtigen Speichermedium untergebracht.

7.1.2   Magnetplattenspeicher

Magnetische Speicher sind grundsätzlich wiederholt beschreibbar. Träger der Information ist die Magnetisierung kleiner Bereiche einer auf einem Trägermaterial aufgebrachten magnetisierbaren Schicht. Der Luftspalt im Kern von Spulen wird über die Magnetschicht geführt. Durch einen Schreibstrom kann die Magnetisierung geändert werden; und anhand der induzierten Spannung kann sie beim Lesen erfasst werden.

Die Zugriffszeiten auf Magnetbänder, die bei Rechnern auch verwendet werden, liegen im Minutenbereich. Solche Speicher sind damit als Medium für Ein- und Ausgabe von Programmen im Allgemeinen zu langsam. Daher ist für Hintergrundspeicherzwecke die Verwendung magnetisierbarer rotierender Scheiben oder Platten üblich geworden, auf deren Oberfläche der Schreib-/Lesekopf in konzentrischen (Kreise) oder fortlaufenden (Spirale) Spuren positioniert wird. Optische Plattenspeicher (CD) sind physikalisch ebenso organisiert.

Ein Grundunterscheidungsmerkmal ist noch, ob der Datenträger aus dem Laufwerk entfernt werden kann (Wechselplatte, Floppy, CD etc.) oder fest eingebauter Bestandteil eines Geräts ist (Festplatte, Winchester). Im letzten Fall sind (im Wesentlichen) aus zwei Gründen wesentlich höhere Aufzeichnungsdichten möglich.

1. Der feste Einbau bietet eine wesentlich höhere mechanische Präzision.
2. Die tatsächliche Organisation des Mediums (in Spuren, Sektoren) muss keinem offengelegten Standard entsprechen und kann damit optimal gestaltet werden kann. Das gilt selbst dann, wenn die Schnittstelle des Geräts (scheinbar) einen solchen Standard verwirklicht.

7.1.3   Die Organisation des Dateisystems

Die Massenspeicher mit wahlfreiem Zugriff werden an ihrer Schnittstelle im Wesentlichen über die Operationen

- Lesen eines Sektors und
- Schreiben eines Sektors

angesprochen. (Dabei werden die Sektoren oft über Kopf-, Spur- und Sektornummer adressiert.) Diese Zugriffsarten sind für Anwenderprogramme wenig nützlich und sie erfordern einen hohen Koordinierungsaufwand, wenn ein Laufwerk von mehreren Anwendungen benutzt wird.

Aus Sicht der Anwendungen ist der oben in Kapitel 7.1.1 eingeführte Dateibegriff wesentlich angemessener. Eine Datei ist eine logisch zusammenhängende Folge von Daten, deren interner Aufbau sich nur aus einem „Übereinkommen" zwischen allen diese Datei bearbeitenden Programmen erschließt.

Eine wesentliche Aufgabe von Betriebssystemen ist die Darstellung des Dateisystems. Es ist eine Schicht, die zwischen den genannten zwei Sichten vermittelt. Nach „oben" zur Anwendung wird eine Datei gekennzeichnet durch

- eine eindeutige Bezeichnung, also eine Zeichenkette oder einen Namen (im weites ten Sinne).

Hinzu kommen einige Attribute, die je nach Dateisystem unterschiedlich sein können. Üblich sind das Datum der letzten Modifikation, die Länge in Bytes sowie diverse Zugriffsrechte.

Den Anwendungen stellt das Betriebssystem die Operationen

- Erzeugen,
- Öffnen,
- Lesen,
- Schreiben,
- Schließen,
- Löschen und
- Umbenennen

zur Verfügung. Diese beziehen sich immer auf eine bestimmte Datei.

 Java-Anwendungen stehen diese Operationen durch die Klassen File, FileInputStream, FileOutputStream, FileReader und FileWriterFile, alle im Paket java.io, zur Verfügung.

Solche „höheren" Operationen setzt dieser Betriebssystemdienst, das Dateisystem, nach unten in die genannten sektorbezogenen, hardwarenahen Operationen um. In Verzeichnissen verwaltet dieser Dienst, welche Datei welche Sektoren belegt. Da diese Verzeichnisinformation selbst

a) nicht flüchtig und
b) gegebenenfalls mit dem Speichermedium mit transportierbar sein muss,

wird sie grundsätzlich auf systemübergreifend festgelegte Weise auf dem Medium selbst untergebracht. Sonst könnte man beispielsweise keine Dateien mit Disketten transportieren.

Ein Kennzeichen eines Dateisystems ist die Gestaltung der Dateinamen, also ihre Syntax:

- Erlaubter Zeichensatz (zum Beispiel A..Z, 0..9, -, $, _),
- Zulassung und dann möglicherweise auch Unterscheidung von Groß- und Kleinbuchstaben,
- Aufbau und maximale Länge der Namen.

Kurze Namen

Es gibt historisch gewachsene Dateisysteme wie die von älteren Versionen von MS-DOS und MS-Windows, die für die Dateinamen enge Grenzen setzen. Hier besteht ein Dateiname aus einem 1 bis maximal 8 Zeichen langen Namensteil, der von einer Erweiterung gefolgt sein kann. Gegebenenfalls wird diese Erweiterung durch einen Punkt (.) eingeleitet und besteht aus nachfolgenden 1 bis maximal 3 Zeichen. Diese verbreitete Konvention nennt man auch kurze oder 8.3-Dateinamen.

Lange Namen

Im Gegensatz zu diesen kurzen Namen lassen andere Dateisysteme (Windows ab 95 oder NT sowie die zugehörigen DOS-Shells, MAC, Unix) wesentlich längere beziehungsweise theoretisch unbegrenzt lange Dateinamen zu. Meist ist auch der zulässige Zeichensatz umfangreicher: Groß- und Kleinbuchstaben, Ziffern, Punkt, sogar Leerzeichen und einige andere Sonderzeichen (@, #, -) dürfen beliebig oft im Dateinamen vorkommen. Als Erweiterung gilt gegebenenfalls der Teil des Dateinamens, der nach dem letzen Punkt beginnt. Für diese Erweiterung gibt es auch keine Längenbeschränkung auf maximal 3 Zeichen.

Laufwerksangabe und flache Dateihierarchie

Dateinamen müssen innerhalb eines Dateiverzeichnisses eindeutig sein.

 Aus Kompatibilitäts- und Sicherheitsgründen lassen viele Dateisysteme, bei denen Groß- und Kleinschreibung bei Namen unterschieden wird, keine zwei Namen zu, die sich nur durch Groß-/Kleinschreibung unterscheiden.

Erlaubt ein System nur ein Verzeichnis, so identifiziert der Dateiname eine Datei eindeutig. Gibt es mehrere Laufwerke, so wäre allerdings ein Verzeichnis mit eindeutigen Dateinamen über mehrere Laufwerke hinweg technisch nicht sinnvoll durchführbar und meist nicht gewollt. Es gibt also auch in einfachen Dateisystemen meist pro Laufwerk ein Verzeichnis. Zu einer eindeutigen Dateibezeichnung gehört dann die Laufwerksbezeichnung dazu.

Die übliche Syntax für Laufwerksbezeichnungen ist ein Buchstabe, gefolgt von einem Doppelpunkt (:). Ein Dateiname sieht dann beispielsweise so aus:

   C:UHU.TXT   (Laufwerk C, Namensteil UHU, Erweiterung TXT)

 Viele Betriebssysteme kennen den Begriff des aktuellen Laufwerks, zu dem jeweils eines der vorhandenen Laufwerke erklärt werden kann. Lässt man bei einem Dateinamen die Laufwerksangabe weg, so wird er automatisch um das aktuelle Laufwerk ergänzt.

Von Dateisystemen mit genau einem Verzeichnis pro Laufwerk sagt man, sie haben eine flache Dateihierarchie. Das heißt sie haben keine.

Hierarchisches Dateisystem

MS-DOS hatte in ganz frühen Versionen ein solches flaches Dateisystem. Um dessen Nachteile zu überwinden, ging man den von UNIX vorgezeigten Weg und führte ein hierarchisches Dateisystem ein. Hier hat man pro Laufwerk ein ausgezeichnetes Verzeichnis, das so genannte Wurzelverzeichnis (Englisch root). Dieses Verzeichnis kann aber nun neben Dateien auch weitere Verzeichnisse, so genannte Unterverzeichnisse, enthalten. Und diese wiederum Dateien und weitere Unterverzeichnisse und so fort.

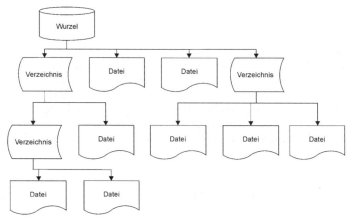

Bild 7.3: Eine Dateihierarchie

Durch diese Rekursion entsteht eine im Prinzip beliebig tiefe Baumstruktur, siehe Bild 7.3. In ihr müssen die Datei- und Verzeichnisnamen lediglich innerhalb eines Verzeichnisses eindeutig sein.

Um nun eine Datei eindeutig zu benennen, ist neben Laufwerk und Namen auch das Verzeichnis anzugeben. Als Trennzeichen zwischen Verzeichnisnamen und Dateinamen dient üblicherweise ein Schrägstrich (/ UNIX, Internet) oder ein Gegenschrägstrich (\ DOS, Windows, Microsoft). Ein Dateiname sieht also beispielsweise so aus:

C:\BENUTZER\HORST.JAN\TEXTE\BERICHT1.DOC

Einige solche Dateisysteme kennen neben dem Begriff des aktuellen Laufwerks den eines aktuellen Verzeichnisses pro Laufwerk. Zu einem solchen kann pro Laufwerk jeweils ein vorhandenes Verzeichnis erklärt werden. Fehlt die Laufwerksangabe, so wird das aktuelle Laufwerk ergänzt, ist die Angabe des Verzeichnisses unvollständig (oder relativ), wird sie durch das aktuelle Verzeichnis ergänzt. So wird (in DOS, Windows) beispielsweise eine Datei namens BERICHT1.DOC mit

    C:BERICHT1.DOC

als im aktuellen Verzeichnis des Laufwerks C: befindlich bezeichnet. Mit

    C:\BERICHT1.DOC

ist sie im „root-" Verzeichnis des Laufwerks C: zu suchen und mit

    \OTTO\BERICHT1.DOC

im Unterverzeichnis \OTTO des aktuellen Laufwerks. Hingegen weist

    OTTO\BERICHT1.DOC

auf das Unterverzeichnis OTTO des aktuellen Verzeichnisses des aktuellen Laufwerks als Verzeichnis der Datei BERICHT1.DOC und

    \OTTO\BERICHT1.DOC

auf das Unterverzeichnis OTTO des aktuellen Verzeichnisses des aktuellen Laufwerks und

```
..\OTTO\BERICHT1.DOC
```

schließlich auf das Nachbarverzeichnis OTTO des aktuellen Verzeichnisses des aktuellen Laufwerks.

Die letzten beiden Beispiele weisen auf die Möglichkeit hin, mit .\ explizit das aktuelle Verzeichnis und mit ..\ das nächsthöhere Verzeichnis, das das aktuelle Verzeichnis enthält, zu bezeichnen.

Ein hierarchisches Dateisystem beziehungsweise dessen übliche Implementierung beruht übrigens darauf, ein Verzeichnis und eine Datei so weit wie möglich gleich zu behandeln. Ein Verzeichnis ist eine Datei, deren Inhalt eben aus Verzeichniseinträgen in einem festgelegten Dateiformat besteht. Dieser (geniale) Grundgedanke ist ein auch an anderer Stelle wieder verwendbares Entwurfsmuster.

☞ Die Mechanismen bei Zugriffen auf Netzwerke und lokale Dateien sind oft absichtlich ähnlich gestaltet. Oberhalb einer gewissen (Abstraktions-) Schicht muss man lediglich anstelle der Laufwerksbezeichnung (A:) eine Internet- oder Serverdomainbezeichnung setzen, wie in den Beispielen:

```
s:\bereich\
\\FileServer\bereich\
http://www.w3.org/
file:////Pd309s/FB3WWW/
```

Danach geht es dann mit den gewohnten hierarchischen Namen weiter.

☞ Windows (NT) hat ein hierarchisches Dateisystem und hat lange Dateinamen. Bezüglich der Groß-/Kleinschreibung von Dateinamen nimmt es eine Zwitterstellung ein, indem es sie unterstützt (wesentlich für Java), aber keine zwei Dateien im selben Verzeichnis zulässt, die sich nur in der Groß-/Kleinschreibung des Namens unterscheiden (beziehungsweise Probleme mit solchen Dateien macht, wenn man sie mit Tricks dennoch erzeugt). Mit dieser Einschränkung kann man aber gut leben.

8   Rechner

Ein Rechner ist ein endlicher Automat, im Sinn das Kapitels 4.1, mit Ein- und Ausgabe, der Zustände hat und Zustandsübergänge kennt.

Ein solcher Rechner setzt sich dementsprechend aus folgenden Grundkomponenten zusammen:

- Prozessor   (Berechnung der Zustandsübergänge und Zustand)
- Speicher   (nur Zustand)
- Peripherie   (Eingabe und Ausgabe)

Diese in Bild 8.1 gezeigte Einteilung gilt unabhängig von der Größe. Sie ist sinngemäß auf einen großen Supercomputer genauso anwendbar wie auf den Single-Chip-Controller in der Telefonkarte. (Bei letzterer besteht die Peripherie aus jeweils einer seriellen Ein- und Ausgabe.)

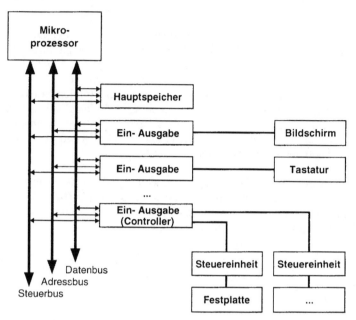

Bild 8.1: Struktur eines Digitalrechners (Die Peripherieausstattung ist ein Beispiel)

8.1 Digitale Arbeitsweise

Wesentlich für praktisch alle heute angewandten Rechnern ist die digitale Arbeitsweise in zweiwertiger binärer Logik.

Digital heißt dabei, dass alle internen Speicherelemente und Signalwege, die Ein- und Ausgänge von Verarbeitungswerken und alles weitere jeweils eine endliche diskrete Anzahl von Zuständen unterscheiden beziehungsweise annehmen können. (Bei einem Analogrechner bilden diese Zustände jeweils ein Kontinuum mit unendlich vielen Werten.) Und binär heißt, dass diese jeweilige endliche diskrete Anzahl von Zuständen zwei (0 und 1) ist.

Die binäre Arbeitsweise ist nun keineswegs naturgesetzlich vorgegeben. Historisch hat es auch digitale Rechner gegeben, die zehn Signalzustände unterschieden haben. Sie ist lediglich in der Tatsache begründet, dass sich zwei (und nicht mehr) unterschiedliche Pegel und Zustände elektrischer, magnetischer, optischer oder auch pneumatischer Signale sowie schnelle Übergänge zwischen ihnen technisch besonders einfach und effektiv darstellen lassen. Die Entsprechungen der beiden

Zustände 0 und 1 können dann Schalter offen und zu, Spannung hoch und niedrig, Strom hoch und niedrig, Magnetisierung Nord und Süd, elektrische Ladung vorhanden und nicht vorhanden, Licht an und aus, Druck hoch und niedrig etc. oder jeweils umgekehrt sein.

8.2 Darstellung von Werten im Rechner

Eine binäre Informationseinheit – die die Werte 0 oder 1 haben kann – bezeichnet man als 1 Bit (binary Digit). Zur Speicherung, Übertragung und Verarbeitung von Informationseinheiten, die mehr als zwei Werte annehmen können, benötigt man mehr als ein Bit und eine Festlegung der Codierung.

Für n Werte braucht man mindestens lb(n) Bit. Dabei ist lb() der Logarithmus zur Basis 2, und man muss auf die nächst größere ganze Zahl aufrunden. Man kann mit n Bit 2^n Werte darstellen.

Hiermit hängt auch zusammen, dass Zweierpotenzen – 2, 4, 8, 16, 32, 64, ... 1024 ... – „magische" Zahlen bei Digitalrechnern sind. Für die Zusammenfassung von 8 Bit zu einer größeren Informationseinheit hat sich „Byte" als eigener Name durchgesetzt. Die Signalwege und Verarbeitungseinheiten der meisten Rechner und Speicher sind in Byte oder in ganzzahligen (meist wiederum Zweierpotenzen) Vielfachen davon organisiert. Tabelle 8.1 zeigt solche Zusammenfassungen.

Tabelle 8.1: Das Bit und seine Zusammenfassung zu größeren Einheiten

Üblicher Name	Größe (n)	Beschreibung	Anzahl der Werte
Bit	1	kleinste Informationseinheit	2 (nämlich 0 und 1)
Nibble	4	Unterteilung eines Byte (z. B. für BCD)	$2^n = 16$
Byte	8	übliche kleinste adressierbare Zusammenfassung	$2^n = 256$
Wort	i.Allg. 16		$2^n = 65.536$
Doppelwort	i.Allg. 32		$2^n = 4.294.967.296$

8.2.1 Logische Werte

Die beiden logischen Werte Wahr und Falsch beziehungsweise true und false können als 1 und 0 in einem Bit gespeichert werden. Viele Programmiersprachen speichern logische Variablen (auch oder grundsätzlich) in der kleinsten im Arbeitsspeicher adressierbaren Einheit, also im Allgemeinen einem Byte (8 Bit). Übliche Codierungen sind dann false == 0x00 und true == 0xFF oder true != 0x00.

Mit 0x beginnt die bei Java übliche Schreibweise einer Hexadezimalzahl (vgl. auch Kapitel 4.5).

Praktisch alle Rechnerarchitekturen unterstützen den Datentyp „logische Werte" direkt in ihrem Maschinenbefehlssatz, meist in der Form von gleichzeitigen parallelen Operationen auf einander entsprechenden Bits von Registern oder Speicherzellen. Die wichtigsten logischen Operationen sind in den Tabellen 8.2 und 8.3 dargestellt.

Tabelle 8.2: Grundlegende logische Operationen, Formelzeichen und Java-Operatoren

Operation	alternative Bezeichnung	Formelzeichen	Operator, logisch	Operator, bitweise
Nicht	Not	$\neg$ $^-$	!	$\sim$
Und	And, et	$\bullet$ * & $\wedge$	&& &	&
Oder	Or, vel	+ v	|| |	|
Exklusiv-Oder	Xor, aut	$\otimes$	$^\wedge$	$^\wedge$

 Man beachte die unterschiedliche Bedeutung von $\wedge$ als (mathematisches) Formel-zeichen und von $^\wedge$ als Operator. Im Folgenden wird die Java-Operator-schreibweise verwendet, also: Nicht !, Und &, Oder | und Exklusiv-Oder $^\wedge$.

Tabelle 8.3: Grundlegende logische Operationen, Definition

A	B	! A	A & B	A | B	A $^\wedge$ B
0	0	1	0	0	0
0	1	1	0	1	1
1	0	0	0	1	1
1	1	0	1	1	0

Die wichtigsten Rechengesetze sind Assoziativ- und Kommutativgesetze, die Ab-sorptionsregeln sowie die De Morgan'schen Regeln:

$$p \mid (q \mid r) = (p \mid q) \mid r \qquad \text{(gilt auch für \& und } ^\wedge)$$
$$p \& q = q \& p \qquad \text{(gilt auch für } \mid \text{ und } ^\wedge)$$
$$p \& (p \mid q) = p \quad \text{und} \quad p \mid (p \& q) = p$$
$$p \& 0 = 0 \qquad\qquad p \mid 0 = p \qquad\qquad p ^\wedge 0 = p$$
$$p \& 1 = p \qquad\qquad p \mid 1 = 1 \qquad\qquad p ^\wedge 1 = !p$$

 Und (&) bindet stärker als Oder (|), so dass man statt p | (p & q) auch einfach p | p & q schreiben könnte.

Die De Morgan'schen Regeln sind:

$$p \mid q = ! (!p \& !q) \quad \text{und} \qquad p \& q = ! (!p \mid !q)$$

In Worten ausgedrückt sind letztere vielleicht leichter zu merken:

Der Wert eines Ausdrucks mit Und beziehungsweise Oder ändert sich nicht, wenn man alle folgenden drei Umformungen vornimmt:

1. Negieren der Teilausdrücke
2. Vertauschen von Und mit Oder
3. Negieren des Gesamtausdrucks

Die De Morgan'sche Regel ist bei der Programmierung ein wichtiges Mittel, um logische Ausdrücke einfacher und lesbarer zu formulieren; Beispiel:

```
if ( !((x==3) | (y<5)))    {    // L1
if (    (x!=3) & (y>=5))   {    // L2
```

Die logischen Ausdrücke in den beiden Zeilen sind zueinander äquivalent, aber in der Zeile L2 hat man eine Operation weniger.

Bei den Vergleichsoperatoren sind kleiner (<) und größergleich (>=) zueinander invers. Die beiden Vergleichsoperatoren != und == (nicht zu verwechseln mit der Wertzuweisung =) liefern true bei Ungleichheit (!=) beziehungsweise Gleichheit (==) der von ihnen verknüpften Ausdrücke.

Für die Darstellung logischer (Boole'scher) Verknüpfungen und Ausdrücke sind neben der Gleichung auch die so genannte Wahrheitstafel und logische Schaltungen üblich. Die Wahrheitstafel zeigt das Ergebnis einer Verknüpfung für alle (2 hoch Anzahl der Operanden) Kombinationen von Eingangswerten. Bild 8.2 zeigt alle drei Darstellungen für einen Ausdruck, der die 2-von-3-Mehrheitsentscheidung darstellt.

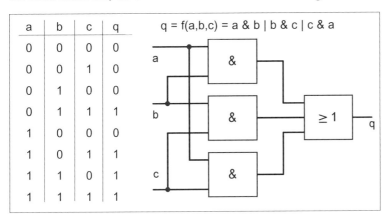

$q = f(a,b,c) = a \& b | b \& c | c \& a$

a	b	c	q
0	0	0	0
0	0	1	0
0	1	0	0
0	1	1	1
1	0	0	0
1	0	1	1
1	1	0	1
1	1	1	1

Bild 8.2: Drei Darstellungen einer logischen 2-von-3-Mehrheitsentscheidung

Die Darstellung als logische Schaltung in Bild 8.2 ist praktisch die Umsetzung der syntaktischen Analyse (vgl. Kapitel 6.1.1) des Ausdrucks in ein Netzwerk von (kleinen)logischen Verarbeitungseinheiten. Wenn man die Schaltung um 90° nach links dreht hat man fast schon den Syntaxbaum, den die syntaktische Analyse des Ausdrucks liefert.

Die logischen Verarbeitungseinheiten nennt man gelegentlich auch Gatter. In Bild 8.2 ist für diese die heute übliche Darstellung nach IEC 3AOC3 gewählt. In dieser Darstellung sind die Gatter Kästchen, üblicherweise mit Signalfluss von links (Operanden, Eingänge)

nach rechts (Ausgang, Ergebnis). Die Art der Verknüpfung wird durch den Text des Kästchens angezeigt: Hier steht "&" für Und, "≥1" für Oder und "=1" für Exklusiv-Oder. Die Negation (!, Nicht) eines Eingangs oder Ausgangs wird durch einen kleinen Kringel "o" am Anschlusspunkt des Signals am Kästchen symbolisiert.

Beispiel 8.1: Eine Anwendung zur Darstellung von Wahrheitstafeln q = f(a,b,c)
Die Anwendung TruthTable gibt die Wahrheitstafel für die 2-von-3-Verknüpfung von Bild 8.2 aus; Bild 8.3 zeigt das Ergebnis.

```
public class TruthTable {                             //   1

    public static void main(String[] args) {          //   3
        boolean a, b, c,  q;                           //   4
        int  ia, ib, ic, iq;  // 0,1-Äquivalent        //   5
        System.out.println("\n     "                   //   7
            + "q = a & b | b & c | c & a");            //   8
        System.out.println("\n"                        //  10
            + "    a   b   c |  q\n"                    //  11
            + "   ----------|-----");                   //  12

        for (int i = 0; i < 8 ; i = i + 1 ) {          //  14
            ia = i / 4 % 2;                            //  15
            a  = ia == 1;                              //  16
            ib = i / 2 % 2;                            //  17
            b  = ib == 1;                              //  18
            ic = i  % 2;                               //  19
            c  = ic == 1;                              //  20

            q = f(a, b, c); // Boolsche Verkn.         //  22
            iq = q - 1 : 0;                            //  24
            System.out.println(                        //  25
                "    " + ia + "   " + ib + "   "       //  26
                + ic + "  |   " +iq);                  //  27
        } // for                                       //  28
    } // main                                          //  29
    static public boolean f(boolean a,                 //  31
                boolean b, boolean c) {                //  32
        return a & b | b & c | c & a;                  //  33
    }                                                  //  34

} // class TruthTable                                  //  36
```

In den Zeilen 4 und 5 des Beispiels 8.1 werden vier Boole'sche Variablen a, b, c und q für die Operanden und das Ergebnis und ihr Zahlenäquivalent (1 ist true, 0 ist false) als ia, ib, ic und iq vereinbart. Die Zeilen 7 bis 12 geben die logische Gleichung und den Kopf der Wahrheitstabelle aus. In der Schleife (Zeile 14 bis 28) läuft die Schleifenvariable i von 0 bis 7 entsprechend den 8 Operandenkombinationen beziehungsweise Ergebniszeilen der Wahrheitstabelle. In Zeile 15 wird das Zahlenäquivalent des Boole'schen Operanden a, nämlich ia, als i durch 4 modulo 2 berechnet.

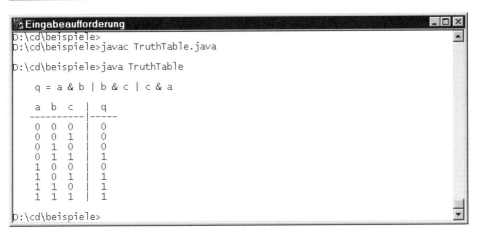

Bild 8.3: Übersetzung und Lauf von TruthTable (Beispiel 8.1)

Das Prozentzeichen "%" ist in Java der Modulo-Operator. Die Bedeutung ist „Rest bei der Division durch". Das bezieht sich darauf, dass jede Zahl x durch jede von 0 verschiedene Zahl y mit einem Rest r dividiert werden kann, so dass x == z * y + r gilt. Der Rest r ist durch dieselben Vorzeichenregeln wie die Division ("/") normiert und durch die Regel, dass der Betrag des Rests r kleiner als der des Divisors y ist.

In Zeile 16 des Beispiels 8.1 wird dieses Zahlenäquivalent ia (nur die Werte 0 und 1 sind hier möglich) durch Vergleich mit 1 in den entsprechenden Boole'schen Wert a umgesetzt. In den Zeilen 17 bis 20 geschieht sinngemäß das gleiche für b und c. Die Variablen ia, ib und ic stellen die letzten drei Binärziffern des jeweiligen Werts von i (0 bis 7) dar.

 In Zeile 22 wird das logische Ergebnis q durch Aufruf der Methode f() (Zeilen 31 bis 34) ermittelt, welche den betrachteten Ausdruck in Zeile 33 berechnet. Zeile 24 setzt das Boole'sche Ergebnis q wiederum in ein Zahlenäquivalent iq (0 oder 1) um.

Der hierbei verwendete (dreistellige) Operator " ? : " ist das Äquivalent der Alternative „if else" für Ausdrücke. Zunächst wird der Boole'sche Ausdruck vor den Fragezeichen ausgewertet (hier die Variable q). Liefert dieser Ausdruck true, gilt der Ausdruck zwischen Fragezeichen und Doppelpunkt (hier 1), sonst der nach dem Doppelpunkt (hier 0).

Die Zeilen 25 bis 27 geben die nun berechnete Zeile der Wahrheitstafel aus.

An gewisse von der Sprache C übernommene Abstrusitäten in der Wahl der Zeichen für Operatoren, die allen sonstigen Schreib- und Lesegewohnheiten zuwiderlaufen, muss man sich einfach gewöhnen:

| für Oder, ! für Nicht (logisch), ~ für Nicht (bitweise), ^ für Exklusiv-Oder und % für Modulo.

Man kann mit Recht fragen, ob eine Handvoll Schlüsselworte mehr nicht besser gewesen wäre und wozu es zwei „Nichte" gibt. Ein Nicht (!) darf ja nur mit Boole'schen und das andere (~) nur mit ganzzahligen Ausdrücken verwendet werden. Aber diese Festlegungen sind nun mal historisch bedingt und die Diskussion darüber ist müßig.

Übung 8.1: Durch Ändern des Ausdrucks in der Zeile 33 und die gleiche Änderung des Ausgabetexts in Zeile 8 funktioniert das Beispiel 8.1 auch für andere logische Verknüpfungen mit (maximal drei) Operanden. Probieren Sie ein wenig damit herum und vollziehen Sie einige Rechengesetze dieses Kapitels nach.

 Der routinemäßige Umgang („im Schlaf") mit logischen Verknüpfungen, ihren Rechengesetzen und Umformungen gehört zum Handwerkszeug jedes Programmierers, Automatisierers etc.

8.2.2 Vorzeichenlose ganze Zahlen

Vorzeichenlose ganze Zahlen werden meist so codiert und gespeichert, dass sich eine Abbildung der binären Schreibweise ergibt. In einem Byte (8 Bit) lassen sich so die Werte 0 bis 255 darstellen. Das Bit Nummer 0 hat die Wertigkeit 1 (2^0), das Bit Nummer 1 die Wertigkeit 2 (2^1), das Bit Nummer 2 die Wertigkeit 4 (2^2) usw.

Tabelle 8.4: Die Stellenkodierung vorzeichenloser ganzer Zahlen, auch Dualkodierung genannt

Wert	Bit-Nummer							
	7	6	5	4	3	2	1	0
0	0	0	0	0	0	0	0	0
1	0	0	0	0	0	0	0	1
2	0	0	0	0	0	0	1	0
3	0	0	0	0	0	0	1	1
4	0	0	0	0	0	1	0	0
5	0	0	0	0	0	1	0	1
6	0	0	0	0	0	1	1	0
7	0	0	0	0	0	1	1	1
69	0	1	0	0	0	1	0	1
	128	64	32	16	8	4	2	1

Stellenwert

Diese in Tabelle 8.4 gezeigte Codierung ist selbstverständlich sinngemäß auf kleinere und größere Bereiche wie 16 Bit, 32 Bit oder 64 Bit zu übertragen. Sie wird in Rechnern im Allgemeinen für vorzeichenlose ganze Zahlen verwendet.

Der Vorzug dieser die Stellenschreibweise nachbildenden Codierung ist, dass sich die Grundrechenarten „natürlich" – also so wie man auf dem Papier rechnen würde – implementieren lassen.

Der einzige vorzeichenlose Datentyp in Java ist char (Unicodezeichen). Er hat 16 Bit und benutzt die Stellencodierung analog zu Tabelle 8.4 für seine Werte 0 bis 65535.

Die Festlegung einer Codierung ist prinzipiell willkürlich – auch für Zahlen. (Mathematisch gesprochen ist eine Codierung eine subjektive Abbildung der Menge der Werte auf die Menge der Codes.) Eine andere mögliche Codierung für die Zahlen 0 bis 7 zeigt Tabelle 8.5.

Tabelle 8.5.: Gray-Code (links und Dualkode rechts zum Vergleich)

Wert	Gray			Bit-Nummer	Dual		
	2	1	0		2	1	0
0	0	0	0		0	0	0
1	0	0	1		0	0	1
2	0	1	1		0	1	0
3	0	1	0		0	1	1
4	1	1	0		1	0	0
5	1	1	1		1	0	1
6	1	0	1		1	1	0
7	1	0	0		1	1	1
0	0	0	0		0	0	0
	–	–	–		4	2	1
	kein Stellenwert				Stellenwert		

Bei dieser scheinbar willkürlichen Codierung ist zunächst, im Gegensatz zur rechts wiederholten Standardcodierung der Tabelle 8.4, kein Schema oder Prinzip zu sehen. Insbesondere ist keine einfache, „natürliche" Implementierung von Grundrechenarten, Inkrement und Dekrement möglich.

☞ Mit Inkrement und Dekrement bezeichnet man allgemein die Operationen „Gehe über zum nächsten beziehungsweise vorangehenden Wert" oder vorwärts beziehungsweise rückwärts Zählen. Bei Zahlen ist dies also die Addition beziehungsweise Subtraktion von 1.

Bei näherem Hinsehen erkennt man, dass diese Codierung gerade für Inkrement und Dekrement einschließlich des Überlaufs zwischen 7 und 0 eine besondere Eigenschaft hat: Es ändert sich bei jedem dieser Schritte jeweils nur ein Bit. Codierungen mit dieser Eigenschaft nennt man Gray-Codes. Sie haben technische Vorteile unter anderem bei vielen Zähl- und Messanwendungen, wie Winkel- und Längenmessung.

Übung 8.2: Konstruieren Sie einen Gray-Code mit 4 und mehr Bits. Wie kommt man von einer Lösung für n Bit auf eine Lösung für n+1 Bit (rekursiver Algorithmus)?

8.2.3   Vorzeichenbehaftete ganze Zahlen

Für vorzeichenbehaftete ganze Zahlen sind folgende Codierungen gebräuchlich:

- Vorzeichen Betrag,
- Einerkomplement,
- Zweierkomplement,
- Offset um einen festen Wert.

Tabelle 8.6 zeigt diese Codierungen jeweils an Vier-Bit-Beispielen.

Tabelle 8.6: Codierung vorzeichenbehafteter ganzer Zahlen

Wert	Codierung			
	Vorzeichen Betrag	Einerkomplement	Zweierkomplement	Offset um -2
-8	-	-	1 0 0 0	-
-7	1 1 1 1	1 0 0 0	1 0 0 1	-
-2	1 0 1 0	1 1 0 1	1 1 1 0	0 0 0 0
-1	1 0 0 1	1 1 1 0	1 1 1 1	0 0 0 1
-0	1 0 0 0	1 1 1 1	0 0 0 0	0 0 1 0
+0	0 0 0 0	0 0 0 0	0 0 0 0	0 0 1 0
+1	0 0 0 1	0 0 0 1	0 0 0 1	0 0 1 1
+2	0 0 1 0	0 0 1 0	0 0 1 0	0 1 0 0
+7	0 1 1 1	0 1 1 1	0 1 1 1	0 1 0 1
+13	-	-	-	1 1 1 1
	Vorzeichenumkehr durch			
	Invertieren nur des Vorzeichenbits	Invertieren jedes Bits	Invertieren jedes Bits, dann inkrement	Zweierkomplement; dann -2*Offset (also hier +4)

In Rechnern wird für vorzeichenbehaftete ganze Zahlen praktisch ausschließlich die Zweierkomplementdarstellung verwendet. Sie hat den Vorzug, dass für vorzeichenlose (Tabelle 8.4) und vorzeichenbehaftete Zahlen die Implementierung der Operationen +, -, Inkrement und Dekrement gleich ist. Java schreibt für die Datentypen byte, short, int und long Zweierkomplementcodierung vor.

Bei Zweierkomplement kann man sich eine Zahlengerade vorstellen, die zu einem Kreis geschlossen ist. Das Erniedrigen der 0 um 1 (Dekrement) ergibt die -1 und so weiter. Das

Dekrementieren der kleinsten (das ist die betragsmäßig größte) negativen Zahl ergibt die größte darstellbare (positive) Zahl. Ein solcher Unterlauf und umgekehrt auch ein Überlauf geschieht bei den meisten Implementierungen der Grundrechenarten ohne Warnung. Es ist also für ganze Zahlen oft eine modulo-2n-Arithmetik implementiert, bei der lediglich die Division durch zu kleine Zahlen (wie etwa durch 0) als Fehler betrachtet wird.

Darüber, ob und wie ein solcher Fehler bemerkt und behandelt wird, ist damit noch nichts gesagt. In Java, wo für ganze Zahlen auch eine solche Modulo-Arithmetik gilt, löst lediglich die ganzzahlige Division durch eine zu kleine Zahl eine ArithmeticException aus. Das Abfangen einer solchen „Exception" bietet eine Möglichkeit, einen solchen Fehler zu behandeln.

Beim Datentyp byte (8 Bit, vorzeichenbehaftet) liefert 126 + 2 das Ergebnis –128. Ein Überlauf aus dem Zahlenbereich nach oben „läuft einfach unten wieder hinein" (und umgekehrt).

Beispiel 8.2: Eine kleine Anwendung IntegerArithTest zum Nachvollziehen von Rechenregeln

```
public class IntegerArithTest {                        // 1

    public static void main(String[] args) {           // 3
        byte b1 = 126;                                 // 4
        int  i1 = 126;                                 // 5
        byte b2;                                       // 6
        int  i2;                                       // 7

        b2 = (byte)(b1 + 2);                           // 9
        System.out.println("byte:   " + b1            // 10
                           + " + " + 2 = " + b2);      // 11
        i2 = i1 + 2;                                   // 13
        System.out.println(„int :   " + i1            // 14
                           + " + " + 2 =   " + i2);    // 15

        b2 = (byte)(b1 * 4);                           // 17
        System.out.println(„byte:   " + b1            // 18
                           + " * " 4 = " + b2);        // 19
    } // main()                                        // 20

} // class IntegerArithTest                            // 22
```

Beispiel 8.2, IntegerArithTest, zeigt die Wirkung einiger (Java-) Rechenregeln für vorzeichenbehaftete ganze Zahlen der Datentypen byte (8 Bit) und int (32 Bit), also mit Zweierkomplement und Modulo-Arithmetik. Zeile 9 weist auf eine weitere Besonderheit der ganzzahligen Arithmetik in Java. Java rechnet auch Ausdrücke mit byte (8 Bit) grundsätzlich als int (32 Bit). Wird ein solcher Ausdruck dann wieder als byte gebraucht, wie hier für die Wertzuweisung, ist ein Informationsverlust möglich. Diesen muss der

Programmierer mit einer Typumwandlung nach byte ausdrücklich in Kauf nehmen. Dies geschieht mit dem so genannten Type-Cast-Operator (byte). Dasselbe gilt für Zeile 17. Die Ausgabe des Beispiels ist:

```
byte:  126 + 2 = -128
int :  126 + 2 =  128
byte:  126 * 4 = -8
```

 Ein Type-Cast-Operator ist einfach ein Typname in runden Klammern. Er sagt: Wandle den folgenden Ausdruck in einen Ausdruck des benannten Typs um. Nicht alle Wandlungen sind erlaubt.

Übung 8.3: Erweitern Sie die Anwendung `IntegerArithTest`, Beispiel 8.2, um weitere ganzzahlige „arithmetische Experimente".

8.2.4   Festkomma- und IEEE 754 Gleitkommazahlen

Für rationale Zahlen – häufig etwas ungenau auch nicht ganze Zahlen genannt – gibt es Festkomma- und Gleitkommadarstellungen.

Für Festkommadarstellungen gibt es bei kaum einer Rechnerarchitektur Maßnahmen oder besondere Befehle. Festkommazahlen können durch Multiplikation mit einem festen Skalierungsfaktor in ganze Zahlen überführt werden und als solche können für sie die Befehle für die ganzzahlige Arithmetik verwendet werden. Für die Addition und die Subtraktion gilt dies direkt, bei Multiplikation und Division muss der Skalierungsfaktor (zum Beispiel 100 für zwei dezimale Nachkommastellen) angewandt werden.

 Die Bezeichnungen Festpunkt und Festkomma beziehungsweise Gleitpunkt und Gleitkomma werden synonym verwendet. Sie lehnen sich lediglich an die europäische Schreibweise mit Komma (5,28 Euro) beziehungsweise an die in USA und bei Programmiersprachen übliche Schreibweise mit Punkt (5.28 $) an.

Mit der Wahl einer Festkommadarstellung legt man den Wertebereich (nämlich durch die Anzahl der Vorkommastellen beziehungsweise der Vorkommabits) und die Genauigkeit (nämlich durch die Wertigkeit des letzten Bits) fest. Beides hängt über die Anzahl der Bits fest zusammen. Wenn man beispielsweise mit 32 Bit Werte bis 65.000 darstellen möchte, ist die Genauigkeit und der kleinste darstellbare Wert auf etwa 0,000.05 beschränkt.

Die auch halblogarithmisch genannte Gleitkommadarstellung ist hier flexibler, da sie die Lage des Kommas in weiten Grenzen variabel lässt. Sie setzt sich aus einer Mantisse (dem Zahlenwert) und einem Exponenten (der Lage des Kommas) zusammen. Der größte und der kleinste darstellbare Wert sind nicht über die Anzahl der Bits für die Mantisse aneinander gebunden.

In Rechnern haben sich für nicht ganze Zahlen die vom Standard IEEE 754 festgelegten Gleitkommadarstellungen (zur Basis 2) weitgehend durchgesetzt. Dies ist vielleicht damit zu erklären, dass 1985 der prinzipiell gut durchdachte Standard und eine damals sehr leistungsfähige Hardwareimplementierung in einem nummerischen Co-Prozessor (Intel 8087) nahezu gleichzeitig erschienen sind.

Dieser Standard definiert eine 32-, eine 64- und eine 80-Bit-Darstellung. Die ersten beiden werden in Java für die Datentypen float (32 Bit) und double (64 Bit) vorgeschrieben; sie sind in Tabelle 8.7 dargestellt und durch Pseudocode (Java-ähnlich, aber kein Java) definiert.

Tabelle 8.7: 32- und 64-Bit-Gleitkommazahlen nach IEEE 754

Feldbezeichnung	v	e	f
Anzahl der Bits (32)	1	8	23
Anzahl der Bits (64)	1	11	52

```
if (0 < e    & e < me)    w  =  -1v * 1.f * 2^(e-oe);   // *1
if (e == 0   & f != 0)    w  =  -1v * 0.f * 21^(-oe);   // *2
if (e == 0   & f == 0)    w  =  -1v * 0;                // *3
if (e == me  & f == 0)    w  =  -1v * ∞;                // *4
if (e == me  & f != 0)    w  =  NaN;                    // *5
```

Für 32 Bit (float): me=255 und oe=127, für 64 Bit (double): me = 2047 und oe = 1023.

Wie schon beim Zweierkomplement (Tabelle 8.6) ist hier das höchstwertige Bit „v" das Vorzeichenbit, wobei wieder 1 Minus und 0 Plus bedeutet. Im Feld „e" ist eine vorzeichenlose ganze Zahl von 0 bis 255 beziehungsweise 2047 codiert. Im Feld „f" liegen die Nachkommbits einer positiven Binärzahl kleiner 2,0. Das höchstwertige Bit von f hat die Wertigkeit fi, das nächste / und so weiter.

Der Wert von e bestimmt die Interpretation: Der „normierte" Normalfall ist die Zeile 1 der Tabelle 8.7: Hier sind „f" die Nachkommastellen einer binären Zahl 1,f („Eins Komma f"). Wird die Zahl zu klein für eine normierte Darstellung mit 23 beziehungsweise 52 Bit Genauigkeit, tritt die Interpretation nach Zeile *2 ein, die den Fall Null (Zeile *3) im Prinzip mit abdeckt.

Diese Norm kennt eine vorzeichenbehaftete Null (Zeile *3 in Tabelle 8.7) und Unendlich mit Vorzeichen (Zeile *4). Für einen ungültigen Wert (not a number, NaN, Zeile *5) gibt es sehr viele Codierungen (was eigentlich eine große Verschwendung ist).

Mit Gleitkommazahlen nach IEEE 754 beziehungsweise float und double in Java sind somit auch die Ergebnisse „unerlaubter" Operationen darstellbar, und es kann dank sinnvoller Rechenregeln für Null und Unendlich auf manche Abfrage oder Ausnahmebehandlung verzichtet werden.

So kann zum Beispiel die Formel für die Parallelschaltung von Widerständen

$$R_{ges} = 1 / (1/R_1 + 1/R_2)$$

direkt und ohne Abfragen, ob R1 oder R2 gleich Null ist, so programmiert werden.

```
rGes = 1.0 / (1/r1 + 1/r2);
```

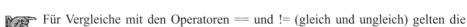 Für Vergleiche mit den Operatoren == und != (gleich und ungleich) gelten die Regeln +0 == -0 und NaN != NaN (unabhängig von der Codierung).

In der Norm IEEE 754 sind übrigens zwei weitere Codierungsprinzipien der Tabelle 8.6 verwirklicht: Für die Zahl als Ganzes gilt „Vorzeichen Betrag", und der eigentliche vorzeichenbehaftete Exponent ist nach dem Prinzip „Offset um einen festen Wert" codiert.

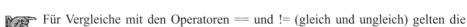 Die Konstanten (Codierungen) für die Sonderwerte von float und double (klein geschrieben) finden Sie in den Klassen Float und Double (groß geschrieben) als Double.NaN, Double.POSITIVE_INFINITY und so weiter.

Beispiel 8.3 zeigt einige (Java-) Rechenregeln für Gleitkommazahlen (double, nach IEEE754).

Beispiel 8.3: Eine kleine Anwendung FloatingArithTest
zum Nachvollziehen von IEEE 774-Rechenregeln

```
public class FloatingArithTest {                       // 1

    public static void main(String[] args) {           // 3
        double x = 100.9;                              // 4
        double y = Double.POSITIVE_INFINITY;           // 5
        double z;                                      // 6

        z = x / -0.0;                                  // 8
        System.out.println(x + " / -0.0 = " + z);      // 9

        z = x / y;                                     //11
        System.out.println(x                           //12
                    + " /  +Unendlich = " + z);         //13

        z = y / y;                                     //15
        System.out.println( y + " / " + y              //16
                    + " = " + z);                       //17
    } // main()                                        //18

} // class FloatingArithTest                           //20
```

Die Ausgabe des Beispiels 8.3, FloatingArithTest, ist:

```
100.9 / -0.0 = -Infinity
100.9 /  +Unendlich = 0.0
Infinity / Infinity = NaN
```

Übung 8.4: Erweitern Sie die Anwendung `FloatingArithTest`, Beispiel 8.3, um weitere „arithmetische Gleitkommaexperimente".

Die Entscheidung für IEEE 754-Gleitkommaratithmetik als Java-Standard war wegen der weiten Verbreitung und Hardwareunterstützung richtig. Allerdings ist der Standard in manchen Aspekten nicht unproblematisch und für komplexerc nummerische Anwendungen nicht unumstritten. (Böse Zungen behaupten etwas übertrieben: „IEEE 754 liefert schnell das falsche Ergebnis".) Je nach Anwendung könnte kritisch werden, dass schon einfache Dezimalbrüche wie 10,1 sich binär nicht endlich und somit nicht präzise darstellen lassen oder dass beim Rechnen mit Zahlen sehr unterschiedlicher Größenordnung durch das Verschieben der Mantisse einiges an Stellen (-information) verloren gehen kann.

Der letzte Punkt wird speziell für Java verschärft durch die etwas unglückliche Entscheidung, auf den IEEE 754-80 Bit-Typ zu verzichten und neben dem sicher oft ausreichenden 64-Bit-Typ noch den 32-Bit-Typ als fast nie benutztes float anzubieten. Es ist schon etwas widersprüchlich, die lumpigste ganzzahlige Rechnung (2+3) in 32 Bit zu implementieren, was bei einem 80386 schon ein Aufwand ist, und bei Gleitkomma auf 80 Bit zu verzichten, was schon der „Ur-" 8087 beherrschte.

Es gibt aber einige Bewegung auf dem Gebiet der Java-Arithmetik, die auch von der Numeric Working Group of the Java Grande Forum vorangetrieben wird. Eine Auswirkung ist, dass es Java-Implementierungen nun erlaubt ist, Zwischenwerte „besser" als double (z. B. mit 80 Bit) zu rechnen, falls dies mit strictfp nicht ausdrücklich unterbunden wird.

32 Bit-Gleitkomma ist ungenauer als 32 Bit-ganzzahlig und selbst 64 Bit-Gleitkomma ist nicht unbedingt genauer. Wenn man statt eines Gleitkomma-Algorithmus' einen (oft schwer zu findenden und komplizierteren) ganzzahligen Algorithmus für ein Problem hat, so ist es meist angebracht, diesen zu nutzen.

8.2.5 Textzeichen

Historisch gewachsen gibt es unzählige Codierungen für Textzeichen. Grundsätzlich legt man erst die Menge der darzustellenden Textzeichen (samt Sonder- und Steuerzeichen) fest und bildet diese Menge dann auf die natürlichen Zahlen (0, 1, 2 ...) ab. Deren Standardcodierung (Tabelle 8.4) als vorzeichenlose ganze Zahlen ist dann die Zeichencodierung.

5- und 6-Bit-Codes, mit denen man nur 32 beziehungsweise 64 verschiedene Zeichen (unter Verzicht schon auf Groß-/Kleinschreibung) darstellen kann, haben als „Fernschreibcodierungen" fast nur noch historische Bedeutung. In der Prozesstechnik werden sie für langsame störsichere prozessnahe Netze (zum Beispiel beim HART-Protokoll) verwendet. In der folgenden Tabelle 8.8 ist erkennbar, dass man unter Verzicht auf Steuerzeichen und Kleinbuchstaben leicht zu einem solchen 6-Bit-Code gelangt.

In Rechnern werden für Textzeichen fast nur noch 7-, 8- und 16-Bit-Codierungen verwendet. Dabei haben andere 7- und 8-Bit-Codierungen als ASCII und seine

Erweiterungen auch keine Bedeutung mehr. Dies gilt insbesondere für solche 8-Bit-Codierungen, die an Lochkartendarstellungen angelehnt sind (wie beispielsweise EBCDIC).

8.2.6 Textzeichen – ASCII

ASCII war in seiner ursprünglichen Form ein 7-Bit-Zeichensatz. Wie in Tabellen 8.8 und 8.9 gezeigt, sind die dann möglichen 128 Zeichen in 4 Gruppen zu jeweils 32 Zeichen gegliedert:

- Steuerzeichen (wie Wagenrücklauf, Zeilenvorschub, Tabulator und dergleichen),
- Sonderzeichen und Ziffern (wie Leerzeichen und die Interpunktionszeichen),
- Großbuchstaben (und sechs Sonderzeichen, um die 26 Buchstaben auf 32 Zeichen aufzufüllen),
- Kleinbuchstaben (und fünf Sonderzeichen).

Wie in Tabelle 8.8 dargestellt, bestimmen die vier in den beiden Bits 6 und 5 codierbaren Werte eine dieser Gruppen und die fünf Bits 4 bis 0 bestimmen eines der jeweils 32 möglichen Zeichen der Gruppe. Wird zur Übertragung oder Speicherung solcher 7-Bit-ASCII-Zeichen ein Byte, also 8 Bit, verwendet, so wird Bit 7 gleich 0 gesetzt.

Tabelle 8.8: Die Bitfelder des 7-Bit-Standard-ASCII-Code

Bit-Nr.	6	5	4	3	2	1	0
	Gruppenauswahl 0..3		Zeichennummer 0..31 innerhalb der Gruppe				
	0	0	Steuerzeichen (control)			LF, CR, HT	
	0	1	Sonderzeichen			, 1..0, . , !	
	1	0	Großbuchstaben			@, A, B, ...	
	1	1	Kleinbuchstaben			', a, b, c, ...	

Für die Steuerzeichen der ersten Gruppe haben sich Abkürzungen mit zwei oder drei Buchstaben eingebürgert, LF (line feed) für Zeilenvorschub, CR (carriage return) für Wagenrücklauf beziehungsweise Cursor an den Zeilenanfang, HT (horizontal tabulation) für Tabulator, FF (form feed) für Seitenvorschub, BS (back space) für Position eins zurück, BEL (bell) für Glocke beziehungsweise Pieps, ESC (escape) für Fluchtsymbol und EOT (end of tape) für (Band-) Ende.

☞ Zu einem richtigen Zeilenwechsel gehört natürlich CR und LF. Je nach Betriebssystem wird zur Codierung des Zeilenwechsels in Textdateien hierfür nur eines dieser Zeichen (LF oder CR) oder eine Kombination von beiden verwendet. Dies ist der Grund für die mysteriöse Zeilenvorschubvermehrung, die beim Datentausch zwischen Unix und Windows teilweise zu beobachten ist.

☞ Der in Tabelle 8.9 dargestellte 7-Bit-ASCII-Code entspricht auch den Zeichen 0 bis 127 der so genannten Codepage 850 (Cp850, IBM-Ur-PC), von ISO8859-1

(Latin 1) und von Unicode. Diese alle stimmen wenigstens in den ersten hier dargestellten 128 Zeichen überein. Ab Seite 401 im Anhang finden Sie hierzu weitere Codetabellen.

Tabelle 8.9: Der 7-Bit-ASCII-Code

	00	01	02	03	04	05	06	07	08	09	0A	0B	0C	0D	0E	0F
00	Null	STX	SOT	ETX	EOT	ENQ	ACK	BEL	BS	HT	LF	VT	FF	CR	SO	SI
10	DLE	DC1	DC2	DC3	DC4	NAK	SYN	ETB	CAN	EM	SUB	ESC	FS	GS	RS	US
20		!	"	#	$	%	&	'	(	)	*	+	,	-	.	/
30	0	1	2	3	4	5	6	7	8	9	:	;	<	=	>	?
40	@	A	B	C	D	E	F	G	H	I	J	K	L	M	N	O
50	P	Q	R	S	T	U	V	W	X	Y	Z	[	\	]	^	_
60	`	a	b	c	d	e	f	g	h	i	j	k	l	m	n	o
70	p	q	r	s	t	u	v	w	x	y	z	{	|	}	~	

☞ Man ist im Allgemeinen gut beraten, wenn man sich (unter anderem bei der Wahl von Namen) in Programmquelltexten – Java, Assembler, HTML – auf diese Zeichen oder auf ISO8859-1 beschränkt. Der Austausch der Dateien über Systemgrenzen hinweg ist dann meist problemlos.

8.2.7 Textzeichen – Unicode

Unicode ist eine – ja vielleicht die – Lösung eines ernsthaften Problems der Datenverarbeitung, das die Codierung von Textzeichen und ihre Darstellung im Rechner betrifft. Die 7- und 8-Bit-Codes (ASCII) und ihre Erweiterungen und Ausprägungen haben ja zu keiner befriedigenden und allgemein, also international anwendbaren gemeinsamen Darstellung von Textzeichen geführt. Selbst wenn man sich auf die europäischen (und damit auch amerikanischen Schrift-) Sprachen beschränkt, ist die Anzahl der in Texten üblichen Buchstaben und Sonderzeichen größer als 256.

Um Texte wirklich international austauschbar zu machen, muss man eine 7- oder 8-Bit-Codierung aller jeweils verwendeten Zeichen jedenfalls verlassen. Es gibt grundsätzlich drei Wege:

1. Man beschränkt sich auf die 8-Bit-Codierung weniger gängiger gemeinsamer Zeichen, oder sogar auf eine 7-Bit-Codierung, wenn man sich (Internet) auf eine durchgängige 8-Bit-Übertragung nicht hundertprozentig verlassen kann. Alle anderen Zeichen stellt man durch besondere Folgen (Escape-Sequenzen) mehrerer dieser Zeichen dar.
2. Man geht auf eine 16-Bit-Codierung über.
3. Man ändert eine vorhandene Codierung, indem man (scheinbar) nicht gebrauchte Zeichen entfernt und an ihre Stelle die fehlenden Zeichen setzt (z. B. ÄÖÜ statt [\] für eine deutsche Ausprägung von 7-Bit-ASCII).

Der dritte Weg war lange Zeit (historisch) sehr beliebt. Er führte zu zahllosen inkompatiblen Ausprägungen von 7 und 8 Bit-Codes und damit geradewegs ins Chaos.

Ein Beispiel für den ersten Weg ist HTML, siehe auch Kapitel 9. Hier kann man zwar heutzutage meist ISO8859-1 (Latin 1) verwenden. Man kann sich aber auch konsequent auf den amerikanischen 7-Bit-ASCII-Zeichensatz (Tabelle 8.9) beschränken und alle anderen Zeichen mit einem zwischen & (Kaufmanns-Und, Englisch Ampersand) und ; (Semikolon) eingeschlossenen Namen darstellen. Die Umlaute, das Eszett und das Kaufmanns-Und selbst sehen dann so aus:

ä ö ü Ä Ö Ü ß :   ä ö ü Ä Ö Ü ß
&   :   &

Die HTML-Namen sind als Abkürzungen für A-Umlaut bis Eszett-Ligatur recht eingängig.

Der zweite Weg einer einheitlichen 16-Bit-Codierung aller weltweit benötigten Zeichen wurde vom Unicode-Konsortium beschritten. Die Zeit ist reif für eine 16-Bit-Codierung. Der zusätzliche Bedarf an Speicherplatz und Übertragungskapazität ist heute kein ernstes Hindernis mehr und wiegt den Ärger und die Kosten mit den 7/8-Bit-Problemen mehr als auf. Es fehlte nur die breite Anwendungsbasis. Der zusätzliche Speicher- beziehungsweise Übertragungsaufwand von Unicode gegenüber ISO 8859?1 wird bei den meisten Texten durch eine UTF-Codierung (siehe unten in diesem Kapitel) auf eine vernachlässigbare Größe reduziert.

Zu den Unicodezeichen siehe die Tabellen im Kapitel 26 im Anhang.

Java codiert Textzeichen konsequent in Unicode und für Ada gibt es auch Unicode-Unterstützung. Java könnte dem Unicode eines Tages zum weltweiten Durchbruch verhelfen. Bis es möglicherweise so weit ist, müssen Java und Ada in einer Welt leben, in der die meisten Systeme, Entwicklungsumgebungen, Editoren und so weiter Texte in 7- oder 8-Bit-Einheiten codieren, übertragen und speichern.

Um die vorhandenen 7/8-Bit-Textwerkzeuge (Editoren) und Text-Dateiformate verwenden zu können, definiert Java eine so genannte Unicode-Escapesequenz. Diese hat die Form:

```
\uhhhh
```

Dabei sind hhhh genau vier Hexadezimalziffern (siehe Kapitel 4.5). Mit diesen vier Ziffern ist die Unicode-Nummer des gewünschten Zeichens anzugeben. So kann zum Beispiel das Zeichen √ (Wurzel) in Java-Quellen als „\u221A" eingegeben werden.

Java „denkt intern" komplett in Unicode. Man kann Unicode-Escapesequenz an beliebiger Stelle (nicht nur in String-Konstanten) in einem Java-Quelltext einsetzten. So kann man anstatt dieser Zeile

```
double      x       = 1000000;  // normal
```

sogar das

```
\u0064ouble \u0078 = 1000000;   // dasselbe
```

schreiben. Das wird so kein Mensch tun, es zeigt aber das Prinzip. Das funktioniert, da der Java-Compiler in beziehungsweise noch vor seiner ersten Arbeitsphase alles in Unicode wandelt und dazu alle Unicode-Escapesequenzen auflöst.

☞ In Dokumentationskommentaren (doc comments; siehe Kapitel 18.1) sollte man aber im Allgemeinen von der Verwendung von Unicode-Escapesequenzen absehen und gegebenenfalls HTML-Zeichencodierungen der Form &, ", © und so weiter (siehe oben) einsetzen. Dies ist angemessen, da der Inhalt von Dokumentationskommentaren in HTML umgesetzt wird.

Kurzbeschreibung UTF-8

Neben der Unicode-Escapesequenz von Java gibt es noch weitere Brücken zwischen Unicode und einer „8-Bit-Welt". Eine davon ist die auch in Java-Klassenbibliotheken unterstützte weitverbreitete so genannte UTF8-Codierung.

Für die Platz sparende Speicherung und Übertragung von Unicode-Textdateien kann die Verwendung der UTF-8-Codierung festgelegt werden. Mit ihr können Bitmuster bis 31 Bit Länge in einer Folge von Bytes übertragen werden. Wie in Tabelle 8.10 dargestellt, wird im ersten Byte dabei die Anzahl der für das Muster verwendeten Bytes codiert. Diese Anzahl liegt zwischen einem Byte und sechs Bytes.

Tabelle 8.10: Die UTF-8-Codierung

Byte einer Sequenz von		Format	Freie Bits (x)	größter Wert	reicht für
Einziges	einem Byte	`0xxxxxxx`	7	007F	ASCII 7 Bit
Erstes	2 Bytes	`110xxxxx`	5 + 6	07FF	mehr als Latin 1
Erstes	3 Bytes	`1110xxxx`	4 + 2 * 6	FFFF	Unicode
Erstes	4 Bytes	`11110xxx`	3 + 3 * 6	1F FFFF	andere Anwendungen
Erstes	5 Bytes	`111110xx`	2 + 4 * 6	3FF FFFF	
Erstes	6 Bytes	`1111110x`	1 + 5 * 6	7FFFF FFFF	
2. bis 6.	2..6 Bytes	`10xxxxxx`	+6		

Die Interpretation einer UTF-8-Bytefolge ist ganz einfach. Ist in einem Byte das Bit 7 gleich 0, so stellt dies eine Folge von einem Byte dar. Der übertragene Wert liegt im Bereich 0 bis 127 und ist in den Bits 6 bis 0 dieses Bytes direkt codiert. Ist das Bit 7 hingegen gleich 1, so ist dieses Byte Teil einer Folge von 2 bis 6 Bytes. Die Anzahl der Bytes ist, wie in Tabelle 8.10 gezeigt, die Anzahl der zusammenhängenden Einsen bis zur ersten 0. Um den in dieser Folge codierten Wert zu erhalten, muss man die in der Tabelle mit „x" gekennzeichneten freien Bits dieser Folge lückenlos hintereinander schieben. Die Nachfolgebytes 2 bis maximal 6 beginnen alle (eindeutig) mit dem Muster 10 in den Bits 7 und 6. So kann unter anderem das Fehlen eines Bytes aufgedeckt werden.

Für die Übertragung von Unicode-Text in UTF-Codierung genügen Sequenzen von
einem bis drei Byte Länge, wobei für die Zeichen bis \u007E ein Byte genügt. Da diese
Zeichen in den meisten Texten mit weit überwiegender Häufigkeit vorkommen, spart
eine UTF-8-Übertragung oder -Speicherung gegenüber der direkten Übertragung oder
Speicherung von (16 Bit-) Unicode bis zu 50% Platz.

Bei den Java-Bibliotheken, die Unicode-Texte in UTF wandeln, wird das Zeichen \u0000
nicht als ein Byte 0x00, sondern als zwei Bytes 0x80C0 dargestellt. (Ein Blick in die
Tabelle 8.10 zeigt, dass bei dieser Codierung alle 11 mit x bezeichneten Bits 0 sind.) Mit
dieser Verwendung von zwei Bytes für das Zeichen \u0000 wird das Vorkommen eines
einzelnen Bytes, das 0x00 ist, im Bytestrom vermieden. Der Grund für diese Maßnahme
ist, dass ein Byte 0x00 bei C/C++-Programmen, die in der Informationskette liegen
könnten (zum Beispiel als Proxy-Server) und auf die man keinerlei Einfluss hat, oft
unsinnige Reaktionen hervorruft.

Übung 8.5: Schreiben Sie eine kleine Java-Anwendungen, die einen Teil einer
Zeichencodetabelle mit Zeichen und Unicode-Nummer dezimal, oktal und hexadezimal
ausgibt. Beispiel 4.5 ist eine brauchbare Ausgangsbasis.

Mit den Type-Cast-Operatoren (int) und (char) können Sie ein Unicodezeichen in
eine ganze Zahl wandeln und umgekehrt:

```
(int)'a'       und       65
```

sowie

```
(char)66       und       'b'
```

haben jeweils denselben Wert und Datentyp.

Übung 8.6: Finden Sie in der Java-Online-Dokumentation etwas zu UTF.

9   HTML

Die Hypertext markup language, kurz HTML, ist im weitesten Sinne eine
Programmiersprache. Sie dient zur Beschreibung von Seiten (oder Dokumenten) mit
Text, Layout, eingebetteten Grafiken und eingebettetem ausführbarem Inhalt sowie mit
Verweisen (Links, daher das „Hyper") zu Stellen in derselben Seite oder in anderen
Seiten.

Es gibt zwei Verbindungen von HTML und Java:

- Applets (vgl. Beispiel 2.4) können in einem Browser oder im JDK-Werkzeug applet-
  viewer nur laufen, wenn sie in eine HTML-Seite eingebettet sind.
- Die mit dem Werkzeug javadoc generierte Online-Dokumentation ist in HTML.
  Wesentliche Inhalte – das heißt die jeweiligen spezifischen Beschreibungen von

Klassen, Methoden, Variablen etc. – dieser generierten Dokumentation werden aus den Dokumentationskommentaren (siehe auch Kapitel 18.1) extrahiert.

Zum Schreiben und Testen eines Applets muss man zumindest eine einfache HTML-Seite gestalten und zum Test des Applets unter verschiedenen Bedingungen gezielt ändern können. Für die Online-Dokumentation gilt, dass schon für eine minimale typografische Gestaltung der generierten HTML-Dokumentation einige HTML-Elemente (tags) in die Dokumentationskommentare einzubringen sind. Zu solchen für das Lesen der Dokumentation hilfreichen Gestaltungselementen gehören unter anderen Zeilenvorschübe für Absatzwechsel, Aufzählungen, Hervorhebungen und gegebenenfalls auch Tabellen und Bilder. Und man sollte natürlich Java-Quellen von anderen Programmierern lesen können, die in ihre Dokumentationskommentare ein paar HTML-Elemente eingebaut haben.

Ein HTML-Quelltext ist, wie bei praktisch allen Programmiersprachen, reiner (ASCII-) Text. Eine solche Quelle, kurz HTML-Seite genannt, wird üblicherweise in Dateien mit der Erweiterung .html gespeichert. Mit Rücksicht auf beschränkte Dateisysteme (vgl. Kapitel 7.1) wurde früher auch .htm verwendet (für lokales „Browsen" mit Windows 3.1x beispielsweise).

HTML-Seiten können mit normalen Editoren wie dem EditPad erzeugt und modifiziert werden. Es gibt auch Generatoren für das Umsetzen von anderen Dokumentformaten (Word, Powerpoint etc.) und WYSIWIG-Editoren. Die meisten dieser Werkzeuge erzeugen teilweise einen sehr schlechten HTML-Code oder sie machen um ein paar simple HTML-Elemente, die man doch lernen muss, einen kaum zu rechtfertigenden Aufstand.

Wenn von „schlechtem" HTML die Rede ist, sind vor allem folgende negative Eigenschaften gemeint: zu umfangreich, unnötig aufgebläht, schlecht strukturiert, falsche Klammerverschachtelung, (damit) von XML-basierten Parsern nicht verarbeitbar und verdorbene Verweise.

Die Sprachelemente von HTML sind

- so genannte Tags (in spitzen Klammern < >)
  und die im Zusammenhang mit Unicode (Kapitel 8.2.7) bereits erwähnten
- Zeichendarstellungen in den Formen
  „Und Name Semikolon" und „Und Doppelkreuz („Fis") Zahl Semikolon",
  von denen die wichtigsten in Tabelle 9.1 aufgeführt sind.

Die Zeichen der linken Hälfte von Tabelle 9.1 kann man in einer HTML-Seite auch ganz normal als ä, ö, ü, Ä, Ö, Ü und ß schreiben, wenn garantiert wird, dass

a) 8 Bit übertragen werden und
b) das interpretierende Werkzeug (der Browser) ISO 8859-1 (Latin1) versteht.

Beides ist heute im Allgemeinen gegeben. Für die ersten drei (besser vier) Zeichen der rechten Hälfte von Tabelle 9.1 müssen im normalen Text einer HTML-Seite die angegebenen Codierungen verwendet werden, da diese Zeichen, direkt verwendet, eine syntaktische Bedeutung haben.

Tabelle 9.1: Codierung besonderer Zeichen in HTML

Zeichen	HTML		Zeichen	HTML
ä	ä		&	&
ö	ö		<	<
ü	ü		>	>
Ä	Ä		"	"
Ö	Ö		©	©
Ü	Ü		festes Leerzeichen ohne möglichen Zeilenumbruch	oder
ß	ß			

Die Tags sind in spitze Klammern (kleiner und größer, < und >) gesetzte HTML-Schlüsselworte mit zum Teil ergänzenden Parametern. Zu den meisten Tags gibt es ein gleichnamiges, mit „kleiner Schrägstrich" </ beginnendes Endtag. Tag und Endtag bilden eine Klammer und sollten in einer strengen Klammerstruktur gesetzt werden; also beispielsweise immer

```
<font size=5><b><i>Groß fett und schräg</i></b></font>
```

und nie

```
<font size=5><b><i>Groß fett und schräg</font></b></i>  .
```

 Einem „Programmierer", der mit einem normalen Editor HTML schreibt, wird es kaum einfallen, etwas so schlecht strukturiertes wie die zweite Zeile zu schreiben. Viele der oben erwähnten Generatoren erzeugen aber genau so etwas und viel Schlimmeres. Die meisten Browser sind mit einigem Aufwand so „syntaktisch lasch" programmiert, dass sie dies akzeptieren. Wird eine HTML-Seite nicht dargestellt, so trifft der Vorwurf ja eher den Browser-Hersteller („Im Maxexploder läuft sie doch!") als den Hersteller des Generierwerkzeugs.

Mit dem Aufkommen von XML und XML-basierten Werkzeugen wird man mit dergleichen aber zunehmend in Schwierigkeiten kommen. Hier helfen zusätzliche Prüfwerkzeuge und -dienste wie http://validator.w3.org/.

 Eine strenge Syntaxprüfung und -verbesserung liefert das Java-Werkzeug Tidy des W3C.

Tabelle 9.2 zeigt die wichtigsten HTML-Tags zusammen mit ihren (nach dem immer gleichen Schema gebildeten) Endtags.

 Zu einigen Tags gibt es keine Endtags, wie unter anderem zu <meta>, <br> und <img>. Man sollte sich angewöhnen, alle diese, wie für <br /> gezeigt, mit einem zusätzlichen Leerzeichen und Schrägstrich vor der schließenden spitzen Klammer zu schreiben. Die Klammerebenenverfolgung eines strengen (XML-basierten) Parsers ist nur so zufrieden zu stellen.

Tabelle 9.2: Die wichtigsten HTML-Tags

Tag	Endtag	Bedeutung
<html>	</html>	Beginn und Ende der ganzen HTML-Seite
<head>	</head>	Beginn und Ende des Seitenkopfs
<meta >		Zusatzinformation zum Dokument
<title>	</title>	Titel der (ganzen) Seite
<body>	</body>	Beginn und Ende des Seiteninhalts
<h1>	</h1>	Klammer um Überschrift erster Ordnung
<h3>	</h3>	Klammer um Überschrift dritter Ordnung
<b>	</b>	Beginn und Ende Fettdruck (bold)
<u>	</u>	Beginn und Ende Unterstreichen
<i>	</i>	Beginn und Ende Kursiv (italic)
<a >	</a>	Klammer um Anker (Name) oder Link
   		neue Zeile (break)
<img >		Einfügen eines Bilds (image)
<applet >	</applet>	Einfügen ausführbaren Inhalts (Java-/Ada-Applet) *)
<! >		Kommentar
<ul>	</ul>	Klammer um Liste beziehungsweise Aufzählung
<li>	</li>	Klammer um Listenelement (list item)

Anmerkung *): Das Erzeugen von Java-Bytecode ist nicht an die Sprache Java gebunden. Die Programmiersprache Ada eignet sich hierfür auch und es gibt entsprechende Ada-Compiler.

Einige (Start-) Tags erlauben und einige (wie <img />, <meta /> und <a >) erfordern zusätzliche Parameter, gelegentlich auch Attribute genannt. Endtags haben nie Parameter. Die Syntax der Parameter ist „Parametername = Wert":

```
<a href="http://www.a-weinert.de/" name="L1">A. Weinert</a>
```

Das Setzen der Parameterwerte in Anführungszeichen ist nie verkehrt und teilweise syntaktisch erforderlich. Zusätzliche Leerzeichen außerhalb von Anführungszeichen und die Groß-/Kleinschreibung von Tag- und Parameternamen spielen für die HTML-Syntax keine Rolle.

 Dennoch sollte man sich einen klaren HTML-Stil angewöhnen: Tag- und Parameternamen sollten konsequent klein geschrieben werden. Durch zusätzliche

Leerzeichen und Zeilenvorschübe sollte ein lesbarer und auch druckbarer Code mit Zeilenlängen kleiner 80 Zeichen entstehen. Zu großzügig sollte man mit zusätzlichen Zeichen allerdings auch nicht sein (keine übertriebenen Einrückungen zum Beispiel). Im Zusammenhang mit HTML sollte man auch immer an Ladezeiten über langsame Verbindungen denken.

Beispiel 9.1 zeigt den Grundaufbau einer HTML-Seite, die Beispiele für hier aufgeführte HTML-Elemente enthält.

Beispiel 9.1: Die HTML-Seite „DreiLinks"

```
<!DOCTYPE html PUBLIC "-//W3C//DTD XHTML 1.0 Transitional//EN">
<head>
<title>Drei Links   (HTML-Demo)    </title>
<meta name="GENERATOR" content="EditPad" />
<meta name="AUTHOR" content="Albrecht Weinert" />
<meta http-equiv="content-language" content="de" />
</head>

<body bgcolor="#fffff0" text="#00002F">
<font size=4 face=arial><a name="top">Drei</a> Links</font><br />
<br />Von hier aus können Sie andere Seiten erreichen.<br />

<img src="../images/hanser_dampfer-tr.gif" width="59" height="61"
alt="Carl Hanser Verlag" align="right" />

<br /><ul>
<li>Zum Seiten<a href="#end">ende</a></li>
<li>Zum <a href="hello-applet.html">Hello-Applet</a></li>
<li>Zur Hopepage des <a href=
"http://www.fh-bochum.de/fb3/meva-lab/weinert.html">Autors</a>
(FH   Bochum)</li>
<li type="circle">Zu den <a href=
"http://www.fh-bochum.de/fb3/meva-lab/errata.html#java4ing">
Errata</a>
des Buchs</li>
<li type="dot">Zur Dokumentation von <a
href="./HelloPar/index.html">HelloPar</a></li>
<li >Zum Seiten<a href="#top">anfang</a></li>
</ul><br />
<font size=2 face=arial><a id="end"
name="end">Letzte</a>
Änderung: 17.02.2000   09:37</font>
</body></html>
```

Bild 9.1 zeigt das Ergebnis, das heißt die Darstellung der HTML-Seite des Beispiels 9.1 in einem Browser (hier Netscape ® Communicator 4.06).

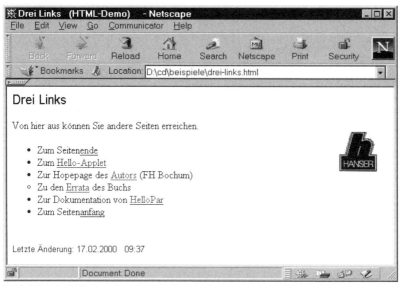

Bild 9.1: Die HTML-Seite „DreiLinks" (Beispiel 9.1) im Browser

HTML-Seiten beginnen oft mit einem Kommentar oder mehreren Kommentaren, aus denen der Browser die verwendete HTML-Version entnimmt. Bei einer XML-kompatiblen HTML-Seite steht am Anfang auch etwas wie

```
<?xml version="1.0"?>
<!DOCTYPE html PUBLIC "-//W3C//DTD XHTML 1.0
Transitional//EN"
    „http://www.w3.org/TR/xhtml1/DTD/transitional.dtd">
<html xmlns="http://www.w3.org/TR/xhtml1">
```

Man kann diese etwas kryptischen Angaben auch weglassen, sie von einem Generator erzeugen lassen oder aus einer anderen Seite kopieren, wenn man sich an dieselben Regeln hält.

Das eigentliche Dokument ist in die Tags <html> und </html> eingeschlossen. Es besteht aus zwei Teilen, dem Kopf (header) zwischen <head> und </head> und dem Rumpf zwischen <body> und </body>. Die Tags <html>, </html>, <head>, </head>, <body> und </body> kann es in einer HTML-Seite jeweils nur ein einziges mal geben, und zwischen <html> und <head>, </head> und <body> sowie zwischen </body> und </html> kann nichts (außer Leerzeichen und Zeilenvorschüben) stehen.

Im Kopf sollte man einen Seitentitel zwischen <title> und </title> eintragen. Die meisten Browser zeigen diesen (vgl. Bild 9.1) im oberen Fensterrahmen. Möchte man vier Leerzeichen hintereinander darstellen, muss man wie im Beispieltitel   (non breaking space) beziehungsweise   einsetzen, da überzählige Leerzeichen (und Zeilenvorschübe) bei HTML ja bedeutungs- und wirkungslos sind. (Hier dienen die zusätzlichen Leerzeichen dazu, das ergänzte "- Netscape" ein wenig vom eigentlichen Titel fernzuhalten.

Im Kopf kann man mit so genannten Meta-Tags zusätzliche Informationen zum Dokument bereitstellen. Diese gehören nicht zum eigentlichen Seiteninhalt, beeinflussen aber teilweise seine Darstellung und die Handhabung der Seite in Caches (Zwischenspeicher), Proxy-Servern und durch Suchmaschinen.

Im body-Tag sind Parameter möglich, die die (Vorzugs-) Darstellung der Seite als Ganzes steuern. Im Beispiel wird die Hintergrundfarbe als sehr helles Gelb und die Schriftfarbe als sehr dunkles Blau festgelegt. Farbangaben der Form "#00002F" bestehen aus drei dicht zusammengeschriebenen zweistelligen Hexadezimalzahlen die Farbhelligkeiten im Bereich 0 bis 255 entsprechend 0 bis 100 % für die Grundfarben Rot, Grün und Blau festlegen. "#FF0000" ist beispielsweise 100 % rot ohne Grün- und Blauanteil. Für Grundfarben und einige Mischfarben sind auch englische Namen (red, green, yellow etc.) möglich.

Die erste Zeile „Drei Links" ist mit font-Tags geklammert. In Parametern wird eine von der Standardeinstellung abweichende Schriftgröße (size=4, Standard ist 3) und serifenlose Schriftart (face=arial) eingestellt. Das Wort „Drei" ist zudem von a-Tags (Anker) geklammert, die dieser Stelle im Dokument den Namen „top" geben. Zu Zeilen mit solchen Namen kann man mit (Hyper-) Links von anderen Dokumenten aus und innerhalb des Dokuments springen.

Als Absprungstelle, also als Link, dient wiederum eine mit a-Tags (Anker) geklammerte Stelle (Textstück oder Bild) im Dokument. Das von dort aus (durch Klick) zu erreichende Sprungziel ist eine als Wert des href-Parameters (hyper reference) angegebene URL, wie in

```
href=
"http://www.fh-bochum.de/fb3/meva-lab/errata.html#java4ing"
```

Eine vollständige URL wie diese besteht aus den in Tabelle 9.3 aufgeführten Teilen.

Tabelle 9.3: Teile einer URL (beschränkt auf http)

Teil	im Beispiel	Erläuterung
Protokoll	http://	Hypertexttransferprotokoll
Server	www.fh-bochum.de/	Fachhochschule Bochum
Datei (mit Verzeichnissen)	fb3/meva-lab/errata.html	Errata-Seite des MEVA-Lab
Stelle im Dokument	#java4ing	Die Stelle „Java für Ingenieure" in der Seite errata.html

Gibt es keine Angabe zur Stelle im Dokument (also nichts mit #), so ist dessen Beginn gemeint. Teile der URL dürfen vom Anfang her weggelassen werden. Sie werden dann aus der URL des aktuellen Dokuments ergänzt. Dabei sind auch relative Verzeichnisangaben mit ./ für aktuelles Verzeichnis dieses Dokuments ../ für ein Verzeichnis höher, ../../ für zwei Verzeichnisse höher und so weiter möglich.

☞ Solche so genannten relativen URLs, wie sie im Beispiel 9.1 auch vorkommen, sind, wo immer möglich, vollständigen – „absoluten" – URLs vorzuziehen. Solche relativen Links funktionieren nämlich auch dann innerhalb eines Bereichs (site), wenn dieser von einem Server zum anderen, auf CD oder Platte kopiert wird. So wird für die vielen von Javadoc generierten Verweise innerhalb von Java-Dokumentationen nur mit relativen Links gearbeitet.

☞ Das Protokoll besagt nicht, dass sich hinter solchen hierarchischen Dateiangaben auch tatsächliche Verzeichnisse und Dateien verbergen, wenn dies auch meist der Fall ist. Ein HTTP-Server kann aufgrund dieser Angaben den zu liefernden Inhalt sonst woher holen, er kann ihn generieren, aus Archiven extrahieren usw. Die URL sagt hierzu gar nichts aus.

Nach der zweiten Textzeile „Von hier aus ..." wird im Beispiel 9.1 mit einem img-Tag (image) ein Bild eingefügt, welches rechtsbündig auf der Seite neben dem Text platziert wird (align="right"). Ohne den align-Parameter würde das Bild an der aktuellen (Text-) Stelle eingefügt.

Mit dem src-Parameter (source, Quelle) wird die URL einer Bilddatei angegeben. Hier sind die Dateiformate GIF (.gif) und JPEG (.jpg) möglich. src ist der einzig erforderliche Parameter; die übrigen – width, height, und alt – sollten aber unbedingt auch angegeben werden. Die Angabe der Bildabmessungen in Pixel beschleunigt die Seitendarstellung und ein alternativer Text unterstützt nicht-grafische Browser und Hörgeschädigte. Bei vielen Browsern erscheint dieser Text in einem kleinen Extrafenster, wenn man mit der Maus in das Bild fährt.

Im Beispiel 9.1 kommt nach oder genauer links neben dem rechtsbündig platzierten Bild eine in <ul> </ul> geklammerte Liste (unordered list) mit sechs in <li> </li> geklammerten Einträgen (list items). Der optionale type-Parameter von <li> ermöglicht eine Abweichung vom Standard-Aufzählungspunkt (-Knödel) oder -Kringel.

Die Listeneinträge im Beispiel 9.1 bestehen einfach aus Text, der teilweise durch a-Tags zum Hyperlink gemacht wurde. Hier werden unterschiedliche, oben bereits besprochene Formen der absoluten und relativen URL demonstriert.

Die gezeigten Sprünge (Links) innerhalb der Seite sind bei einer so kleinen Seite wenig nützlich und sollen hier nur das Prinzip zeigen. Ihre Wirkung kann man nur sehen, wenn man gegenüber Bild 9.1 das Browserfenster noch weiter verkleinert.

Zum Schluss kommt noch eine Zeile Text in einer abweichenden Schriftart.

 Das aktuelle Datum, die Uhrzeit oder beides kann man im EditPad mit shift+F5, cntl+F5 und F5 einfügen.

 Weitere Beispiele für eine HTML-Seite und ihr Anzeigeergebnis sind Beispiel 2.5 und Bild 2.2 und das Applet "ComplDemo", Kapitel 25.5. Diese Beispiele zeigen auch die Verwendung des applet-Tags.

Eine hinreichend vollständige Darstellung des Themas HTML oder gar eine Anleitung zur Gestaltung von www-Seiten würde den gegebenen Rahmen sprengen. Es wurden hier lediglich die für einen Java-Programmierer erforderlichen Mindestkenntnisse (für das Testen von Applets und die Gestaltung der Dokumentation) umrissen und einige Hinweise gegeben.

 Einzelheiten zu allen Tags, ihren Parametern und möglichen Werten finden Sie in der sehr guten Dokumentation SelfHTML.

Übung 9.1: Zeigen Sie eine Kopie der HTML-Datei des Beispiels 9.1 in ihrem Browser an. Öffnen Sie diese gleichzeitig im EditPad und modifizieren Sie sie. Verfolgen Sie den Zusammenhang zwischen Änderung im Quelltext und der Darstellung.
Suchen Sie Informationen zu den verwendeten und weiteren HTML-Tags und -Parametern in einer HTML-Dokumentation wie SelfHTML auf der CD und probieren Sie diese aus.

 In Dokumentationskommentaren sollten und dürfen einige HTML-Elemente nicht verwendet werden und andere werden in besonderer „doc-comment-Syntax" anders ausgedrückt.

Übung 9.2: Stöbern Sie in der JDK-Dokumentation und suchen Sie bei oder via javadoc etwas zu den eben erwähnten Regeln für die Verwendung von HTML-Elementen in Dokumentationskommentaren.

Teil III – Die Sprache Java

10 Die lexikalischen Elemente

Die automatische Übersetzung jeder Programmiersprache beginnt, wie oben in Kapitel 6.1 beschrieben, mit der lexikalischen Analyse des Quelltextes. Der Quelltext ist eine Folge von Zeichen aus dem „Alphabet" der Sprache. Das Alphabet ist die Menge der terminalen Zeichen. Die lexikalische Analyse zerlegt den Quelltext entsprechend den grammatikalischen Regeln der Sprache in deren Grundelemente, die so genannten Token.

Bei der Sprache Java ist die Menge der terminalen Zeichen (das Alphabet) der Unicodezeichensatz; vgl. Kapitel 8.2.7. In einem allerersten Vorbereitungsschritt der lexikalische Analyse – genauer gesagt vor ihr – wandelt der Compiler zunächst Unicode-Escapesequenzen (\uxxxx, siehe ebenda) und andere Escapesequenzen (\n, \t usw.; siehe Kapitel 13) in Unicode um. Dann entfernt er Kommentare (Kapitel 18) und so genannten „white space".

Mit „white space" werden solche Zeichen bezeichnet, die die Position einer Druckausgabe ändern, aber das Papier dabei „weiß" lassen. Als white space gelten bei Java die Zeichen \u0009 bis \u000C und \u0020, also Tabulatoren, Vorschübe und Leerzeichen. Nicht erlaubt sind die festen, nicht trennenden Leerzeichen \u00A0 und \uFEFF (in HTML   beziehungsweise).

Bei der Eingabe von Quelltext mit „normalen" Editoren wie dem EditPad sollte für man als „white space" nur das Leerzeichen und den Zeilenvorschub verwenden. Tabulatoren sind zu vermeiden. Hinweise hierzu finden Sie in Kapitel 22.2.1 im (Pflichtenheft-) Teil V.

Die Bedeutung der im ersten Schritt beseitigten Kommentare (siehe Kapitel 18) und des „white space" besteht lediglich darin, zwei sonst nicht getrennte Token zu separieren. Zusätzliche Leerzeichen und Zeilenvorschübe sowie Kommentare sind für den Übersetzungsvorgang also absolut bedeutungslos. Ihre wichtige Bedeutung besteht darin, den Programmquelltext für den Menschen lesbar zu gestalten. Bei Java kann aus einer Quelle mit so genannten Dokumentationskommentaren (siehe auch Kapitel 18) mit dem Werkzeug JavaDoc eine Dokumentation der Software generiert werden.

☞ In einer Zeichenkettenkonstante (String literal) ist white space (das sind Leerzeichen etc.) relevant und prinzipiell sind auch alle Unicodezeichen erlaubt, die der Compiler an anderer Stelle ablehnt; sie gehören zum Inhalt (Text) der Zeichenkette.

Bei Leerzeilen, Einrückungen (Englisch indentation) sollte man sich früh einen der verbreiteten gut lesbaren Schreibstile angewöhnen. Ein guter und bei Java üblicher Stil ist:

- Einrücken von Blöcken bei jeder Schachtelung um eine feste Anzahl von Leerzeichen wie etwa drei pro Schachtelungsebene,
- dabei aber Nichteinrücken der Anweisung, die den Block beginnt, wohl aber des Blockinhalts,

- Setzen der öffnenden Blockklammer an das Ende der einleitenden Anweisung oder Deklaration (und nicht auf eine eigene sonst leere Zeile) und
- Setzen der schließenden Blockklammer (wieder ausgerückt) unter den Anfang der einleitenden Zeile.

Dieser im Kapitel 22.2 beschriebene Stil sieht dann so, wie im Beispiel 10.1 gezeigt, aus.

Beispiel 10.1: Java-Schreibstil, Einrückungen (Indentation)

```
public class Schreibstil {          // 1
    int eineVar = 90;               // 2

    public void eineMethode() {     // 4
        if (eineVar > 90) {         // 5
            eineVar = -28;          // 6
        } else {                    // 7
            System.gc();            // 8
        }                           // 9
    }  // eineMethode()             // 10
}  // class Schreibstil             // 11
```

Bei diesem Stil ist die Schachtelung der Blöcke gut erkennbar und man braucht nur an den schließenden Blockklammern (Zeilen 7, 9,10 und 11) heraufzupeilen, um die jeweils einleitende Anweisung (Zeilen 5, 7, 4 und 1, also else, if, Methode und Klasse) zu finden.

Weiter mit dem Übersetzungsvorgang: Die vorbereitete, also von „white space" und Kommentaren befreite Folge von Unicodezeichen wird in Token zerlegt. Java kennt fünf Arten von Token, die in Tabelle 10.1 aufgeführt sind.

Tabelle 10.1: Die fünf Arten von Token – lexikalischen Elementen – der Sprache Java

Art	Beschreibung	Beispiele
Schlüsselwort (keyword)	Sie sind ein Teil der Sprachdefinition	public, class, static, void, else, if, this, while
Trennzeichen (separator)	Symbole, die dazu benutzt werden, Anweisungen, Blöcke, Ausdrücke etc. von einander abzugrenzen	( ) { } ; , .
Operator	Zeichen oder Zeichenkombination, die eine auszuführende Operation mit einem oder mehreren Operanden angibt	+ - * / + = >>> [ ] ( ) . new instanceof
Bezeichner (identifier)	Namen für Klassen, Variablen, Konstanten, Methoden, Marken (label), Pakete etc.	HelloWorld, main, args, System, out, println, j, n32e20, setWert, getWert
Konstante Literal (literal)	Textuelle Darstellungen von Konstanten. Es gibt Literale für einfache Datentypen, String- und Klassenkonstante	6 51.8E4 `a` \n` true „Hello !" Hello.class

Beispiel 10.2 zeigt das Ergebnis der Tokenzerlegung eines kleinen Quelltexts. Die Art der Token ist im Kommentar abgekürzt angegeben.

Beispiel 10.2: Zerlegung einer kleinen Quelle in Token

```
public class Hello {        // keyw keyw ident sep
    static public void main// keyw keyw keyw ident
        (String[ ] args) {   // sep ident operator ident
sep
        System.out.println( // ident op ident op ident op
          "\n Hello world \n");    // literal op sep
    }                        // sep
}                            // sep
```

10.1 Schlüsselworte (keyword)

Schlüsselworte haben eine feste Bedeutung als Typnamen, Operator, Modifizierer etc. Sie dürfen für nichts anderes verwendet werden, also nicht als Name (identifier). Java hat die in Tabelle 10.2 aufgeführten Schlüsselworte.

Tabelle 10.2: Die Schlüsselworte der Sprache Java

abstract	else	interface	super
boolean	extends	long	switch
break	false[4]	native	synchronized
byte	final	new	this
case	finally	null[4]	threadsave[3]
catch	float	package	throw
char	for	private	throws
class	goto[1]	protected	transient
const[1]	if	public	true[4]
continue	implements	return	try
default	import	short	void
do	instanceof	static	volatile
double	int	strictfp[2]	while

Anm. [1]: Die mit [1] gekennzeichneten Schlüsselworte sind funktionslos. Ihr einziger Zweck ist es, bei ihrer versehentlichen Verwendung (durch ehemalige C/C++-Programmierer) gezielte Fehlermeldungen zu geben. Sie dürfen nicht verwendet werden, auch nicht als Namen.
Anm. [2]: Die mit [2] gekennzeichneten Schlüsselworte sind ab Java 2 neu hinzugekommen. Damit wird eine alte Quelle, die diese zufällig als Namen verwendet, syntaktisch falsch.
Anm. [3]: Die mit [3] gekennzeichneten Schlüsselworte sind überholt. Seit JDK 1.1.x haben sie keine Bedeutung mehr.
Anm. [4]: Die mit [4] gekennzeichneten Worte sind technisch gesehen keine Schlüsselworte, sondern Konstante (Literals); sie unterliegen aber denselben Bedingungen.

Zur Kenntnis einer Programmiersprache gehört die Kenntnis aller ihrer Schlüsselworte. Die Bedeutung jedes einzelnen wird hier kurz erläutert.

Typdeklaration

class, interface leitet die Vereinbarung einer Klasse beziehungsweise einer Schnittstelle, sprich eine „type declaration", ein.

extends Deklaration der Mutterklasse in einer Klassendefinition oder Schnittstellendefinition.

import macht die Namen von einzelnen oder allen Klassen oder Schnittstellen aus einem Paket direkt sichtbar.

implements Deklaration der verwirklichten (versprochenen) Schnittstellen in einer Klassendefinition.

package Deklaration der in dieser Quelldatei (gleich Übersetzungseinheit) deklarierten Typen, also Klassen und Schnittstellen, als zu einem benannten Paket zugehörig.

Modifizierer

abstract Attribut von Klassen oder Methoden
Zu einer abstrakten Methode wird nur ihre Signatur, aber noch keine Implementierung angegeben. Eine Klasse ist abstrakt, wenn sie abstrakte Methoden enthält oder als abstract deklariert wird; von ihr können keine Objekte erzeugt werden.

native Hinweis auf Implementierung einer Methode in einer anderen Sprache als Java.

final Attribut von Klassen, Methoden oder Variablen
Etwas Endgültiges ist konstant. Es sind keine Ableitungen (von Klassen), Überschreibungen (von Methoden in abgeleiteten Klassen) und Werteänderungen (von Variablen oder Methodenparametern) mehr möglich.

Es ist allerdings möglich, final-Variablen ohne Initialisierung zu vereinbaren. Der Compiler achtet dann darauf, dass für solche Variable vor einer möglichen Verwendung genau eine unbedingte Wertzuweisung erfolgt. Diese Wertzuweisung muss für Klassenvariable in einem statischen Block, für Objektvariable in einem nicht statischen Block oder in jedem Konstruktor und für lokale Variable entsprechend früh im Code der Methode auftauchen. Der Compiler erzwingt diese Bedingungen. Methodenparameter und lokale Variablen sind, wenn final, zudem als Teil des Zustands von Objekten der in der betreffenden Methode definierten inneren Klassen (inner class) qualifiziert.

private, protected, public Attribute von Klassen (bei top-level Klassen nur public), Methoden und Variablen, die ihre Zugreifbarkeit von außerhalb der Klasse beziehungsweise des Pakets festlegen.

static Attribut von Methoden, Variablen, geschachtelten Klassen (nested class) und Initialisierungsblöcken.

Statische Variable, Methoden und Initialisierungsblöcke gehören zur Klasse und nicht zu den Objekten. So etwas gibt es pro Klasse genau einmal und nicht Anzahl der „lebenden" Objekte mal.

Auf eine innerhalb einer Klasse definierte weitere Klasse (nested class) angewandt, macht static diese zu einer so genannten top-level class (anstatt inner class).

synchronized Attribut von Methoden und Anweisungen oder Anweisungsblöcken, die ein Objekt vom Zugriff in anderen nebenläufigen Zweigen (Threads) ausschließt.
Für Anweisungen oder Blöcke gibt man das betreffende Objekt in Klammern an:

```
synchronized (objektName) { /*:::*/ }
```

strictfp Attribut von Methoden sowie von Klassen und Schnittstellen (für die dort definierten Methoden). Das Schlüsselwort schränkt die Auswertung von double- und float-Teilausdrücken dahingehend ein, dass die Norm IEEE 754 streng eingehalten werden muss.

Ohne dieses Schlüsselwort dürfen für Zwischenergebnisse erweiterte Mantissen- und Exponentenbereiche verwendet werden; das liefert schneller bessere und genauere Ergebnisse, die unter Umständen allerdings nicht normgerecht und plattformunabhängig vorhersagbar sind.

transient Attribut von Objektvariablen.
Es zeigt an, dass diese nicht zum „persistenten" Zustand von Objekten der betreffenden Klasse gehören. Es ist möglich, Objekte länger leben zu lassen, als die Anwendung, die sie erzeugt hat, indem man sie in Dateien „persistent" speichert oder zu anderen Anwendungen überträgt. Elemente von lediglich temporärer oder lokaler Bedeutung wie Hilfsvariable und Dateiverweise kann und sollte man mit transient von dieser persistenten Speicherung (Objektserialisierung, vgl. Kapitel 23.2.8) ausschließen. Auf den Ablauf einer Java-Anwendung und die JVM hat transient keine Wirkung.

volatile Attribut von Variablen, das die Möglichkeit ihrer Veränderung durch unsynchronisierte Objekte (oder durch Hardware) anzeigt. Es verhindert bestimmte Optimierungen.

Datentypen

boolean, char, byte, short, int, long, double, float Namen der elementaren Datentypen.

void Pseudodatentyp „keiner".

Wird als Rückgabetyp für Methoden verwendet, die keinen Wert liefern.

Kontrollstruktur

return Sprunganweisung zum Verlassen einer Methode, gegebenenfalls unter Angabe des Rückgabewerts. Die Programmausführung läuft hinter dem Aufruf der Methode weiter.

break Sprung aus bestimmten Kontrollstrukturen wie Schleifen (for), Wiederholungen (do while) und Auswahl (switch, case, default) heraus.

continue Sprung an das Ende von Schleifen und Wiederholungen.
Es wird „vor die schließende geschweifte Klammer (})" des do-, while- oder for-Blocks gesprungen, das heißt zum Weiterschalten (nur for) und der Abfrage der Bedingung.

switch, case, default Kontrollstruktur Auswahl.

if, else Kontrollstruktur bedingte Anweisung beziehungsweise Alternative.

do, for, while Kontrollstruktur Schleifen und Wiederholungen.

Ausnahmen

try, catch, finally Kontrollstruktur Ausnahmebehandlung.

throws leitet die Deklaration der von einer Methode auslösbaren Ausnahmen ein.

throw löst eine Ausnahme aus und verlässt den betreffenden Block.

Sichtbarkeit, Referenz

this Referenz auf das aktuelle Objekt selbst (this) und Aufruf eines (anderen) Konstruktors derselben Klasse (this()).

super Bezug auf überschriebene Methoden oder verdeckte Variablen der Mutterklasse (super) und Aufruf eines Konstruktors der Mutterklasse (super()).

Operator

new Operator, der ein Objekt eines angegebenen Typs erzeugt. Es kann auch ein Objekt einer direkt anschließend definierten anonymen Klasse, die die angegebene Klasse erweitert oder die angegebene Schnittstelle implementiert, erzeugt werden.

Beispiel:

```
return new Enumeration() {
    int count = 0;
    public boolean hasMoreElements() {
        // ... usw.
```

instanceof Operator zur Abfrage, ob eine Objektreferenz auf ein Objekt des angegebenen Typs weist.

Konstante (Literals)

Diese sind technisch gesehen keine Schlüsselworte.

true, false Die Boole'schen (boolean) Konstanten Wahr und Falsch.

null Eine Referenzkonstante mit dem Wert „zeigt auf nichts".

10.2 Trennzeichen (separator)

Java kennt die in Tabelle 10.3 aufgeführten Trennzeichen.

Tabelle 10.3: Die Trennzeichen (separator) der Sprache Java

Trennzeichen	Bedeutung	Anmerkung / Beispiele
; (Semikolon)	Ende von Anweisungen	Es gibt eine leere Anweisung ;
( )	Gruppierung von Ausdrücken	überfährt Vorrangregeln
{ }	Blockklammern für Klassen, Methoden, AnweisungsblöckeKlammer für Array-Konstanten	int gibZahl () { return 5; } { 12, 15, 17 }
: (Doppelpunkt, colon)	trennt Marke (label) und Anweisung (statement)	meinLabel12: case expr : default :
, (Komma)	trennt gegebenenfalls mehrere Anweisungen in der Initialisierung und Weiterschaltung von for-Anweisungen Allgemeines Trennzeichen in Listen	for (, ; ; ,) int i,j,k; { 12, 15, 17 }
. (Punkt, period)	trennt Paketnamen von Unterpaketnamen und Klassennamen sowie Klassennamen von geschachtelten oder inneren Klassennamen	java.net.UR LDE.a_weinert.math MeineKlasse.InnereKlasse
/* */	Kommentarklammern	nicht schachtelbar
/** */	Kommentarklammern für Dokumentationskommentare	nicht schachtelbar, nur vor Deklarationen
//	Beginn eines Zeilenkommentars	endet mit der Zeile
white space	trennt syntaktische Elemente (Token), insbesondere solche, die sonst als ein anderes Token aufzufassen wären.	Leerzeichen, Vorschubzeichen, Tabulatoren und Kommentare

Die letzten vier Eintragungen zu Kommentaren und „white space" gehören rein technisch nicht zu den lexikalischen Elementen der Sprache; sie werden bei der Vorbereitung der lexikalischen Analyse entfernt.

Kommentare beginnen mit // und enden mit der Zeile oder sie beginnen mit /* und enden mit */ . Näheres zu Kommentaren siehe weiter unten in Kapitel 18.

 In einer Zeichenkettenkonstanten kann kein Kommentar beginnen, und eine Zeichenkettenkonstante kann nicht über mehr als eine Zeile des Quelltextes gehen.

Manche Zeichen treten je nach Kontext in jeweils anderer Bedeutung als Trennzeichen und als Operator auf, wie der Punkt oder das Klammerpaar (. ()).

10.3 Operatoren (operator) und Ausdrücke (expression)

Ausdrücke haben in Java einen Datentyp und haben genau einen Wert aus der Wertemenge ihres Typs. Siehe hierzu das Kapitel 4.2. Dieser Satz ist auch schon die Definition von Ausdruck (Englisch expression) in Java. Alles, was einen Wert eines Datentyps repräsentiert oder liefert, ist ein Ausdruck: eine Variable, eine Konstante, der Aufruf einer Methode mit Rückgabewert oder eines Konstruktors (mit new) und einiges mehr.

Operatoren wirken auf Ausdrücke und berechnen einen neuen Wert. Anders ausgedrückt stellen Ausdrücke oder ein Ausdruck mit einem Operator einen neuen Ausdruck dar; dieser hat im Allgemeinen einen anderen Wert und gegebenenfalls auch einen neuen Datentyp.

Beispiel:
1 und 5 sind (konstante) ganzzahlige Ausdrücke (vom Java-Datentyp int)
Mit dem Vergleichsoperator < (kleiner als) zu 5 < 1 verknüpft, hat man einen logischen Ausdruck (vom Java-Datentyp boolean).

Nur wenige Operatoren, nämlich Wertzuweisungen, Inkrement und Dekrement, erlauben lediglich eine Variable als einen (beziehungsweise den linken) Operanden. Ansonsten lassen sich beliebig komplizierte verschachtelte Ausdrücke bilden, da die Ausdrücke, die ein Operator verknüpft, ihrerseits durch solche Operationen gebildet sein können. Beispiel eines komplexen aus Ausdrücken geschachtelten Ausdrucks :

```
uhu = (1 - 5 * Math.sin(Math.Pi * 3.890)) * 1270 / (45 * uhu)
```

In diesem Beispiel wurde durch Klammerung ausgedrückt, was geschachtelte Unterausdrücke sind. Die Klammerung wirkt in der erwarteten, gewohnten Weise. Aber auch ohne Klammerung ist in einer Programmiersprache die Auflösung in Unterausdrücke eindeutig bestimmbar. Dies geschieht durch die Festlegung von Assoziativität und einer Rangfolge aller Operatoren.

Die Rangfolge oder der Vorrang (Englisch precedence) bestimmt, welche Operatoren „stärker" binden als andere. Da zum Beispiel die Multiplikation höherrangig als die Addition ist, ist

```
a * b + c * d      äquivalent zu    (a * b) + (c * d).
```

Die Assoziativität bestimmt die Reihenfolge der Bindung – von links oder von rechts her – bei einer Kette von gleichrangigen Operanden. Da zum Beispiel die Subtraktion linksassoziativ ist, ist

```
32 - 22 - 12 - 1    äquivalent zu    (((32 - 22) - 12) - 1)
```

und ergibt -3 und nicht etwa +21.

Operatoren sind (neben ihrer eigentlichen Wirkung) gekennzeichnet durch
• die Anzahl der Operanden,
• ihren Vorrang (precedence) gegenüber anderen Operatoren,
• die möglichen Datentypen ihrer Operanden,
• den Datentyp des Ergebnisses der Operation und
• ihrer Assoziativität

Die meisten Operatoren bei Java sind zweistellig, das soll heißen sie haben zwei Operanden. Es gibt auch einige einstellige und einen dreistelligen Operator.

Tabelle 10.4 zeigt die Operatoren der Sprache Java. Operatoren gleichen Vorrangs sind in einer Zeile zusammengefasst. Die Reihenfolge der Zeilen entspricht der Rangfolge im Vorrang (oben beginnend mit der höchste Rangstufe).

Die Rangfolgen sind von der Sprache C übernommen, also nur einmal fürs Leben zu lernen. Sie sind recht brauchbar und zu den „natürlichen" Schreib- und Lesegewohnheiten passend. Eine Ausnahme ist der mit Recht umstrittene Vorrang von Vergleichen vor bitweisen logischen Operationen. Der Vorrang von Vergleichen vor Boole'schen Operationen ist hingegen in Ordnung.

 Man muss sich einfach das Klammern von Bitoperationen bei Vergleichen angewöhnen. Man darf wohl

```
if ( inByte + 0x26 == 0x20 ) { // mit + OK
```

schreiben, aber nicht

```
if ( inByte & 0x26 == 0x20 ) { // Syntaxfehler .
```

Letzteres muss so

```
if ( (inByte & 0x26) == 0x20 ) { // mit Klammer OK
```

mit Klammern gesetzt werden.

Tabelle 10.4: Die Operatoren der Sprache Java (Übersicht nach Vorrang)

Gruppe	Operatoren	Anmerkung
postfix	[ ] . (par) var++ var --	par steht für Parameter eines Methodenaufrufs, var für Variable und expr für einen Ausdruck. type steht für einen Typnamen (einfach, Klasse, Schnittstelle).
Einstellig (unary)	++var --var +expr -expr ~ !	
Erzeugung (creation) und cast	new (type)	
Multiplikativ (multiplicative)	* / %	
Additiv (additive)	+ -	
Verschieben (shift)	<< >> >>>	
Vergleich (relational)	< > >= <= instanceof	
Gleichheit (relational)	== !=	
Bitweise Und (And)	&	bitweise und logisch
Exklusives Oder (Xor)	^	
Bitweise inklusives) Oder (Or)			
Logisches Und (And)	&&	Unterschied zu & bzw.	siehe unten
Logisches Oder (Or)	||	
Bedingter Ausdruck (conditional)	? :	dreistellig b?et:ef
Wertzuweisung (assignment)	= += -= *= /= %= >>= <<= >>>= &= ^= |=	rechtsassoziativ

In Java sind alle zweistelligen (binären) Operatoren außer den Wertzuweisungen link-sassoziativ. Wertzuweisungen sind in Java auch Ausdrücke vom Typ der veränderten Variablen. Die Wertzuweisungsoperatoren sind rechtsassoziativ. Es gilt also:

a + b + c + d   ist äquivalent zu   (((a + b) + c) + d)   und

a = b = c = d ist äquivalent zu   a = (b = (c = d)) .

Die Reihenfolge der Auswertung von Ausdrücken geschieht ganz streng von links nach rechts.

Die Reihenfolge der Ausführung von Operationen richtet sich primär nach dem Vorrang; dabei können die vorgegebenen Vorränge mit Klammerung umgangen werden. Die Ausführung bei gleichem Vorrang geschieht dann je nach Assoziativität, also außer bei Wertzuweisungen von links nach rechts.

Das Beispiel 10.3 mit Arrays (siehe Kap. 14) demonstriert die Festlegung der Auswertungsreihenfolge und die Vorhersagbarkeit der Ergebnisse. ++i erhöht den Wert der Variablen um 1 und liefert dies als Ergebnis. Da die Indexausdrücke der Arrays in der dritten Zeile des Beispiels 10.3 (im Gegensatz zu anderen Programmiersprachen) garantiert von links nach rechts ausgewertet werden, weiß man vorher, was mit dem Array f geschieht.

Beispiel 10.3: Zur Reihenfolge der Ausdrucksauswertung
In Java ist sie genau festgelegt.

```
int f[]  = {0, 1, 2, 3, 4, 5, 6, 7}; //1
int i    = 0;                         //2
f[++i]   = f[++i] * (f[++i] + 10);    //3
```

In Zeile 1 des Beispiels 10.3 wird ein vorbesetztes int-Array erzeugt. f[0] hat den Wert 0, f[1] den Wert 1 und so weiter. In der Zeile 2 wird eine int-Variable i vereinbart und mit 0 vorbesetzt. Die Zeile 3 stellt einen arithmetischen Ausdruck mit zwei Elementen des Arrays f dar, dessen Wert einem Element des Arrays f zugewiesen wird. Als „Nebenwirkung" wird in dieser Zeile die Variable i dreimal inkrementiert. Sie hat danach den Wert 3. Außerdem hat nach der Zeile 3 f[1] den Wert 26. Dies ist wegen der genannten strengen Auswertungsreihenfolge von links nach rechts eindeutig.

Ohne diese Strenge könnte in Zeile 3 auch f[2] oder f[3] geändert werden. Im Übrigen wird man etwas wie die Zeile 3 vernünftigerweise so nicht schreiben. Das Beispiel sollte nur die Wirkung der Auswertungsreihenfolge zeigen.

Diese strengen präzisen Regeln zur Auswertungsreihenfolge und -durchführung verhindern zwar gewisse Optimierungen, sorgen aber für ein eindeutiges Verhalten auch bei Nebenwirkungen von Ausdrücken und unabhängig vom Compiler und der Zielplattform.

In Java werden auch grundsätzlich alle Operanden (alle Teilausdrücke) ausgewertet. Dies geschieht selbst dann, wenn nach Auswertung eines Operanden das Ergebnis feststünde, wie beispielsweise bei der Multiplikation mit 0.

Die drei Ausnahmen von dieser Regel sind &&, || und :? . Bei diesen Operatoren werden ausdrücklich nur die „fürs Ergebnis nötigen" Operanden ausgewertet. So kann bei der Auswertung von:

```
if ((a != 0) && (b/a < 90))
```

nie durch 0 dividiert werden, während es bei

```
if ((a != 0) &  (b/a < 90))
```

passieren kann.

 Wenn nichts dagegen spricht, also wenn nicht ausdrücklich die Auswertung aller Boole'schen Teilausdrücke wegen ihrer Nebenwirkung erforderlich ist, sind && und || gegenüber & und | vorzuziehen.

10.4 Operatorwirkung

Tabelle 10.5 zeigt die Wirkung aller nach ihrer Rangfolge sortierten Operatoren im Überblick. Zur Wirkung (mittlere Spalte) und den jeweils erlaubten Datentypen (rechte Spalte) siehe auch teilweise die nachfolgenden Erläuterungen und Hinweise. Die meisten der 50 Operatoren haben die erwartete beziehungsweise bereits in vorangegangenen Kapiteln erläuterte Wirkung.

Tabelle 10.5: Die Wirkung der Operatoren

Operator(en)	Wirkung	Datentypen
[ ]	Array-Indizierung, Zugriff auf Element (Indizes ganzzahlig)	alle Arrays
.	Zugriff auf ein Element eines Objekts oder einer Klasse	alle Objekte
(Parameter)	Parameter von Methoden, Methodenaufruf	
var++ var--	liefert Wert einer Variablen und erhöht/erniedrigt sie danach	G
++var --var	erhöht/erniedrigt den Wert einer Variablen und liefert diesen	G
+	einstelliges Plus, wirkungslos, nur aus Symmetrie zum einstelligen -	N
-	einstelliges Minus, negiert (Zweierkomplement bei G)	N
~	bitweises Nicht (Einerkomplement)	G
!	logisches Nicht	B
new	Erzeugung eines Objekts (einschließlich Arrays), liefert Referenz auf das neue Objekt.	alle Objekte inkl. Arrays
(type)	Ausdrückliche Typumwandlung (Type-Cast). Nicht alle sind erlaubt. So gibt es keine von/nach boolean, und ein Cast eine Objektvererbungshierarchie hinunter muss „passen". Type-Cast ist „typsicher".	
* / %	Multiplikation, Division und Rest (modulo). % hat die gleichen Vorzeichenregeln wie /.	N
+ -	Addition, Subtraktion	N
+	String-Kettung (concatenation), sofern ein Operand vom Typ String ist. Der andere wird ggf. gewandelt, was mit der Methode String.valueOf() und gegebenenfalls toString() des betreffenden Objekts geschieht.	String, alle
<< >> >>>	Links-Shift, arithmetischer bzw. logischer Rechts-Shift des linken Operanden um rechter Operand Positionen.	G
< > >= <=	arithmetische Vergleiche	N
instanceof	fragt ab, ob eine Referenzvariable (linker Operand) auf ein Objekt des Typs rechter Operand zeigt	alle Objekte
== !=	Abfrage auf Gleichheit bzw. Ungleichheit. Bei Referenz-variablen wird die Gleichheit der Referenz und nicht die des Objektzustands (Inhalts) abgefragt. Bei float und double gilt immer +0.0==-0.0 und NaN != NaN. Die Methoden equals() der Wrapper-Klassen Float und Double zeigen die Unterschiede.	alle
& ^ |	Bitweise Und, Exklusiv-Oder und Oder	G
&& & ^ || |	Logisches Und, Exklusiv-Oder und Oder. Bei && und || wird der zweite Operand nicht ausgewertet, falls der erste false beziehungsweise true ist.	B
? :	Dreistelliger Auswahloperator exprb?expr1:expr2 Der logische Ausdruck exprb wird ausgewertet. Ist er true, wird expr1 ausgewertet und als Ergebnis geliefert, sonst expr2.	B?alle:alle
=	Wertzuweisung	alle
+= -= *= /= %=	Kombinierte Wertzuweisungen; siehe unten.	N
>>= <<= >>>=	Kombinierte Wertzuweisungen; siehe unten.	G
&= ^= |=	Kombinierte Wertzuweisungen; siehe unten	G B

☞ Bei den in der dritten Spalte mit G markierten Operationen sind nur ganzzahlige Variablen oder Ausdrücke, also solche der Datentypen char, byte, short, int und long erlaubt. Bei N sind alle nummerischen Typen, also zusätzlich double und float erlaubt. B heißt, boolean ist erlaubt.

Die meisten der in Tabelle 10.5 aufgeführten Operatoren akzeptieren als Operanden beliebige Ausdrücke eines erlaubten Typs (und damit natürlich auch Variablen). Lediglich als linker Operand der Wertzuweisungen (=, += usw.) und als Operand von Inkrement (++) und Dekrement (--) ist eine Variable erforderlich.

Die „kombinierten Wertzuweisungen" der letzten drei Zeilen der Tabelle 10.5 mit Operatoren der Form „zweistelliger Operator Gleichheitszeichen" sparen einem manchmal – schlicht und ergreifend – das zweimalige Hinschreiben des Namens einer zu verändernden Variablen.

```
x = x / 10;
```

ist völlig äquivalent zu

```
x /= 10;
```

Einen Sinn bekommt dies dann, wenn die bei

```
d[ i+1] = d[ i+1] / 10;
```

im Gegensatz zu

```
d[ i+1] /= 10;
```

nach den strengen Regeln von Java erforderliche zweimalige Auswertung der Array-Indizierung entfällt.

Inkrement (++var) und Dekrement (--var) aus der vierten und fünften Zeile der Tabelle 10.5 erhöhen beziehungsweise erniedrigen den Wert der zugehörigen Variable um 1 (beziehungsweise 1.0 bei double) und liefern diesen Wert als Ergebnis des Ausdrucks.

```
y = ++x;
```

ist äquivalent zu

```
x += 1;
y = x;
```

Schwer zu vermitteln ist der Sinn der so genannten Postinkrement- und -dekrementoperatoren (aus Zeile 4 der Tabelle 10.5). Sie erhöhen beziehungsweise erniedrigen auch den Wert der Variablen, liefern als Wert des Ausdrucks aber deren vorherigen (!) Wert.

```
y = x++;
```

ist nun (umgekehrte Reihenfolge!) äquivalent zu

```
y = x;
x += 1;
```

Hier ist die Kurzschreibweise sinnentstellend, schlecht lesbar und änderungsunfreund-
lich. Sie ist auch selten schneller, denn Postinkrement und Postdekrement sind „teure"
Operationen. (Wer schon mal ein bisschen Assembler gemacht hat, sieht diesen
Operationen an, dass sie ein zusätzliches Register, den Zugriff auf eine Hilfsvariable oder
Stack-Operationen erfordern.) Am besten gewöhnt man sich das Verwenden dieser
Operatoren ab oder gar nicht erst an. Nur kennen (lesen können) muss man sie.

Es hätte der Sprache im Sinn der Klarheit und Eindeutigkeit sicher gut getan, die
meisten, wenn nicht gar alle der kombinierten Wertzuweisungsoperatoren sowie
Inkrement und Dekrement zumindest als „Post" über Bord zu werfen (35 statt 50
Operatoren). Stattdessen hätten ein paar (eindeutig standardisierte und plattformunab-
hängig zu implementierende) Optimierungsmöglichkeiten oder -vorschriften für die
Ausdrucksauswertung und insbesondere für Arrayzugriffe sicher sehr gut getan.

Zur Bedeutung und Wirkung der Operationen bei ganzzahligen Datentypen (char, byte,
short, int, long) siehe auch die Kapitel 8.2.2 und 8.2.3. Für boolean siehe Kapitel 8.2.1.
Für die Gleitkommatypen (float, double), die in Java dem Standard IEEE 754 entsprechen, siehe auch das Kapitel 8.2.4.

Ab Java 2 kann mit dem Schlüsselwort strictfp für Methoden die streng IEEE 754-norm-
gerechte Auswertung von float- und double-Teilausdrücken erzwungen werden. Ohne
diese Einschränkung durch strictfp dürfen für Zwischenergebnisse erweiterte
Zahlenbereiche und Prozessormöglichkeiten voll ausgenutzt werden. Das Schlüsselwort
sollte nur eingesetzt werden, wenn man auf die streng plattformunabhängige
Portierbarkeit auch von nummerischen Fehlern Wert legt. Entsprechendes gilt für den
Einsatz der mathematischen Funktionen der Klasse java.lang.StrictMath im Vergleich zu
java.lang.Math.

11 Variable und Datentypen

Wie in Kapitel 4.2 dargelegt, versteht man unter einem Datentyp eine Menge von Werten
und von Operationen. Eine Variable eines bestimmten Datentyps ist ein Art Behälter
(Container), der einen Wert aus der Wertemenge des Datentyps speichern kann.

Java ist eine streng typisierte Sprache. Jede Variable muss einen Typ und einen Namen
haben. Er wird durch die Vereinbarung der Variablen (siehe Kapitel 12) festgelegt.

Eine Variable ist die Abstraktion einer Speicherzelle (hinreichender Größe für die
Codierungen aller Werte der Wertemenge) und der Name der Variable ist die
Abstraktion von deren Adresse. Über den Variablennamen kann schreibend (Wertzuweisungsoperatoren, Inkrement, Dekrement) und lesend (alle anderen Operationen)
zugegriffen werden.

Java kennt zwei grundlegende Sorten von Datentypen:
• einfache Datentypen und
• Referenzdatentypen.

Einfache Datentypen (Englisch primitive types) repräsentieren einen einzelnen „normalen" Wert aus einer Wertemenge von Zahlen, Zeichen (Unicode) oder logischen Werten. Eine Variable eines einfachen Datentyps enthält genau einen solchen Wert. Die einfachen Datentypen sind in Java als Teil der Sprache definiert; es gibt deren genau acht.

Alles andere (Zusammenfassung mehrerer Werte zu Strukturen etc.) ist in Java immer in

- Objekten, die in Klassen beschrieben oder definiert werden, und in
- Arrays, die auch Objekte sind,

verpackt. Da man Klassen und Array-Typen selbst definieren kann, ist die Zahl dieser Datentypen prinzipiell unbegrenzt. Auf solche Arrays und Objekte wird in Java über Referenzen zugegriffen. Solche Referenzen können in Referenzvariablen passenden Typs gespeichert werden.

Das heißt, auch die von der Referenzvariablen repräsentierte Speicherzelle enthält – unabhängig vom „Umfang" eines Objekts oder Arrays passenden Typs – genau einen Wert, nämlich entweder

- eine Referenz auf ein (anderswo im Speicher) existierendes Objekt oder
- eine Referenz auf nichts (Referenzwert null).

Diese Gemeinsamkeiten von einfachen und von Referenzvariablen beziehungsweise – ausdrücken – nämlich beide Sorten enthalten genau einen einzelnen Wert – ermöglicht in Java eine einfache und einheitliche Semantik von Wertzuweisung, Übergabe von Parametern an Methoden, Rückgabe von Werten durch Methoden und von Vergleichen. Bei all diesen Vorgängen wird genau ein Wert transportiert beziehungsweise kopiert oder verglichen.

Der Datentyp bestimmt den Umfang der erlaubten Operationen; siehe die rechte Spalte in Tabelle 10.5.

11.1　Einfache Datentypen

Java kennt genau acht einfache Datentypen. Außer diesen einfachen Datentypen und Variablen dieser Typen gibt es in Java ausschließlich Klassen und Objekte. Damit objektorientierte Ansätze auch auf die einfachen Datentypen anwendbar sind, sind für diese Verpackungsklassen (wrapper classes) definiert.

☞ Eigentlich bräuchte man keine einfachen Datentypen und könnte alles als Objekte und Klassen darstellen (wie dies in der Sprache Smalltalk geschieht). Java geht auf diesem Weg schon sehr weit, hat aber auf die direkte Implementierung von Basistypen in der Sprache nicht verzichtet. Da diese Basistypen von den meisten Rechnerarchitekturen direkt unterstützt werden, führt dies zu einer nennenswerten Verbesserung des Laufzeitverhaltens.

Tabelle 11.1 zeigt die acht einfachen Datentypen von Java. Das zusätzlich aufgeführte void ist nur als Rückgabetyp von Methoden, die keinen Wert liefern, zulässig; es gibt keine Variablen und Ausdrücke vom Typ void. (Dementsprechend gibt es einen Type-Cast-Operator (`void`) auch nicht.)

Tabelle 11.1: Einfache Datentypen in Java

Datentyp	Größe in Bits	Anzahl der Werte	Wertebereich / Format	Beschreibung	Verpackungsklasse / wrapper class
void	0	0		gar kein Wert	Void
boolean	1 *)	2	false, true	logischer Wert	Boolean
char	16	< 65536	Unicode	(Text-) Zeichen	Character
(ganzzahlig)			alle Zweierkomplement		(Number)
byte	8	256	-128 ... +127	Byte	Byte
short	16	65536	-32768 ... +32767	kurze ganze Zahl	Short
int	32	4.294.967.296	-2.147.483.648 ... - 2.147.483.647	ganze Zahl	Integer
long	64	$1{,}8 * 10^{19}$	$\pm 9{,}2 * 10^{18}$	lange ganz Zahl	Long
(rational)					(Number)
float	32		32Bit-IEEE 754	einfach genau	Float
double	64		64Bit-IEEE 754	doppelt genau	Double

Anmerkung *) zu boolean: Bei den meisten Implementierungen wird als Speichergröße für Variable dieses Datentyps die kleinste im Arbeitsspeicher adressierbare Einheit genommen. Das ist im Allgemeinen ein Byte (= 8 Bit).

11.2 Referenzdatentypen

Java kennt neben einfachen Datentypen noch Referenzdatentypen.

Eine Variable von einem Referenzdatentyp – kurz Referenzvariable – zeigt auf etwas oder auf nichts. Im Falle „etwas" zeigt eine solche Variable auf ein existierendes Objekt oder auf ein Array; im Falle „auf nichts" hat sie den Wert null. Tabelle 11.2 zeigt die Möglichkeiten.

☞ Die in Tabelle 11.2 gezeigten Möglichkeiten sind lediglich die Folge der (in Java absolut typischer implementierten) Polymorphie und Vererbung. Es gibt nur eine Klassenvererbungshierarchie – auch für Arrays – die ihre Wurzel in der Klasse java.lang.Object hat. (Siehe auch Kapitel 6.4 und Kapitel 17.2.3).

Die mit Referenzvariablen und -ausdrücken möglichen Operationen sind in der rechten Spalte von Tabelle 10.5 mit „alle Objekte" beziehungsweise „alle Arrays" gekennzeichnet.

Tabelle 11.2: Worauf Referenzvariablen zeigen können

Eine Referenzvariable vom Typ ...	kann zeigen auf ...
Object	beliebige Objekte und Arrays (kurz: auf alles „nicht-primitive")
eines Arrays (... [ ])	auf (alle!) Arrays des passenden Basistyps (beliebiger Länge; die Länge gehört nicht zum Typ)
einer Klasse (class ...... { ....)	auf Objekte dieser Klasse oder auf Objekte einer davon abgeleiteten Klassen.
einer Schnittstelle (interface . ... { ....)	auf Objekte von Klassen, die die betreffende Schnittstelle implementieren.

Bei Referenzvariablen beziehen sich die Vergleichsoperatoren == und != auf die Referenz und nicht auf den Inhalt im Sinne des Objektzustands. Gleiche Referenz bedeutet (natürlich) auch gleichen (selben) Inhalt; ungleiche Referenz muss hingegen nicht ungleicher Inhalt heißen.

 Den Vergleich der Inhalte (Zustände) von Objekten sollten Klassen durch Überschreiben der von Object geerbten Methode equals() implementieren (siehe Kapitel 20.1).

11.3 Namensgebung für Variable und andere Einheiten

Zum Zugriff auf die in einem Java-Programm deklarierten Dinge oder Einheiten (Englisch units) werden Namen verwendet. Einheiten in diesem Sinne sind

- Pakete (package),
- Typen, also
  - Klassen (class),
  - Schnittstellen (interface) und
  - Arrays ([], Datenfelder),
- Elemente eines Typs, also
  - Methoden,
  - Variablen,
  - innere Klassen,
- lokale Variablen und
- Parameter (die auch lokale Variablen sind).

Ein einfacher Name, manchmal auch „purer Name" genannt, besteht lediglich aus einem Bezeichner (identifier).

Qualifizierte Namen greifen gezielt auf ein Element eines Pakets oder eines referenzierten Datentyps zu. Ein qualifizierter Name besteht aus dem Paketnamen und/oder dem Klassennamen und dem Bezeichner des Elements. Dabei wird der Punkt (.) als Trennzeichen zwischen den Namensteilen beziehungsweise als Zugriffsoperator auf das

Element eines Objekts oder einer Klasse verwendet. Beispiel:

```
java.lang.System.out
```

Variable, Klassen, Methoden etc. bekommen also in Java Namen. Für Namen und Bezeichner gibt es in Java folgende syntaktische Regeln:

Bezeichner

* sind eine beliebig lange Folge von Buchstaben und Ziffern aus dem Unicode-zeichensatz und den Sonderzeichen _ (Underline) und $ (Dollar)
  (um genau zu sein alle Unicode currency und non-breaking separator symbols),
* müssen mit einem Buchstaben, einem _ oder einem $ beginnen und
* dürfen nicht mit einem Java-Schlüsselwort (siehe Tabelle 10.2) übereinstimmen.
* Die Groß- und Kleinschreibung ist relevant.

Schlüsselworte sind übrigens grundsätzlich kleingeschrieben.

Tabelle 11.3: Namenskonventionen
(entspricht Tabelle 22.1; ausführlichere Erläuterungen siehe dort)

Art	Namensregel	Beispiele
Pakete (package)	Weltweit eindeutige Pakete sollten nach Sun ein Präfix erhalten, das aus der umgedrehten URL des Herstellers besteht. Hierbei wird der an den Anfang gesetzte Name der primary domain ganz in Großbuchstaben und der Rest ganz in Kleinbuchstaben geschrieben.	COM.sun java.lang
	Immer gilt: Die Paket/Unterpaketbezeichnung soll die logische Struktur des Projekts spiegeln und aus Namen in Groß-/Kleinschreibung bestehen, die klein beginnen (wie Methodennamen).	DE.a_weinert.io
Klassen (class) Schnitt-stellen (interface)	Klassen- und Schnittstellennamen sollen Hauptwörter sein. Groß-/Kleinschreibung, erster Buchstabe groß, Namensteile durch Binnenmajuskeln getrennt. Klassennamen sollen einfach gehalten werden und keine Abkürzungen oder Akronyme enthalten, außer weltweit verbreiteten wie HTML oder URL. Solche Abkürzungen werden dann ganz in Großbuchstaben gesetzt.	Punkt BildPunkt URLReader Enumeration
Methoden (x())	Methodennamen sollen Tätigkeitswörter (Verben) oder Verb-Objekt-Zusammensetzungen sein. Groß-/Kleinschreibung, erster Buchstabe klein, Namensteile durch Binnenmajuskeln getrennt.	go() doIt() setHeight()
Variable	Groß-/Kleinschreibung, erster Buchstabe klein, Namensteile durch Binnenmajuskeln getrennt. Sie sollen zwar kurz sein, aber doch die Bedeutung der Variablen direkt angeben. Einzeichennamen, wie i, j, k, sollen kurzlebigen lokalen Variablen vorbehalten bleiben.	xPostion yPosition i
Konstante (final)	Die Namen von Konstanten werden ganz in Großbuchstaben geschrieben, und Namensteile werden durch _ getrennt.	static final int MIN_ANZ = 4;

Das eben zu Namen Gesagte beschreibt das, was die Sprache syntaktisch erlaubt. Gerade bei der Namensgebung ist sehr vieles Erlaubte nicht sinnvoll. Man sollte sich von vornherein an einige zu beherzigende Konventionen gewöhnen. Sie sind im Pflichtenheftteil V in Kapitel 22.1 und Tabelle 22.1 beschrieben und erläutert. Diese Tabelle 22.1 ist hier als Tabelle 11.3 wiederholt.

Die mit dem JDK gelieferten Bibliotheken halten sich konsequent an diese Empfehlung. Wenn man sich diese auch zu Eigen macht, erleichtert man sich und anderen das Lesen der eigenen Programme und der JDK-Dokumentation.

Neben dem genannten strikten Verbot, Schlüsselworte als Namen zu verwenden, sollte man der eigenen Namensgebung noch ein paar weitere Beschränkungen auferlegen. Im JDK werden einige Namen von Methoden, Variablen und Schnittstellen durchgängig in einer festen Bedeutung verwendet. Diese Namen sollte man vermeiden oder gegebenenfalls im gleichen Sinn wie das JDK verwenden.

Dies gilt zum Beispiel für die folgenden Methodennamen:

```
main(), equals(), hashCode(), toString(),
nextElement(), hasMoreElements(), elements().
```

Überhaupt sollten die Elementnamen der wichtigen JDK-Klassen und -Schnittstellen nicht in abweichender Bedeutung gebraucht werden.

12 Vereinbarung von Variablen

Variable müssen vereinbart werden. Die Syntax hierfür ist

[Modifizierer (optional)] Typbezeichnung Bezeichner [Vorbesetzung / Erzeugung (optional)]

Beispiel 12.1: Die Vereinbarung von einfachen Variablen

```
boolean torZu;                              // 1
boolean allesZu = true;                     // 2
int     anzahl  = 1;                        // 3
final public float stromStaerkeL1 = 12.4e+3F;  // 4
float   stromStaerkeL2 = stromStaerkeL1;    // 5
char    stromEinheit   = 'A';               // 6
```

In den Zeilen 1 und 2 des Beispiels 12.1 werden zwei Variablen vom Datentyp boolean mit den Namen torZu und allesZu vereinbart. Dabei wird die erste Variable (torZu) nicht initialisiert. Die Zeile 2 zeigt, wie man eine Variable gleich bei ihrer Vereinbarung initialisieren kann. Dies geschieht auch bei den weiteren Variablen der Zeilen 3 bis 6 mit Ausdrücken passenden Typs. Wenn die sechs Vereinbarungen des Beispiels 12.1 auf Klassenebene (also nicht lokal) sind, hat jede Variable auch eine Default-Vorbesetzung. Für die Boole'sche Variable torZu ist diese false.

Nicht lokale (also auf Klassenebene vereinbarte) Variable einfacher Datentypen bekommen eine (default-) Vorbesetzung mit den Werten false, `\u0000` oder 0 beziehungsweise 0.0; nicht lokale Referenzvariable bekommen die Vorbesetzung null.

☞ Die automatische Vorbesetzung mit einem Default-Wert gibt es nur für Klassen- und Objektvariablen. Lokale Variable in Methoden und untergeordneten Blöcken müssen entweder explizit vorbesetzt werden (wie alles außer torZu im Beispiel 12.1) oder es muss eine unbedingte Wertzuweisung vor dem ersten lesenden Zugriff kommen; der Compiler erzwingt diese Bedingungen. Der Initialisierungsausdruck muss erst zur Laufzeit und nicht schon zur Übersetzungszeit berechenbar sein.

Der Compiler erlaubt also den Zugriff auf den Wert nicht gesetzter lokaler Variablen nicht. Das Beispiel 12.2 lässt sich nicht übersetzen.

Beispiel 12.2: Versuch der Verwendung nicht initialisierter lokaler Variablen (hier j)

```
void gehtNicht () {
    int i,j;
    i = j; // j ist uninitialisiert
}
```

Beispiel 12.3 demonstriert die Vereinbarung von Variablen nicht einfacher Datentypen. Nicht einfache Datentypen sind Referenzen auf Objekte. Solche Variablen heißen daher kurz Referenzvariablen.

Beispiel 12.3: Vereinbarung von einigen Referenzvariablen

```
Object    universal;                        // 1
Applet    meins = new MeinApplet();         // 2
float[]   messwerte;                        // 3
Applet[]  meine= new Applet[4];             // 4
Applet[]  deine = {meins, meins, null, null}; // 5
Runnable  meinThread;                       // 6
float[]   messw2 = new float[100];          // 7
```

Da die Klasse Object die Mutter der Vererbungshierarchie ist, kann die Variable universal (Zeile 1 in Beispiel 12.3) auf jedes Objekt zeigen. Die Variable meins (Zeile 2) kann auf Applet- und MeinApplet-Objekte zeigen (letzteres tut sie nach der Vorbesetzung, vorausgesetzt MeinApplet ist ein Erbe (MeinApplet extends Applet) von Applet. Zeile 3 vereinbart ein eindimensionales Array vom Basistyp float oder, genau gesagt, eine Referenz auf ein solches Objekt. Steht diese Vereinbarung auf Klassenebene, ist die Variable messwerte mit null vorbesetzt. Zeile 4 vereinbart ein Array von vier Applets, genauer von vier Applet-Referenzen. Alle vier sind auf jeden Fall mit null vorbesetzt, denn Arrays sind Objekte und Objektvariable bekommen eine default-Vorbesetzung.

Zeile 5 macht fast dasselbe wie Zeile vier, nur werden die vier Referenzen auf Applets des erzeugten Arrays durch eine Array-Konstante ausdrücklich vorbesetzt.

Zeile 6 vereinbart eine Referenz auf ein Objekt vom Typ java.lang.Runnable. Das ist ein Schnittstellentyp (interface). Genauer kann man also sagen, meinThread ist eine Referenz auf ein Objekt einer Klasse die „implements Runnable" verspricht. Zeile 7 schließlich vereinbart ein Array von 100 ([0] bis [99]) Variablen des einfachen Datentyps float, die alle mit 0.0F (default) vorbesetzt sind.

12.1 Lebensdauer

Jede Variable hat eine Lebensdauer. Sie beginnt ab der Bearbeitung ihrer Vereinbarung.

Beim Lauf einer Anwendung werden Variablen beim Laden einer Klasse, beim Erzeugen eines Objekts oder beim Eintritt in einen lokalen Block konstruiert. Dies geschieht dann jeweils in der Reihenfolge, in der sie im Quelltext erscheinen. Der Compiler erzwingt, dass eine Variable erst verwendet werden kann, nachdem sie „fertig" ist. Als Konsequenz ist das Beispiel 12.4 nicht übersetzbar.

Beispiel 12.4: Zur Reihenfolge der Bearbeitung von Vereinbarungen von Variablen

```
class Ijkm {
    int i = 5;  // OK
    int j = i;  // OK      // 3
    int k = m;  // Falsch // 4
    int m = 6;  // OK      // 5
} // class Ijkm
```

Zeile 3 in Beispiel 12.4 ist in Ordnung, da die Variable i „fertig ist", wenn die Variable j vorbesetzt wird. Zeile 4 hingegen ist falsch, da die Variable m (erst Zeile 5) hier noch nicht fertig bearbeitet ist.

Um es deutlich zu machen: Bei Methoden und Konstruktoren spielt die Reihenfolge (der Ort innerhalb der Klasse) ihrer Vereinbarung gar keine Rolle. Sie können auf alle Elemente der Klasse oder des Objekts zugreifen und sich also auch gegenseitig aufrufen. (forward-Vereinbarungen, die man aus manchen Programmiersprachen kennt, sind unnötig.) Die Reihenfolge der Vereinbarung von Methoden und Konstruktoren sollte man also nach rein logischen Gruppierungs- und Lesbarkeitsgesichtspunkten wählen.

Anders ist es mit der Vereinbarung von Variablen und von statischen und nicht statischen Initialisierungsblöcken. Sie werden nach dem Laden der Klasse (für die statischen Elemente) beziehungsweise nach dem Erzeugen des Objekts (zur Laufzeit) in genau der Reihenfolge abgearbeitet, in der sie im Klassencode stehen. Dabei sind keine Zugriffe nach vorn auf noch nicht konstruierte Variable erlaubt. Deswegen ist die Zeile 4 in Beispiel 12.4 falsch.

Mit der kleinen Einschränkung, die sich hieraus ganz selten ergibt, kann man gut leben. So jedenfalls haben die Java-Designer alle sonst möglichen Widersprüche, Uneindeutigkeiten oder gar (unendliche) Rekursionen beim Konstruieren von Variablen ausgeschlossen.

Übung 12.1: Die eben ausgesprochene Unterscheidung von statischen und Objektvariablen ist wörtlich zu nehmen. Es gibt für statische und nicht statische Variablen getrennte Konstruktions- „Runden": ein (einziges) Mal beim Laden der Klasse und später gegebenenfalls für jedes Erzeugen von Objekten. Wäre die Variable m in Zeile 5 des Beispiels 12.4 (an derselben Stelle) static, wäre das Beispiel übersetzbar. Probieren Sie das aus.

Die Vereinbarung lokaler Variablen (in Konstruktoren, Methoden, Blöcken) werden wie normale Anweisungen in der Reihenfolge abgearbeitet, die der Kontrollfluss vorgibt (in Schleifen also auch mehrfach).

Für die Lebensdauer von Variablen gilt:

Klassenvariable leben vom Laden der Klasse bis zu deren Beseitigung. Die Beseitigung einer nicht mehr benötigten Klasse geschieht eher selten. Man kann und sollte davon ausgehen, dass Klassenvariable bis zum Ende der Anwendung leben.

Objektvariable (die den Zustand eines Objekts darstellen) leben so lange, wie das Objekt lebt. Ein Objekt lebt von seiner Konstruktion an so lange, wie eine direkte oder indirekte Referenz darauf möglich ist. Man kann auch sagen: Ein Objekt lebt, solange eine Referenzvariable lebt, über die man an das Objekt „herankommt". Sobald dies nicht mehr der Fall ist, wird das Objekt zur automatischen Beseitigung (garbage collection, „Müllabfuhr") freigegeben.

Um genau zu sein: Ein Objekt lebt auch, solange sein Konstruktor oder eine seiner Methoden laufen. Während eine Zeile wie

```
new MeineApplikation().tuWas();
```

läuft, lebt ein Objekt vom Typ `MeineApplikation`.

Parameter und im äußeren Block der Methode vereinbarte lokale Variable einer Methode leben so lange, wie die Methode bearbeitet wird. Methodenparameter sind als im äußeren Block vereinbarte lokale Variable aufzufassen, ihre Vorbesetzungen sind die Parameterausdrücke des aktuellen Aufrufs. Lokale Variable und Methodenparameter können, sofern sie als final vereinbart sind, gegebenenfalls als Zustand von Objekten innerer Klassen länger leben. (Hierzu wird allerdings eine Kopie angelegt, so dass, genau gesagt, nicht die Methodenvariable selbst, sondern eine Kopie den betreffenden Methodenaufruf überlebt.)

Dieselbe Methode kann auch mehrfach gleichzeitig laufen. Dies ist durch Multithreading oder durch direkten oder indirekten rekursiven Aufruf möglich. Die lokalen Variablen der Methode (einschließlich der Parameter) gibt es dann in mehreren getrennten Exemplaren (jeweils pro laufenden Aufruf).

In Java ist es, wie in manchen anderen modernen Programmiersprachen (Pascal, Ada und andere) möglich, dass eine Methode sich selbst direkt oder indirekt „rekursiv" aufruft. Das Standardbeispiel für eine solche Rekursion ist die mathematische Funktion „Fakultät", die in mathematischen Formeln mit einem nachgestellten Ausrufezeichen geschrieben wird. n-Fakultät (n!) ist das Produkt aller ganzen Zahlen von 1 bis n. Es gilt zum Beispiel 4! = 1*2*3*4 = 24. Für n <= 1 kommt per Definition immer 1 raus. Beispiel 12.5 zeigt die rekursive Implementierung von Fakultät.

Beispiel 12.5: n-Fakultät rekursiv implementiert

```
static public int fac(int n) {
    return n < 2 ? 1 : fac(n-1) * n;
} // fac(int)
```

Wenn die Methode `fac()` des Beispiels 12.5 mit einem Parameterwert 4 aufgerufen wird, so gibt es einen Zeitraum, in dem die lokale Variable n dieser Methode vier mal lebt.

☞ Eine rekursive Implementierung von Fakultät, wie im Beispiel 12.5, ist keine gute Programmierung. Hier sollte nur das Prinzip knapp gezeigt werden. Ein Berechnen des Produkts in einer Schleife (oder auch das Nachsehen in einer Tabelle der wenigen möglichen Werte) ist günstiger, auch wenn es mehr Schreibarbeit erfordert und weniger elegant aussieht.

In Unterblöcken lokal vereinbarte Variablen leben so lange, wie der betreffende Block bearbeitet wird. Üblich ist die lokale Vereinbarung von Laufvariablen im Initialisierungsteil der for-Anweisung.

Beispiel 12.6: Zur Lebensdauer von Variablen

```
class Lebensdauer {
    int wert = 12;                            //  2
    int setWert(int w) {                      //  4
        int altWert = wert;                   //  5
        wert = w;
        return altWert;
    } // Ende von setWert

    int verdreifache() {
        int altWert = wert;                   // 11
        {   // Unterblock
            int dop;                          // 13
            dop = wert + wert;
            wert += dop;
        }                                     // 16
        return altWert;
    } // int verdreifache()

    void addFeld(int[] fld) {
        for (int i = 0; i < fld.length; ++i) { // 22
            wert += fld[i];
        }                                     // 24
    } // addFeld(int[])
} // class Lebensdauer
```

Die Variable `wert` aus Zeile 2 des Beispiels 12.6 gehört zu jedem Objekt der Klasse `Lebensdauer` und lebt, solange das betreffende Objekt lebt. Die Variable w der Zeile 4 lebt , solange setWert() bearbeitet wird. Gleiches gilt für die Variable `altWert` der Zeile 5. Beides sind lokale Variable der Methode `setWert()`.

Die Variable `altWert` der Zeile 11 ist eine lokale Variable der Methode `verdreifache()`. Sie lebt (ab ihrer Vereinbarung) solange die Methode bearbeitet wird. Die Variable `dop` der Zeile 13 ist lokal in einem Unterblock der Methode `verdreifache()`; ihre Lebensdauer endet bereits mit dem Verlassen dieses Blocks, also in Zeile16.

Die Variable `i` der Zeile 22 ist lokal zum for-Block; ihre Lebensdauer endet mit diesem in Zeile 24.

12.2 Sichtbarkeit

Eine Variable hat einen Bereich der so genannten direkten „Sichtbarkeit", in dem sie unter ihrem puren Namen zugreifbar ist. Mit pur ist hier ohne alle Qualifizierung durch Referenzen, Paket- oder Klassennamen gemeint (vgl. Kapitel11.3). Dieser Bereich umfasst den Block, in dem sie vereinbart ist (bei lokalen Variablen ab der Stelle der Vereinbarung) und alle Unterblöcke. So ist die im obigen Beispiel in der Klasse Lebensdauer vereinbarte Objektvariable `wert` in allen Methoden und (Unter-) Blöcken dieser Klasse sichtbar.

Die Begriffe Sichtbarkeit und Lebensdauer stehen in der gleichen Beziehung zueinander wie Kontrollstruktur und Kontrollfluss; vgl. Kapitel 4.3. Die Sichtbarkeit besagt, an welcher Stelle eine Variable oder ein anderes Element unter seinem Namen bekannt ist. Dies ist eine (statische „compile time") Eigenschaft der Quelle. Das Erzeugen und Vergehen von Variablen hingegen ist etwas, was zur Laufzeit dynamisch passiert. Dabei können manche in der Quelle vereinbarte Variablen gar nicht und andere sehr oft (auch gleichzeitig in mehreren Exemplaren) erzeugt werden.

Zu Sichtbarkeit und Lebensdauer gilt, dass eine Variable unter ihrem Namen nur an den Stellen im Programm (-text) sichtbar sein kann, bei deren Abarbeitung sie lebt. Hier liegt die Betonung auf „kann" oder anders ausgedrückt: Die genannte Voraussetzung ist notwendig, aber nicht hinreichend.

 Die Sichtbarkeitsregeln von Programmiersprachen können recht komplex sein, wie dies unter anderem bei Algol und Pascal der Fall ist. In Java ist dies sinnvollerweise recht klar und einfach geregelt und nur davon ist hier die Rede.

Die direkte Sichtbarkeit von auf Klassenebene vereinbarten Namen kann durch erneute Verwendung desselben Namens in einer Vereinbarung in Unterblöcken beseitigt werden. Die neue Vereinbarung versteckt oder verdeckt die alte, wie dies in Beispiel 12.7 gezeigt ist.

Beispiel 12.7: Das Verdecken von Namen in untergeordneten Blöcken

```
class Verdeck {
    int i = 5;                    // 2
    int a;

    void iToA() {
        a += i;     // +5      // 6
    } // iToA()

    void iToA2() {
        int i = 3; // neues i // 10
        a += i;     // +3      // 11
    } // iToA2()              // 12

    void iToA3() {
        a += i;     // +5      // 15
    } // iToA3()
} // class Verdeck
```

Die auf Klassenebene in Zeile 2 im Beispiel 12.7 vereinbarte Variable `i` ist in der ganzen Klasse sichtbar und (ohne Zusätze direkt) verwendbar. Dies geschieht in der Zeile 6 in der Methode `iToA()`. Im Block der Methode `iToA2()` wird in Zeile 10 ein weiteres lokales `i` vereinbart. Diese Vereinbarung verdeckt ab der Zeile 10 für den Rest des Blocks, also bis Zeile 12, das auf Klassenebene vereinbarte `i`. Innerhalb des Blocks, auf Zeile 11, ist mit dem Namen `i` (ohne Zusätze) nun das lokale `i` gemeint.

 Mit `this.i` könnte man an dieser Stelle die in Zeile 2 vereinbarte Objektvariable ansprechen.

Durch dieses Verdecken wird (in Java, siehe vorletzter Hinweis) immer nur die direkte Sichtbarkeit beseitigt. Über die Qualifikation this (also mit der Referenz auf „dieses" aktuelle Objekt) oder bei statischen Elementen auch mit dem Klassennamen kommt man innerhalb des Codes einer Klasse immer an alle auf Klassenebene vereinbarten Elemente ran.

Im Block der dritten Methode `iToA3()`, die kein lokales `i` vereinbart, ist auf der Zeile 15 mit `i` wieder die in Zeile 2 vereinbarte Objektvariable gemeint. Hier darf man auch `this.i` schreiben.

Das Verdecken der Namen von Objektvariablen" in Methoden und der ausdrückliche Zugriff mit `this.` ist üblich, wie Beispiel 12.8 zeigt.

Beispiel 12.8: Geänderte Methode setWert() aus dem Beispiel 12.6 (Lebensdauer)
Diese Methode ist Teil des hiermit geänderten Beispiels 12.6.

```
int setWert(int wert) {      // 4
    int altWert = this.wert; // 5
    this.wert = wert;        // 6
    return altWert;
} // Ende von setWert
```

Die lokale Variable wert, das ist der Methodenparameter in Zeile 4 des Beispiels 12.8, verdeckt die in Zeile 2 des Beispiels 12.6 vereinbarte Objektvariable gleichen Namens. In den Zeilen 5 und 6 des Beispiels 12.8 wird mit this.wert auf die Objektvariable und mit (nur) wert auf die lokale Variable, sprich den Methodenparameter, zugegriffen.

☞ Es ist ein üblicher Programmierstil, Methodenparameter genauso zu nennen, wie Klassen- oder Objektvariable, die ihren Wert bekommen sollen.

☞ Alle lokale Namen von innerhalb von Methoden, Konstruktoren beziehungsweise Initialisierungsblöcken vereinbarten möglicherweise gleichzeitig lebenden Variablen müssen eindeutig sein. Hier darf kein „Unterunterblock" in höheren Blöcken vereinbarte lokale Namen nochmals verwenden. Nur in getrennten „Unterunterblöcken" (die nie gleichzeitig laufen können) können gleiche lokale Namen verwendet werden.

Das (funktional absolut unsinnige) Beispiel 12.9 zeigt dies. Die zweimalige Verwendung von i in den Zeilen 3 und 5 ist in Ordnung, da dies in getrennten Blöcken geschieht. Die nochmalige Verwendung des Namens i in Zeile 7, also an einer Stelle, an der das i der Zeile 5 lebt, ist aber ein Syntaxfehler. Das Verdecken lokaler Namen ist also nicht möglich. (Pascal und Algol lassen etwas Entsprechendes hingegen zu.)

Beispiel 12.9: Zur Verwendung gleicher lokaler Namen

```
void stuss(boolean b) {
  if(b){
      int i = 90;      // 3
  } else {
      int i = 80;      // 5
      {
          int i = 60;  // 7
      }
  }
} // stuss
```

Geerbte Objektvariable und andere Elemente sind in abgeleiteten Klassen direkt sichtbar. Abgeleitete Klassen verhalten sich hier wie Unterblöcke, die auch Namen verdecken können. Hier kann dann mit super. auf verdeckte oder überschriebene Elemente der beerbten Klasse zugegriffen werden, wie Beispiel 12.10 zeigt. Ein geerbter Name kann also nicht völlig unsichtbar gemacht werden, nur die direkte Sichtbarkeit entfällt bei erneuter Verwendung des Namens beziehungsweise durch Überschreiben der Methode.

Beispiel 12.10: Eine Ableitung von Lebensdauer (Beispiel 12.6)

```
class Lebed2 extends Lebensdauer {
    public int setWert(int wert) {    //  3
        return super.setWert(wert);   //  4
    } // Ende von setWert
} // class
```

In den Zeilen 3 bis 5 des Beispiels 12.10 wird eine Methode `setWert(int)` definiert, die die entsprechende Methode in der Elternklasse Lebensdauer (Beispiel 12.6) überschreibt. In Zeile 4 „delegiert" diese neue Methode ihre Aufgabe an die überschriebene – und somit namensmäßig verdeckte – Methode der Elternklasse derselben Signatur. Auf diese kann mit `super.` zugegriffen werden. Für Variable gilt Entsprechendes.

Bei mehrmaligem Verdecken desselben Namens in der Vererbungshierarchie geht das allerdings nur einmal. Etwas wie super.super.x ist immer falsch. Man kann mit `super.` und `this.` nur auf solche Elemente zugreifen, die man ohne Verdecken oder Überschreiben sonst einfach mit ihrem (puren) Namen „direkt" gesehen hätte.

 Die übliche Signatur von „Setzmethoden" ist, abweichend von den Beispielen 12.10 und 12.6, public und void (also kein Rückgabewert).

12.3 Zugreifbarkeit

Die direkte oder indirekte Sichtbarkeit und damit auch die Lebensdauer sind Grundvoraussetzung für den Zugriff auf Variablen und andere Elemente über ihren Namen. Die Voraussetzung ist notwendig aber nicht hinreichend, da der Zugriff unter Umständen verboten ist. Über solche Einschränkungen des Zugriffs wird das Geheimnisprinzip (information hiding) verwirklicht.

Innerhalb des Codes einer Klasse ist der Zugriff auf alle in ihr vereinbarten und sichtbaren (direkt oder indirekt mit Referenz oder Klassennamen) Elemente auch erlaubt.

Objektelemente (das heißt Variable und Methoden) sind außerhalb des Codes der Klasse grundsätzlich über eine Referenz vom Typ der Klasse (indirekt) sichtbar, wie in Beispiel 12.11 gezeigt.

Beispiel 12.11: Sichtbarkeit eines Objektelements außerhalb der Klasse

```
Lebensdauer meine;    // *1
   ::::
meine.setWert(12);    // *2
```

Mit der in Zeile *1 des Beispiels 12.11 vereinbarten Referenz `meine` vom Typ `Lebensdauer` kann in Zeile *2 ein Objektelement, die Methode `setWert(int)`, benannt werden. Für Variablennamen gelten die Sichtbarkeitsregeln sinngemäß; und für statische Elemente genügt die Qualifikation mit dem Klassennamen.

Der Zugriff von außerhalb (des Klassenkodes), das heißt über eine Referenz vom Typ der Klasse oder über den Klassennamen sowie der Zugriff in abgeleiteten Klassen kann jedoch in vier Stufen eingeschränkt werden.

Dies geschieht mit den Schlüsselworten public, protected oder private bei der Vereinbarung.

Tabelle 12.1: Modifizierer für die Zugreifbarkeit (access control)

Schlüsselwort	Zugriff	Zugriff möglich	Anmerkung
private	privat	nur in der Klasse selbst	restriktiv, aber für Variable oft sinnvoll.
(keines)	Paket	in allen Klassen desselben Pakets	Zugriffe von außerhalb des Pakets sind nicht möglich, auch nicht in abgeleiteten Klassen. (Stichwort Projektverantwortung)
protected	Erbe	zusätzlich in allen abgeleiteten Klassen	Der Klassenprogrammierer hat Zugriff, nicht aber der Anwender von Objekten der Klasse selbst.
public	öffentlich	von überall	jede Freiheit ohne Einschränkungen, für Variable selten sinnvoll.

Wäre die Methode setWert() in der obigen Klasse `Lebensdauer` (Beispiel 12.6) privat vereinbart, so wäre ein Zugriff von außerhalb der Klasse über eine Referenz, wie im Beispiel 12.11, unter keinen Umständen möglich.

Für Klassen (class) und Schnittstellen (interface) selbst gibt es sinngemäß nur den Zugriff von überall (public) oder nur innerhalb des Pakets (kein Schlüsselwort, das heißt default).

 Der letzte Satz gilt für „normale" (nicht geschachtelte) Klassen. Für geschachtelte (nested top-level und innere) Klassen (siehe Kapitel 17.7) sind private und protected logisch sinnvoll und syntaktisch auch erlaubt.

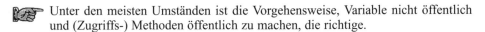 Eine in einer Klasse einmal erteilte Erlaubnis kann in abgeleiteten Klassen nie mehr eingeschränkt werden. Dies ist ein für den Entwurf von Klassen sehr wichtiger Punkt. Eine protected vereinbarte Methode kann nie als private oder mit Paketzugriff überschrieben werden. Die Richtung „Aufheben von Verboten" hingegen ist möglich; eine solche protected Methode kann als public überschrieben werden.

Unter den meisten Umständen ist die Vorgehensweise, Variable nicht öffentlich und (Zugriffs-) Methoden öffentlich zu machen, die richtige.

13   Konstante (literal)

Der (deutsche) Begriff Konstante wird im Zusammenhang mit Java in zwei Bedeutungen verwendet:

1. Eine benannte Konstante (Englisch constant), ist eine Variable, deren Wert nach der Vorbesetzung oder nach einer einmaligen unbedingten Wertzuweisung endgültig (Java-Schlüsselwort final) und unveränderbar ist.
2. Zum Zweiten ist eine Konstante (Englisch literal) in einer Programmiersprache die textuelle Repräsentation von Werten eines Datentyps.

Die zweite Bedeutung wird hier behandelt.

Boole'sche Konstanten (boolean)

Die zwei Konstanten des Datentyps boolean (mehr kann es nicht geben) sind
- true (Englisch für wahr) und
- false (Englisch für falsch).

Zeichenkonstanten (char)

Java verwendet den Unicodezeichensatz (char hat 16 Bit), siehe hierzu auch das Kapitel 8.2.7. Eine char-Konstante schreibt sich als ein einzelnes druckbares Zeichen in einfachen Anführungsstrichen: `a`.

Für Kontrollzeichen und sonst in den Quelltext nicht eingebbare Zeichen gibt es so genannte Escapesequenzen, die mit einem Gegenschrägstrich \ eingeleitet werden. Als einzelnes Zeichen wird auch eine solche Escapesequenz in einfachen Anführungsstrichen wie zum Beispiel '\n' für Zeilenvorschub geschrieben.

Zwei Formen der Escapesequenz erlauben die direkte Angabe der Unicode-Nummer:

\ddd   Ein Zeichen mit der maximal dreistelligen Oktalzahl ddd als Zeichennummer.

\uxxxx   Ein Zeichen mit der vierstelligen Hexadezimalzahl xxxx als Zeichennummer.

Mit diesen Formen lässt sich jedes (Unicode-) Zeichen als Konstante darstellen. (Die oktale dreistellige Form ist natürlich auf den Bereich 0 bis 511 beschränkt.) Darüber hinaus gibt es für wichtige Zeichen noch die in Tabelle 13.1 aufgeführten, mnemotechnisch besseren, an den englischen Zeichennamen angelehnten Escapesequenzen:

Tabelle 13.1: Einzeichen-Escapesequenzen

Escapesequenz	Name	Kurzbezeichnung (engl.)	Unicode
\n	Zeilenvorschub	new line	\u000A
\r	Wagenrücklauf	return	\u000D
\t	Tabulator	tab	\u0009
\b	Rückwärtsschritt	backspace	\u0008
\f	Seitenvorschub	form feed	\u000C
\\	Gegenschrägstrich	backslash	\u005C
\'	Einfaches Anführungszeichen	single quote	\u0027
\"	Doppeltes Anführungszeichen	double quote	\u0022

Bei den Unicode-Escapesequenzen sind auch mehrere führende u erlaubt; \u00F6 und \uu00F6 sind also äquivalent. Ein Werkzeug, das nationale Zeichencodierungen in Latin1 und Unicode-Escapesequenzen und umgekehrt wandelt, kann bei der Wandlung in der

Richtung Escapesequenz zu im Text bereits vorhandenen Escapesequenzen ein weiteres
u hinzufügen, um beim Rückwandeln den ursprünglichen Text zu liefern und nicht etwa
explizit eingegebene Escapesequenzen verschwinden zu lassen.

 Leider nutzt das JDK-Werkzeug Native2ASCII diese Möglichkeit selbst nicht aus.

Aus

```
String s = "\uu00A0\u00A9äöü";
```

wird beim Wandeln in Richtung Escapesequenzen von native2ascii.exe nicht etwa dies

```
String s = "\uuu00A0\uu00A9\u00e4\u00f6\u00fc";
```

sondern dies

```
String s = "\uu00A0\u00A9\u00e4\u00f6\u00fc";
```

ohne zusätzliche u erzeugt. Beim Rückwandeln (-reverse) macht native2ascii daraus

```
String s = " ©äöü";
```

Hier werden nicht nur alle „Zusatz-u" verschluckt, es wird auch aus einem festen Leerzeichen
(non breaking space, \u00A0) ein ganz gewöhnliches Leerzeichen (\u0020) gemacht.
native2ascii ist also, falls man es überhaupt braucht, mit etwas Vorsicht zu genießen.

Bei Unklarheiten darüber, welche Codierung ein Editor liefert, sollte man für Umlaute
und Eszett und Sonderzeichen die entsprechenden Unicode-Escapesequenzen verwenden, von denen Tabelle 13.2 die wichtigsten zeigt.

Tabelle 13.2: Wichtige Unicode-Escapesequenzen

Escapesequenz	Zeichen	HTML	Anmerkung
\u00C4	Ä	&Auml;	A-Umlaut
\u00D6	Ö	&Ouml;	O-Umlaut
\u00DC	Ü	&Uuml;	U-Umlaut
\u00E4	ä	&auml;	a-Umlaut
\u00F6	ö	&ouml;	o-Umlaut
\u00FC	ü	&uuml;	u-Umlaut
\u00DF	ß	&szlig;	Eszett-Ligatur
\u00A0		 	Festes (nicht trennendes) Leerzeichen, non breaking space
\u0026	&	&amp;	Ampersand, Kaufmanns-Und
\u003C	<	&lt;	less than, kleiner; nicht als Beginn von HTML-Tags
\u003E	>	&gt;	greater than, größer; nicht als Ende von HTML-Tags

Innerhalb von Dokumentationskommentaren (siehe Kapitel 18) sollte man für Umlaute und Sonderzeichen die HTML-Darstellung verwenden. Das ist die in der dritten Spalte der Tabelle 13.2 angegebene Form &xyz; (Das Semikolon gehört dazu, Groß-/Kleinschreibung ist relevant). Die mit dem Werkzeug Javadoc in der Form von HTML-Seiten generierte Dokumentation ist dann mit jedem Browser und über jeden Übertragungsweg korrekt darzustellen (wenn man sich auch bei den Namen auf den 7-Bit-Zeichensatz beschränkt hat). Für Dokumentationskommentare und ganz allgemein in HTML-Seiten muss man für die letzten drei Zeichen (Zeilen) der Tabelle 13.2 die HTML-Darstellung < etc. verwenden, da <,> und & eine syntaktische Bedeutung in HTML haben.

Ganzzahlige Konstanten (integer literals, byte short, int, long)

Sie können dezimal, oktal (führende 0) und hexadezimal (führendes 0X oder 0x) geschrieben werden:

```
12     014     0xB
```

haben denselben Wert. Ein Vorzeichen + (entbehrlich) oder – kann hinzukommen.

Ein nachfolgendes l oder L ergibt den Datentyp long anstelle von int für die Konstante. Es wird empfohlen, hier das kleine l wegen der leichten Verwechslung mit 1 beim (menschlichen) Lesen nicht zu verwenden. Man sieht: Konstante (literal) haben einen Typ!

Bei ganzzahligen Konstanten kann man nur (ausdrücklich) zwischen long und int (default) wählen. Es gibt keine Form für byte- oder short-Konstanten. Dies ist kaum ein Mangel, da in Java alle ganzzahligen arithmetischen Operationen mindestens in der Größe int ausgeführt werden. Braucht man einen Ausdruck vom Datentyp byte oder short, so ist gegebenenfalls ein Type-Cast erforderlich. Es wird für Konstante passenden Werts auch automatisch ausgeführt. Ebenso automatisch wird auch von int nach long gewandelt. Beispiel 13.1 zeigt solche Fälle.

Beispiel 13.1: Möglichkeiten und Fehler bei ganzzahligen Konstanten

```
byte   by   = 258;            // FALSCH // 1
byte   by2  = (byte)258;      // OK     // 2
byte   by3  = 100;            // OK     // 4
short  sh   = 50000;          // FALSCH // 5
short  sh2  = 500;            // OK     // 6
short  sh3  = 500-by;         // FALSCH // 7
short  sh4  = (short)(500-by); //        OK 8
int    in   = 56L;            // FALSCH // 9
long   lo   = 56;             // OK     // 10
```

Die Klassen Byte, Short, Integer und Long beinhalten noch jeweils die nützlichen Konstanten

```
MAX_VALUE      größter Wert,
MIN_VALUE      kleinster Wert.
```

Zeile 1 in Beispiel 13.1 ist falsch (Syntaxfehler) und wird nicht übersetzt, da 258 größer als `Byte.MAX_VALUE` ist und eine automatische Wandlung zu Informationsverlust führt. Wird, wie in Zeile 2, diese Wandlung mit einem Type-Cast (byte) „bestellt", so ist das in Ordnung. Die hier gegebene Wertänderung (auf 2) nimmt man ja ausdrücklich in Kauf.

Zeile 4 ist in Ordnung, da 100 kleinergleich `Byte.MAX_VALUE` ist. Zeile 5 ist falsch, da 50000 größer als `Short.MAX_VALUE` ist. Da 500 kleinergleich `Short.MAX_VALUE` ist, ist Zeile 6 in Ordnung.

Zeile 7 ist falsch, da Java ganzzahlige Ausdrücke als (mindestens) int berechnet und bei der Zuweisung an ein short Informationsverlust eintreten könnte. Die Rettung ist wieder ein Type-Cast (Zeile 8).

Zeile 9 ist wieder falsch, da ein long-Ausdruck nicht automatisch nach int gewandelt werden darf. Die umgekehrte erweiternde Typwandlung (Zeile 10) wird hingegen automatisch vorgenommen.

 Im Beispiel 13.1 wäre die Zeile 7 auch in Ordnung, wenn die Variable by in der Zeile 1 final vereinbart wäre. Dann nämlich rechnet der Compiler den konstanten Ausdruck aus und sieht, dass er in den Wertebereich von short passt.

Übung 13.1: Vollziehen Sie solche in Beispiel 13.1 gezeigten Fälle nach und überzeugen Sie sich davon, dass dieser Hinweis zutrifft.

Gleitkommakonstanten (floating point literals)

Sie können sich aus einem ganzzahligem Teil, einem gebrochenen Teil und einem mit E oder e eingeleiteten Zehnerexponenten zusammensetzen. Zur Unterscheidung von ganzzahligen Konstanten müssen Dezimalpunkt oder der Exponent vorhanden sein.

Beispiel für Gleitkommakonstanten sind:

    1E12   .5   5.   -99.987e-23

Gleitkommakonstanten haben den Datentyp double, sofern nicht ein f oder F für float angehängt wird:

    1E12F   .5f   5.f   -99.987e-23F

Die Klassen Float und Double beinhalten noch jeweils die nützlichen beziehungsweise als IEEE 754-Werte (siehe Kapitel 8.2.4) benötigten Konstanten

    MAX_VALUE   größter positiver Wert,
    MIN_VALUE   kleinster positiver Wert,
    NaN   ungültiger Wert,
    POSITIVE_INFINITY   +Unendlich,
    NEGATIVE_INFINITY   -Unendlich.

Objekt-Referenzen

Hierfür gibt es lediglich die eine Konstante null. Null zeigt auf nichts, also auf kein Objekt.

Diese Konstante ist für alle Typen von Objekten einschließlich Schnittstellen und Arrays geeignet.

In gewissem Sinne gehören die in diesem Kapitel unten besprochenen Klassenkonstanten in diese Kategorie der Referenzkonstanten.

Zeichenketten-Konstanten (String literal)

Zeichenketten oder Strings sind Sequenzen von 0 bis (im Prinzip) beliebig vielen Zeichen (char). Java verwendet den Unicodezeichensatz; char hat 16 Bit.

Eine String-Konstante schreibt sich als kein, ein oder mehrere Zeichen in doppelten Anführungszeichen:

```
""      "a"     "Hallo Hallo \n"     "Gr\u00FC\U00DFe"
```

Die bei den char-Konstanten gezeigten Escapesequenzen können verwendet werden.

 String-Konstanten können im Quelltext nicht über mehr als eine Zeile gehen. Wenn der Platz nicht reicht, kann man mit + mehrere Konstanten zu einer zusammenfassen (konkatenieren).

Strings sind keine char-Arrays (Datenfelder mit Basistyp char), sondern Objekte der Klasse String. Diese Klasse bietet viele nützliche Methoden, die in Kapitel 20.3 beschrieben sind.

Eine String-Konstante ist eine Referenz auf ein String-Objekt mit dem entsprechenden Inhalt. Mit einer solchen Konstante ist alles möglich, was mit Referenzen ihres Typs geht. Wie das Beispiel 13.2 zeigt sind auch Zugriffe auf Elemente des Objekts, wie dessen Methoden, möglich.

Beispiel 13.2: String-Konstante (und allgemein Objektkonstante) sind Referenzen

```
String st = null;   //  Eine Stringvariable
:::::                //  irgendwo später
System.out.println("compare > "
       +("Hallo".equalsIgnoreCase(st))); // *1
System.out.println("compare > "
       +(st.equalsIgnoreCase("Hallo"))); // *2
```

Beide Zeilen *1 und /*2 des Beispiels 13.2 sind in Ordnung. Wenn st den Inhalt "haLLo" hat, führen beide zur Ausgabe: compare > true.

☞ Diese beiden zueinander symmetrischen Boole'schen Ausdrücke mit
equalsIgnoreCase() im Beispiel 13.2 sind aber doch nicht ganz äquivalent.
Ist st gleich null, liefert der Ausdruck in Zeile *1 false und der von Zeile *2 löst eine
NullPointerException aus.

Array-Konstanten (array constants)

Array- oder Datenfeldkonstanten sind die Zusammenfassung von Ausdrücken oder
Konstanten des Basistyps des jeweiligen Arrays. Sie haben die Form einer in geschweif-
te Klammern eingeschlossenen Liste von Ausdrücken. Ein Beispiel für ein ganzzahliges
Array (int[ ]) ist

{ 1 , 3 , 5 , 6 }

Bei mehrdimensionalen Arrays werden diese Listen (entsprechend dem Ansatz Array von
Arrays) geschachtelt (Beispiel int[ ][ ]):

{{1,2,3} , {17, 19,4} , {0,-1,-2,-3} }

Diese Array-Konstanten können nur zur Initialisierung von Arrays in Vereinbarungen
und bei der Erzeugung neuer Array-Objekte verwendet werden, nicht jedoch in
Wertzuweisungen.

Beispiel 13.3: Zur Verwendbarkeit von Array-Konstanten

```
int[][]  zm = {{ 1,2}, { 3,4}, { 0,-1,-2,-3}};    // 1
zm = new int[][]{{ 1,2,3}, { 17, 19, 4}, { 0}}; // 2
zm = {{ 1,2,3}, { 17, 19, 4}, { 0}};  // FALSCH // 3
```

Dementsprechend sind im Beispiel 13.3 die Zeilen 1 – Initialisierung bei Vereinbarung –
und 2 – Erzeugen mit new – in Ordnung. Zeile 3 ist ein Syntaxfehler.

Eine Erweiterung der Syntax von Java, die die Zeile 3 erlauben würde und die sich man-
cher auf den ersten Blick vielleicht wünscht, ist nicht sinnvoll, da der Typ solcher Array-
Ausdrücke hier nicht robust und immer eindeutig entscheidbar ist. Was sollte dann zum
Beispiel   { "Hallo",null} .getClass()   liefern?   Object[].class   oder
String[].class? (Vgl. nächster Abschnitt.)

Klassenkonstanten (class literal)

In Java gibt es zu jedem (!) im Sprachumfang enthaltenen oder in Java geschriebenen Typ
jeweils ein zu diesem Typ gehöriges Objekt der Klasse Class. In einer Anwendung oder
einem Applet existiert ein solches Class-Objekt also

- zu jeder direkt oder indirekt verwendeten (beerbten) Klasse einschließlich der
  abstrakten Klassen,
- zu jeder verwendeten Schnittstelle (interface),
- zu jedem Array-Typ
  also jedem (Teil-) Bauplan für Objekte und
- zu jedem einfachen Datentyp einschließlich void.

Class literals sind Referenzen auf das – jeweils eine – Klassenobjekt eines gegebenen Typs. Die Syntax für diese Konstanten ist „Typname Punkt class". Beispiel 13.4 zeigt die Möglichkeiten.

Beispiel 13.4: Die Syntax von Klassenkonstanten

```
class ClassUse extends Object {
    Class clUsCl = ClassUse.class;
    Class objeCl = Object.class;
    Class clasCl = Class.class;
    Class bYteCl = Byte.class;
    Class byteCl = byte.class;
    Class byArCl = byte[].class;
    Class voidCl = void.class;
} // class ClassUse
```

Solche Klassenobjekte dienen unter anderem dazu, Laufzeittypinformationen (run time type information RTTI) zugänglich zu machen. Außerdem bieten sie zusammen mit dem Paket java.lang.reflect die Möglichkeit, Klassen zu verwenden, die ihr erst zur Laufzeit bekannt gemacht werden. Die Objekte solcher zur Übersetzungszeit unbekannten Klassen können geladen, erzeugt und verwendet werden.

Die Klassenobjekte sind nicht zu verwechseln mit Objekten (vom Typ) der betreffenden Klasse. Beispiel 13.5 zeigt den Unterschied.

Beispiel 13.5: „Normale" Objekte und Klassenobjekte

```
String st;          // 1
st = „Hallo";       // 2
Class cl;           // 3
cl = String.class;  // 4
```

In Zeile 1 des Beispiels 13.5 wird eine „normale" Referenzvariable st vom Typ String vereinbart, und in Zeile 2 bekommt sie ein dort (als String-Konstante) gemachtes String-Objekt zugewiesen. Solche String-Objekte kann es beliebig viele geben.

In Zeile 3 wird eine Referenzvariable cl vom Typ Class (Groß-/Kleinschreibung im Gegensatz zum Schlüsselwort class) vereinbart. In Zeile 4 wird ihr das Klassenobjekt der Klasse String zugewiesen. Ein solches Objekt gibt es für jede Klasse und für jede Schnittstelle (interface) genau einmal.

st weist nun auf einen String und cl auf das String-Klassenobjekt. Die Klasse String ist der Bauplan für alle Zeichenketten und Class ist der Plan für alle derartigen Pläne.

☞ Man wendet „einfach" die Klassen-/Objekt-Idee eine Stufe höher an. Und im Grunde genommen ist cl im Beispiel 13.5 eine ganz normale Referenzvariable und String.class ein ganz normales Objekt. Solche „Rekursionsideen" oder Entwurfsmuster führen oft mit genial einfachen (vorhandenen) Mitteln zu mächtigen

Ergebnissen. Hier ermöglicht dieser Ansatz die Introspection (RTTI, Einblicknahme in unbekannte Klassen) und das angedeutete „Programmieren mit Typen" (das Verwenden von Objekten von zur Übersetzungszeit unbekannten oder nicht festgelegten Klassen).

☞ Die Klassenobjekte zu den einfachen Datentypen einschließlich void findet man auch in der Konstante TYP (final Class TYP) der jeweiligen Verpackungsklasse. Es gilt also

```
Void.TYPE    == void.class
Boolean.TYPE == boolean.class
```

und so weiter. Diese Hilfskonstruktion stammt noch von veralteten Java-Versionen ohne das Klassenkonstantenkonstrukt (.class). Man sollte sie der Klarheit halber nicht mehr verwenden. (Was void.class bedeutet, bestimmt die Syntax der Sprache eindeutig und dieses Konstrukt ist für alle Typen gleich.)

14 Arrays (Datenfelder)

Ein Array – manchmal auch deutsch Datenfeld oder kurz Feld genannt – ist eine Zusammenfassung von Elementen (Variablen) eines Datentyps, der Basistyp des Arrays genannt wird. Die möglichen deutschen Bezeichnungen für Arrays werden in der Literatur (und hier) kaum verwendet, zumal die Bezeichnung Feld häufig für Objektfeld, sprich Objektvariable, verwendet wird.

Syntaktisch wird aus einem Basistyp durch Nachstellen eines eckigen Klammerpaares ein Array-Typ, wie dies in den Zeilen 1 bis 3 und 5 des Beispiels 14.1 gezeigt ist.

Beispiel 14.1: Zur Vereinbarung, Erzeugung und Verwendung von Arrays

```
int[]     intEinfach;           // 1
int[][]   intZweiDim;           // 2
String[]  gutSo;                // 3
String    schlechtSo[];         // 4
int[]     intFld2 = { 0, 16/4}; // 5
intEinfach = new int[ 90];      // 6
intEinfach[ 89]  = 11;          // 7
```

☞ Das eckige Klammernpaar wird nur in Zusammenhang mit Arrays verwendet, hier allerdings in drei streng zu unterscheidenden Rollen:

- Es macht aus einem Basistyp einen Array-Typ (Zeilen 1, 2, 3, und 5 im Beispiel 14.1),
- es klammert den int-Ausdruck für die Länge (das heißt die Zahl der Elemente oder Variablen des Arrays) beim Erzeugen von Array-Objekten mit new (Zeile 6) und
- es klammert den int-Ausdruck für den Index zum Zugriff auf eine Variable des Arrays (Zeile 7).

In der Zeile 1 des Beispiels 14.1 wird ein int-Array, ein Array mit dem Basistyp int vereinbart. In Zeile 2 wird ein so genanntes zweidimensionales int-Array, oder in Java genauer ein Array von Array von int vereinbart. Der Basistyp des Arrays intZweiDim ist int[].

Aus historischen Gründen (einer hier weit übertriebenen Anlehnung an C) ist bei Vereinbarungen auch die Form mit hinter dem Namen der Referenzvariablen nachgestellten Klammerpaaren erlaubt. Die beiden in den Zeilen 3 und 4 des Beispiels 14.1 gezeigten Formen sind syntaktisch äquivalent.

 Von der Verwendung der Schreibweise mit nachgestelltem Klammerpaar (Zeile 4) wird dringend abgeraten. Sie ist ein echter Designfehler der Syntax von Java. Sie verdeckt die Tatsache, dass String und String[] zwei völlig verschiedene Datentypen sind. Vor Java2 generierte JavaDoc schlimmerweise diese zweite Schreibweise selbst dann, wenn man sie in der Quelle vermieden hatte. Man musste sie bisher also kennen. (Inzwischen generiert JavaDoc die richtige Schreibweise, selbst aus einer schlechten Quelle.)

Arrays sind Objekte in dem Sinne, dass
• sie als Typ, wie alle Klassen in Java, von der Klasse Object abstammen und
• von ihr Methoden und Felder erben.

 Zu diesem Erbe gehört auch die Methode equals(), die für Arrays unüberschrieben übernommen wird. Sie ist für Arrays damit genauso nutzlos wie für alle anderen Erben; vgl. Kapitel 20.1. Anstatt das Übel an der Wurzel zu beseitigen (wofür der Zug aus Kompatibilitätsgründen vielleicht schon „abgefahren" ist), stellte man ab JDK1.2 statische Hilfsmethoden equals() zum Vergleichen von Arrays in der Klasse java.util.Arrays bereit.

Ferner sind Arrays Objekte in dem Sinne, dass
• Array-Variable Referenzen sind und
• Array-Objekte eigens erzeugt werden müssen.

Die Eigenschaft von Arrays, echte Objekte zu sein, ist (nur) insofern eingeschränkt, als von ihrem Typ keine weiteren Klassen abgeleitet werden können.

```
class ArrayPlus extends double[] {   /// FALSCH
```

oder dergleichen ist also immer falsch.

Der Typ einer Array-Variable hängt nur vom Basistypnamen und der Anzahl der Dimensionen, nicht aber von der Länge beziehungsweise den jeweiligen Längen ab. Die Länge wird erst bei der Konstruktion eines Array-Objekts festgelegt. Im Beispiel 14.2 haben intFld und intFld2 den gleichen Typ (auch wenn sie am Ende auf Arrays unterschiedlicher Längen, 90 und 4, weisen).

Beispiel 14.2: Die Länge gehört nicht zum Array-Typ

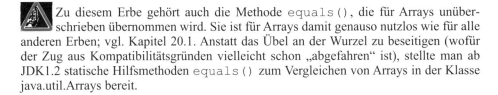

```
int[] intFld;                    // 1
int[] intFld2 = { 0, 1 , 2 , 16/4};
intFld = new int[ 90000]         // 3
```

Wird ein Array ohne Vorbesetzung der Arrayelemente erzeugt, also mit new und nicht mit Array-Konstanten, so bekommt jedes Element die default-Vorbesetzung des Basistyps. In Zeile 3 des Beispiels 14.2 wird ein Array mit 90.000 Elementen (Variablen) vom Datentyp int erzeugt. Alle 90.000 Elemente sind mit 0 vorbesetzt.

Nach der Konstruktion eines Array-Objekts ist seine Länge, also die Anzahl seiner Elemente (sprich Variablen vom Basistyp), nicht mehr änderbar. Die Länge von Arrays ist fest. (Im Paket java.util gibt es Container-Klassen, deren Objekte ihre Kapazität bei Bedarf dynamisch anpassen.) Array-Objekte haben ein Objektvariable namens length vom Typ int (public final int), die die Anzahl der Elemente angibt.

Auf die einzelnen Elemente wird mit einem ganzzahligen Index zugegriffen. Die Variablen vom Basistyp, die das Array-Objekt enthält, sind sozusagen nummeriert. Der Index jedes Arrays läuft von 0 bis jeweilige Länge-1. Für das Array intFld sind nach der Zeile 3 des Beispiels 14.2 die Indizes 0 bis 89.999 legal. Die Verwendung aller anderen Indexwerte wie in

```
intFld[ 90000]  =  intFld[ -1]  +  70;  // Falsch
```

lösen zur Laufzeit eine Ausnahme, nämlich java.lang.ArrayIndexOutOfBounds Exception, aus. Dies ist eine so genannte unchecked exception, die man abfangen und behandeln kann, aber nicht muss, siehe hierzu Kapitel 16. Die Überprüfung von Arrayzugriffen (Indexgrenzen) zur Laufzeit ist ein wichtiges Sicherheitsmerkmal bei Programmiersprachen.

Die zweite Ausnahme, die man mit Arrays (wie mit allen anderen Objekten auch) erleben kann, bekommt man beim Versuch des Zugriffs auf Elemente über eine Referenz mit dem Wert null. Bild 14.1 zeigt die Erbfolge der Array-Ausnahmen. Bei der hier verwendeten üblichen grafischen Darstellung weist der als Dreieck über der waagrechten Linie gezeichnete Pfeil immer vom Erben zum Erblasser.

Arrays können mehrdimensional sein, wobei der (rekursive) Ansatz Array von Arrays syntaktisch und semantisch gilt. Beispiel 14.3 zeigt dies für zwei Dimensionen. Es sind aber auch tiefere Schachtelungen möglich.

Beispiel 14.3: Zu „zweidimensionalen" Arrays

```
int[ ][ ]  twoDim = new int[ 3][ 2] ;   // 1
int[ ][ ]  zweDim = new int[ 3][ ] ;    // 2
int[ ][ ]  deuDim = {{ 1,2} ,           // 3
                    new int[ 3] ,       // 4
                    { 3,4,5,6}  } ;// 5
```

Alle im Beispiel 14.3 vereinbarten Variablen haben den Typ int[ ][ ] beziehungsweise Array von Array von int. In der Zeile 1 wird zur Initialisierung der Variablen twoDim1 ein „3 * 2" - Array erzeugt, dessen Variablen alle mit 0 vorbesetzt werden. Genau gesagt handelt es sich um ein Array der Länge 3 vom Basistyp int[ ] , dessen drei Elemente mit Arrays der Länge 2 vom Basistyp int vorbesetzt sind.

Nach der Zeile 1 gilt:

`twoDim[ 0][ 0]` , `twoDim[ 0][ 1]` , `twoDim[ 1][ 0]` , `twoDim[ 1][ 1]` , `twoDim[ 2][ 0]` und `twoDim[ 2][ 1]` sind Variablen vom Datentyp int und haben alle den Wert 0. Auf Elemente weiterer („innerer") Dimensionen mehrdimensionaler Arrays wird mit mehrfacher Indizierung zugegriffen.

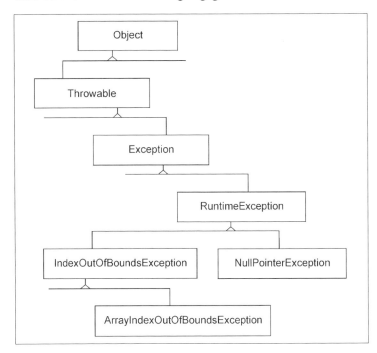

Bild 14.1: Die Erbfolge von ArrayIndexOutOfBoundsException und NullPointerException (alle Klassen sind im Paket java.lang)

`twoDim[ 0]` , `twoDim[ 1]` und `twoDim[ 2]` sind Referenzvariablen vom Typ `int[ ]` und zeigen jeweils auf ein solches („ein dimensionales") Array-Objekt. Insbesondere sind `twoDim[ 0].length`, `twoDim[ 1].length` und `twoDim[ 2].length` Zugriffe auf eine int-Objektvariable dieser drei int-Array-Objekte. Im Beispielfall haben alle drei den Wert 2. `twoDim.length` ist 3.

Zugriffe auf andere als die Indizes [0][0] bis [2][1] sind für `twoDim` aus Zeile 1 illegal und führen zur Laufzeit zu Ausnahmen vom Typ ArrayIndexOutOfBoundsException.

Wie das Beispiel 14.3 auch zeigt, können bei der Erzeugung mit new die Längen von „inneren Dimensionen" offen gelassen werden. Bei der so in Zeile 2 initialisierten Variablen zweDim gilt: `zweDim[ 0]` , `zweDim[ 1]` und `zweDim[ 2]` sind Referenzvariablen vom Typ `int[ ]` und haben den Wert null. Alle Zugriffe auf Objektelement wie `zweDim[ 0][ 1]` oder `zweDim[ 0].length` bewirken nun zur Laufzeit eine NullPointerException.

Beispiel 14.3 zeigt die Vorbesetzung eines zweidimensionalen Arrays mit Array-Konstanten. Diese lassen sich nach dem gleichen „Array von Arrays"-Prinzip schachteln (Zeilen 3 bis 5). Nach diesen Zeilen gilt unter anderem:

`deuDim[ 2][ 3]` ist 6, `deuDim[ 0][ 0]` ist 1, `deuDim[ 0].length` ist 2 und `deuDim.length` ist 3.

Hier wird auch sichtbar, dass bei dem Ansatz Array von Arrays die „inneren Dimensionen" eines mehrdimensionalen Arrays nicht gleich lang sein müssen Dies ermöglicht auch ein Platz sparendes Speichern großer Matrizen mit gewissen Symmetrieeigenschaften.

☞ Man sollte, wenn nichts Gewichtiges dagegen spricht, bei Matrizen den ersten (vorderen) Index als Zeilenindex und den zweiten als Spaltenindex festlegen, Matrizen also als Arrays von Zeilen speichern. Vorbesetzungen mit geschachtelten Array-Konstanten, wie in den Zeilen 3 bis 5 des Beispiels 14.3 kann man dann direkt lesbar formatieren. Gewichtige Gründe gegen diese Konvention können bei sehr großen Matrizen vorliegen, wo man beispielsweise bei vielen konstant (!) gleichen Spalten dasselbe Spaltenarray mehrfach einsetzen möchte.

☞ Ein Array kann auch die Länge 0 haben. Ein Array der Länge 0 ist etwas ganz anderes als gar kein Array (null). Im folgenden Beispiel 14.4 sind diese Fälle zu sehen.

Beispiel 14.4 zeigt die Addition zweier Vektoren als Anwendung von Arrays. Die Behandlung der Sonderfälle null, Länge 0 und ungleiche Längen ist im Dokumentationskommentar der Methode `add()` beschrieben.

Beispiel 14.4: Addition zweier Vektoren, Anwendung von Arrays

```
public class VectorMatrix {

/** Addition zweier Vektoren. <br>
 *   Die beiden double-Arrays a und b werden
 *   elementweise addiert und das Ergebnis als neues
 *   Array geliefert.<br />

 *   Fehlende Elemente des kürzeren oder fehlenden
 *   Arrays werden als 0.0 angesehen.<br />

 *   Ausnahmen werden nicht ausgelöst. Es wird auf
 *   jeden Fall ein Ergebnisarray - gegegenenfalls
 *   eins der Länge 0 - zurückgeliefert.
 *   @param a Summand
 *   @param b Summand
 *   @return Die Summe
 */
```

```
    public static double[] add(double[]a, double[]b){
        int la = a != null - a.length : 0;   // *1
        int lb = b != null - b.length : 0;   // *1
        if (la == 0 && lb == 0)
            return a != null - a : b != null - b
                              : new double[0]; // *2
    double[] ret;
    if (lb > la) {  // *3
        ret = a;
        a   = b;
        b   = ret;
        lb  = la;
    } // *3
    ret = (double[])a.clone(); // *4
    for (int i = 0; i < lb; ++i)
        ret[i] += b[i];
    return ret;
    } // add(double[], double[])
} // class VectorMatrix
```

In den mit *1 markierten Zeilen der Methode add() des Beispiels 14.4 werden zwei Hilfsvariablen la und lb mit den Längen der übergebenen Arrays a und b angelegt; dabei wird für nicht vorhandene Arrays (null) die Länge 0 notiert. Mit der mit *2 markierten Zeile werden die Sonderfälle keine Arrays oder nur solche der Länge 0 erledigt und es wird eines der Arrays mit Länge 0 oder ein neues der Länge 0 zurückgegeben. Jedes Array der Länge 0 ist ein unveränderbares Objekt, von dem man im Allgemeinen nicht mehrere Exemplare machen sollte.

Hinter die mit *2 markierte Zeile kommt man nur, wenn mindestens eines der beiden Arrays a oder b mindestens ein Element hat. Falls das Array a kürzer als b ist, werden in dem mit *3 markierten Block die beiden Referenzen getauscht und lb auf die kürzere Länge gesetzt. Damit sind im nachfolgenden Teil der Methode keine Fallunterscheidungen mehr erforderlich.

In der mit der mit *4 markierten Zeile wird mit der von Object geerbten Methode clone() (siehe Kapitel 20.1) eine Kopie des möglicherweise längeren Arrays a gemacht, auf deren Elemente in der nachfolgenden Schleife die Elemente des möglicherweise kürzeren aufaddiert werden.

Übung 14.1: Schreiben Sie eine kleine Anwendung, die die Methode add() des Beispiels 14.4 mit einigen Fällen testet. Berücksichtigen Sie dabei auch Kombinationen mit null und Länge 0.

Übung 14.2: Ergänzen Sie die Klasse um eine geänderte Methode add() zur Addition zweier Vektoren, die im Gegensatz zur im Beispiel 14.4 gezeigten Methode add() kein neues Ergebnis-Array erzeugt, sondern zur Lieferung des Ergebnisses ein als zusätzlichen Parameter übergebenes Array verwendet, dessen Inhalt man nicht mehr braucht, das man aber sinnvollerweise weiterverwenden möchte:

```
public static void add(
        double[] erg, double[] a, double[] b)
```

Ansonsten soll die Methode die gleiche Funktion haben. Was müssen Sie zusätzlich prüfen und sind nun doch bestimmte Ausnahmen sinnvoll oder unvermeidlich?

Übung 14.3: Ergänzen Sie die Klasse um eine Methode zur Addition zweier zweidimensionaler Arrays, also von Matrizen:

```
public static double[][] add(double[][] a, double[][] b)
```

Sehen Sie auch hier fehlende Elemente bei unterschiedlichen Größen als 0.0 an.

15   Einfache Anweisungen, Ausdrücke

Variable, Konstanten und Operatoren sind die Grundelemente für einfache Ausdrücke und Anweisungen. Die wichtigsten Anwendungen sind die Berechnung von logischen und arithmetischen Werten und deren Zuweisung an eine Variable.

Beispiel 15.1: Wertzuweisungen

```
flaeche = seite1 * seite2;
inhalt  = flaeche * hoehe;
halberInhalt = inhalt / 2;
```

Grundsätzlich gibt es zwei Arten von einfachen (im Gegensatz zu Kontrollfluss-) Anweisungen:

* Vereinbarungsanweisungen (siehe Kapitel 12) und
* Ausdrucksanweisungen.

Folgende Ausdrücke können – mit Semikolon abgeschlossen – als einfache Anweisung fungieren:

* Wertzuweisungen (= += -= *= etc.)
* Inkrement- und Dekrement (++ --)
* Methodenaufruf (())
* Objekterzeugung (new)

Ausdrücke, die lediglich einen unbenutzten Wert liefern, sind sinnlos und folglich als Anweisung illegal:

```
halberInhalt * 54;  // ist illegal
```

Anweisungen können mit geschweiften Klammern { } zu einem Block zusammengefasst werden. Wo eine Anweisung erwartet wird, kann auch ein Block stehen. Der Block vertritt dann logisch die eine erwartete Anweisungen, auch wenn er mehrere Anweisungen beinhaltet und Vereinbarungen oder seinerseits (Unter-) Blöcke enthält.

Beispiel 15.2: Wo eine Anweisung erlaubt ist, kann auch ein Block stehen

```
if (halberInhalt > 45)
   tue(1); // eine Anweisung
 // ::::
if (halberInhalt > 45) {
   tue(1); // ein Block
} // if
```

15.1 Ausdruckauswertung

Vor einer zweistelligen Operation mit Operanden unterschiedlichen Datentyps werden die Operandenausdrücke in den Typ mit der umfassenderen Wertemenge gewandelt. So wird beispielsweise "float mal int" also als "float mal float" berechnet, nachdem der erste Operand in float gewandelt wurde.

Arithmetische Operationen mit byte, short, char und int werden vollständig "in int" ausgeführt und für eine Wertzuweisung gegebenenfalls in einen kürzeren Ergebnistyp zurückgewandelt.

Ein bedingter Ausdruck liefert grundsätzlich den umfassenderen Datentyp, auch wenn dieser Teil nicht ausgewertet wird. Das Beispiel

```
booleanExpression ?   12   :   12.0F
```

liefert also unabhängig vom ersten Boole'schen Ausdruck immer einen float-Wert (hier 12.0F).

Wie man sieht, werden manche Typumwandlungen bei der Auswertung von Ausdrücken automatisch durchgeführt. Von der obigen „Rechnen in int-" Regel abgesehen wird dabei die nach Tabelle 15.1 preiswerteste Kombination gewählt.

Einige Typumwandlungen sind „einengend", das heißt sie gehen von einem größeren zu einem kleineren Wertebereich. Das kann mit einem Informationsverlust verbunden sein. Solche Wandlungen haben in der Tabelle 15.1 Kosten >= 10 und sie werden auf keinen Fall automatisch ausgeführt.

Man beachte, dass es keine erlaubte Typumwandlung zwischen einfachen und Referenzdatentypen gibt und auch keine erlaubte Umwandlung von und nach boolean. Dementsprechend kommen boolean und Referenz in der „Kostentabelle" 15.1 nicht vor.

 Sophisten haben schon eingewendet, dass die Operatoren + und += eine automatische Umwandlung von einfachen Datentypen (inklusive boolean) nach String (also nach Referenz) auslösen können. Dies ist aber nicht richtig. Im Zusammenhang mit String stellen diese Operatoren lediglich eine Kurzschreibweise für den Aufruf von Methoden wie `concat()` und `valueOf()` der Klasse String sowie `toString()` des betroffenen Objekts dar.

Tabelle 15.1: Die „Kosten" erlaubter Typumwandlungen

	Datentyp	Kosten der Wandlung nach						
	Datentyp	byte	short	char	int	long	float	double
von	byte		1	2	3	4	6	7
	short	10		10	1	2	4	5
	char	11	10		1	2	4	5
	int	12	11	11		1	5	4
	long	12	11	11	10		6	5
	float	15	14	13	12	11		1
	double	16	15	14	13	12	10	

Man kann Typumwandlungen auch explizit mit dem so genannten Type-Cast-Operator, das ist der eingeklammerte Name des Zieltyps, befehlen. So liefert

```
(int)987.6235609D
```

zum Beispiel den ganzzahligen Wert 987.

In Kapitel 10.3 und in den Tabellen 10.4 sowie 10.5 finden Sie einen Überblick über alle Java-Operatoren, ihre Wirkung und die syntaktische Bedeutung komplexerer, verschachtelter Ausdrücke aufgrund der Rangfolge und Assoziativität der Operatoren.

16 Kontrollstrukturen

Unter Kontrollfluss versteht man die (tatsächliche) Reihenfolge der Abarbeitung von Anweisungen zur Laufzeit eines Programms. Etwas bildlich kann man sich vorstellen, dass die Java virtual machine (JVM) Anweisung für Anweisung besucht und ausführt und so einen Abarbeitungsfaden (Englisch thread) über den Quelltext zieht. Welche Wege der Faden jeweils läuft, also der jeweilige Kontrollfluss, hängt im Allgemeinen von den Eingangsdaten der Anwendung ab. Welche Wege er grundsätzlich gehen könnte, legt die in den Quellen beschriebene Kontrollstruktur fest. Diese Begriffe wurden in Kapitel 4.3 dargestellt.

Bei einem Programmstück, das aus einer Folge von einfachen Anweisungen besteht, werden diese in ihrer (textuellen) Reihenfolge abgearbeitet. Der einzig mögliche Kontrollfluss (von gegebenenfalls ausgelösten exceptions einmal abgesehen) und die Kontrollstruktur ist eine einfache Sequenz.

Um hiervon abzuweichen, kennt Java neben einfachen Anweisungen noch Kontrollflussanweisungen für folgende (Standard-) Kontrollstrukturen:

- Bedingte Anweisung   (if)
- Alternative   (if else)
- Auswahl   (switch case default)
- Wiederholung, auch 0 mal   (while)
- Wiederholung, mindestens 1 mal   (do while)
- (Zähl-) Schleife   (for)

Hinzu kommen die Sprunganweisungen

- Verlassen von Auswahl, Wiederholung und Schleife   (break)
- Verlassen des Anweisungsblocks von Wiederholung und Schleife,

aber gegebenenfalls dann deren Fortsetzung   (continue)

- Verlassen einer Methode   (return)

In gewissem Sinne gehören die Anweisungen zur Ausnahmebehandlung (try, catch, finally, throw und throws) auch zum Gebiet des Kontrollflusses. Also kann man

- Auslösen einer Ausnahme   (throw)

zu den Sprunganweisungen zählen.

Zum Thema Kontrollstrukturen und Kontrollfluss gehört auch die Nebenläufigkeit (Multithreading).

16.1 Einfache Kontrollstrukturen

Bedingte Anweisung

```
if (boolescherAusdruck) anweisungFuerWahr();
```

Der Boole'sche Ausdruck im Klammerpaar nach if wird ausgewertet und nur im true-Fall wird die nachfolgende Anweisung ausgeführt.

Alternative

```
if (boolescherAusdruck)
    anweisungFuerWahr();
else
    anweisungFuerFalsch();
```

Der Boole'sche Ausdruck im Klammerpaar nach if wird ausgewertet; im true-Fall wird die nachfolgende Anweisung ausgeführt, ansonsten die Anweisung nach dem else.

Bei verschachtelten if- und if-else- Konstrukten gruppiert sich ein else immer zum nächstmöglichen vorangehenden if.

Auswahl

Beispiel 16.1: Grundstruktur der Auswahl
(kgzA heißt konstanter ganzzahliger Ausdruck.)

```
switch (ganzzahligerAusdruck) {      // 1
    case kgzA1 : /* Anweisungen1 */
    case kgzA2 : /* Anweisungen2 */
    default:       /* AnweisungenD */ // 4
    case kgzA3 : /* Anweisungen4 */
}
/* break landet hier */
```

Der ganzzahlige Ausdruck im Klammerpaar nach switch (Zeile 1 im Beispiel 16.1) wird ausgewertet und danach wird das erste so genannte case-Label mit übereinstimmendem Wert gesucht. Die case-Labels haben die Syntax „case ganzzahliger Ausdruck Doppelpunkt".

Wird ein case-Label mit übereinstimmendem Wert gefunden, so wird mit der ersten Anweisung nach diesem Label fortgefahren. Gibt es keine solche Übereinstimmung, geht es gegebenenfalls nach dem default-Label (Zeile 4 in Beispiel 16.1) weiter. Gibt es auch kein default, wird der Block des switch überhaupt nicht bearbeitet, es geht gleich dahinter weiter.

 Die ganzzahligen Ausdrücke nach case müssen zur Übersetzungszeit berechenbar sein. Der ganzzahlige Ausdruck nach switch (Zeile 1 im Beispiel 16.1) muss erst zur Laufzeit berechenbar sein.

Wird hinter ein Label in den case-Block eingetreten, so werden alle nachfolgenden Anweisungen bearbeitet, auch die nach einem weiteren case-Label oder default-Label. Man sagt auch, der Kontrollfluss fällt durch weitere labels durch („fall trough"). Dieses „Durchfallen" ist eine C- und nun auch Java-Besonderheit, die andere Sprachen nicht haben. Das „Durchfallen" kann fallweise erwünscht sein (eher selten), sonst muss man es mit einer break-Anweisung ausdrücklich verhindern.

Da ein solches break gern vergessen wird, ist es gute Praxis, ein beabsichtigtes „fall through" zu kommentieren, wie dies in der kleinen Beispielanwendung 16.2 gezeigt ist.

Beispiel 16.2: Anwendung „NotenSwitch", Kommentierung von „fall through"

```
class NotenSwitch {

    static public void main(String[] args) {
        int note = 6;
        try {
            note = Integer.decode(args[0]).intValue();
            System.out.println();
        } catch (Exception e) {}

        switch (note) {
            default:
                System.out.println("Sie haben NICHT bestanden!");
                break;
            case 1:      // fall through
            case 2:
                System.out.println(    // loben
                    "Sie haben gute Leistungen gezeigt!");
                                       // fall through
            case 3:      // fall through
            case 4:
                System.out.println("Sie haben bestanden!");
                break;
        } // case(note)
        /* break landet hier */
    } // main
} // class NotenSwitch
```

Bild 16.1 zeigt Übersetzung und Lauf von Beispiel 16.2 mit dem Parameter 2. Die Note 2 führt wie beabsichtigt zu einem Lob (case 2) und mit „fall through" bis case 4 zur Ausgabe der Meldung Bestanden.

Bild 16.1: Übersetzung und Lauf von NotenSwitch (Beispiel 16.2)

Bei solchen Konstrukten case mit fall through müssen Sie ganz besonders auf Tippfehler achten. Hier gibt es sinnentstellende Schreibfehler, die dem Compiler entgehen.

Wenn Sie im Beispiel 16.2 in der Zeile

```
case 2:
```

ein Leerzeichen vergessen und

```
case2:
```

schreiben, ist die Quelle fehlerfrei übersetzbar. Beim in Bild 16.1 gezeigten Lauf mit Note 2 wird nun aber „Sie haben NICHT bestanden!" ausgegeben. Da der case 2 jetzt fehlt, tritt default ein. Das case Label („case gefolgt von einem konstanten ganzzahligen Ausdruck und Doppelpunkt") ist durch den Tippfehler zu einer „normalen" Marke (Label) gemäß der Syntax „Name Doppelpunkt" mutiert.

Diese Fehlermöglichkeit beruht auf einem harten Designfehler der Sprache Java. Normale Marken (Labels) werden sinnvollerweise nur im Zusammenhang mit labelled break und labelled continue (siehe weiter unten in diesem Kapitel) gebraucht. Also haben Sie auch nur etwas vor den Schlüsselworten do, for und while zu suchen. Dadurch dass die Java-Entwickler solche normalen Labels auch überall sonst, wo sie absolut funktionslos sind, zuließen, haben Sie Java eine einer modernen Programmiersprache eigentlich unwürdige Schwäche (aus alten Fortran-Tagen) angetan.

Grundsätzlich soll nämlich die Syntax einer Programmiersprache so entworfen sein, dass ein Schreibfehler wie das Verwechseln von Begrenzern (delimiter), also das Verwechseln von Klammersorten, Punkt, Komma oder Semikolon oder wie hier das Zusammenschreiben von zwei getrennt zu schreibenden syntaktischen Elementen (token) nicht die Bedeutung (Semantik) des Programms ändert, sondern zu einem (vom Compiler aufzudeckenden) Syntaxfehler führt.

Übung 16.1: Vollziehen Sie das Beispiel 16.2 nach und modifizieren Sie es. Probieren Sie insbesondere die diskutierte (Tipp-) Fehlermöglichkeit aus.

Wiederholung, auch 0 mal

Beispiel 16.3: Zur Struktur der while-Schleife

```
while (boolescherAusdruck) {
    tue(0);
    tue(1); // Anweisungen
    /* continue landet hier */
}
/* break landet hier */
```

Der Boole'sche Ausdruck im Klammerpaar nach while wird ausgewertet, und nur im true-Fall wird die nachfolgende Anweisung oder (wie im Beispiel 16.3) der nachfolgende Block ausgeführt. Dies wiederholt sich so lange, bis der Boole'sche Ausdruck im while false wird oder das Ganze mit break verlassen wird. Mit continue springt man vor das Ende des Blocks, das heißt zur erneuten Auswertung der Bedingung.

Wiederholung, mindestens 1 mal

Beispiel 16.4: Zur Struktur der do-while-Schleife

```
do {
    tue(0);
    tue(1); // Anweisungen
    /* continue landet hier */
} while (boole'scherAusdruck);  // 5
/* break landet hier */
```

Die zwischen do und zugehörigem while stehenden Anweisungen oder der betreffende Block wird ausgeführt. Anschließend wird der Boole'sche Ausdruck im Klammerpaar nach while ausgewertet, und nur im true-Fall werden die Anweisungen (ab dem do) wiederholt. Dies geschieht so lange, bis der Boole'sche Ausdruck nach while false wird, oder das Ganze mit break verlassen wird. Mit continue springt man vor das Ende des Blocks, das heißt zur Auswertung der Bedingung.

Das Semikolon nach der schließenden Klammer in Zeile 5 des Beispiels 16.4 ist syntaktisch erforderlich. Durch diese Regel wird verhindert, dass bei (versehentlichem) Löschen des do in Zeile 1 das Ganze zu einer while-Schleife für die nachfolgende Anweisung wird.

Schleife (for)

Beispiel 16.5: for-Schleife

```
for (int ida = 71;    // Initialisierung
        ida > 9;       // Boole'scher Ausdruck
        --ida) {       // Weiterschalten
    tue(0,ida);
    tue(1,);          // Anweisungen
    /* continue landet hier */
}
/* break landet hier */
```

Die Initialisierungsanweisung wird zu Anfang einmalig ausgeführt. Hier sind Vereinbarungen möglich und mehrere (Nicht Vereinbarungs-) Anweisungen können hier mit Komma getrennt werden.

Dann wird der Boole'sche Ausdruck (zwischen den beiden Semikola in der for-Klammer) ausgewertet und nur im true-Fall wird die nachfolgende Anweisung oder der nachfolgende Block ausgeführt.

Danach wird die Weiterschaltanweisung ausgeführt. Hier können mehrere Anweisungen mit Komma getrennt werden.

Dies wiederholt sich so lange, bis der Boole'sche Ausdruck false wird oder das Ganze mit break verlassen wird. Mit continue springt man vor das Ende des Blocks und damit zur Ausführung der Weiterschaltanweisung.

Die Teile für Initialisierung, Weiterschaltung und der Boole'sche Ausdruck können jeweils (oder alle) auch leer sein. Für den Boole'schen Ausdruck setzt der Compiler dann automatisch true ein. Das syntaktisch korrekte

```
for (;;) {
```

ist also der Beginn einer Endlosschleife, die nur mit break (oder return oder throw) verlassen werden kann.

Die genannte Möglichkeit mehrerer Initialisierungs- und Weiterschaltanweisungen, die (nur) hier durch Komma und nicht durch Semikolon zu trennen sind, zeigt das Beispiel 16.6. In der Zeile 1 werden mehrere Variable desselben Typs in einer (!) Anweisung vereinbart und initialisiert. In diesem Initialisierungteil der for-Schleife sind mehrere durch Komma getrennte Anweisungen nur dann möglich, wenn keine Vereinbarung dabei ist. (In Vereinbarungen hat das Komma die Bedeutung Listentrennzeichen und die (etwas unglückliche) widersprüchliche Verwendung als Anweisungstrennzeichen bei for-Schleifen wäre nicht immer eindeutig auflösbar.) In Zeile 3 gibt es zwei durch Komma getrennte Weiterschaltanweisungen.

Beispiel 16.6: For-Schleife mit mehreren Vereinbarungen und Weiterschaltanweisungen. (in der Zeile 1 beziehungsweise der Zeile 3)

```
for (int i = 0, j = a.length-1;   // 1
       j >= 0;
       ++i, --j) {                 // 3
    if (i == j) continue;
    double hold = a[ j] ;
    a[ j]  = a[ i] ;
    a[ i]  = hold;
    /* continue landet hier */
} // for
/* break landet hier */
```

Labelled break und labelled continue

Wenn man eine Anweisung wie do, while, for oder switch mit einer Marke (label) versieht, kann man den zugehörigen Block mit den Anweisungen break und continue auch aus geschachtelten inneren Blöcken heraus verlassen. Hierzu muss nach break und continue das Label des zu verlassenden Blocks angegeben werden. Ohne Label-Angabe beziehen sich break und continue auf den Block der unmittelbar umfassenden Kontrollstruktur.

Beispiel 16.7 demonstriert die Anwendung von labelled break und labelled continue.

Beispiel 16.7: Marken (Labels) und labelled break und continue.

```
int[][] muk = new int[ 9][ 5];
outer: for (int i = 0; i < 9; ++i) {
    inner: for (int j = 0; i < 5; ++i) {
        if (j == i) break inner;
        muk[ i][ j] = i + j;
        if (j > i) continue outer;
        ++muk[ i][ j];
    // continue inner landet hier
    }
    // break inner landet hier
    muk[ i][ 0] += i;
// continue outer landet hier
}
// break outer landet hier
```

16.2 Aufruf und Verlassen einer Methode

Beispiel 16.8: Zum Aufruf von Methoden

```
methodeOhneParameter();      // 1
methodeMitParametern(param); // 2
```

Mit einem Methodenaufruf, also Methodenname mit Klammerpaar und hierin gegebenenfalls enthaltenen Parametern, wird an den Anfang des Codes (auch Rumpfs oder Körper, Englisch body) einer Methode gesprungen. Beispiel 16.8 zeigt in Zeile 1 einen Aufruf einer Methode ohne und in Zeile 2 einen Aufruf einer Methode mit Parameter.

Der Methodenname allein, wie in Beispiel 16.8, reicht nur innerhalb einer Klassendefinition für dort definierte oder geerbte Methoden. Außerhalb ihrer Klasse ist für den Aufruf einer Methode eine ausdrückliche Objektreferenz beziehungsweise die Qualifizierung mit ihrem Klassennamen erforderlich.

Mit der return-Anweisung wird der Block (Anweisungsteil) einer Methode verlassen. Beispiel 16.9 zeigt in Zeile 1 eine Rückkehr aus einer Methode ohne Rückgabetyp (void) oder aus einem Konstruktor. Zeile 2 zeigt die Rückkehr aus einer Methode, die den Wert eines bestimmten Rückgabetyps verspricht. Den Wert des Ausdrucks "zwischen return und Semikolon" gibt die Methode zurück. Der Aufruf einer solchen Methode ist selbst ein Ausdruck vom Rückgabetyp der Methode.

Beispiel 16.9: Zur Rückkehr aus Methoden

```
return;                         // 1
return ausdruckVomRueckgabeTyp; // 2
```

Es wird zu der Stelle zurückgesprungen, die die Methode aufgerufen hat. Hat die Methode einen Rückgabewert zu liefern, muss er in der return-Anweisung als Ausdruck des Rückgabetyps angegeben werden.

Befindet sich die return-Anweisung in einem try-Block (siehe den folgenden Abschnitt „Ausnahmen"), zu dem ein finally-Block gehört, so wird die Methode nicht sofort verlassen, sondern es wird erst der finally-Block ausgeführt. Dieser kann den ursprünglichen return-Wert stehen lassen oder mit einer erneuten return-Anweisung ersetzen.

Nur bei Methoden ohne Rückgabewert (void) und bei Konstruktoren darf die return-Anweisung vor dem Ende des Methodenblocks entfallen. Der Compiler setzt als letzte Anweisung dann automatisch „return;" ein.

Der Compiler achtet streng darauf, dass Methoden, die einen Wert versprechen, diesen auch liefern. So verlangt er, wie anhand des unsinnigen Beispiels 16.10 gezeigt, in diesem Sinne dann auch eine return-Anweisung an Stellen, an die man nicht kommen wird.

Beispiel 16.10: Der Compiler besteht auf return

```
public int gib50() {            // 1
    for (int i = 0; i < 900; ++i) { // 2
        if (i==50) return i;    // 3
    }                           // 4
    return 0;                   // 5
}                               // 6
```

Eine Analyse des Kontrollflusses des Beispiels 16.10 zeigt, dass die Schleife durch return verlassen wird. So weit geht der Compiler aber nicht in seiner Analyse, sondern er verlangt eine return-Anweisung auf der Zeile 5. Das Weglassen dieser Anweisung ist ein Syntaxfehler.

☞ Ada vertraut hier dem Programmierer mehr als Java. Wenn ein Ada-Programmierer in einem entsprechenden Fall meint, die Zeile 5 sei überflüssig, so darf er sie weglassen. Wird die Schleife dennoch normal verlassen, würde der „waghalsige" Ada-Programmierer (oder sein Kunde) zur Laufzeit mit einer Exception (siehe nächstes Kapitel) bestraft.

Übung 16.2: Vollziehen Sie das Beispiel 16.10 (eingebettet in eine Klasse) nach. Überzeugen Sie sich davon, dass der Compiler auf Zeile 5 besteht. Wenn Sie in Zeile 2 das i < 900 ganz weglassen oder true einsetzten (das ist dasselbe), dann ist der Compiler so „schlau" zu sehen, dass die Schleife nicht normal verlassen werden kann. Nun müssen Sie die Zeile 5 sogar weglassen, denn jetzt ist sie als unerreichbarer Code illegal. Probieren Sie das aus.

16.3 Ausnahmen (exceptions)

In Java gehört die kontrollierte Behandlung von Fehlern und Ausnahmesituationen zum Sprachumfang. Eine Ausnahmebehandlung ändert den normalen Kontrollfluss und throw ist in diesem Sinne wie return, break und continue eine Sprunganweisung.

Die Regeln für Ausnahmen in Java sind ziemlich strikt. Sinn des Ganzen ist,

- dass Ausnahmen und Fehler tatsächlich abgefangen und behandelt werden und
- dass der normale (produktive) Code von der ständigen Abfrage von Ausnahmesituationen befreit werden kann.

Der Code, der fehlschlagen kann und das heißt, Ausnahmen auslösen kann, wird vom Code getrennt, der die Ausnahme behandelt. In den Ausnahmebehandlungsteil kann alles „hineinprogrammiert" werden, was zur Handhabung der Situation sinnvoll erscheint. Das können Meldungen und auch das erneute Auslösen einer Ausnahme sein. Dort kann aber auch versucht werden, die (Fehler-) Situation zu bereinigen.

Ausnahmen (exceptions) werden in Java – natürlich – als Objekte verpackt, die zur Klasse Throwable oder einer davon abgeleiteten Klasse gehören müssen; vergleiche das Bild 14.1.

Wenn die Java virtual machine (JVM) zur Laufzeit eine Ausnahmebedingung erkennt, erzeugt sie ein solches Objekt, das die Art der Ausnahme beschreibt. Die Informationen umfassen die Aufrufhierarchie mit Klassennamen und Quellzeilennummer, den Typ der Ausnahme und eventuell zusätzliche Angaben zum Grund der Ausnahme (wie zum Beispiel falsche Indexwerte).

Diese Informationen stecken im Typ des Ausnahmeobjekts (das heißt in seiner Klasse) und in seinen Feldern und Methoden. Der Code, der gegebenenfalls die Ausnahme behandelt, bekommt all diese Informationen über eine Referenz auf dieses Objekt.

Wird eine Ausnahmebedingung erkannt, ein solches Objekt erzeugt und als Ausnahme ausgelöst („geworfen", „throw"), so wird der betroffene Block sofort verlassen. Gehört zu dem Block eine Behandlung dieser Ausnahme (passendes catch), so wird dorthin gesprungen. Gehört zu dem Block ein (optionales) finally (siehe Beispiel 16.11), so wird der zugehörige Block auf jeden Fall ausgeführt, egal ob der try-Block normal oder durch eine behandelte (passendes catch) oder unbehandelte Ausnahme (kein passendes catch) verlassen wurde.

Wurde ein try-Block durch eine unbehandelte Ausnahme verlassen, so geht es (gegebenenfalls nach dem finally-Block) zurück zu dem nächsthöheren Block, der den try-Block umfasste beziehungsweise aufrief. Auch hier wird wieder geschaut, ob die betreffende Ausnahme behandelt wird, sonst geht es zum nächsthöheren Block. Dies geht so weiter, gegebenenfalls bis zum Laufzeitsystem der JVM. Eine nicht behandelte Ausnahme beendet die Anwendung (genauer den betroffenen Thread) mit einer Fehlermeldung, die alle oben genannten Informationen einschließlich Aufrufhierarchie und Quellzeilennummer enthält.

☞ Die Information über die Quellzeilennummer geht bei Laufzeitoptimierungen (just in time compiler) teilweise verloren. Statt der Zeilennummer kommt dann die Angabe „compiled code". Mit dem Laufen- beziehungsweise Abstürzen-lassen der Anwendung unter dem Debugger (jdb) kann man die betreffende Zeile ermitteln.

Beispiel 16.11 zeigt die Struktur eines Blocks mit Ausnahmebehandlung.

Beispiel 16.11: Zum Abfangen und zum Behandeln von Ausnahmen

```
try { // Anweisungen, die Ausnahmen liefern können
   fahrenImPferdewagen(); // das ist so eine
} catch (hufEisenVerlorenException e) {
   // Behandlung der Ausnahme (exception handler)
   System.out.println ("Hufeisen ist weg: "
         + e.getMessage());
} catch (radGebrochenException e) {
   // Behandlung der anderen Ausnahme
   System.out.println ("Rad kaputt: "
         + e.getMessage());
} finally {
   // Anweisungen für "Gut und im Schlecht"
   pferdInDenStall(); // auf jeden (!) Fall
} // try-catch-finally
```

Im Beispiel 16.11 wird eine Methode `fahrenImPferdewagen()` in einem try-Block aufgerufen, der von zwei catch-Blöcken und einem finally-Block gefolgt wird. Mindestens ein catch- oder der finally-Block muss einem try-Block folgen, das Abfangen mehrerer unterschiedlicher Ausnahmetypen oder bei mindestens einem catch der finally-Block sind optional. Die in den catch-Blöcken abgefangenen Ausnahmen, im Beispiel `radGebrochenException` und `hufEisenVerlorenException`, müssen (anderswo definierte) Ausnahmetypen sein.

Strenge Regeln der Sprache verhindern, dass man den Überblick darüber verlieren kann, wo welche Ausnahmen ausgelöst und ob und wo sie behandelt werden. Java unterscheidet zur Übersetzungszeit geprüfte und ungeprüfte Ausnahmen (checked und unchecked exceptions). Für geprüfte (also checked) Ausnahmetypen gilt:

Können in einer Methode oder einem Konstruktor solche Ausnahmen auftreten, so müssen sie

- entweder dort lokal abgefangen werden oder
- sie müssen mit throws deklariert werden.

Alle Ausnahmen sind Objekte von Klassen, die von der Klasse Throwable abgeleitet sein müssen. Bild 16.2 zeigt einen Teil der Vererbungshierarchie; vgl. auch Bild 14.1.

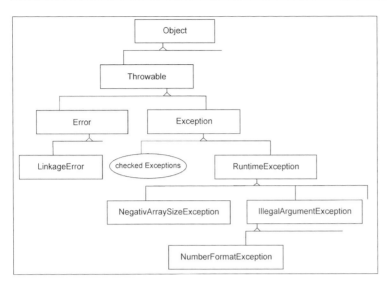

Bild 16.2: Die Erbfolge von Ausnahmen

Der Platz in der Vererbungshierarchie bestimmt, ob ein Ausnahmetyp eine geprüfte und ungeprüfte Ausnahme (checked und unchecked exception) ist. Eine geprüfte Ausnahme ist selbst vom Typ Exception oder, wie in Bild 16.2 dargestellt, von Exception, aber nicht von RuntimeException abgeleitet. Alle anderen Ausnahmetypen sind unchecked exceptions.

Beim Abfangen von Ausnahmen gilt, dass eine mit catch abgefangene Ausnahme im zugehörigen try-Block auch tatsächlich auftreten können muss. Das heißt, dort muss ein solcher oder davon abgeleiteter Ausnahmetyp in einer throw-Anweisung auftauchen oder in einer verwendeten Methode oder einem verwendeten Konstruktor angedroht (throws) sein. Sonst ist dieser catch-Block als unerreichbarer Code illegal. Aus demselben Grund ist auch das Codestück

```
} catch (java.io.IOException e) {
   /* do something on IO */
} catch (java.io.EOFException e) {
   /* do something on EOF */
```

auf jeden Fall illegal. IOException ist die Elternklasse von EOFException und das vorangehende Abfangen der IOException fängt im Sinne der Polymorphie alle Kinder mit ab. Das nachfolgende Abfangen der EOFException kann also nie erreicht werden. Umgekehrt geht es (falls EOFException im vorangehenden, nicht dargestellten try-Block tatsächlich auftreten kann):

```
} catch (java.io.EOFException e) {
   /* do something on EOF */
} catch (java.io.IOException e) {
   /* do something on all other IO */
```

Nun wird zuerst die speziellere Ausnahme der Kindklasse abgefangen und danach die allgemeinere der Elternklasse.

Man kann Ausnahmen auch „absichtlich" mit einer throw-Anweisung auslösen.

Beispiel 16.12 deutet die in Beispiel 16.11 verwendete Methode fahrenImPferdewagen an, die zwei Ausnahmen „androht" (throws) und unter gewissen Umständen auch auslöst (throw).

Beispiel 16.12: Auslösen von Ausnahmen

```
void fahrenImPferdewagen ()
        throws hufEisenVerlorenException,
                radGebrochenException {
    if (zuSchnell())
        throw new radGebrochenException(
                "Passiert durch Schlagloch");
    if (zuWenigGeklapper())
        throw new hufEisenVerlorenException (
                        "War wohl schon alt");
}
```

16.4 Nebenläufigkeit (Multithreading)

Eine herausragende Eigenschaft von Java ist, dass die Nebenläufigkeit – auch Multithreading genannt – unterstützt wird und als integraler Bestandteil der Sprache (wie bei Ada) eindeutig geregelt ist. Eine Anwendung oder ein Applet kann sich in mehrere zueinander asynchron laufende Ausführungsfäden (Threads) teilen.

Die kann einmal in entsprechende Anwendungen „hinein"-programmiert werden. So wird eine Serveranwendung im Allgemeinen jeden Client in einem eigenen Thread bedienen. Aber auch „von selbst" kommt Multithreading häufiger vor, als viele Programmierer ahnen. Die Speicherbereinigung (garbage collection, siehe Kapitel 17.6 unten) läuft bei jeder Anwendung in einem eigenen niederprioren Thread, und bei grafischen Anwendungen und Applets beruht die Handhabung von Ereignissen auf dem Multithreading. Ein Mausereignis wird in einem anderen Thread festgestellt als dem Anfangs-Thread (init(), main()) oder dort gestarteten weiteren Thread.

Auf jeden Fall müssen Objekte grundsätzlich damit rechnen, in unterschiedlichen Threads gehandhabt zu werden und die Methoden eines Objekts, ja sogar ein und dieselbe Objektmethode, können in unterschiedlichen Threads (quasi) gleichzeitig asynchron laufen.

Dies wirft das Problem der Konsistenz und Korrektheit von Objektzuständen bei mehreren gleichzeitigen Zugriffen auf ein Objekt auf. Ein Standardbeispiel sind Bewegungen auf einem Bankkonto, den man anhand des Beispiels 16.13 erläutern kann.

Beispiel 16.13: Eine einfache Konto-Klasse

```
public class Konto {
    private int stand; // in 1/10 Cent
    public int getStand(){ return stand;}
    public void bewegung(int aend){
        stand = stand + aend;          // *B
    }
} // class Konto
```

Angenommen, es gibt ein Objekt `ihrKonto` dieser Klasse und der Stand auf diesem Konto sei 100 Euro (also 100000/10 Cent, `stand`=100000). Nun werden 100 Euro eingezahlt und 100 Euro abgehoben, also

```
ihrKonto.bewegung(100000);
```

und

```
ihrKonto.bewegung(-100000);
```

Wenn diese beiden Vorgänge in unterschiedlichen Threads (am Kassenschalter und am Geldautomaten zum Beispiel) gleichzeitig laufen sind folgende Endzustände beim Kontostand möglich

a) 0 Euro,
b) 100 Euro und
c) 200 Euro.

Natürlich ist im geschilderten Beispielfall nur das Ergebnis b) korrekt und erwünscht (auch wenn der Kontoinhaber mit c) wohl zufrieden wäre).

Übung 16.3: Machen Sie sich klar, dass bei nebenläufiger Ausführung des Einzahlens und Abhebens im geschilderten Fall tatsächlich alle drei Ergebnisse a) bis c) zu erzielen sind. Zerlegen Sie dazu die Operation der mit *B markierten Zeile des Beispiels 16.13 in elementare Bestandteile und vollziehen Sie die gegenseitige Durchdringung und Unterbrechung durch zwei Threads auf dem Papier nach.

Um auch unter solchen (Multithreading-) Bedingungen die Korrektheit und Konsistenz von Objektzuständen zu wahren, gibt es (Sprach-) Mittel um den unkoordinierten, gleichzeitigen Zugriff auf Objekte zu verhindern. Dies geschieht mit dem Schlüsselwort synchronized.

Darauf beruhend und darüber hinaus lassen sich Threads an gewünschten Stellen synchronisieren. Hierzu dienen die Methoden `wait()`, `notify()` und `notifyAll()` von Object, die im Zusammenhang mit dieser Klasse in Kapitel 20.1 beschrieben werden.

Mit synchronized lässt sich der obige Fall auf zweierlei Weise retten. Ein Weg ist es die Methode bewegung() in der Klasse Konto „synchronized zu machen":

```
public synchronized void bewegung(int aend){
```

Der zweite Weg ist, in den „gefährlichen" Threads den Zugriff auf ein Konto, also den Aufruf der Methode bewegung() in einen so genannte „synchronized-Blöcke" mit dem betreffenden Konto-Objekt zu tun:

```
synchronized(ihrKonto){
    ihrKonto.bewegung(betrag);
} // syc. ihrKonto
```

Mit diesen beiden Beispielen ist auch schon die ganze Syntax mit synchronized vorgestellt.

Die Wirkung des „synchronized-Blocks" ist folgende. Bei Eintritt in einen solchen Block wird ein exklusiver Zugriff, man sagt auch ein „Lock", auf das genannte Objekt (ihrKonto im obigen Beispiel) angefordert, falls der Thread, in dem der betreffende Code läuft, dieses Lock nicht bereits hat. Hat ein anderer Thread das angeforderte Lock bereits, so wird die Ausführung bis mindestens zu dessen Freigabe suspendiert. Das Lock ist wie ein Staffellaufstab (Englisch Token), den es pro Objekt genau einmal gibt und den zu einem gegebenen Zeitpunkt nur (maximal) einer haben darf.

Aus dem Gesagten geht auch hervor, dass das Haben eines Locks eines Objekt (in einem synchronized-Block) nicht synchronized Code keineswegs am Zugriff auf das Objekt hindert. Der exklusive Zugriff gilt nur für synchronized-Blöcke untereinander. Um es auf den obigen Beispielfall zu beziehen: Es nützt nichts, synchronized abzuheben und nicht synchronized einzuzahlen.

Die Wirkung von synchronized bei Objektmethoden ist, dass beim Eintritt in die synchronized Methode ein Lock auf das Objekt (this) anfordert wird, in dem die Methode läuft. Man stelle sich ein synchronized(this) für den gesamten Block der Methode vor. Statische synchronized Methoden fordern ein Lock auf das eine Klassenobjekt (.class) ihrer Klasse.

Durch das „Schachteln" von synchronized-Blöcken oder von Aufrufen von synchronized Methoden in solchen Blöcken oder Methoden können Locks auf mehrere Objekte gleichzeitig angefordert werden. Dies bedingt die Gefahr der Verklemmung (deadlocks). Siehe hierzu die Anmerkungen in Kapitel 23.2.3.

Aus dem Gesagten geht hervor, dass das „synchronized machen" der Methode bewegung() das Problem des Beispielfalls erledigt. Soll dies so nicht geschehen (keine Änderung in der Klasse Konto), so ist der zweite geschilderte Weg die Lösung.

17   Klassen und Objekte

17.1 Die Übersetzungseinheiten

Java ist eine konsequent objektorientierte Sprache. Variablen und Code treten nur in der Form von Methoden und Zustand von Klassen (static) und Objekten dieser Klassen (ohne static) auf. Siehe hierzu auch das Kapitel 6.3.

Eine Java-Übersetzungseinheit (compilation unit) enthält dementsprechend die Definition mindestens einer Klasse (class) oder einer Schnittstelle (interface). Die Übersetzungseinheit ist die Quelldatei, also eine Textdatei mit der Namenserweiterung .java. Um genau zu sein: Java-Quellen, die keine Klasse und keine Schnittstelle definieren, sind syntaktisch in Ordnung; sie erzeugen aber keinerlei Byte-Code (keine Klassendatei) und sind damit sinnlos.

Eine Übersetzungseinheit kann beliebig viele Klassen oder Schnittstellen (also Typen) definieren. Allerdings können nicht mehrere öffentliche (public) Klassen oder Schnittstellen innerhalb einer Übersetzungseinheit „wohnen", da der Quelldateiname (einschließlich Groß- und Kleinschreibung) dem Namen dieser öffentlichen Klasse beziehungsweise Schnittstelle entsprechen muss.

☞ Innerhalb einer öffentlichen Klasse geschachtelt definierte Klassen (top-level oder innere Klassen; vgl. Kapitel 17.7) können allerdings ebenso öffentlich sein. Die „nur eine öffentliche Klasse gleich Dateiname"- Regel gilt also nur für die oberste Schachtelungsebene.

Diese Regel, die die Namen von öffentlichen Klassen mit den Dateinamen verknüpft, erscheint auf den ersten Blick etwas willkürlich. Sie ist aber Bestandteil einer cleveren automatischen Übersetzungsstrategie. Wird für eine Übersetzung eine andere öffentliche Klasse benötigt und als .class-Datei gefunden, so wird die dank dieser Regel benennbare Quelldatei gesucht. Ist diese vorhanden und jünger als die .class-Datei, so wird sie neu übersetzt. Das geschieht auch, falls noch keine Klassendatei existiert und die Quelldatei gefunden wird.

Beispiel 17.1: Die Struktur einer Übersetzungseinheit (.java-Datei, Quelldatei)

```
package packageName;              // 1
import  otherPackageName.*;       // 2
import  nextPackageName.ClassName; // 3

// mindestens eine Klassen- oder
// Schnittstellendefinition
class TheNewClass {               // 8
   // Definition der Elemente dieser Klasse
} // Ende von class TheNewClass

interface TheNewInterface {       // 12
   // Definition der Elemente dieser Schnittstelle
} // Ende von interface TheNewInteface
//  Ende der Datei
```

In einer Übersetzungseinheit oder Java-Quelle kann keine oder genau eine package-Anweisung als allererste Anweisung vorkommen (Zeile 1 in Beispiel 17.1). Eine package-Anweisung erklärt, dass die in der Übersetzungseinheit deklarierten Typen, also Klassen und Schnittstellen, dem dort benannten Paket zugehören.

Keine, eine oder mehrerer import-Anweisungen (Zeilen 2 und 3 in Beispiel 17.1) machen die Definitionen anderer Pakete zugänglich.

Zu Paketen siehe das Kapitel 19.

In einer sinnvollen Übersetzungseinheit wird mindestens eine Klasse (ab Zeile 8) oder eine Schnittstelle (ab Zeile 12 im Beispiel angedeutet) definiert.

17.2 Die Definition einer Klasse

Eine Klasse ist zum einen

- ein Bauplan für Objekte, das heißt eine Zusammenfassung von Zustand und Verhalten in der Form von Variablen und Methoden (vgl. Kapitel 6.3), und zum anderen
- die „Heimat" von genau einmal vorhandenen statischen Variablen und statischen Methoden.

In Klassen können die in Tabelle 17.1 aufgeführten Klassen- und Objektelemente definiert werden.

Tabelle 17.1: Was in Klassen definiert werden kann

für Objekte		einmalig (statisch, static) für die Klasse selbst	
(Konstante)		Konstante	static final
Variable	typ name	Variable	static typ ...
abstrakte Methode		-	
Methode	typ name (.){.	Methode	static typ ...
Initialisierungsblock	{...}	statischer Initialisierungsblock	
Konstruktor			static {...}
innere Klassen für Subobjekte		innere (top level) Klassen	
anonyme innere Klassen für Subobjekte		-	

17.2.1 Die Syntax der Klassendefinition

Beispiel 17.2 zeigt die prinzipielle Struktur einer Klassendefinition. Außer geschachtelten Klassen kommen alle in Tabelle 17.1 aufgeführten Klassen- und Objektelemente beispielhaft vor. Dabei sind von jeder Sorte keines, eines oder mehrere Elemente und zwar in beliebiger Reihenfolge möglich.

Beispiel 17.2: Die Struktur einer Klassendefinition

```
class TheNewClass                       // 1
      extends    Object                 // 2
```

```
                 implements Cloneable,            //  3
                         java.io.Serializable {  //  4
   //-- Variable ----                             //  6
      int oneInt;
      static int intTwo;
      int intThree;
        static final int NINETY = 90;

   //-- Initialisierungsblöcke   ----         // 12
      {
          setOneInt(NINETY);
      }
      static {
          intTwo = 222;
      }
   //-- Kontruktoren -------                   // 21
      TheNewClass() {
          intThree = 333;
      }
   //--- Methoden ---                          // 26
      public void setOneInt(int oneInt) {
          this.oneInt = oneInt;
      }
      static public void setIntTwo(int intTwow) {
          TheNewClass.intTwo = intTwo;
      }
   } // class TheNewClass
```

Bei der Deklaration der Klasse (Zeile 1 im Beispiel 17.2) sind die Modifizierer public, abstract und final möglich; vgl. Tabelle 17.2 unten. Mit extends (Zeile 2) kann das Erben von genau einer Elternklasse erklärt werden. Entfällt eine solche extends-Angabe, so gilt automatisch extends java.lang.Object.

Eine Klasse kann versprechen, keine oder, wenn sie dies mit implements (Zeilen 3 und 4) erklärt, eine Schnittstelle oder beliebig viele Schnittstellen zu implementieren.

Wird abweichend vom Beispiel 17.2 ab Zeile 21 kein Konstruktor definiert, so wird ein so genannter Default-Konstruktor

```
   public KlassenName() { super();}
```

automatisch erstellt.

Konstruktoren und Methoden (siehe Kapitel 17.3 und 17.4) haben Zugriff auf alle Methoden und Variablen der Klasse. Die Reihenfolge der Definition dieser Elemente in der Klasse ist hierfür unerheblich.

Statische Methoden und statische Blöcke haben nur Zugriff auf statische Variablen und statische Methoden.

Bei der Deklaration von Methoden und Konstruktoren folgt ihre Implementierung, das heißt der zugehörige Block von Anweisungen, in geschweiften Klammern. Bei Methoden kann die Implementierung an abgeleitete Klassen delegiert werden, indem man sie als abstrakt deklariert. Anstelle des Anweisungsblocks tritt dann ein Semikolon:

```
abstract void sortiereAbsteigend();
```

Eine abstrakte Methode macht die Klasse selbst abstrakt. Dies muss bei der Deklaration der Klasse dann auch ausdrücklich mit dem Modifizierer abstract angegeben werden. Die Deklaration von ausschließlich abstrakten Methoden und (statischen) Konstanten fasst man grundsätzlich besser in einer Schnittstelle (interface) als in einer abstrakten Klasse zusammen.

Die Vereinbarung von Klassen, Schnittstellen und deren Elementen kann mit Modifizieren ergänzt werden, die in Tabelle 17.2 aufgeführt sind. Die Bedeutung der Modifizierer für die Verwirklichung des Geheimnisprinzips sind im Kapitel 12.3 und der Tabelle 12.1 erläutert, zu den übrigen Modifizierern siehe Kapitel 10.1.

Tabelle 17.2: Welche Modifizierer wo auftreten können

Modifizierer	Klasse	geschachtelte Klasse	Variable	Methode	Konstruktor
public	•	•	•	•	•
protected		•	•	•	•
private		•	•	•	•
final	•	•	•	•	
abstract	•	•		•	
native				•	
static		•	•	•	
synchronized				•	
transient			•		
volatile			•		
strictfp	•	•		•	

Bestimmte Modifizierer schließen sich gegenseitig aus, wie unter anderem

- volatile und final,
- native oder final und abstract
- public, protected und private.

Im ersten Fall würde mit volatile gesagt, dass auf keinen Fall mehrere Kopien der Variable in Registern und im Speicher gehalten werden dürfen, sondern dass jedeÄnderung des Werts der Variablen sofort auf „ihren" Speicherplatz wirken muss. Mit final wird gesagt, dass sich der einmal gesetzte oder initialisierte Variablenwert nie mehr ändern darf. Ein Modifizierer, der die Handhabung von Änderungen bestimmt (volatile) und einer, der Änderungen verbietet (final), widersprechen einander und ihre gemeinsame Verwendung ist dementsprechend ein Syntaxfehler.

Im zweiten Fall sagt abstract, dass die Implementierung der betreffenden Methode auf eine erbende Klasse verschoben wird, während final die aktuelle Implementierung für endgültig erklärt. Dies ist ebenso ein Widerspruch zu abstract wie der Modifizierer native, welcher ja eine Eigenschaft der aktuellen Implementierung der Methode, nämlich in einer anderen Sprache als Java (und damit leider plattformabhängig) zu sein, festlegt.

Der dritte angeführte Fall ist der einfachste. Bei gleichzeitiger Verwendung von public, protected und private würden widersprüchliche Angaben zur Zugänglichkeit gemacht, was natürlich syntaktisch falsch ist.

Manche Modifizierer werden auch implizit angewendet. So wird eine Klasse abstrakt, sofern sie auch nur eine Methode als abstract deklariert oder wenn sie eine geerbte abstrakte Methode nicht implementiert; dies muss dann bei der Klassedeklaration allerdings ausdrücklich angegebenen werden. In Schnittstellen sind Methoden grundsätzlich public und abstract und Variablen grundsätzlich public, static und final (es sind also Konstanten). Dies kann zusätzlich ausdrücklich angegeben werden, muss es (und wird es üblicherweise) aber nicht. Ein logischer Widerspruch im oben beschriebenen Sinne zu einem solchen impliziten Modifizierer ist auch ein Syntaxfehler.

17.2.2 Schnittstellen – interface

Eine Schnittstelle definiert Methoden, die eine andere Klasse bereitstellen muss und sie definiert Konstanten.

Beispiel 17.3: Die Struktur einer Schnittstellendefinition

```
interface TheNewInterface          // 1
    extends Cloneable,             // 2
            java.io.Serializable {  // 3
//-- Konstante ---                 // 5
    String HALLO = „Guten Morgen";  // 6
    int  NINETY = 90;              // 7
//--- Methoden ---                 // 9
    void close()
          throws java.io.IOException; //11
//--- geschachtelte Klassen        //13
    static public class Impl
        implements TheNewInterface {
        public void close(){}        / 16
    } // class TheNewInterface.Impl

} // Ende von interface TheNewInterface
```

Bei der Deklaration einer Schnittstelle (Zeile 1 im Beispiel 17.3) werden die Modifizierer public und abstract automatisch hinzugefügt. Mit extends (Zeile 2 und 3) kann das Erben von einer oder mehreren anderen Schnittstelle erklärt werden. Dieser Teil kann entfallen; dann gibt es kein eingeschlossenes „Eltern-Interface".

In Schnittstellen definierte Variable (Zeilen 5 bis 7) sind automatisch public, final und static. Methoden (Zeilen 9 bis 11) sind automatisch public und abstract. (Man darf dies alles zusätzlich angeben, aber man darf keine abweichenden Angaben machen.) Gegebenenfalls mögliche Ausnahmen müssen, wie im Beispiel 17.3 in Zeile 11 gezeigt, an dieser Stelle angedroht werden. Eine implementierende Klasse kann dies übernehmen oder weglassen (Zeile 16), aber nicht hinzufügen.

Wie in den Zeilen 13 bis 16 des Beispiels 17.3 gezeigt, dürfen Schnittstellen (interface) genau wie Klassen geschachtelte Klassen (und geschachtelte Schnittstellen; siehe unten Kapitel 17.7) definieren. Im Beispiel wird eine (Prototyp-) Implementierung der Schnittstelle selbst mit einer funktionslosen (leerer Block) Methode close() bereitgestellt.

Das Bereitstellen einer Standardimplementierung einer Schnittstelle – oft auch Adapterklasse genannt – als geschachtelte Klasse in der Schnittstelle selbst ist ein immer mehr verbreiteter guter Stil mit vielen Vorteilen. Insbesondere hält dies zusammengehörenden Code und Dokumentation zusammen.

In einer Schnittstelle sind von jeder Sorte keines, eines oder mehrere Elemente und zwar in beliebiger Reihenfolge möglich. Funktionslose Schnittstellen können sinnvoll sein. Man kann sie implementieren, um bestimmte Klasseneigenschaften zu signalisieren. Beispiele hierfür sind java.lang.Cloneable und java.io.Serializable.

Wie schon erwähnt, sind alle Methoden einer Schnittstelle öffentlich (public) und alle Variablen sind konstant (final static). Dies sind zwei Einschränkungen gegenüber den Möglichkeiten einer abstrakten Klasse. Dementsprechend müssen alle Variablen in der Vereinbarung initialisiert werden.

Schnittstellen können von mehreren anderen Schnittstellen erben und Klassen können mehrere Schnittstellen implementieren. Die potenziellen Probleme der Mehrfachvererbung von Klassen, die Java ja ausdrücklich ausschließt, treten nicht auf. Erbt eine Klasse dieselbe Signatur einer Methode auf mehreren Wegen, so ist und bleibt es ein und dieselbe Signatur. Die Klasse muss diese Methode genau einmal implementieren (oder vererbt bekommen) und die diesbezüglichen Versprechungen aller betroffenen Schnittstellen sind erfüllt. Erbt eine Klasse Konstanten desselben Namens von verschiedenen Schnittstellen, so gibt es alle diese Konstanten nebeneinander und sie müssen mit voll qualifizierten Namen angesprochen werden, also beispielsweise als

```
Interface1.UnterInterfaceA.OTTO
```

und

```
Interface1.UnterInterfaceB.OTTO
```

17.2.3 Das Erbe bei Klassen

Jede Klasse erbt direkt von genau einer mit extends angegebenen Elternklasse alle (nicht privaten) Elemente. Nur Konstruktoren werden nicht vererbt. Fehlt die Angabe einer direkten Elternklasse mit extends, so ist die in Java vordefinierte Klasse Object die direkte Elternklasse.

Ein solches Erbe lässt sich nicht, auch nicht teilweise, ausschlagen. Java verwirklicht streng alle in Kapitel 6.4 beschriebenen OO-Ansätze. Ein Objekt einer Klasse hat nicht nur die in seiner Klasse selbst (in Form von Variablen und Methoden) definierten Zustände und Verhaltensweisen, sondern auch alles an Zuständen und Verhalten, was in allen Vorfahrenklassen definiert ist.

Eine Klassendefinition kann also gegenüber der Elternklasse

- Zustände nur erweitern – in Form neuer Variablen –
  und
- Verhalten erweitern – in Form neuer Methoden, das sind Methoden mit einer bei den Vorfahren noch nicht vorhandenen Signatur –
  und auch
- Verhalten ändern – durch das erneute Definieren einer mit dieser Signatur schon bei den Vorfahren vorhandenen Methode.

Im letzten Fall lässt sich durch dieses Überschreiben zwar das implementierte Verhalten (auch total, siehe Hinweis) ändern, aber die Schnittstelle – die Signatur (siehe im Kapitel 6.4) – der betreffenden Methode bleibt erhalten. Es ist bei diesem Überschreiben der von Vorfahren geerbten oder in Schnittstellen definierten Methoden auch verboten, deren Verwendbarkeit einzuschränken. Man darf die Verwendbarkeit gleich lassen oder erweitern. Die Verwendbarkeit wird durch die Zugriffsmodifizierer und die erklärten Ausnahmen (siehe Kapitel 16.3), die dann ja behandelt oder weitergereicht werden müssen, eingeschränkt.

Wird zum Beispiel von einem Vorfahren die Signatur

```
protected void fahrenImPferdewagen()
        throws hufEisenVerlorenException
```

geerbt (vgl. Beispiel 16.12), so sind neben dieser ursprünglichen unter anderem folgende Methodendeklarationen legal

```
protected void fahrenImPferdewagen()       // *1
public    void fahrenImPferdewagen()       // *2
        throws hufEisenVerlorenException
public    void fahrenImPferdewagen()       // *3
```

und folgende illegal

```
public    void fahrenImPferdewagen()       // X1
        throws hufEisenVerlorenException,
               radGebrochenException
void fahrenImPferdewagen()                 // X2
```

Die erste (mit X1 markierte) ist illegal, da eine zusätzliche Exception zur geerbten Signatur hinzugefügt werden soll und die zweite (mit X2 markierte), da nun der Zugriff in außerhalb des Pakets abgeleiteten Klassen abgelehnt wird. Beides sind Einschränkungen gegenüber den „Versprechen des Erblassers" (Neudeutsch commitment).

☞ Zwar ist es möglich, unter Beibehaltung der Schnittstelle und Beibehaltung oder Erweiterung der Verwendbarkeit, die Bedeutung (Semantik) einer geerbten Methode durch Überschreiben total zu verändern. Der Compiler kann dies weder merken noch verhindern. Sinnvoll ist so etwas selten. Oft verletzt man dann ein in der Dokumentation festgelegtes Verhalten, auf das sich andere Klassen verlassen. Ein Beispiel für solch einen nur in der Dokumentation stehenden Vertrag geben die von Object geerbten Methoden `equals()` und `hashCode()`, die unter anderem Reflexivität, Transitivität für `equals()` und gleiche Hash-Codes bei Gleichheit bezüglich `equals()` versprechen.

17.2.4 Das Erbe und die Polymorphie

Eine Klassendefinition kann aufgrund dieser strengen Regeln nichts vom Zustand und vom Verhalten beseitigen, das durch Vertrag (implements) oder Erbe (extends) gegeben ist. Das heißt aber auch, dass ein Objekt einer Klasse alles hat (Zustand, Variablen) und kann (Verhalten, Methoden), was die Vorfahren können und gegebenenfalls Schnittstellen versprechen. Nur deswegen ist es erlaubt und auch zur Laufzeit ungefährlich, ein Objekt einer Klasse auch Variablen vom Typ der Vorfahren und der involvierten Schnittstellen zuzuweisen, wie dies in Beispiel 17.4 gezeigt ist.

Beispiel 17.4: Erbe und Polymorphie

```
interface Verspieltheit { .... }
interface Vernunft      { .... }
class Papa   extends Object { .... }
class Knabe  extends Papa implements Verspieltheit { ... }
class Tochter extends Papa implements Vernunft     { ... }
   : : : :
Vernunft       linda = new    Tochter("Linda");
Knabe          micha = new    Knabe("Micha");
Papa           frank = new    Knabe("Frank");
Verspieltheit  felix = new    Knabe("Felix");
Objekt         kind  = frank;
```

Mit den in Beispiel 17.4 angedeuteten Klassen- und Schnittstellendefinitionen sind die dort gezeigten Variablenvereinbarungen mit Vorbesetzung alle legal.

17.3 Instanzierung von Objekten

Eine Klassendeklaration (class) und eine Schnittstellendeklaration (interface) spezifizieren einen neuen Referenzdatentyp. Klassen liefern auch eine Implementierung ihres Typs. Letzteres gilt teilweise auch für abstrakte Klassen (abstract class).

Die nicht statischen Felder und Methoden einer Klasse können nur mit einem Objekt der Klasse genutzt werden. Genauer müsste man sagen „mit einer Referenz auf ein solches Objekt". Da man aber mit einer Referenz auf ein Objekt sozusagen dieses selbst „hat", wird Objekt und Referenz darauf häufig synonym gebraucht.

Bevor man ein Objekt nutzen kann, muss es erzeugt werden. Zur Erzeugung gehört die Reservierung von Platz im Arbeitsspeicher des Rechners für die Variablen und deren Vorbesetzung. Ein Objekt beginnt sein Leben mit einem klar definierten Zustand. Von einer Klasse können mehrere Objekte erzeugt werden. Dies ergibt jeweils einen getrennten Satz von (nicht statischen oder Objekt-) Variablen. Mehrere Objekte einer Klasse haben voneinander unabhängige Zustände.

Eine neue Instanz einer Klasse, das heißt ein neues Objekt, wird in folgenden Situationen erzeugt:

1) Ein Erzeugungsausdruck mit dem Operator new erzeugt ein Objekt der angegebenen Klasse.
2) Der Aufruf von Methoden, die Objekte erzeugen und die Referenz darauf zurückgeben (return), liefert ein neues Objekt. Solche Fabrik- und Generiermethoden (factory methods) gibt es in zahlreichen Klassen der JDK-Bibliothek wie beispielsweise die Methode newInstance() der Klasse Class. Man kann derartige Methoden aber auch selbst schreiben, um die Erzeugung von Objekten zu kontrollieren.
3) Ein vorhandenes Objekt wird mit `clone()` kopiert.
4) Die Auswertung von Konstanten und Ausdrücken eines nicht primitiven Typs wie String-Ausdrücke und Array-Ausdrücke erzeugt ein entsprechendes Objekt. Beispiele: `"Messwert " + 54.8 + " kOhm"` oder `{ 3.4 , 5.7, 8.9}` (beim Initialisieren von Array-Variablen).
5) Ein vorher serialisiertes Objekt wird (mit `readObject()`) von einem Objekt-eingabestrom gelesen.

Nur in den Fällen 1) und teilweise auch 2) wird ein Konstruktor der betreffenden Klasse mit passender Signatur aufgerufen. Der Ablauf der Erzeugung eines neuen Objekts sieht dann so aus:

A) Zunächst wird der Arbeitsspeicher für die Objektvariablen (das sind die nicht statischen Variablen) der Klasse und all ihrer Elternklassen reserviert. Ist nicht genügend Speicherplatz vorhanden, wird die Erzeugung abgebrochen und die Ausnahme OutOfMemoryError ausgelöst.

B) Dann werden alle (!) diese Objektvariablen mit ihrem Default-Wert (false, '/u0000', 0, 0.0, null) initialisiert. Das geschieht (zunächst) auch für diejenigen Variablen, die in der Klassendeklaration eine ausdrückliche Vorbesetzung haben (wie beispielsweise boolean ventilZu = true;). Diese Feinheit ist wichtig, wenn Konstruktoren Methoden aufrufen, die in abgeleiteten Klassen überschrieben wurden; diese überschriebenen Methoden finden alle „ihre" Klassenvariablen mit der Default-Initialisierung vor.

C) Und erst nach diesen Vorbereitungen wird zum ersten Mal ein Konstruktor aufgerufen, bei dessen Aufruf und Ausführung fünf Schritte zu unterscheiden sind.

1) Es wird der von der Signatur her passende Konstruktor aufgerufen.
2) Ist die erste Anweisung dieses Konstruktors der Aufruf eines Konstruktors derselben Klasse (this()) oder der Aufruf eines Konstruktors der Mutterklasse (super()), so wird jener aufgerufen und die Sache beginnt mit jenem Konstruktor rekursiv bei Schritt 1).
3) Ist die erste Anweisung dieses Konstruktors kein expliziter Aufruf eines anderen Konstruktors und handelt es sich nicht um die Klasse Object, so wird der parameterlose Konstruktor der Elternklasse (super()) aufgerufen. Für den geht es dann rekursiv mit Schritt 1) weiter. Die Konstruktion von Objekten geht also streng abwärts entlang der Klassenhierarchie vor sich, beginnend mit Object.
4) Nach der Rückkehr vom Konstruktor der Elternklassen werden die Initialisierungsausdrücke der Klassenvariablen und nicht statische Blöcke in der Reihenfolge ihres Erscheinens ausgewertet. (Ja, erst jetzt!)
   Dabei ausgelöste Ausnahmen beenden die Konstruktion des Objekts.
5) Nun wird der Anweisungsteil des Konstruktors ausgeführt, der auf den oben in den Schritten 2) und 3) genannten impliziten oder expliziten Aufruf des anderen Konstruktors folgt.

☞ Explizit mit super() und this() dürfen Konstruktoren nur als erste Anweisung eines Konstruktors aufgerufen werden. Diese Regel stellt sicher, dass für ein Objekt ein Konstruktor höchstens einmal läuft.

☞ Bei der Verwendung von this() ist der Programmierer dafür verantwortlich, Zyklen zu vermeiden; den Compiler kümmert's nicht. Die Strafe ist ein StackOverflowError zur Laufzeit.

17.4 Methoden und Parameter

Methoden deklarieren ausführbaren Code, der (mit dem Methodennamen) aufgerufen werden kann. Dabei kann eine festgelegte Anzahl von Werten festgelegten Datentyps als Parameter (gelegentlich auch Argumente genannt) übergeben werden.

Diese Werte erscheinen als Vorbesetzung der (formalen) Parameter der Methode. Im Übrigen verhalten sich die Parameter wie in (im äußeren Block) der Methode deklarierte lokale Variablen. Sie unterliegen auch denselben Sichtbarkeits- und Zugreifbarkeitsregeln.

Ferner muss eine Methode einen Wert des Datentyps zurückliefern, der als Typ der Methode deklariert wurde. Soll kein Wert geliefert werden, erhält die Methode den (Pseudo-) Datentyp void.

Der Code oder die Implementierung einer Methode hat Zugriff auf alle in ihrer Klasse deklarierten Elemente und auf bestimmte Elemente ihrer Elternklassen. Dies sind alle public und protected Elemente der Eltern sowie die mit Paket- (package) Zugriff (kein Modifizierer), falls die betreffende Elternklasse zum selben Paket gehört. Im Falle von Namensüberschneidungen kann der Zugriff bei Objektelementen mit this. und super. und bei Klassenelementen (static) auch mit den Klassennamen qualifiziert werden. Die Beispiele 17.5 und 17.6 zeigen dies.

Beispiel 17.5: Klasse `EinWert`

```
public class EinWert {
   protected  float wert;
   EinWert () {
      wert = 0.0F;
   }
   EinWert (float wert) {
      setWert(wert);
   }
   public void setWert(float wert) {
      this.wert = wert;
   }
   public float getWert(){ return wert; }
} // class EinWert
```

Beispiel 17.6: Klasse `NochDreiWerte`

```
class NochDreiWerte extends EinWert {
   float wert;
   int    y, z;
   public void setWert(float wert) {  //  5
      this.wert = wert;
      super.setWert(wert);           //  7
   }
   void setAllTo(int newI) {
      y = z = newI;
      super.wert = wert = newI;      // 12
   }
   void setAllTo(String newI)        // 15
         throws NumberFormatException {
      setAllTo(Integer.parseInt(newI));
   }
} // class NochDreiWerte
```

Die Beispiele 17.5 und 17.6 zeigen noch zweierlei:

- Das Überschreiben (overwrite) von ererbten Methoden der Elternklassen (Zeile 5 in Beispiel 17.6): Die hier definierte Methode überschreibt eine gleiche, in der Elternklasse vorhandene; aus den Methoden der Klasse heraus kann man auf diese mit dem Qualifizierer super. noch zugreifen (Zeile 7).
- Das Überladen von Methoden: Hier werden zwei gleichnamige Methoden definiert (ab Zeile 12 beziehungsweise 15), die sich in der Art ihrer Parameter und damit in ihrer Signatur (siehe im Kapitel 6.4) unterscheiden.

Wie in den Kapiteln zu Operatoren und Ausdrücken (unter anderen Kapitel 10.3) geschildert, werden bei der Berechnung von Ausdrücken und bei Wertzuweisungen bestimmte Typumwandlungen gegebenenfalls automatisch ausgeführt. Dies gilt nun auch bei der Versorgung eines Methodenaufrufs mit Parametern.

Wird eine überladene Methode mit Parametern aufgerufen, zu denen es mehrere Ausführungen mit passender Parameteranzahl gibt, aber keine davon mit exakt passender Signatur, so wird versucht, die Parameter mit erlaubten, erweiternden Typumwandlungen für eine vorhandene passend zu machen. Die Suche erstreckt sich auch auf von Elternklassen ererbte Methoden. Stehen mehrere zur Auswahl, wird die billigste anhand einer „Preisliste" für Typumwandlungen, siehe Tabelle 15.1, genommen. Gibt es zwei oder mehr gleich „billigste", so ist dies ein Übersetzungsfehler. Es muss immer alles nachvollziehbar und eindeutig entscheidbar sein.

Im Falle

```
NochDreiWerte meineVierWerte = new NochDreiWerte();
       :::::
   meineVierWerte.setAllTo('1');
```

wird mit einer preiswerten nur einen Punkt kostenden Typumwandlung das char-Argument nach int gewandelt (Tabelle 15.1) und die Methode setAllTo(int) aufgerufen. (Und nicht etwa eine gar nicht vorgesehenen Umwandlung von char nach String!)

Alles für Methoden zu Sagende trifft auch für Konstruktoren zu, abgesehen von folgenden Besonderheiten:

- Alle im vorangehenden Kapitel aufgeführten Besonderheiten von Konstruktoren.
- Konstruktoren liefern und deklarieren keinen Rückgabewert, auch nicht void.
- Konstruktoren haben den Namen ihrer Klasse.
- Konstruktoren dürfen außer am Anfang eines anderen Konstruktors nicht explizit aufgerufen werden. Man kann sich darauf verlassen, dass ein Konstruktor pro erzeugtem Objekt höchstens einmal läuft.
- Beim Suchen eines Konstruktors passender Signatur erstreckt sich die Suche (natürlich) nicht auf die Elternklasse; ansonsten gelten die gleichen Regeln wie beim Suchen einer „passenden" Methode.

☞ Benötigt man den Anweisungsteil eines Konstruktors mehrfach, so mache man daraus eine Methode. Ihre Zugreifbarkeit „von außen" kann ja gewünschtenfalls durch private, protected oder das Nichtverwenden von public eingeschränkt werden. Diese Methode steht dann allen Konstruktoren und anderen Methoden der Klasse zu Verfügung.

17.5 Statische Methoden und Felder

Die in Klassen definierten Felder (Variablen) haben für sich keine Existenz. Sie beginnen erst zu „leben", wenn ein Objekt der Klasse erzeugt wird. Umgekehrt gibt es sie auch so oft, wie es lebende Objekte gibt. Sie gehören also eigentlich nicht zur Klasse, sondern zum jeweiligen Objekt, weswegen man sie auch als Objektfelder bezeichnet. Sie repräsentieren den Zustand eines Objekts.

Manche Aufgabe wie beispielsweise das Zählen der erzeugten Objekte lässt sich einfacher lösen, wenn man Elemente, also Variablen und Methoden hat, die allen Objekten gemeinsam sind. Solche Elemente werden mit dem Modifizierer static deklariert.

Eine statische Variable gibt es in genau einem Exemplar, unabhängig von der Anzahl der erzeugten Objekte. Sie existiert bereits bevor ein Objekt der Klasse erzeugt wurde. Insofern gehören solche statischen Variablen nicht zu Objekten, sondern bereits zur Klasse. Man nennt sie daher auch oft Klassenvariablen.

Methoden, die ausschließlich auf statische Variable zugreifen, kann man selbst als static deklarieren. Auch sie stehen zur Verfügung, ohne dass auch nur ein Objekt der Klasse erzeugt wurde.

Hat eine Klasse eine statische Methode der Signatur

```
void main (String[])
```

und wird diese Klasse als erstes in die JVM geladen, so beginnt die Programmausführung dort.

Neben statischen Variablen und statischen Methoden kann man in Klassen auch noch statische Blöcke deklarieren. Diese können auf statische Variable und statische Methoden (in der Klasse selbst definierte und geerbte) zugreifen.

Statische Blöcke laufen genau dann (einmal), wenn die Klasse in die JVM geladen wird. Ihre sinnvolle Anwendung sind Initialisierungen von Klassenvariablen, die man nicht in Initialisierungsausdrücken unterbringen kann oder möchte. Dies kann der Fall sein, wenn solche Ausdrücke unlesbar komplex würden oder wenn sie Ausnahmen behandeln müssen. Beispiel 17.7 demonstriert solch einen Fall. Auch die Erzeugung einer festen Anzahl von Objekten der Klasse, zum Beispiel genau eines einzigen, passt in einen statischen Block (siehe das Erzeugungsmuster Singleton in [Gamm95] oder [Riehle96]).

Beispiel 17.7: Ein statischer Block für komplexere Initialisierungen

```
class MitStatic {
    static public int ANZ_FAC = 13;
    static public int[] facs = new int[ANZ_FAC];
    static {
        facs [0] = facs [1] = 1;
        for (int i = 2, f = 1; i < ANZ_FAC; ++i)
            facs[i] = f = f*i;
    } // Ende statischer Block
} // class MitStatic
```

Man kann sagen, dass statische Blöcke für Klassen die Rolle spielen, die Konstruktoren (oder auch nicht statische Anweisungsblöcke) für Objekte haben.

☞ Statische Elemente werden nicht (im Sinne von Erbe und Polymorphie) dynamisch gebunden. Die Auswahl eines statischen Elements „hängt" also auch „statisch" am Typ (der Klasse) einer Referenzvariable. Statische Elemente gehören also ganz eindeutig zu einer festen Klasse.

Diese Eigenschaft von Java wird in Fachartikeln zu Programmiersprachen gerne kritisiert (und es werden meist gleich die tollsten Spracherweiterungen vorgeschlagen). Dazu ist zweierlei zu sagen: Zum einen ist der Zugriff auf statische Elemente mit Objektreferenzen in den meisten Fällen einfach als schlechter Programmierstil zu vermeiden, so dass das Problem dann gar nicht auftritt.

Und zum anderen überlege man in den wenigen Fällen, wo die fehlende dynamische Bindung statischer Methoden ein Mangel ist, ob und warum diese Methoden statisch sein müssen. Falls man eh nur mit Objektreferenzen zugreift oder zugreifen soll, lasse man static einfach weg und sonst verpacke man dieselbe Funktionalität zusätzlich in eine nicht statische Methode.

17.6 Beseitigen von Objekten

Ein Objekt existiert erst, nachdem es erzeugt wurde. Der Erzeugungsvorgang kann durch den new-Operator, entsprechende Ausdrücke oder indirekt auch durch Methoden, die Objekte (Referenzen darauf) liefern, ausgelöst werden.

Das betreffende Objekt „hat" man, solange man eine Referenz darauf besitzt (oder sie indirekt zugänglich ist). Beispiel 17.8 zeigt dies.

Umgekehrt kann man fragen, wie man ein Objekt wieder los wird. Dies geschieht einfach, indem man aufhört es zu referenzieren. Dies kann einmal durch das Ende der Lebensdauer von (beispielsweise lokalen) Referenzvariablen von selbst passieren, oder indem man (im Beispiel 17.8 in den Zeilen *4 und *5) einer Referenzvariablen einen anderen Wert zuweist, wie zum Beispiel null.

Beispiel 17.8: Erzeugen und Loswerden eines Objekts

```
NochDreiWerte nd1;            // *1
NochDreiWerte nd2 =
        new NochDreiWerte();  // *2
   //:::::
nd1 = nd2;                    // *3
   //:::::
nd1 = null;                   // *4
   //:::::
nd2 = null;                   // *5
```

In der mit *1 markierten Zeile des Beispiels 17.8 wird eine Referenzvariable auf ein NochDreiWerte-Objekt vereinbart; sie ist zunächst null oder undefiniert (je nachdem ob der Code-Ausschnitt auf Klassenebene oder in einem lokalen Block ist). In Zeile *2 wird eine weitere solche Variable vereinbart und mit einem entsprechenden, neu gemachten Objekt initialisiert.

Durch die Wertzuweisung der Zeile *3 zeigen ab hier zwei Referenzvariablen aus demselben Objekt.

 Da es sich um dasselbe Objekt handelt, wirkt sich eine Änderung des Objektzustands über eine Referenz auch auf alle anderen Referenzen aus.

Durch die Wertzuweisung der Zeile *4 im Beispiel 17.8 verliert eine der Variablen (nd1) die Referenz auf das Objekt und durch die Wertzuweisung der Zeile *5 auch noch die zweite (nd2). Ab dieser Zeile *5 ist das in Zeile *2 gemachte Objekt nicht mehr greifbar. Es ist also schlichtweg weg (es sei denn, jemand hätte zwischendurch noch eine weitere Kopie der Referenz angelegt).

Die eigentliche Zerstörung eines nicht mehr greifbaren Objekts – mit der Freigabe des vom Objekt beanspruchten Speichers etc. – geschieht in Java selbsttätig.

 Dies ist eine wesentliche – um nicht zu sagen herausragende – Eigenschaft von Java. Die in manchen Programmiersprachen notwendige explizite Zerstörung ist eine ergiebige Quelle schwer zu findender Fehler. Die grundsätzliche Schwierigkeit liegt darin, dass, wie auch im Beispiel 17.8 gezeigt, auf ein und dasselbe Objekt mehrere Referenzen weisen können; und diese können sogar in zueinander völlig asynchronen unterschiedlichen Ausführungsfäden (Threads) liegen. So weiß kein Code, der eine Referenz auf ein Objekt aufgibt, ob er der letzte Besitzer ist. Natürlich gibt es einfache Fälle, in denen man das genau weiß, aber es gibt auch Situationen, in denen das praktisch sehr schwierig oder sogar prinzipiell unmöglich ist.

Das Vernichten von nicht mehr referenzierten Objekten und das Freigeben des zugehörigen Arbeitsspeichers erledigt das Java-Laufzeitsystem. Dieses automatische Aufräumen wird „garbage collection" (Müllabfuhr) oder automatische Speicherbereinigung genannt.

 Speicherlöcher (im „klassischen" Sinn) gibt es in Java per Definition nicht. Trotzdem laufen manche größeren Anwendungen („unvermutet") in Speicherplatzprobleme. Dies liegt dann daran, dass Referenzen auf nicht mehr benötigte Objekte gehalten werden. Oft passiert das in lokalen Variablen von (vielleicht auch sehr lange) wartenden Threads. Man mache es sich zur Gewohnheit, alle (!) Referenzvariablen ab der Stelle sofort (!) auf null zusetzen, ab der man das betreffende Objekt nicht mehr braucht.

Für die (eher seltenen) Fälle, in denen man sich vor der endgültigen Vernichtung eines Objekts um die Freigabe von dort belegten anderen Ressourcen (wie Geräte, Dateien, aber nicht des von anderen Objekten belegten Speichers) kümmern muss, sollte man eine Methode, zum Beispiel namens close(), für diese Aufgabe vorsehen. Deren Aufruf nach Ende der Benutzung des Objekts liegt in der Verantwortung des Nutzers. Außerdem kann man (auch als „Notbremse" für das Vergessen von close()) eine Methode finalize() mit der gleichen Aufgabe in der Klasse definieren. Sie wird vor der „garbage collection" des Objekts ausgeführt. Da man finalize() im Gegensatz zu Konstruktoren auch als normale Methode direkt aufrufen kann oder da eine andere Methode wie das genannte close() schon alles erledigt haben könnte, sollten finalize() und andere Aufräummethoden robust gegen mehrfache Ausführung geschrieben sein.

Wenn man etwas Entsprechendes für die ganze Klasse benötigt, definiert man in ihr eine statische (void) Methode classFinalize(). Diese wird vor dem Wegräumen der Klasse ausgeführt. Dieses Wegräumen einer Klasse kann erfolgen, wenn keine Objekte der Klasse und gegebenenfalls keine ihrer statischen Elemente mehr benötigt werden.

Auch wenn keine automatische Speicherbereinigung von nicht mehr benötigten Objekten oder Klassen ausgeführt wurde, kann man das Laufen aller ihrer so definierten „finalizer" vor dem Ende (shut down) der JVM erzwingen. Hierzu muss System.runFinalizersOnExit(true) aufgerufen worden sein. Diese Methode ist allerdings seit JDK1.2 „deprecated", siehe dazu die Anmerkung auf Seite 251.

Mit System.runFinalization() kann man auch zwischendurch die „finalizer" von zu beseitigenden Objekten laufen lassen.

Die automatische Speicherbereinigung läuft in der Regel als ein niederpriorer Ausführungsfaden (Thread) im Hintergrund. Da es sich um eine komplexe und in gewissen Phasen nicht unterbrechbare Aufgabe handelt, ist bei sehr zeitkritischen Echtzeitaufgaben nicht ausgeschlossen, dass die „garbage collection" sich mit bestimmten zeitkritischen Phasen der Anwendung nicht verträgt. Für solche Fälle kann die Automatik abgeschaltet werden (Optionsparameter -noasynccgc, -noclassgc oder -Xnoclassgc bei Java) und die Müllabfuhr zu jeweils unkritischen Zeitpunkten direkt gerufen werden (System.gc()).

☞ Werden Objekte zusätzlich in Listen geführt, von denen der normale Anwendungsprogrammierer nichts weiß, so hat dieser das oben erwähnte „Aufhören, ein Objekt zu referenzieren" nicht in der Hand. Dies kann bei großen im Dauerbetrieb laufenden Java-Anwendungen zu Speichermangel führen. Ab Java 2 gibt es deswegen für die Implementierung genau solcher „verborgener" Listen das Mittel der „schwachen Referenzen" (weak references). Eine solche schwache Referenz auf ein Objekt gibt sich selbst in kontrollierbarer Weise auf, sobald keine normalen Referenzen auf dieses Objekt mehr bestehen.

17.7 Verschachtelte und innere Klassen

In Java ist es möglich, Klassen verschachtelt (Englisch nested) innerhalb von Klassen zu definieren. Hierbei sind zwei Fälle grundsätzlich zu unterscheiden:

- verschachtelte Klassen oder nested top-level classes und
- innere Klassen oder inner classes.

Verschachtelte Klassen – top-level

top-level-classes sind Klassen, wie man sie sich gemeinhin vorstellt. Sie definieren Zustand und Verhalten und jedes Objekt einer solchen Klasse hat einen eigenen Zustand, das heißt eine eigene Kopie aller in der Klasse definierten und ererbten Variablen. Den Objekten gemeinsam sind lediglich die statischen Variablen, die es allerdings auch schon ohne jedes Objekt gibt (und streng genommen nicht als gemeinsamer Objektzustand gelten können.)

Solche top-level-Klassen können geschachtelt definiert werden. Dabei (also vor class) hat das Schlüsselwort static die Bedeutung „top-level". Eine eingeführte deutsche Bezeichnung für top-level-classes ist noch nicht bekannt. Vielleicht könnte man sie „eigentliche Klassen" oder „Klassen erster Ordnung" nennen.

Beispiel 17.9 zeigt die Möglichkeit der Definition und die Verwendung von „nested top-level-classes".

Beispiel 17.9: Zu geschachtelten top-level-Klassen

```
public class MiniFabrik { // äußere Klasse
    static public class Angestellt     // nested
           extends Angestellter {
        public String rolleInDerFertigung;
    } // class MiniFabrik.Angestellt
    static public class KleinAutomat  // nested
           extends MiniAutomat {
        public String rolleInDerFertigung;
    } // class MiniFabrik.KleinAutomat
} // class MiniFabrik
class X {
    MiniFabrik mf = new MiniFabrik(); // top
    MiniFabrik.Angestellt a1 =        // nested
        new MiniFabrik.Angestellt();
    MiniFabrik.KleinAutomat m1 =      // nested
        new MiniFabrik.KleinAutomat();

    { // Initialisierungsblock
      a1.rolleInDerFertigung = "Bohren";
      m1.rolleInDerFertigung = "Bohrmaschine";
      m1.reset();
    } // Initialisierungsblock
} // class X
```

Außer dadurch, dass man den Namen einer nested top-level-class mit dem Namen der äußeren Klasse qualifizieren muss, unterscheidet sich die Verwendung einer solchen Klasse nicht von der einer direkt auf Paketebene definierten. Die Schachtelung von top-level-Klassen, die übrigens beliebig tief sein darf, stellt lediglich ein weiteres Gliederungsmittel neben den Paketen (siehe Kapitel 19) dar.

Hinzu kommt, dass der Code der geschachtelten Klasse zur äußeren Klasse gehört und damit auch auf deren private Elemente zugreifen darf.

Top-level-Klassen bieten also zusätzliche Gliederungs- und Ordnungsebenen sowie zusätzliche Möglichkeiten zur Handhabung von Zugriffsrechten.

 Von geschachtelten top-level-Klassen (wie im obigen Beispiel 17.9) sind innere Klassen (Beispiel 17.10 unten) logisch völlig verschieden.

Innere Klassen

Eine innere Klasse kann in Java als (nicht statisches) Element einer anderen Klasse, innerhalb einer Methode, innerhalb eines Blockes und sogar (anonym) innerhalb eines Ausdrucks definiert werden.

Objekte einer inneren Klasse werden innerhalb des Kontexts eines Objekts der sie umgebenden Klasse – und genau das heißt nicht statisch im Gegensatz zu einer nested top-level-class – erzeugt. Innere Klassen haben als Zustand zum einen

- ihre in ihnen definierten Instanzvariablen und
- ihre geerbten Instanzvariablen.

Das ist soweit nicht neu. Hinzu aber kommt

- der Zustand eines bestimmten konkreten Objektes der umgebenden Klasse (siehe Hinweis)

und im Falle der Klassendefinition innerhalb einer Methode

- die Parameter der Methode (sofern final) und
- die sichtbaren lokalen Parameter aller umgebenden Blöcke (sofern final).

Beispiel 17.10 zeigt diese Möglichkeiten:

Der genannte Zustand eines bestimmten konkreten Objektes der umgebenden Klasse gehört zum einen natürlich genau diesem Objekt. Zusätzlich gehört er (gegebenenfalls) den Objekten einer inneren Klassen. Das heißt mehrere Objekte innerer Klassen können zu einem Objekt der äußeren Klasse gehören. Dies ist ein echtes Teilhaben (sharing) an Objektzuständen.

Beispiel 17.10: Zu inneren Klassen

```
public class Volk {           // äußere Klasse
    String korb;
    Queen   queen;
```

```
     public class Biene {    // inner
        public Volk heimFlug(){
           return Volk.this;  // (*1)
        }
     } // class Biene

     public class Queen        // inner
        extends Biene {        // Bienenkönigin
        public void legEi(){}
     } // class Queen
  } // class Volk

class Imkerei {
   Volk v1 = new Volk();
   Volk v2 = new Volk();

   Volk.Biene b1 = v1.new Biene(); // (*2)
   Volk.Biene b2 = v2.new Biene();
   { // Initialisierungsblock
      v1.queen = v1.new Queen();
      v2.queen = v2.new Queen();
      v1.korb = „oben, rechts";
      v2.korb = „unten, links";
      b1.heimFlug();          // return v1
      v1.queen.heimFlug();  // return v1
      v2.queen.legEi();
   } // Initialisierungsblock
} // class Imkerei
```

Ein Objekt einer inneren Klasse (unter anderem b1 in der mit *2 markierte Zeile im
Beispiel 17.10) gehört immer zu einem (vorhandenen) Objekt der äußeren Klasse (v1 im
Beispiel). Mehrere verschiedene Objekte einer inneren Klasse (b1 und v1.queen im
Beispiel) können sich ein und dasselbe Objekt der äußeren Klasse „teilen" (object sha-
ring). Jedes Bienchen hat sein Volk und teilt es mit den anderen Bienchen desselben
Volks.

Zur Erzeugung eines Objekts einer inneren Klasse ist völlig sinngemäß der Operator new
mit einer Referenz auf ein bereits vorhandenes Objekt der äußeren Klasse zu qualifizieren. Siehe die mit *2 markierte und nachfolgende Zeilen im Beispiel 17.10.

Bei zwei so eng zusammenhängenden Objekten (eines der inneren Klasse hängt an einem
der äußeren Klasse) liefert das Schlüsselwort this im Code der inneren Klasse keinen
eindeutigen Bezug auf eines der Objekte. Es wird dann sinngemäß mit dem Namen einer
der betreffenden Klassen qualifiziert. In der mit *1 markierte Zeile im Beispiel 17.10 ist
es der Name der umgebenden Klasse.

Außer der gezeigten Qualifikation von this und super mit Klassennamen und von new
mit der Referenz auf das gewünschte umgebende Objekt muss man zu nicht anonymen

inneren Klassen syntaktisch nichts weiter lernen. Die Möglichkeiten dieses Mittels sind aber enorm.

☞ Auf den ersten Blick könnte es scheinen, dass die Qualifikation von new mit einem Objekt und von this mit einer Klasse gerade verkehrt herum ist (und so eine Kritik ist auch veröffentlicht worden). Etwas Nachdenken sollte aber zeigen, dass es genau so logisch und richtig ist. An der Stelle, wo man new so anwendet, benötigt man ein konkretes bereits vorhandenes Objekt der umgebenden Klasse. Und mit this im Code einer Klasse meint man das (zur Übersetzungszeit unbekannte und unbenennbare) aktuelle Objekt, in dessen Zusammenhang (zur Laufzeit) das betreffende Codestück läuft. Genau dieses Objekt, von dem man im Klassencode nur die Klasse weiß, nennt man „this". Wenn nun aber das betreffende Codestück einer inneren Klasse läuft, dann tut es dies im Zusammenhang mit (mindestens) zwei Objekten, von denen man nur die Klasse weiß. Ergo gibt man diese an, um das Objekt zu bestimmen.

Übung 17.1: Vollziehen Sie das Beispiel 17.10 nach, füllen Sie die Methoden mit Leben (sprich Statusausgaben), ergänzen Sie die Imkerei um eine main-Methode und lassen Sie ein paar Bienen verschiedener Völker fliegen.

Das Beispiel 17.10 zeigte die wesentlichen Möglichkeiten einer auf Klassenebene definierten inneren Klasse (also einer nicht statischen beziehungsweise top-level-Klasse).

Innere Klassen können aber auch in Methoden, in Anweisungsblöcken und sogar anonym in Ausdrücken definiert werden. Objekte solcher Klassen haben zusätzlich zum Zustand des aktuellen Objekts der umgebenden Klasse noch die Methodenparameter und die lokalen Variablen als Zustand, sofern diese Variablen final sind. Mit dem Objekt einer solchen inneren Klasse überleben Instanzen dieser lokalen Variablen (als Kopien) gegebenenfalls auch ihre Methode oder ihren Block.

Beispiel 17.11 zeigt die Möglichkeit, eine innere lokalen Klasse in einer Methode zu definieren.

Beispiel 17.11: Eine innere Klasse in einer Methode

```
import java.util.Enumeration;
public abstract class ArrayEnum {
    public static Enumeration make(final Object[] array) {
        class E implements Enumeration {
            int count = 0;

            public boolean hasMoreElements() {
                return count < array.length;
            }

            public Object nextElement() {
                return array[ count++] ;
            }
        } // class E
        return new E();
    } // Enumeration make(Object[])
} // class ArrayEnum
```

Die Methode `make()` in diesem Beispiel 17.11 soll ein Objekt liefern, das die Elemente eines als Parameter übergebenen Arrays von beliebigen Objekten durchläuft. Hierzu wird im Inneren dieser Methode eine Klasse E definiert, die die Schnittstelle Enumeration für genau dieses übergebene Array namens `array` implementiert. Ein Objekt dieser Klasse wird erzeugt und als Methodenergebnis zurückgegeben. Der final Methodenparameter `array` gehört zum Zustand dieses Objekts und überlebt so (als Kopie) den Methodenaufruf.

An diesem Beispiel fällt auf, dass die im Inneren der Methode definierte Klasse E nur für das Erzeugen einer einzigen Instanz da ist. Außerhalb der Methode kann sie nicht verwendet werden, da der lokale Name E ja nur dort sichtbar ist. Der Name der Klasse E ist also ohne jede Bedeutung und trägt eher zur Verwirrung der Leser der Quelle bei. An dieser Stelle kommen anonyme Klassen ins Spiel.

Beispiel 17.12 zeigt das obiges Beispiel 17.11 nun abgewandelt oder ergänzt mit einer anonymen Klasse (nur die geänderte Methode innerhalb der Klasse `ArrayEnum` ist dargestellt) .

Beispiel 17.12: Eine anonyme innere Klasse in einer Methode

```
public static Enumeration makeA(final Object[] array) {
    return new Enumeration() {
        int count = 0;

        public boolean hasMoreElements() {
        return count < array.length;
        } // hasMoreElements()

        public Object nextElement() {
            return array[ count++];
    } // nexteElement()
  }; // anonyme innere Klasse
}    // Enumeration makeA(Object[])
```

Bei anonymen inneren Klassen wird in einem einzigen Ausdruck der Struktur

```
new Typ(){  /*Definition der Klasse */};
```

eine namenlose Klasse definiert und ein Objekt davon erzeugt. Der Typ nach new darf eine Klasse oder eine Schnittstelle sein.

Ist der in new benannte Typ eine Klasse, so heißt das, dass die im nachfolgenden geschweiften Klammerpaar { } definierte anonyme Klasse die in new angegebene Klasse beerbt. Sie erhebt damit den Anspruch „extends Typ". Die anonyme Klassendefinition kann ererbte Methoden überschreiben, und sie muss alle ererbten abstrakten Methoden implementieren.

Ist der in new benannte Typ eine Schnittstelle, wie im Beispiel 17.12), so heißt das, dass die im nachfolgenden geschweiften Klammerpaar { } definierte anonyme Klasse diese

Schnittstelle implementiert. Sie macht eine Zusage „implements Typ". Die anonyme Klassendefinition muss alle in der Schnittstelle versprochenen Methoden implementieren.

Anonyme Klassen dürfen ihre Variablen mit Initialisierungsausdrücken initialisieren. Sie dürfen aber keinen Konstruktor definieren (wie sollte der auch heißen); Initialisierungsblöcke sind aber möglich. Eine (oft leere) Liste von Parametern im Ausdruck new Typ(/*Parameter*/) wird an den dazu passenden Konstruktor der Elternklasse weitergereicht. (Ist Typ eine Schnittstelle, muss die Parameterliste leer sein, da die dann geltende Elternklasse Object nur einen solchen Konstruktor bietet.)

☞ Obwohl die Sprache hier keine Beschränkung auferlegt, sollten der Quelltext anonymer Klassen eine halbe Seite (etwa 30 Zeilen) nicht überschreiten. Bei größerem Umfang sind benannte innere Klassen übersichtlicher.

Innere Klassen bieten die Möglichkeit bedarfsweise zur Laufzeit eine Vielfalt von Klassen mit einem (quasi) parametrierbaren Verhalten zu erzeugen. Vieles, was man in anderen Sprachen mit generischen Einheiten (templates) macht, lässt sich mit diesem mächtigen Ausdrucksmittel-Kompakt und effizient darstellen.

☞ Die Beispiele 17.11 und 17.12 sollten lediglich die Möglichkeiten von inneren Klassen in Methoden und anonymen inneren Klassen darstellen. Von dem Zweck der Methoden her gesehen, ein Enumeration-Objekt für Arrays von Objekten bereitzustellen, weisen die Beispiele einige Mängel auf und können nicht als Vorbild betrachtet werden.

Zu den Mängeln gehört die fehlende Behandlung eines Parameters null (kein Array) und die falsche (dokumentationswidrige) Reaktion auf „zu häufig Aufrufen" von nextElement() (java.lang.ArrayIndexOutOfBoundsException statt java.util.NoSuchElementException).

Ein größeres Problem kann noch darin liegen, dass diese Art der Programmierung genau die im Kapitel 17.6 erwähnte Gefahr von scheinbaren (echte kann es in Java ja nicht geben) Speicherlöchern erhöht. Wenn jemand so ein Enumeration-Objekt gemacht hat, und die Referenz nach Benutzung nicht „vergisst", bleiben (indirekte) Referenzen auf das Array und sämtliche darin referenzierten Objekte erhalten, auch wenn man das alles gar nicht mehr braucht und anderswo referenziert.

Übung 17.2: Ändern Sie die Implementierung der Array-Enumeration der Beispiele 17.11 und 17.12 so, dass die erwähnten Mängel behoben sind.

18   Kommentare im Quelltext

Kommentare werden im Quelltext überlesen und wirken wie white space. Mit Ausnahme des @deprecated-Tag in Dokumentationskommentaren (documentation comments) haben Kommentare keinen Einfluss auf die Übersetzung. Sie werden bereits bei der lexikalischen Analyse beseitigt.

Java kennt drei Formen von Kommentaren:

1) Zeilenendkommentare: Das ist alles zwischen // und Zeilenende
2) Geklammerte Kommentare: Das ist alles zwischen /* und */.
   Ein solcher Kommentar kann innerhalb einer Zeile stehen oder sich auch über mehrere Zeilen erstrecken.
3) Dokumentationskommentare: Das ist alles zwischen /** und */.

Kommentare können nicht ineinander geschachtelt werden.

18.1 Implementierungskommentare

Die Formen 1) und 2) nennt man auch Implementierungskommentare. Sie dienen dem menschlichen Leser zum Verstehen des Programms. Sie sollten in diesem Sinne verwendet werden und Dinge erklären, die aus dem Quelltext und seiner unmittelbaren Umgebung nicht direkt ersichtlich sind.

```
an = an + 1;  //  Der Inhalt der Variable an wird um 1 erhöht.
an = an + 1;  //  an ist der Zugriffszähler. Hier ist ein weiterer Zugriff sicher
              //  erfolgt.
```

Die erste Zeile enthält also einen absolut unsinnigen Kommentar (außer es wird in einem Lehrbuch gerade + und = erklärt), während ein Kommentar wie der zweite die Absicht des Programmierers verdeutlicht; dazu wäre ein aussagekräftiger Name zusätzlich hilfreich.

Viele Programmierer neigen dazu, sich das Schreiben von Kommentaren weitgehend zu ersparen. Dies mag vor allem unter Zeitdruck verständlich erscheinen, ist aber kurzsichtig. Schon bei kleinen Ein-Mann-Projekten wird im Allgemeinen mehr Zeit mit dem Lesen als mit dem Schreiben von Programmen zugebracht. Der höhere Schreibaufwand eines lesbaren Stils, der entsprechende Kommentierung einschließt, zahlt sich praktisch immer aus.

Da Kommentare schon bei der lexikalischen Analyse beseitigt werden, sind sie auch ein beliebtes „Spielfeld" für alle sonstigen Werkzeuge, die lesend oder schreibend auf den Quelltext zugreifen. Solche Werkzeuge sind unter anderem:

- Quelltextgeneratoren, wie unter anderen
- Integrierte Entwicklungsumgebungen (IDE),
- Versionskontrollwerkzeuge,
- Dokumentationsgeneratoren.

Solche Werkzeuge definieren häufig für ihre Zusatzinformationen eine eigene Syntax innerhalb von Kommentaren. Diese sind leider oft nicht untereinander kompatibel und stören dann die Lesbarkeit des Textes. Bei den ersten drei Punkten muss man mit solchen Effekten leben, falls man diese Werkzeuge einsetzt. Der letzte Punkt ist in Java glücklicherweise eindeutig und gut geregelt.

Ein leistungsfähiger Dokumentationsgenerator (javadoc) gehört zum Lieferumfang des JDK. Die Syntax der zugehörigen Dokumentationskommentare ist im Sprachumfang festgelegt. Das Werkzeug JavaDoc erzeugt mit ihnen eine HTML-Dokumentation der Quelle, also der in ihr definierten Klassen, Schnittstellen, Methoden, Parameter und Felder.

Es ist ein sehr sinnvolles Vorgehen, mit Hilfe solcher Kommentare die Dokumentation der Software gleich beim Programmieren in Form dieser Dokumentationskommentare mitzuschreiben. Da diese direkt im betreffenden Quelltext angesiedelt sind und der Dokumentationsgenerator JavaDoc die syntaktische Information des Quelltextes gleich mit auswertet, treten viele in großen Projekten schwierig zu handhabende Konsistenzprobleme zwischen Code und Dokumentation gar nicht erst auf, und es muss nichts unnötig hingeschrieben werden, was eindeutig im Java-Code steht.

Da Teile der Dokumentationskommentare unverändert in eine HTML-Datei kopiert werden, können HTML-Sprachelemente in ihnen auftauchen; vgl. Kapitel 9. Sinnvolle HTML-Elemente in Dokumentationskommentaren sind unter anderem <BR> für einen erzwungenen Zeilenvorschub, Tabellen oder die HTML-Darstellung der Umlaute und Sonderzeichen (wie Ä ß < etc.). Nicht verwendet werden sollten HTML-Überschrifts-Tags (<H1>, <H2> etc.), da diese vom Werkzeug JavaDoc selbst als Gliederungsmittel verwendet werden.

18.2 Dokumentationskommentare

Ein Dokumentationskommentar ist alles was zwischen /** und */ steht. Er ist in Zeilen unterteilt. Alle führenden Leerzeichen einer Zeile und ein darin eingebettetes Sternchen (*) werden vom Werkzeug JavaDoc entfernt.

Ein Dokumentationskommentar bezieht sich immer auf die jeweils nachfolgende Deklaration einer Klasse, Schnittstelle, Methode, eines Konstruktors oder einer Variable.

Der erste Satz sollte eine knappe (am besten überschriftartige) Kurzbeschreibung liefern. Diese Kurzbeschreibung endet mit dem ersten Punkt, dem ein „white space" (Leerzeichen, Tabulator, Zeilenvorschub) folgt, oder an einem nachfolgenden so genannten tag.

Weitere Sätze liefern dann gegebenenfalls eine ausführlichere Beschreibung des auf diesen Dokumentationskommentar folgenden Typs oder Elements.

Zeilen, die mit einem Klammeraffen (@, a-t-Ligatur, Englisch at), gefolgt von einem vordefinierten Etikett (Englisch tag) beginnen, haben eine besondere Bedeutung. Die wichtigsten möglichen tags werden in den folgenden Abschnitten beschrieben.

@see Querverweis oder Stichwort

Es darf genau ein Stichwort oder ein Verweis auf eine Klasse, Methode oder Variable folgen. Es sind aber mehrere @see-Tags erlaubt.

Bei einem Verweis versucht JavaDoc ein HTML-Link (<a href=....>...</a>) zur betreffenden Stelle der generierten Dokumentation zu erstellen. Die zugehörige Syntax eines Verweises im @see-Tag ist etwas kryptisch. Damit ein Link erstellt wird, muss der Verweis aus mindestens zwei Namensteilen bestehen, die mit . (Punkt) oder # (Fis) getrennt sind. Dabei trennt das Fis (#) Klasse von Element und der Punkt (.) trennt Paket von Klasse. Beispiele:

```
*  @see AnaHTML#main
*  @see DE.a_weinert.App
*  @see DE.a_weinert.App#go
```

Bei mehreren möglichen Methoden oder Konstruktoren kann die Signatur so spezifiziert werden:

```
*  @see DE.a_weinert.App#go(String[],int,int)
```

Eine @see-Tag kann auch ein (beliebiges vorgefertigtes) HTML-Link enthalten:

```
*  @see <a href="http://www.a-weinert.de">
           Mehr dazu bei mir.</A>
```

@author Name(n)

Beispiel: @author Albrecht Weinert
Für mehrere Autoren sollen mehrere aufeinanderfolgende @author-tags verwendet werden.

@version Versionsangabe

Beispiel: @version V02.05 (12.03.1999 14:34)

@since Versionsangabe

Beispiel: @since 10.12a

Hier kann für ein Element (zum Beispiel für eine Methode) angegeben werden, ab welcher Version der Klasse sie hinzugefügt wurde.

@param Name Beschreibung

Das erste Wort nach @param ist der Name eines Parameters, gefolgt von einer kurzen Beschreibung des Parameters. Den Datentyp des Parameters entnimmt JacaDoc aus der nachfolgenden Deklaration der in diesem Kommentar beschriebenen Methode beziehungsweise des Konstruktors.

@return Beschreibung

Es folgt die Beschreibung der Bedeutung der Rückgabewerte der Methode.

@exception Name Grund

@throws Name Grund

Das erste Wort nach @exception oder @throws ist der Name einer von der Methode verwendeten Ausnahme, gefolgt von einer Beschreibung der Umstände, die zur Ausnahme führen können.

@deprecated Ersatzhinweis

Dies kennzeichnet das nachfolgend Beschriebene als inzwischen überholt und nur noch aus Kompatibilitätsgründen mit alten Versionen vorhanden. Für neuere Entwicklungen sollte etwas so Gekennzeichnetes nicht mehr verwendet werden. Der Ersatzhinweis und eventuell auch @see-Hinweise sollten zu einer vollwertigen Ersatzlösung führen.

Soll das betreffende Element ersatzlos beseitigt werden, schlägt Sun Microsystems als Ersatzhinweis den Text „No replacement" vor.

Ein solches @deprecated-Tag ist der einzige Kommentar, der (als Ausnahme) die Übersetzung (javac) beeinflusst. Es werden Warnungen ausgegeben und deprecated-Attribute im erzeugten .class-file gesetzt.

@unbekanntes-tag Text

Taucht in einem Dokumentationskommentar ein tag auf, das nicht definiert ist, so wird es einschließlich des nachfolgenden Textes ohne Fehlermeldung ignoriert.

JavaDoc – Parameter und wichtige Optionen

Der Aufruf des Werkzeugs JavaDoc – des Java-Dokumentationsgenerators – hat die Form:

```
javadoc [ options ] [ package | source.java ]
```

Die ersten Parameter sind Optionen, die die Erstellung der Dokumentation steuern; sie beginnen mit einem Minuszeichen (-). Die letzten Parameter stellen eine Liste der zu dokumentierenden Pakete und Quellen dar. Die Quellen werden als Dateinamen einschließlich der Endung .java und die Pakete als Java-Paketnamen angegeben. (Aus den Paketnamen werden Unterverzeichnisse relativ zum Klassenpfad errechnet, in denen JavaDoc die zugehörigen .java- und .class-Dateien sucht.)

Es können mehrere Quellen und Pakete in einer Dokumentation zusammengefasst werden, zum Beispiel:

```
javadoc -version -author -package -use UCopy.java DE.a_weinert
        DE.a_weinert.graf DE.a_weinert.io DE.a_weinert.math
```

In diesem Fall wird die Quelle UCopy.java im aktuellen Verzeichnis (.\) gesucht und die Quellen des Pakets DE.a_weinert und einiger Unterpakete in dessen Unterverzeichnis .\DE\a_weinert\ (und „tiefer"). Die erzeugte HTML-Dokumentation, im Beispiel bestehend unter einigem anderen aus

```
allclasses-frame.html  // Index aller Klassen
UCopy.html             // Beschreibung der Anwendung UCopy
DE/a_weinert/package-summary.html  // Beschreibung des Pakets
packages.html          // Der Überblick über mehrere Pakete
overview-tree.html     // Die Darstellung der Klassenhierarchie
DE/a_weinert/.App.html // Beschreibung der Klasse App des Pakets
DE/a_weinert/...html   // DE.a_weinert und aller weiterer Klassen
```

wird im aktuellen Verzeichnis und einer daran angehängten Hierarchie von Paket-Unterverzeichnissen abgelegt. Bild 18.1 zeigt einen kleinen Teil davon in einem Browser.

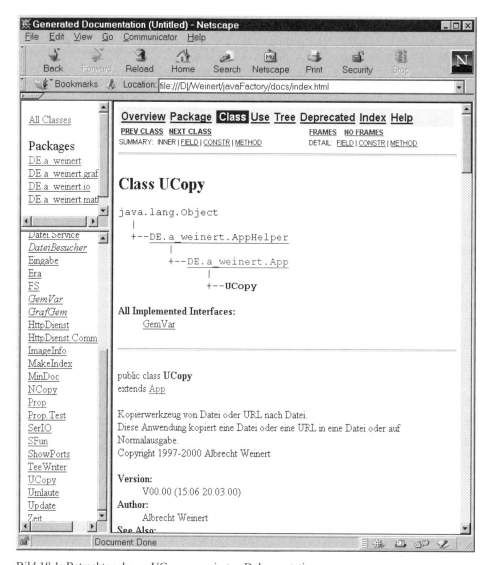

Bild 18.1: Betrachten der zu UCopy generierten Dokumentation

 Sinnvollerweise wird für die Dokumentation ein anderes „Start-Ablage-verzeichnis" mit der Option -d angegeben (siehe nächster Hinweis).

Die wesentlichen möglichen Optionen für JavaDoc sind:

```
-public
```

Nur öffentliche Klassen, Schnittstellen und Elemente werden dokumentiert.

```
-protected                    (Das ist die default-Einstellung.)
```

Nur öffentliche und geschützte Klassen, Schnittstellen und Elemente werden dokumentiert.

```
-package
```

Alle Typen und Elemente außer den privaten werden dokumentiert.

```
-private
```

Alle Typen und Elemente werden dokumentiert.

```
-encoding    name
```

Eine Zeichencodierung für die Quelldateien (code page), die von der des vorliegenden Systems abweicht, wird im nachfolgenden Parameter spezifiziert.

```
-docencoding    name
```

Eine Zeichencodierung für die generierten HTML-Dokumentationsdateien (code page), die von der des vorliegenden Systems abweicht, wird im nachfolgenden Parameter spezifiziert.

```
-version
```

Die Information der @version-tags wird in die Dokumentation aufgenommen.

```
-author
```

Die Information der @author-tags wird in die Dokumentation aufgenommen.

```
-noindex
```

Die Indexdatei für die dokumentierten Pakete und Quellen wird nicht erstellt.

```
-notree
```

Die Datei mit der Darstellung der Klassenhierarchie für die dokumentierten Pakete und Quellen wird nicht erstellt.

`-use`

Eine Querverweisliste (cross reference) der Nutzung der dokumentierten Klassen wird erstellt.

`-d  directory`

Ein Zielverzeichnis (-d = destination) für die generierten HTML-Dokumentationsdateien und den gegebenenfalls generierten Paket-Verzeichnisbaum wird abweichend vom aktuellen Pfad im nachfolgenden Parameter spezifiziert. Das angegebene Verzeichnis muss existieren; benötigte Unterverzeichnisse werden erzeugt.

`-sourcepath  path`

Abweichend vom aktuellen Verzeichnis wird im nachfolgenden Parameter ein Verzeichnis für relative Quelldateiangaben beziehungsweise für die Wurzel des (Unter-) Verzeichnisbaums der Pakete angegeben.

`-nodeprecated`

Die @deprecated-tags werden nicht bearbeitet.

☞ Es empfiehlt sich, während einer Entwicklung den gewünschten javaDoc-Aufruf in einer Batch-Datei (.bat) zu hinterlegen, wie zum Beispiel

```
md docs
javadoc -author -version -package -use -d .\docs %1 %2 %3 %4 %5 %6
```

Teil IV – Pakete und Klassenbibliotheken

In diesem Teil werden Pakete und ihre Handhabung erläutert und grundlegende Teile der JDK-Klassenbibliotheken kurz vorgestellt, wobei es auf die Vorstellung der Philosophie, auf Hinweise zu Handhabung und auch auf die Warnung vor eine paar Fallen ankommt. Eine Referenz kann und soll hier, im Kapitel 20, nicht ersetzt werden. Hier muss und kann man sich jeweils in der Online-Dokumentation des JDK orientieren. Es gibt auch gedruckte vollständige Referenzhandbücher, die mehrere tausend Seiten umfassen und in einzelnen Teilen mit jedem JDK-Versionswechsel veralten.

19 Pakete

Insbesondere bei größeren Softwareprojekten fasst man üblicherweise zusammengehörige Klassen und Schnittstellen in Bibliotheken zusammen. Die Vorteile eines solchen Vorgehens sind:

- getrennte Übersetz- und Testbarkeit von Bibliotheken und Anwendungen,
- erleichterte Wiederverwendbarkeit von allgemeinen Lösungen,
- Vermeiden von Namenskonflikten.

In Java heißt eine solche Bibliothek Paket oder als englisches Schlüsselwort package.

Neben der Bibliotheksfunktion hat das Paket in Java noch eine syntaktische Bedeutung für die Zugreifbarkeit auf Elemente. Alle Elemente, die nicht das Attribut private, protected oder public haben, sind genau innerhalb des Pakets zugreifbar.

19.1 Das Erstellen von Paketen

Das Erstellen von Paketen ist sehr einfach. Die erste (!) Anweisung einer Quelle muss eine package-Anweisung sein:

```
package meinPaket;
```

oder auch

```
package meinPaket.meinUnterpaket;
```

Dann werden alle Typen, die in der betreffenden Quelldatei definiert werden, zu einem Teil des Pakets mit dem angegebenen Namen (in den Beispielen sind das meinPaket beziehungsweise meinPaket.meinUnterpaket).

Quellen, die keine package-Anweisung enthalten, werden zu einem anonymen (namenlosen) Paket zusammengefasst. Nur bei sehr kleinen Projekten (Übungen) sollte man mit dem anonymen Paket arbeiten. Andere Projekte gehören (geplant) in verschiedenen Paketen organisiert.

Pakete können Unterpakete enthalten. Es gibt dann eine Namenshierarchie mit dem Punkt (.) als Trennzeichen. Die Namenshierarchie von Paketen wird bei Java in eine Hierarchie von Unterverzeichnissen abgebildet. Zu den beiden obigen Beispielpaketen gehören die Unterverzeichnisse

```
meinPaket\
```

beziehungsweise

```
meinPaket\meinUnterpaket\
```

Alle .class- und auch alle .java-Dateien eines Pakets gehören in das jeweils zugehörige Unterverzeichnis. Sie werden von den JDK-Werkzeugen dort gesucht beziehungsweise abgelegt. In das jeweilige (Paket-) Unterverzeichnis gehört auch die Datei package.html, die die Paketbeschreibung für die mit javadoc zu generierende Dokumentation enthält.

19.2 Das Verwenden von Paketen

Die in einem Paket definierten Klassen und Schnittstellen können in anderen Dateien durch Voranstellung des Paketnamens angesprochen werden:

```
paketName.TypName ausDemPaket = new paketName.TypName(Wert);
```

Alternativ kann das Paket, das heißt die im Paket vereinbarten Typen, mit einer Import-Anweisung bekannt gemacht werden:

```
import paketName.*; // alle Klassen und Schnittstellen
import paketName.TypName; // genannte Klasse oder Schnittstelle
```

Nach einer solchen Import-Anweisung kann man bei den Namen den vorangestellten Paketnamen weglassen, falls es dadurch keine Namenskonflikte gibt. Die obige Vereinbarung vereinfacht sich dann zu:

```
TypName ausDemPaket = new TypName(Wert);
```

 Die Import-Anweisung importiert selbst gar nichts; sie macht lediglich dem Compiler bestimmte Klassennamen bekannt. import ist also absolut „laufzeitunschädlich".

 Das Schlüsselwort import ist also missverständlich. use, wie beispielsweise bei Ada, wäre zutreffender.

Namenskonflikte und Zweideutigkeiten

Die auch in der import-Anweisung verwendete Syntax für Klassennamen beinhaltet Mehrdeutigkeiten bei der Verwendung des Punktes (.). Er tritt in bis zu drei Rollen auf.

Der Punkt

- trennt (einmal) Paketnamen von Klassennamen (oder vom Sternchen *),
- trennt (gegebenenfalls auch mehrfach) innerhalb der Paketangabe
  Paket.Unterpaket.Unterunterpaket... und
- trennt (gegebenenfalls auch mehrfach) innerhalb der Klassenangabe
  Klasse.GeschachtelteKlasse.

Namenskonflikte könnten auftreten, wenn zwei Pakete denselben Klassennamen verwenden. Dann ist ein Import beider Pakete unmöglich (Syntaxfehler).

Konflikte zwischen Paketnamen können nur durch Konventionen vermieden werden. So sollte man tunlichst Namen wie java, sun, lang oder io vermeiden.

Es gelten zwei Regeln:

- Innerhalb eines Projekts müssen die Paketnamen eindeutig sein.
- Innerhalb eines Pakets müssen sämtliche Paket- und Klassennamen über alle Paket- und Klassenhierarchien hinweg (also als ein flacher Namensraum) eindeutig sein.

Mit der zweiten Regel löst sich auch das obige „Punktproblem" für voll qualifizierte Namen. Bei einem Konstrukt

```
name1.name.name3.Name4.Name5.....
```

ist die Stelle des Übergangs von Paket- zu Klassennamen eindeutig.

☞ Solange die Konvention „Paketnamen beginnen – mit Ausnahme der primary domain – klein und Klassennamen groß" eingehalten wird, ist dies auch für einen Leser ohne Kontextwissen sofort erkennbar. Siehe auch die Namensregeln in Teil V, Kapitel 22.1.

Pakete und die Handhabung der Verzeichnisse

Sobald in einer Anwendung (oder einem Applet) eine Klasse verwendet wird, wird diese in die JVM geladen. Dies wird von einem Objekt, dem Klassenlader erledigt. Dieser sucht die zugehörige Klassendatei – oder auch die Quelle – in einem dem Paketnamen entsprechenden Unterverzeichnis eines zum Klassenpfad gehörenden Verzeichnisses. Standardmäßig enthält der Klassenpfad folgende Verzeichnisse:

```
%Pfad_des_Java_Interpreters%\..\lib      und          .\
```

Das sind also das Bibliotheksverzeichnis des JDK sowie das aktuelle Verzeichnis. Ohne ausdrückliche Angabe eines Klassenpfades zum Beispiel durch Setzen einer Umgebungsvariablen CLASSPATH werden eigene Pakete nur in Unterverzeichnissen des aktuellen Verzeichnisses gesucht. Diese Einstellung ist während der Entwicklung oft angemessen.

Arbeitet man während der Entwicklung von Paketen in einem aktuellen Verzeichnis als Wurzel der Paket-Verzeichnishierarchie (und ist dieses Verzeichnis nicht explizit in CLASSPATH-Angaben enthalten), so darf man dieses Verzeichnis auch während der Übersetzung von Quellen des Pakets nicht verlassen. Also so:

```
D:\MeinJava> javac meinPackage\InMeinemPackage.java
```

und nicht so:

```
D:\MeinJava> cd meinPackage
D:\MeinJava\meinPackage> javac InMeinemPackage.java
D:\MeinJava\meinPackage> cd ..
D:\MeinJava>
```

Beim zweiten Vorgehen findet der Übersetzer die übrigen in meinPackage gehörenden .java- und .class-Dateien (das sind sozusagen die Geschwister von InMeinemPackage) nicht, da durch den Wechsel des aktuellen Verzeichnisses die Wurzel der Paket-Hierarchie „eins zu hoch hängt". Da javac die erzeugten .class-Dateien im selben Verzeichnis wie die Quelle (.java) ablegt, kommen die auch beim ersten richtigen ins passende Verzeichnis.

Die Paketverzeichnishierarchie muss in einem derjenigen Verzeichnisse beginnen, in denen die JVM Klassen sucht (so genannten Klassenpfad oder class path). Eine zweite Möglichkeit ist, (erprobte) Pakete und ganze Pakethierarchien in ein Java-Archiv zu packen und der Java-Installation als „installed extension" hinzuzufügen. Dies ist in den Kapiteln 1.4 und 21.5 beschrieben.

Eine weitere Möglichkeit, die Handhabung von Paketen und Anwendungen zu erleichtern, ist die grundsätzliche Ergänzung des Klassenpfads um ein eigenes „Anwendungsverzeichnis" durch das Setzen einer Betriebssystemumgebungsvariablen:

```
set ClassPath=.;D:\Programme\classes
```

Eine solche Umgebungsvariable sagt der JVM, dass sie benötigte Klassen auch

1) im aktuellen Verzeichnis und

2) im weiteren angegebenen Verzeichnis D:\Programme\classes (im Beispiel)

suchen soll. Punkt 1) machte die JVM auch, falls die Umgebungsvariable ClassPath gar nicht existiert. Wenn man eine solche Variable setzt und – meist sinnvollerweise – das aktuelle Verzeichnis im Klassensuchpfad beibehalten möchte, muss man es ausdrücklich angeben.

In dem weiteren angegebenen Verzeichnis D:\Programme\classes können nun Pakete und (die .class-Dateien von) Java-Anwendungen untergebracht werden, die dann von jedem beliebigen (aktuellen) Verzeichnis aus erreichbar sind.

Mit diesen Hinweisen sollte man ein erstes Paket generieren und verwenden können. Wenn etwas nicht klappt, kann es auch an der Verletzung der folgenden Regel liegen:

☞ Bei Java-Namen ist die Groß- und Kleinschreibung relevant. Dies gilt über die Klassen- und Paket-Namen dann auch für die zugehörigen Datei- und Unterverzeichnisnamen! Ein Paket lampen.fassung gehört in ein Unterverzeichnis des Klassenpfades `\lampen\fassung\` und nicht `\LAMPEN\FASSUNG\` oder `Lampen\Fassung\` .

19.3 Standardpakete

Mit dem JDK bekommt man einen großen Satz von Bibliotheken für unterschiedlichste Zwecke zusammen mit einer meist hinreichenden Beschreibung geliefert. Auch sie importiert man bei Bedarf mit einer Import-Anweisung wie beispielsweise:

```
import java.io.*;
```

Das Paket java.lang wird immer importiert, auch ohne eine ausdrückliche Anweisung:

```
import java.lang.*;
```

Die mit dem JDK gelieferten Bibliotheken umfassen unter anderem Funktionen für die grafische Ausgabe, für Netzwerkzugriffe, Sicherheitsfunktionen und viele Standardalgorithmen und -Datenstrukturen. Bevor man selbst etwas Derartiges entwickelt, sollte man immer erst den Fundus des JDK durchforsten.

Die wichtigsten Standardpakete für Anwendungen sind:
>   java.lang   java.io   java.math
>   java.util   java.util.zip

Für Netzzugriffe braucht man:
>   java.net

Für Zugriffe auf die Standardschnittstellen (COM1, COM2, LPT1 etc.) braucht man:
>   javax.comm   (nicht im JDK-Lieferumfang, aber auch umsonst)

Für das Schreiben von Applets sind diese die wesentlichen:
>   java.applet
>   java.awt

Für grafische Anwendungen benötigt man:
>   java.awt (mit einigen der Unterpakete)

und meist auch:
>   javax.swing (mit einigen der Unterpakete).

20   Klassen und Schnittstellen aus dem JDK

Das JDK liefert nicht nur einen kompletten Werkzeugsatz zur Entwicklung von Java-Programmen sondern auch eine Vielzahl von Bibliotheken mit Klassen und Schnittstellen für eine breite Palette von Anwendungen. Einige Typen gehören erklärtermaßen zum standardisierten Sprachumfang, es sind dies alle im Paket java.lang definierten Klassen und Schnittstellen.

Die allermeisten Klassen der JDK-Pakete sind ganz normal in Java geschrieben, wie man sie auch selbst hätte machen können. Von vielen sind die Quellen offengelegt. Manche Methoden stützen sich (über den auch von jedem einsetzbaren Mechanismus native methods) auf systemnahe mitgelieferte oder vorhandene Bibliotheken (.dll) ab.

Darüber hinaus sind einige Klassen so tief in der Sprache verwurzelt, dass der Compiler ihre Interna kennt und direkt handhabt oder dass sie sogar die Grundsyntax der Sprache beeinflussen. Dies trifft unter anderen auf die Klassen Object, Class, Throwable (und direkte Erben), String und StringBuffer zu.

Die englischen mit JavaDoc generierten Beschreibungen aller zum JDK gehörenden Klassen und Schnittstellen findet man im Verzeichnis ...\docs\api\ einer vollständigen JDK-Installation. Diese Beschreibungen ersetzen kein Lehrbuch sondern sind überwiegend kurze Referenzen und Gedächtnisstützen für jemanden, der schon ‚Bescheid weiß‘. (Manche sind sogar nichtssagend knappe Wiederholungen der Methodensignatur und damit ‚Lehrbeispiele‘ für schlechte Dokumentationskommentare.) Ein paar Paket-zusammenfassungen bieten auch eine gute Einführung in das jeweilige Thema und sehr brauchbare Handhabungsanweisungen, so beispielsweise zur Objektserialisierung.

Den Einstieg zu weiteren allgemeinen Hinweisen und Beschreibungen findet man in der mitgelieferten Dokumentation „ein Verzeichnis höher" also in ...\docs\ selbst.

20.1 Die Klasse Object

Object ist die Urmutter aller Java-Klassen. Alle erben von ihr, aber sie hat keinen Vorfahren. Auf Grund der Vererbungsregeln von Java hat jedes Objekt und jedes Array (Datenfeld) alles, was Object hat (Variablen, Zustand) und kann (Verhalten, Methoden).

Object hat einen parameterlosen Konstruktor `public Object()`.

Die Methoden von Object

Object hat folgende Methoden, die (als Erbe) auch für andere Klassen und für Arrays sinngemäß funktionieren:

- clone()
- equals(Object)
- finalize()
- getClass()

- hashCode()
- notify()
- notifyAll()
- toString()
- wait()
- wait(long)
- wait(long, int)

Es folgt eine kurze Beschreibung jeder dieser Methoden.

protected native Object clone()

    throws CloneNotSupportedException

erzeugt ein neues Objekt derselben Klasse wie dieses (this) Objekt. Die Variablen des neuen Objekts werden mit den Werten der entsprechenden Variablen dieses Objekts initialisiert; ein Konstruktor wird nicht aufgerufen. Die Kopie von Referenzvariablen schließt (natürlich) das Kopieren des Inhalts gegebenenfalls referenzierter anderer Objekte nicht mit ein. Wird dies gewünscht, muss die betreffende Klasse clone() entsprechend überschreiben.

☞ Dies ist ein wichtiger, oft übersehener Punkt. Lässt man standardmäßig nur Referenzen kopieren, dann teilen sich Original und Kopie das betreffende Objekt. Falls dies unerwünscht passiert, kommt es oft zu sehr merkwürdigem Programmverhalten.

Diese beiden Fälle werden in der Literatur oft als shallow und deep cloning also als flaches oder tiefes Kopieren bezeichnet. Beispiel 20.1 zeigt den Unterschied.

Beispiel 20.1: Flaches und tiefes Kopieren

```
import DE.a_weinert.Zeit;
public class ZeitMitZahl implements Cloneable {
    public Zeit zeit;
    public int  zahl;

    public Object clone() {
        ZeitMitZahl kopie = null;
        try {
            kopie = (ZeitMitZahl)super.clone();
            if (zeit != null)
                kopie.zeit = (Zeit)zeit.clone();      // *D
        } catch (CloneNotSupportedException e) {} // *E
        return kopie;
    } // clone()
} // class ZeitMitZahl
```

Möchte man nur flaches Kopieren, so reicht das von Object geerbte (super.) clone() und die mit *D markierte Zeile im Beispiel 20.1 entfällt einfach. Für tiefe Kopien wird in der Zeile *D das mit der Referenz zeit erreichbare Zeit-Objekt mit seiner Methode clone() kopiert und in der Referenz zeit der Kopie des ZeitMitZahl-Objekts gemerkt. Die mit *E markierte Zeile ist durch die von Object.clone() angedrohte (aber hier nie ausgelöste) Ausnahme bedingt.

Wünscht man auch das Kopieren von referenzierten Objekten, so muss man also selbst eine clone-Methode schreiben, die entsprechend Beispiel 20.1 im Allgemeinen erst super.clone() aufruft und danach Kopien der referenzierten Objekte erzeugt.

Nun wäre es schlimm, wenn jeder, der eine Referenz auf ein Objekt hat, dieses auch dann kopieren könnte, wenn die Entwerfer der betreffenden Klasse dies gar nicht wünschen. Damit clone() verwendet werden kann, muss die Klasse des betreffenden Objekts erklären, dass sie die (funktionslose) Schnittstelle Cloneable implementiert. Ist dies nicht der Fall, löst das von Object geerbte clone() die Ausnahme CloneNotSupportedException aus. Diese Möglichkeit steht auch den Methoden clone() anderer Klassen offen, falls in der Vererbungskette die Drohung mit dieser Ausnahme aufrechterhalten wurde.

Für eine allgemeine Verwendbarkeit muss man außerdem clone() als public überschreiben. Jede Methode clone() sollte grundsätzlich super.clone(); als erste Anweisung haben.

☞ Da clone() mit Object als Rückgabetyp deklariert ist, ist im Allgemeinen eine Typumwandlung (type cast; vgl. Beispiele 20.1 und 20.2) nach dem Typ des kopierten Objekts notwendig.

Alle Arrays implementieren Cloneable. Das clone() eines Arrays funktioniert so wie man es erwartet: Es wird eine neues Array angelegt und alle Elemente werden kopiert.

⚠ Dies gilt allerdings nur für eindimensionale Arrays beziehungsweise für „die erste Dimension" von mehrdimensionalen Arrays, wie das Beispiel 20.2 zeigt. Das für Arrays verwirklichte clone() kopiert „ganz flach".

Beispiel 20.2: Das Kopieren von Arrays mit clone()

```
public class ArrayClone {
    public static void main(String[] args) {
        int[] e  = {1,2,3};
        int[] ec = (int[])e.clone();

        e[0] = 5;
        System.out.println("\n e[0]     = " +    e[0]
                        +" und  ec[0]     = " +  ec[0]);
        int[][] m  = {{1,2} , {3,4}};
        int[][] mc = (int[][])m.clone();
        int[][] mcc = { (int[])m[0].clone(),
                        (int[])m[1].clone()};
        m[0][0] = 5;
        System.out.println("\n m[0][0] = " +    m[0][0]
```

```
                            +" und   mc[ 0][ 0]  = " +  mc[ 0][ 0]
                            +" und  mcc[ 0][ 0]  = " + mcc[ 0][ 0] );
      } // main(String[ ])
   } // class ArrayClone
```

```
┌─ Eingabeaufforderung ──────────────────────────────── _ □ ✕ ┐
│ D:\cd\beispiele>                                              ▲
│ D:\cd\beispiele>
│ D:\cd\beispiele>javac ArrayClone.java
│
│ D:\cd\beispiele>java ArrayClone
│
│ e[0]   = 5 und  ec[0]   = 1
│
│ m[0][0] = 5 und  mc[0][0] = 5 und mcc[0][0] = 1
│ D:\cd\beispiele>                                              ▼
└──────────────────────────────────────────────────────────────┘
```

Bild 20.1: Übersetzung und Lauf des Beispiels 20.2

Übung 20.1: Vollziehen Sie das Beispiel 20.2 und seine Ausgabe nach. Dies ist eine gute Gelegenheit, sich den logischen Unterschied zwischen Kopie von Referenzen und Objekten sowie zwischen Ungleichheit von Referenzen und Ungleichheit von Objekten klarzumachen.

Es darf nicht verschwiegen werden, dass das Klonen in Java einige konzeptionelle Ungereimtheiten und Fallen enthält. Die Beschreibung von `clone()` in der Online-Dokumentation ist auch entsprechend „gewunden" (wobei die Fehler von `equals()`, s. u., ergänzend hinzukommen). So gibt es nebeneinander drei Maßnahmen, um das ungewollte Kopieren von Objekten zu verhindern: die Tatsache, dass `clone()` in Object nicht public ist, die funktionslose Schnittstelle (interface) Cloneable und schließlich zur Laufzeit die drohende Ausnahme. Jede dieser drei hat eigene unerfreuliche Konsequenzen. Auf folgende Probleme kann man unter anderem beim Verwenden von `clone()` beziehungsweise beim Überschreiben von `clone()` stoßen:

1. Objekte, auf die man Referenzen vom Typ Object hat, lassen sich nicht (ohne weiteres) mit `clone()` kopieren (`Object.clone()` ist protected). Damit ist ein „deep cloning" von allgemeinen Container-Objekten mit Standardverfahren unmöglich.
2. Beim Klonen wird kein Konstruktor aufgerufen; der wird quasi von `clone()` vertreten. `clone()` unterliegt als „normale" Methode aber nicht den Einschränkungen eines Konstruktors und hat auch nicht seine Rechte (und Pflichten). Als final deklarierte Objekt-Variable ohne Initialisierung (blank final), die in Konstruktoren gesetzt werden müssen, werden vom geerbten `clone()` einfach kopiert und sie können von `clone()` nicht mehr geändert werden. Nun kann der kopierte Wert (eine Seriennummer zum Beispiel) für ein weiteres Objekt falsch sein und wenn es sich um eine Referenzvariable handelt, ist auch hier „deep cloning" blockiert.
3. Beim Klonen von Objekten innerer Klassen wird die (verborgene) Referenz auf das umschließende äußere Objekt einfach kopiert. Die Kopie eines inneren Objektes für ein anderes (ebenfalls „deep" kopiertes z. B.) äußeres Objekt ist damit unmöglich (und wenn der Effekt unbekannt ist, sind die Konsequenzen bei „naiver" Programmierung sehr unübersichtlich und gefährlich).

4. Kaum jemand wird die Methode `clone()` überschreiben, ohne ihre Verwendung durch Implementierung der Schnittstelle Cloneable zu erlauben. Dass man innerhalb dieser Methode eine Ausnahme CloneNotSupportedException abfangen muss, die gar nicht mehr kommen kann, ist nun lediglich ein bisschen lästig. Mit dem Auslösen der Ausnahme sollte man sparsam sein. Der Versuch, ein Objekt unberechtigt zu kopieren, ist ein Vorgang der eigentlich immer zur Übersetzungszeit erkannt gehört. Deswegen eine (Server-) Anwendung irgendwann zur Laufzeit abstürzen zu lassen, ist ein Unding.

Gegen 2 und 3 kann man teilweise „anprogrammieren", indem man einen (auch privaten) Kopier-Konstruktor schreibt und diesen in `clone()` verwendet oder indem man einen solchen anstatt `clone()` zur Verfügung stellt. Eine solche Maßnahme wirkt sich allerdings entlang der ganzen Vererbungslinie aus und kommt nur in Frage, wenn man diese unter Kontrolle hat.

`public boolean equals(Object obj)`

vergleicht zwei Objekte auf Gleichheit. Per Vertrag stellt `equals()` eine Äquivalenzrelation dar; Folgendes gehört zum „Vertrag" von `equals()`:

- Für jede Referenz x, die nicht null ist, liefert `x.equals(x)` true (reflexiv).
- Für je zwei Referenzen x und y, die nicht null sind, liefert `x.equals(y)` dasselbe wie `y.equals(x)` (symmetrisch).
- Falls für drei Referenzen x, y und z `x.equals(y)` und `y.equals(z)` true liefern, liefert auch `x.equals(z)` true (transitiv).
- Ein mehrfach direkt aufeinander folgender Aufruf von `x.equals(y)` liefert denselben Wert (konsistent).
- Für jede Referenz x, die nicht null ist, liefert `x.equals(null)` false.

Von seiner Intention her soll `equals()` den Inhalt von Objekten und nicht ihre Referenz betrachten und so wird die Methode auch üblicherweise überschrieben. Ein Beispiel ist `equals()` von String. Die von Object zu erbende Methode `equals()` tut aber genau das nicht. Sie verwirklicht die primitivste denkbare Äquivalenzrelation, die nur dieselben Objekte als gleich ansieht.

Dies ist nun ein eigentlich unfasslicher Designfehler an der Wurzel der ganzen Java-Klassenhierarchie. Dieses von Object an alle, die nichts dagegen tun, vererbte `equals()` ist absolut nutzlos. Es macht genau den Vergleich der Referenzen, den man mit dem Operator == auch hat und dann besser und deutlicher gleich mit diesem hinschreibt. Dieses `equals()` verleugnet auch (didaktisch sehr „nützlich") den für Java so wesentlichen Unterschied zwischen Referenzwert und Objektinhalt.

Es wäre sicher nicht schwierig gewesen, stattdessen eine Methode bereitzustellen, die alles was das zu erbende `clone()` kopiert, auf Gleichheit des Werts prüft. Das wäre logisch und als Erbe in den meisten Fällen nützlich. Hierfür sind in den meisten Rechnerarchitekturen auch schnelle Implementierungen möglich (und ein dazu passendes `hashcode()` ist auch keine Hexerei). Es ist zu fürchten, dass Java aus Kompatibilitätsgründen die nächsten dreißig Jahre mit diesem `equals()` leben muss (aber die Ergänzung einer nützlichen Methode „sameContent" oder ähnlich wäre ab Java4 ja denkbar).

Der genannte Mangel hat zur Folge, dass praktisch jede „anständige" Klasse, die unmittelbar von Object abgeleitet ist, ein eigenes equals() bereitstellen muss (dies ist natürlich lästig und wird entsprechend „gerne" vergessen). Hinweise hierzu finden Sie in Kapitel 23.2.4.

Zur selben Problematik gehört auch, dass das nutzlose equals() für Arrays unüberschrieben übernommen wird. Anstatt das Übel an der Wurzel zu beseitigen (wofür der Zug aus Kompatibilitätsgründen vielleicht schon abgefahren ist; siehe oben), stellte man ab JDK1.2 einen Stapel statischer Hilfsmethoden equals() zum Vergleichen von Arrays in der Klasse java.util.Arrays bereit.

public native int hashCode()

liefert für dieses (this) Objekt einen vom Objektzustand (Inhalt) abhängenden Wert, der zur Indizierung in assoziativen Speichern mit diesem Objekt als Schlüssel geeignet ist. hashcode() wird entsprechend in Hash-Tabellen von java.util.Hashtable und ähnlichen Container-Klassen (HashMap, HasSet, WeakHashMap etc.) verwendet.

Der Vertrag von hashcode() verlangt, dass dasselbe Objekt zum selben Wert führt (allerdings nicht für mehrere Starts einer Anwendung). Liefert für zwei Objekte equals() true, muss für diese auch hashcode() denselben Wert liefern. Umgekehrt gilt das nicht. Objekte mit gleichem Inhalt (Zustand) müssen den gleichen Hash-Wert liefern, aber Objekte mit unterschiedlichem Inhalt dürfen den gleichen Hash-Wert liefern.

Also: gleicher Inhalt → gleicher Hash-Wert.

Die von Object zu erbende Methode hashcode() liefert einen Wert, der aus der nicht zugänglichen internen Darstellung der Referenz gewonnen wird. Diese nicht an den Objektinhalt gebundene Implementierung von hashcode() passt damit zu (dem geschilderten Unsinn) der Methode equals() von Object. Die Bindung an den völlig uninteressanten internen Referenzwert führt auch zu der seltsamen genannten Einschränkung, dass mehrere Starts derselben Anwendung unter denselben Eingangsbedingungen zu unterschiedlichen Werten führen können.

Experimente mit einem kleinen Beispiel 20.3 zeigen, dass bei mehreren Starts meistens derselbe Hash-Wert geliefert wird.

Beispiel 20.3: Testanwendung zur Reproduzierbarkeit des Hash-Werts bei mehreren Starts

```
public class HashNonsense {
    public static void main(String[] args) {
        int[] e    = { 1, 2, 3 };
        int   hcE  = e.hashCode();
        int[] ec   = (int[])e.clone();
        int   hcEc = ec.hashCode();

        System.out.println(
            "\n Der HashKode des Arrays e ist   "
                            + hcE
```

```
                + "\n und der seines Klones  ec ist  "
                                   + hcEc);
      } // main(String[])
   } // class HashNonsense
```

Bild 20.2 zeigt Übersetzung und Lauf der Testanwendung (Beispiel 20.3). Es zeigt
sich, dass zwei Arrays mit gleichem Inhalt (Klones) einen unterschiedlichen Hash-
Wert liefern. Die gelieferten Werte sind bei den meisten Starts der Anwendung aber
gleich.

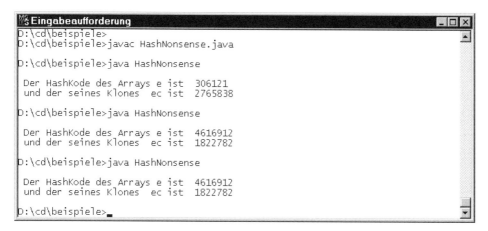

Bild 20.2: Übersetzung und Lauf des Beispiels 20.2

Von Object unmittelbar abgeleitete Klassen müssen im Allgemeinen equals()
und hashcode() gemeinsam und zueinander passend überschreiben; siehe
hierzu die Hinweise in Kapitel 23.2.4. Die Klasse String tut dies; hier beziehen sich
beide Methoden auf den Inhalt. Möchte man in solchen Fällen auch den Hash-Code nutzen, wie ihn die Methode von Object geliefert hätte, so steht der Algorithmus als
Methode.

```
   public static native int identityHashCode(Object)
```

der Klasse java.lang.System zur Verfügung.

public String toString()

liefert für dieses (this) Objekt eine textuelle Repräsentation. Sie sollte leicht zu lesen sein
und nützliche Informationen über den Zustand des Objekts (Werte) darstellen. Die von
Object ererbte Methode liefert den Klassennamen, gefolgt vom Klammeraffen (@) und
dem Hash-Code in Hexadezimaldarstellung (was so wohl selten benötigt wird). Durch
dieses Erbe aber hat jedes Objekt eine Methode toString() und darauf beruht die
Möglichkeit, auch jede Referenzvariable mit einem String zu konkatenieren. Man sagt
auch, dass sich jedes Objekt „selbst ausgeben" kann.

☞ Zumindest die von Object unmittelbar abgeleiteten Klassen sollten im
    Allgemeinen `toString()` so überschreiben, dass eine sinnvolle textuelle
Repräsentation des Objektzustands geliefert wird.

`protected void finalize() throws Throwable`

Diese Methode wird von der garbage collection aufgerufen. Sie wurde bereits erläutert,
unter anderem in Kapitel 17.6.

`public final native Class getClass()`

liefert für dieses (this) Objekt das zugehörige Klassenobjekt, das die (Laufzeit-)
Typinformation (RTTI) enthält.

Synchronisiermethoden

Java unterstützt Nebenläufigkeit (Multithreading) im Sprachumfang. Im Kapitel 16.4
wurde das Erlangen eines exklusiven Zugriffs auf ein Objekt mit synchronized beschrieben. Hierauf aufbauend liefert (und vererbt) die Klasse Object Methoden, um
Threads an gewünschten Stellen zu synchronisieren. Dies sind die Methoden `wait()`,
`notify()` und `notifyAll()`.

☞ Diese Methoden dürfen nur für ein Objekt aufgerufen werden, für das man den
    exklusiven Zugriff (das Lock) hat, das heißt nur in entsprechenden synchronized
    Blöcken oder synchronized Objekt-Methoden.

`public final native void notify()`

weckt einen einzelnen Ausführungsfaden (Thread) auf, der auf das Lock auf dieses (this)
Objekt (mit Hilfe einer der Methoden `wait()`) wartet. Welcher Thread das sein wird,
kann nicht bestimmt werden. Wie gerade gesagt, muss der Thread, der `notify()` aufruft, selbst dieses Lock besitzen (indem er sich in einem entsprechendem synchronized
Block befindet).

`public final native void notifyAll()`

entspricht `notify()`, weckt aber alle Threads auf, die auf den Zugriff auf dieses (this)
Objekt warten und nicht nur einen beliebigen.

`public final native void wait()`
        `throws InterruptedException`
`public final native void wait(long timeout)`
        `throws InterruptedException`
`public final void wait(long timeout, int nanos)`
        `throws InterruptedException`

Diese Methoden warten, bis sie von einem anderen Thread mit `notify()` bezüglich
dieses (this) Objekts benachrichtigt werden. Eine maximale Wartezeit kann in
Millisekunden oder noch feiner in Nanosekunden (für die meisten Plattformen sinnlos)

spezifiziert werden. Keine Wartezeit oder eine mit dem Wert 0 bedeutet unbeschränktes Warten auf die Nachricht.

Der Thread, der `wait()` aufruft, muss selbst die Zugriffsberechtigung auf dieses (this) Objekt besitzen (indem er sich in einem entsprechendem synchronized Block befindet). Durch den Aufruf von `wait()` gibt der Thread diese Berechtigung für die Dauer der Wartezeit auf.

Wird der Thread mit der Methode `interrupt()` während der Wartezeit unterbrochen, wird die Ausnahme InterruptedException ausgelöst.

20.2 Die Klasse Thread

Mit Hilfe der Klasse Thread und der Schnittstelle Runnable kann man die von Java im Sprachumfang unterstütze Nebenläufigkeit (Multithreading) nutzen. Eine Anwendung oder ein Applet kann sich in mehrere zueinander asynchron laufende Ausführungsfäden (Threads) teilen. Jedes Objekt einer von Thread abgeleiteten Klasse oder einer Klasse, die die Schnittstelle Runnable implementiert, kann einen eigenen Thread (Ausführungs-faden) bilden.

Die Schnittstelle Runnable

Die Schnittstelle Runnable spezifiziert eine einzige Methode.

```
public abstract void run()
```

Wenn ein Objekt, das die Schnittstelle Runnable implementiert, verwendet wird, um (mit dem entsprechenden Konstruktor der Klasse Thread) ein Thread-Objekt zu erzeugen und wenn dieser Thread gestartet wird, dann beginnt er seine Ausführung in dieser Methode `run()`.

Eine solche Methode `run()` kann also die Startmethode eines Threads sein (so ähnlich wie `main()` die Startmethode einer Anwendung sein kann).

Ein Auszug der Konstruktoren und Methoden von Thread

```
public Thread (Runnable target)
```

erzeugt einen Thread für ein Objekt einer Klasse, die die Schnittstelle Runnable imple-mentiert.

```
public native synchronized void start()
```

veranlasst diesen Thread zu starten. Die Methode `start()` kehrt unmittelbar (in ihrem Thread) zurück und quasi gleichzeitig wird im zu startenden Thread dessen Methode `run()` (siehe Runnable) aufgerufen. Das ist die Stelle, an der sich der Ausführungsfaden verdoppelt.

Der neue Faden endet mit Abschluss der Methode `run()`. Das entspricht dem Ende des Hauptausführungsfadens einer Anwendung mit der Rückkehr aus `main()`.

```
public final synchronized void join(long millis, int nanos)
                             throws InterruptedException
public final synchronized void join(long millis)
                             throws InterruptedException
public final synchronized void join()
                             throws InterruptedException
```

sind das Gegenstück zu `start()` (das UNIX-Freunde vielleicht eher `fork()` nennen würden). Diese Methoden warten geduldig oder eine angegebene maximale Zeitspanne lang auf das Ende eines Thread und vereinigen so zwei Ausführungsfäden (wieder).

Mit

```
public static void sleep(long millis, int nanos)
                        throws InterruptedException
public static void sleep(long millis)
                        throws InterruptedException
```

gönnt sich ein Thread eine Pause und lässt in dieser Zeit andere zum Zug kommen. Das Letztere kann man gezielt auch mit

```
public static native void yield()
```

erreichen.

Ein Anwendung endet, wenn sich alle ihre Threads beendet haben. So genannte Dämon-Threads werden automatisch beendet, wenn alle Nichtdämonen fertig sind. Mit der Methode

```
public final void setDaemon(boolean on)
```

kann der Dämonenzustand ein- und wieder ausgeschaltet werden.

Beispiel 20.4 zeigt eine Multithreading-Anwendung. Im Hauptausführungsfaden wird sekündlich eine grafische Anzeige mit Datum und Uhrzeit sowie einer weiteren Textzeile aktualisiert. In einem weiteren Thread kann der Anwender in der DOS-Box einen Text auf Anforderung hin eingeben. Ein so eingegebener Text wird sofort in die Grafikanzeige des Haupt-Threads übernommen (durch Unterbrechen von dessen laufender Wartezeit für ca. eine Sekunde). Der so geänderte Text wird eine Sekunde lang rot und danach schwarz angezeigt.

Multithreading ist hier angebracht, da die regelmäßige Aktualisierung des Grafikfensters und Eingabe des Benutzers in einem anderen Fenster, und das heißt unter Umständen „ewiges" Warten darauf, zwei völlig asynchrone Vorgänge sind. Das Schließen des Grafikfensters beendet das Ganze; dieser Teil ist von HelloGraf, Beispiel 2.6, geerbt ebenso wie das Initialisieren und sichtbar Machen des Grafikfensters.

Beispiel 20.4: Multithreading, Eingabe in DOS-Box und periodische grafische Anzeige

```
import DE.a_weinert.Zeit;
import java.awt.*;
import java.io.*;

public class ThreadGraf extends HelloGraf {

    String eing = "- Noch keine Eingabe -";
    boolean ein = true;
    Zeit zeit = new Zeit();
    BufferedReader in;
    Thread mainThread;

    public synchronized void setEing(String s) {
        eing = s != null && s.length()>0 - s
                : "- Keine Eingabe -";
        ein = true;
        mainThread.interrupt();
    } // setEing(String)

    public synchronized String getEing() {
        ein = false;
        return eing;
    } // getEing()

    class EingabeThread extends Thread {

        public void run() {
            String s = null;
            for(;;){
                System.out.print("Neuer Anzeigetext > ");
                System.out.flush();
                try {
                    s = in.readLine();
                } catch (IOException e) {
                    s = e.getMessage();
                }
                setEing(s);
            } // endlos
        } // run() 2. Thread: Eingabe von DOS-Box
    } // inner class EingabeThread
```

```
public ThreadGraf(String s) {
   super (s);
   try {
     in = new BufferedReader(new InputStreamReader(
          System.in,"Cp850"));
   } catch (UnsupportedEncodingException e){}
   mainThread = Thread.currentThread();
} // Konstruktor ThreadGraf(String)

public void paint (Graphics g) {
   g.setFont(gtFont);
   g.setColor(ein ? Color.red :Color.black);
   g.drawString (getEing(), 45, 95);
   g.setColor(Color.blue);
   zeit.set();
   g.drawString (zeit.toString(
        "w, t. M J, h:m:s (l)   "), 45, 125);
} // paint()

public static void main(String[] args) {
   ThreadGraf f = new ThreadGraf("Multithreading");
   Thread tr = f.new EingabeThread();
   tr.setDaemon(true);
   tr.start();
   while(true){
       try {
          Thread.sleep(1111); // 1111 ms Pause
       } catch (InterruptedException e) {}
       f.repaint();
   } // endlos
} // main(String[]) und Haupt-Thread: Grafische Anzeige

} // class ThreadGraf
```

Bild 20.3 zeigt Übersetzung und Lauf der Anwendung ThreadGraf (Beispiel 20.4). Das zu diesem Zustand, das heißt nach der Eingabe von „1000 schöne Grüße“ durch den Anwender, gehörende Grafikfenster zeigt das Bild 20.4.

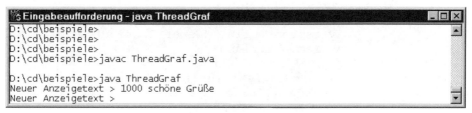

Bild 20.3: Übersetzung und Lauf des Beispiels 20.4

Übung 20.2: Vollziehen Sie das Beispiel 20.4 nach und sehen Sie sich dazu die Online-Dokumentation der Klassen Thread, Frame, Zeit, BufferedReader und InputStreamReader an. Die asynchrone Eingabe eines Textes durch den Anwender in der

DOS-Box kann sinngemäß auch der (unregelmäßige) Empfang von Mess-, Börsen- und Wetterwerten oder dergleichen von einem anderen Server sein, auf die jeweils ein entsprechender Thread (geduldig) wartet.

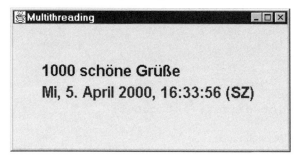

Bild 20.4: Das Grafikfenster beim Lauf des Beispiels 20.4 im Zustand des Bilds 20.3

20.3 Die Klasse String

Die Klasse String zur Handhabung von Zeichenketten ist tief in der Sprache Java verankert. Kaum eine Anwendung verwendet diese Klasse nicht, da die meisten Programme nach außen hin im Allgemeinen (auch) mit Zeichenketten kommunizieren.

Zeichenkettenkonstante sind als String-Objekte implementiert und ersetzen so ausdrückliche Aufrufe von Konstruktoren. Der Operator + ist eine komfortable Abkürzung für Aufrufe von Methoden `toString()` beziehungsweise `valueOf()` und `concat()`.

String-Objekte sind unveränderlich. Es gibt also lediglich Methoden und Konstruktoren zu ihrer Erzeugung sowie Methoden zur Abfrage des Inhalts. Eine Konsequenz dieser Besonderheit ist, dass man mit einer Referenz auf ein String-Objekt auch den derzeitigen Inhalt dauerhaft hat oder übergibt. Dies vereinfacht manches. Bei (fast) allen anderen Klassen muss man sich eine Kopie des Objekts anlegen, wenn man den aktuellen Inhalt bewahren möchte.

Für veränderbare Zeichenketten gibt es die Klasse StringBuffer. Die in String und StringBuffer gehandhabten Zeichen sind wie der einfache Datentyp char Unicodezeichen (16 Bit).

☞ Die Bequemlichkeit des Operators +, die für StringBuffer so leider nicht verwirklicht wurde, führt dazu, dass meist viel zu viel Zeichenkettenoperationen (laufzeit- und speicherschädlich) mit String gemacht werden, die man besser mit StringBuffer (siehe nächster Abschnitt) erledigen würde.

Die Konstruktoren von String

   `String()`

erzeugt einen leeren String. Das geht auch mit "".

```
String(String)
```

erzeugt einen String, der eine Kopie des Parameters ist. Das ist eigentlich völlig unnötig, da Strings unveränderliche Objekte sind und damit der Besitz der Referenz den Besitz des derzeitigen Inhalts bedeutet.

```
String(char[] value)
```

erzeugt einen String aus einem char-Array.

```
String(char[] value, int offset, int count)
```

erzeugt einen String aus einem Teilbereich eines char-Arrays.

```
String(byte[] bytes)
```

erzeugt einen String aus einem byte-Array. Die Bytes werden nach der Standardzeichencodierung (code page) der aktuellen Plattform in Unicode gewandelt.

```
String(byte[] bytes, int offset, int length)
```

erzeugt einen String aus einem Teilbereich eines byte-Arrays.

```
String(byte[] bytes, int offset, int length, String enc)
```

```
String(byte[] bytes, String enc)
```

wie die beiden vorangehenden, aber mit Angabe einer Zeichencodierung (code page).

```
String(StringBuffer buf)
```

erzeugt einen String, dessen Inhalt der derzeitige (ja wandelbare) Inhalt des StringBuffer ist. Die Methode toString() von StringBuffer ist ein Aufruf dieses Konstruktors.

☞ Wenn der StringBuffer buf anschließend nicht mehr „angefasst" (geändert, verlängert, verkürzt) wird, kostet dieser Vorgang keine Kopiervorgänge. Er ist also billig im Sinne der Laufzeit.

Die Methoden von String zur Erzeugung eines neuen String

Einige der folgenden Methoden erwecken den Eindruck, als würden sie den Inhalt ihres String-Objekts ändern. Das geht aber nicht; String-Objekte sind unveränderbar. Sie erzeugen jeweils einen neuen String mit dem geänderten Inhalt. Zur bisherigen Referenz gehört auch der bisherige Inhalt.

```
public static String  valueOf(char ch)
```

erzeugt einen ein Zeichen langen String, dessen Inhalt das Zeichen ch ist.

Die folgenden Methoden zur Lieferung eines Strings aus einem byte- oder char-Array tun dies einfach durch den Aufruf des entsprechenden Konstruktors (s.o.).

```
public static String valueOf(char[] data)
```

erzeugt einen String, dessen Inhalt Zeichen für Zeichen dem char-Array `data` entspricht.

```
public static String valueOf(char[] data, int offset, int count)
```

erzeugt einen String, dessen Inhalt die Zeichen aus einem count langen, beim Index `offset` beginnenden Teilbereich des char-Array data sind.

```
public static String copyValueOf(char[])
public static String copyValueOf(char[], int, int)
```

tun exakt dasselbe wie das jeweilige `valueOf()` und sind somit (seit JDK 1.1.1) obsolet.

```
public static String valueOf (boolean)
public static String valueOf (double)
public static String valueOf (float)
public static String valueOf (int)
public static String valueOf (long)
```

erzeugen einen String, dessen Inhalt den Wert des Parameters repräsentiert. Diese Methoden entsprechen den Methoden `toString()` der jeweiligen Verpackungsklasse des einfachen Datentyps. (Um genau zu sein, außer `valueOf(boolean)`, das direkt implementiert ist, rufen sie genau diese Methoden `toString()` auf.)

```
public static String valueOf(Object obj)
```

erzeugt einen String, dessen Inhalt den Wert des Parameters repräsentiert. Ist die Referenz obj null, wird „null" geliefert, sonst das Ergebnis von `obj.toString()`.

```
public String concat(String endStr)
```

hängt den Parameter `endStr` an das Ende dieses (this) Strings. Das kann auch als `s + endStr` ausgedrückt werden.

```
public String substring(int beginnIndex)
```

liefert die Teilzeichenkette ab dem Index beginnIndex bis zum Ende.

```
public String substring(int beginnIndex, int endIndex)
```

liefert die Teilzeichenkette ab dem Index `beginnIndex` bis zum Index `endIndex`-1.

Die Festlegung mit dem -1 beim `endIndex` mag auf den ersten Blick ungewöhnlich erscheinen, sie erweist sich aber bei den meisten Anwendungen, die Zeichenketten Teilstück für Teilstück bearbeiten müssen, als sehr praxisnah.

```
public String trim()
```

entfernt alle white-space-Zeichen vom Anfang und vom Ende des Strings. Aus " Ulla ist lieb " wird "Ulla ist lieb".

☞ Die Methoden `substring()` und `trim()`, die eine Teilzeichenkette liefern, laufen schnell, da sie ohne Kopiervorgänge auskommen. Da String-Objekte unwandelbar sind, können sie sich ein unterlagertes char-Array teilen und dies wird in der Implementierung dieser Methoden ausgenutzt.

```
public String toLowerCase()

public String toLowerCase(Locale loc)

public String toUpperCase()

public String toUpperCase(Locale loc)
```

wandelt alle Zeichen in Klein- beziehungsweise in Großbuchstaben um. Mit dem Parameter `loc` können vom Standard abweichende nationale Besonderheiten (zum Beispiel für Zeichen mit Akzenten) spezifiziert werden.

```
public String replace(char oldChar, char newChar)
```

ersetzt alle Vorkommen des Zeichens `oldChar` mit dem Zeichen `newChar`.

```
public native String intern()
```

Liefert ein String-Objekt, bei dem garantiert wird, dass es für je zwei Zeichenketten desselben Inhalts dasselbe Objekt ist. Es wird die Vermeidung der doppelten Speicherung von Zeichenketten zugesagt.

Die Methoden von String zur Abfrage des Inhalts

```
public String toString()
```

Diese Methode überschreibt `Object.toString()`, die eine String-Repräsentation dieses Objekts liefern muss. Als Methode der Klasse String liefert sie demgemäß einfach eine Referenz auf das Objekt selbst (this), das ja bereits ein String ist. (Diese Methode mit `s.toString()` aufzurufen ist wohl sinnlos, denn das Ergebnis ist `s`, wenn `s` ein String ist. Man verpasst höchstens eine NullPointerException.)

```
public int length()
```

liefert die Länge dieses Strings, das heißt die Anzahl der Zeichen, die er enthält.

```
public char charAt(int index)
```

liefert das Zeichen an der Position `index`.

```
public int   compareTo(String another)
```

vergleicht diesen String mit dem String `another` lexikalisch. Der Vergleich beruht auf der Unicode-Nummer der Zeichen und nimmt keine Rücksicht auf nationale Besonderheiten der alphabetischen Reihenfolge (dafür gibt es Methoden in anderen Paketen).

Das Ergebnis ist

- 0 für gleiche Zeichenketten, ansonsten ist es
- this.charAt(k)-other.charAt(k), wenn k die erste Position mit ungleichen Zeichen ist, oder
- this.length()-other.length(), wenn die Längen unterschiedlich sind.

Ein Ergebnis >0 bedeutet also, dass dieser (this) String „größer" ist als der andere.

```
public boolean equals(Object obj)
```

vergleicht den String mit `obj`. Liefert true, wenn `obj` ein String mit genau gleichem Inhalt ist. Dies ist also ein Inhaltsvergleich von Zeichenketten (und nicht wie das hiermit überschriebene Object.`equals()` von Referenzen).

```
public boolean equalsIgnoreCase(String another)
```

vergleicht die Zeichenketten ohne Rücksicht auf Groß-/Kleinschreibung. "Hallo".equalsIgnoreCase("haLLO") liefert true.

```
public int hashCode()
```

liefert einen Hash-Code für diesen String, der wie `equals()` auf dem Inhalt basiert (und nicht wie Object.equals() auf der Referenz).

```
public boolean endsWith(String sufix)
```

schaut nach, ob dieser String mit `sufix` endet.

```
public boolean startsWith(String prefix)
```

```
public boolean startsWith(String prefix, int startOffset)
```

schaut nach, ob dieser String mit `prefix` beginnt (ab Index 0) beziehungsweise ab Index `startOffset` `prefix` enthält.

```
public boolean regionMatches(boolean ignoreCase,
           int startIndex, String other, int otherStart, int len)
public boolean  regionMatches(
           int startIndex, String other, int otherStart, int len)
```

schaut nach, ob zwei `len` Zeichen lange Teilbereiche dieses Strings ab dem Index `startIndex` und des anderen Strings ab dem Index `otherStart` gleich sind. Ist `ignoreCase` true, nimmt der Vergleich keine Rücksicht auf Groß-/Kleinschreibung.

```
public int indexOf(int ch)

public int indexOf(int ch , int fromIndex)

public int lastIndexOf(int ch)

public int lastIndexOf(int ch, int fromIndex)
```

liefert den Index des ersten beziehungsweise des letzten Auftretens des Zeichens `ch` (Unicode-Nummer) in diesem String oder -1, wenn das Zeichen nicht auftritt. Die Suche beginnt bei dem angegebenen Index `fromIndex` oder bei 0 beziehungsweise `length()-1`.

```
public int indexOf (String str)

public int indexOf (String str, int fromIndex)

public int lastIndexOf(String str)

public int lastIndexOf(String str, int fromIndex)
```

liefert den Index des ersten beziehungsweise des letzten Auftretens des Substrings `str` in diesem String oder -1, wenn dieser nicht auftritt. Die Suche beginnt bei dem angegebenen Index `fromIndex` oder bei 0 beziehungsweise length()-1.

 Die in manchen Anwendungen vermissten „`indexOfIgnoreCase()`" und „`lastIndexOfIgnoreCase()`" sind als `indexOf()` und `lastIndexOf()` in der Klasse AppHelper im Paket `DE.a_weinert` zu finden.

```
public byte[] getBytes()

public byte[] getBytes(String enc)
```

wandelt diesen String in ein neues byte-Array, wobei die einzelnen Zeichen nach der Standardcodierung (code page) der Plattform oder der angegebenen Codierung `enc` gewandelt werden.

```
public char[] toCharArray()
```

wandelt diesen String in ein neues char-Array.

```
public void getChars(int startIndex, int endIndex,

                     char[] dest, int destIndex)
```

Kopiert die Zeichen ab dem Index `startIndex` bis zum Index `endIndex-1` aus diesem String in das gegebene char-Array `dest` ab dessen Index `destIndex`. Die `-1` beim `endIndex` scheint auf den ersten Blick vielleicht seltsam, ist aber in der Praxis recht nützlich.

20.4 Die Klasse StringBuffer

Die Klasse StringBuffer stellt Zeichenketten dar, die im Gegensatz zu String veränderbar sind. Die Zeichen sind wie der einfache Datentyp char Unicodezeichen (16 Bit).

Die Konstruktoren von StringBuffer

```
public StringBuffer()
```

erzeugt einen StringBuffer mit der Anfangskapazität 16 und einem leeren Inhalt.

```
public StringBuffer(int cap)
```

erzeugt einen StringBuffer mit der Anfangskapazität `cap` und einem leeren Inhalt.

```
public StringBuffer(String str)
```

erzeugt einen StringBuffer, dessen Inhalt eine Kopie des Parameters str ist und dessen Kapazität um 16 größer als dessen Länge ist.

Die Methoden von StringBuffer

Die folgenden Methoden ändern den Inhalt des StringBuffer oder geben Informationen zu diesem Inhalt. Sie erzeugen keinen neuen StringBuffer (im Gegensatz zu vergleichbaren Methoden von String). Wenn sie eine Referenz auf einen StringBuffer zurückliefern, so ist es dieser (this) StringBuffer selbst. Dies ermöglicht ein Ketten von Methodenaufrufen wie beispielsweise:

```
  new StringBuffer("Der Wert ist ").

    append(rGesWert).append(" Ohm.\n").toString()
```

Die Methoden von StringBuffer zum Verändern des Inhalts erlauben sowohl das Anhängen (append) am Ende als auch das Einfügen an beliebiger Stelle (insert). Zu jeder Einfügemethode gibt es eine entsprechende Anhängemethode.

```
public int length()
```

liefert die Länge dieses (this) StringBuffer, das heißt die Anzahl der Zeichen, die er enthält.

`public int capacity()`

liefert die derzeitige Kapazität dieses (this) StringBuffer, das heißt die Anzahl der Zeichen, die er zur Zeit enthalten kann. Wächst der Inhalt durch Einfügen oder Anhängen über diese Kapazität, so wird der StringBuffer automatisch vergrößert. Diese Operation kann rechenzeitaufwendig sein. Sofern Informationen über die maximal benötigte Kapazität vorhanden sind, sollte man diese mit dem entsprechenden Konstruktor oder der folgenden Methode frühzeitig so setzen.

`public synchronized void ensureCapacity(int minimumCapacity)`

stellt sicher, dass dieser (this) StringBuffer eine derzeitige Kapazität von mindesten `minimumCapacity` Zeichen hat und mindestens das Doppelte der derzeitigen Länge + 2 Zeichen fassen kann. Ist er bereits größer, wird er nicht verkleinert.

`public synchronized void setLength(int newLength)`

setzt die Länge des Inhalts dieses (this) StringBuffer neu. Ist die derzeitige Länge größer, wird der Inhalt gekürzt, das heißt entsprechend viele Zeichen am Ende werden vergessen. Ist die derzeitige Länge kleiner, so werden entsprechend viele Zeichen `'\u0000'` (Unicode-Nummer 0) angehängt, um einen eindeutigen Inhalt zu haben.

`public synchronized char charAt(int index)`

liefert das Zeichen am angegebenen Index. Liegt der Index nicht im Bereich 0 bis length()-1 wird die Ausnahme StringIndexOutOfBoundsException ausgelöst.

☞ Dies gilt übrigens grundsätzlich für viele Index-Parameter entsprechender Methoden von String und von StringBuffer.

`public void synchronized getChars(int startIndex, int endIndex,` `char[] dest, int destIndex)`

kopiert die Zeichen ab dem Index `startIndex` bis zum Index `endIndex`-1 aus diesem StringBuffer in das gegebene char-Array `dest` ab dessen Index `destIndex`. Zur -1 beim endIndex siehe die Hinweise oben bei String. Die Methode gibt es genauso auch in der Klasse String (bis auf das bei den konstanten Strings ja unnötige synchronized).

`public synchronized void setCharAt(int index, char ch)`

setzt das Zeichen an der Stelle `index` auf den Wert `ch`.

`public synchronized StringBuffer insert(int index, Object obj)`

`public synchronized StringBuffer append(Object obj)`

fügt eine String-Repräsentation des Parameters `obj`, wie sie String.valueOf(obj) liefert, an der Stelle index ein beziehungsweise hängt sie an das Ende des Inhalts dieses StringBuffer an.

`public synchronized StringBuffer insert(int index, char[] str)`

`public synchronized StringBuffer append(char[] str)`

fügt den Inhalt des char-Arrays an der Stelle `index` ein beziehungsweise hängt sie an das Ende des Inhalts dieses StringBuffer an.

```
public synchronized StringBuffer append(char[] str,
                         int startIndex, int len)
```

fügt den Inhalt des bei `startIndex` beginnenden und `len` Zeichen langen Teils des char-Arrays `str` an das Ende des Inhalts dieses StringBuffer an. Zu dieser Methode gibt es ausnahmsweise kein insert-Gegenstück.

```
public synchronized StringBuffer insert(int index, String str)

public synchronized StringBuffer append(String str)
```

fügt den String str an der Stelle index ein beziehungsweise hängt ihn an das Ende des Inhalts dieses StringBuffer an.

```
public synchronized StringBuffer insert(int index, char ch)

public synchronized StringBuffer append(char ch)
```

fügt das Zeichen ch an der Stelle index ein beziehungsweise hängt es an das Ende des Inhalts dieses StringBuffer an.

```
public synchronized StringBuffer insert(int index, Type par)

public synchronized StringBuffer append(Type par)
```

fügt eine String-Repräsentation des Parameters par, wie sie die Methode toString() der entsprechenden Klasse beziehungsweise Verpackungsklasse liefert, an der Stelle index ein beziehungsweise hängt sie an das Ende des Inhalts dieses StringBuffer an. Alle einfachen und Referenzparametertypen sind möglich.

```
public synchronized StringBuffer reverse()
```

kehrt die Reihenfolge der Zeichen des Inhalts dieses StringBuffer um.

```
public String toString()
```

erzeugt einen String, dessen Inhalt Zeichen für Zeichen dem Inhalts dieses StringBuffer entspricht.

 Wenn dieser StringBuffer anschließend nicht mehr „angefasst" (geändert, verlängert, verkürzt) wird, kostet dieser Vorgang keine Kopiervorgänge. Er ist also ‚billig' im Sinne der Laufzeit.

20.5 Die Klasse System

Die Klasse System stellt Variablen und Methode für den Zugriff auf das Betriebssystem und das Java-Laufzeitsystem der Plattform zur Verfügung. Von System können keine Objekte erzeugt werden. Alle Elemente sind statisch (wie unter anderem bei java.lang.Math und java.lang.StrictMath).

Die Variablen von System

```
public static final InputStream in
```

Das ist der Standard-Eingabestrom. Er steht der Anwendung geöffnet zur Verfügung und ist mit der Standardeingabe des Betriebssystems verbunden. Dies ist im Allgemeinen die Tastatur. Solch ein Eingabestrom ist byteorientiert und bietet im Wesentlichen einige Methoden `read()` zum Lesen eines Zeichens oder von mehreren Zeichen in einen byte-Array.

```
public static final PrintStream out
```

Das ist der Standardausgabestrom. Er steht der Anwendung geöffnet zur Verfügung und ist mit der Standardausgabe des Betriebssystems verbunden. Dies ist im Allgemeinen der Bildschirm; die Ausgabe kann aber meist umgeleitet werden. Solch ein PrintStream ist byteorientiert (kein Unicode). Seine wichtigsten Methoden sind `print()` und `println()` zur Ausgabe von Strings (und damit von allem, was Methoden zu seiner Darstellung als String besitzt.)

```
public static final PrintStream err
```

Das ist ein zweiter Ausgabestrom, der für Fehlermeldungen der Anwendung gedacht ist. Er steht genau wie out der Anwendung geöffnet zur Verfügung und ist mit der Standardausgabe des Betriebssystems verbunden. In manchen Plattformen (UNIX) wird ein Ausgabestrom für Fehler gesondert behandelt, beispielsweise durch gleichzeitiges Protokollieren in einer Logdatei.

Die drei Streams haben nur für Anwendungen, die mit java und nicht mit javaw gestartet wurden, eine Funktion. Bei javaw geht die Ausgabe „ins Leere". Bei Applets leiten manche Browser die Ausgabe dieser Streams in ein besonderes „Java-Konsole" genanntes Textfenster. Dies sollte man nur während der Entwicklung nutzen.

Ein bisschen schizophren ist es schon, dass Java-Anwendungen vom Start weg zwei PrintStreams „geschenkt" bekommen, während die Klasse PrintStream „deprecated" ist. Erschwerend kommt der von der Verwendbarkeit her ziemlich nutzlose InputStream hinzu, der nicht einmal eine Zeile einlesen kann.

Die Methoden von System

```
public static void setIn(InputStream  in)

public static void setOut(PrintStream out)

public static void setErr(PrintStream err)
```

Diese Methoden erlauben es, den Standard-Ein- und Ausgabeströmen andere Quellen beziehungsweise Ziele zuzuweisen.

```
public static SecurityManager getSecurityManager()
```

liefert das aktuelle SecurityManager-Objekt oder null, wenn (noch) kein

SecurityManager festgelegt wurde. Ein SecurityManager enthält alle Methoden für die Beantwortung von Sicherheitsabfragen wie beispielsweise „Ist es erlaubt, die Datei xyz zu lesen?" oder „Ist es erlaubt, den Wert, den die Systemeigenschaft uvw hat, zu erfragen?" Die JVM erzwingt solche Sicherheitsabfragen, bevor Methoden und Konstruktoren entsprechende Ergebnisse oder Objekte mit entsprechenden Zugriffsrechten liefern. Der SecurityManager, den die meisten Browser einem Applet zuweisen, beantwortet die meisten dieser Fragen mit nein.

```
public static void setSecurityManager(SecurityManager s)
```

setzt den SecurityManager. Dies ist nur gestattet, wenn noch keiner festgelegt wurde. Es ist aus Sicherheitsgründen nicht erlaubt, eine einmal festgelegte Sicherheitspolitik wieder zu verändern.

Ein Applet kann, da der Browser den SecurityManager vor seinem Start setzt, die dort eingestellte (im Allgemeinen sehr restriktive) Sicherheitspolitik nicht ändern.

```
public static native long currentTimeMillis()
```

liefert die Systemuhrzeit. Die 64-Bit-Zahl gibt die Millisekunden bezogen auf den 1.1.1970 UTC an. An dieser Stelle gab es auch kein Jahrtausendproblem, da der Zahlenbereich in Vergangenheit und Zukunft das Alter des Weltalls überdeckt.

```
public static native void arraycopy( Object src,
                        int srcPosition, Object dst,
                        int dstPosition, int len)
```

kopiert einen `len` Elemente langen Bereich des Arrays `src` ab dem Index `srcPosition` in das vorhandene Array `dst` ab dem Index `dstPosition`. Zur Prüfung, ob die Objekte `src` und `dst` tatsächlich zueinander passende Arrays sind, kommen alle üblichen Prüfungen auf Indexgrenzen. Sind `src` und `dst` dasselbe Objekt, wird so kopiert (Laufrichtung), als würde ein temporärer Zwischenspeicher verwendet. Bei mehrdimensionalen Arrays beziehen sich `srcPosition`, `dstPosition` und `len` auf den ersten Index; die Kopie ist „flach" (shallow) wie bei `clone()`.

Diese Methode läuft bei den meisten Implementierungen von Java wesentlich schneller als ein Kopieren in einer Schleife. Es kann bei großen Arrays sogar sinnvoll sein, sie in log(n) Schritten zum Vorbesetzen mit einem Wert einzusetzen. Ganze Arrays können auch mit `clone()` kopiert werden.

```
public static native int identityHashCode(Object x)
```

liefert einen Hash-Code, der dem in der Klasse Object implementierten entspricht (auch wenn die Methode `hashcode()` in der Klasse von `x` oder ihren Vorgängern überschrieben wurde). Diese Methode liefert 0, wenn `x` null ist.

`public static Properties getProperties()`

liefert ein Properties-Objekt mit allen gesetzten Systemeigenschaften. Diese sind (Umgebungs-) Variablen mit (String-) Namen und (String-) Wert ("Name"="Wert"). Welche das üblicherweise sind, und was sie bedeuten, ist aus dem Beispiel HelloPar2 ersichtlich.

`public static void setProperties(Properties props)`

setzt alle aktuellen Systemeigenschaften neu.

`public static String getProperty(String key)`

`public static String getProperty(String key, String def)`

liefert den Wert der Systemeigenschaft `key`. Wenn diese nicht existiert, wird null beziehungsweise ein Ersatzwert `def` geliefert.

`public static void exit(int status)`

beendet den Lauf der JVM. Der Parameter wird als Statuscode zurückgeliefert. Was damit geschieht, ist betriebssystemabhängig. Bei der automatischen Abarbeitung von Kommandos unter einer DOS-Shell kann der Wert mit dem Kommando ERRORLEVEL abgefragt werden. Die übliche Verwendung ist, dass eine Anwendung, die fehlerfrei die gewünschten Ergebnisse produzierte, hier 0 liefert.

Lässt eine Java-Anwendung ein anderes Programm mit `exec()` (eines Runtime-Objekts) laufen, so kann sie nach seiner Beendigung seinen Exit-Code mit der Methode `exitValue()` des zugehörigen Prozessobjekts erfahren.

`public static Runtime getRunTime()`

liefert das (eine einzige) Runtime-Objekt dieser Java-Anwendung. Es erlaubt (in teilweiser Wiederholung und Ergänzung zu System) den Zugang zu weiteren systemspezifischen Informationen und insbesondere das Starten anderer Programme unter der Kontrolle der Java-Anwendung.

`public static void gc()`

lässt die automatische Speicherbereinigung (garbage collection) im aktuellen Ausführungsfaden (Thread) laufen.

`public static void runFinalization()`

lässt die Methode finalize() aller zur garbage collection anstehenden Objekte im aktuellen Ausführungsfaden (Thread) laufen. Bei sinnvoller Implementierung der Methoden finalize() gibt man damit alle nicht mehr benötigten, aber noch blockierten externen Ressourcen frei.

```
public static void runFinalizersOnExit(boolean doIt)
```

sagt der JVM, ob sie vor ihrer Beendigung noch die Methoden finalize() aller dafür anstehenden Objekte laufen lassen muss. Standardmäßig geschieht das nicht.

Diese Methode ist allerdings ab JDK1.2 „deprecated", das heißt nicht mehr empfohlen. Die Begründung lautet: "This method is inherently unsafe. It may result in finalizers being called on live objects while other threads are concurrently manipulating those objects, resulting in erratic behavior or deadlock".

Diese Begründung ist aus zwei Gründen wenig befriedigend: Erstens wird keine Ersatzlösung angegeben. Und zweitens wird verschwiegen, ob die Gesamtidee aus logischen Gründen eigentlich undurchführbar ist, oder ob bis jetzt eine geeignete Implementierung nicht versucht wurde oder gelungen ist.

Der Verzicht auf runFinalizersOnExit(true) wird in den seltensten Fällen unlösbare Probleme verursachen. Ein geeignet platziertes gelegentliches gc() und runFinalization() wird oft hinreichend sein.

```
public static void load (String filename)

public static void loadLibrary (String libname)
```

laden beide eine DLL, die im Allgemeinen in einer anderen Sprache implementierte (native) Methoden liefert.

Diese Methoden sollten gegebenenfalls in einem statischen Initialisierungsblock der Klasse aufgerufen werden, deren native Methoden die zu ladende DLL brauchen. Damit wird sichergestellt, dass die DLL bereitsteht, bevor so eine Methode benutzt wird.

20.6 Die Stream-Klassen – Ein- und Ausgabe

Quellen und Senken von E/A-Daten werden in Java durch so genannte Ströme dargestellt. Ein Strom ist eine – zeitliche – Sequenz von im Allgemeinen endlich vielen Ein- beziehungsweise Ausgabedaten.

Das einzelne E/A-Datum – in der „äußeren" Welt – ist praktisch immer ein Byte. Es wird nach außen praktisch alles, einschließlich Zeichen, in Bytes codiert, gespeichert und transportiert. Wie unter anderem in Kapitel 8.2.7 (Seite 151) beschrieben, „denkt" Java bei Zeichen (char, String, StringBuffer) intern in Unicode und definiert konsequenterweise (und zukunftsgerichtet) zu den üblichen Byte-Strömen auch Unicodezeichen-Ströme. Es gibt in Java für die Ein- und Ausgabe die in Tabelle 20.1 dargestellten vier Sorten von Ein- und Ausgabeströmen.

Tabelle 20.1: Die vier Sorten von Strömen und ihre abstrakten Elternklassen

	Bytes (0..255)	Zeichen (Unicode)
Lesen	InputStream	Reader
Schreiben	OutputStream	Writer

Bei der Ein- und Ausgabe von Bytes von und zu Dateien, Modems, URLs etc. meint man mit Bytes im Allgemeinen vorzeichenlose 8-Bit-Werte von 0 bis 255 (0x00 bis 0xFF), denen durch eine festgelegte Codierung wie beispielsweise ISO 8859-1 eine Bedeutung zukommt. Der einfache 8-Bit-Datentyp byte von Java kann natürlich 256 verschiedene Werte annehmen und er wird in der zu erwartenden Weise im Zusammenhang mit den Byte-E/A-Strömen verwendet.

Eine kleine Komplikation besteht darin, dass der einfache 8-Bit-Datentyp byte vorzeichenbehaftet ist und hinter seinen 256 verschiedenen Codierungen die Werte -128 bis +127 und nicht etwa 0 bis 255 stehen. Hier muss man bei Abfragen und Vergleichen aufpassen. Einige Methoden zur Ein- und Ausgabe umgehen diese Schwierigkeit, indem sie int-Werte von 0 bis +255 liefern beziehungsweise als Parameter erwarten. Die größere Wertemenge von int wird dann noch dahingehend ausgenutzt, dass bei der Eingabe der Wert -1 das Ende (Versiegen) des Stroms anzeigt.

Ströme werden (wie fast alles in Java) durch Objekte dargestellt. Ein solches Objekt repräsentiert eine Quelle beziehungsweise Senke von E/A-Daten. Da beliebig viele konkrete Ströme denkbar sind, gibt es auch sehr viele Klassen. Bei den Stromklassen sind die Entwurfsmuster Proxy und Decorator (Dekorierer) sowie die Mittel der Vererbung und Polymorphie konsequent und geschickt eingesetzt. Alle Ströme lassen sich einer der in Tabelle 20.1 genannten vier Sorten zuordnen und deren jeweilige Gemeinsamkeiten sind ganz oben in einer Vererbungshierarchie in den angegebenen vier abstrakten Klassen InputStream, OutputStream, Reader und Writer zusammengefasst.

Anwendungen und Methoden, die in Begriffen dieser vier Klassen geschrieben sind, können beliebige entsprechende Ströme handhaben. Dank dieser Abstraktion sieht beispielsweise das Kopieren von einer Datei nach einer URL genauso aus wie das Kopieren von einer seriellen Eingabe auf Normalausgabe (Bildschirm); siehe auch das Beispiel 20.6 weiter unten.

Bei allen Strom-Objekten, also den Repräsentanten einer Quelle beziehungsweise Senke von E/A-Daten, werden die in Tabelle 20.2 aufgeführten drei Lebensphasen unterschieden: Initialisieren, Nutzen und Abmelden. Im Allgemeinen kann in jeder dieser Phasen etwas „schief laufen". So sind beispielsweise bei der Dateiein- oder -ausgabe Fälle denkbar wie Datei nicht vorhanden, keine ausreichenden Zugriffsrechte oder Datenträger (Floppy-Disk beispielsweise) während der Operation entfernt. Solche Fehlerfälle lösen Ausnahmen aus, im Allgemeinen eine IOException oder eine davon abgeleitete Ausnahme.

Tabelle 20.2: Die drei Phasen beim Nutzen von Strömen

Nr.	Phase	Methoden
1	Anmelden, Initialisieren, Verbinden	Konstruktoren getInputStream() getOutputStream()
2	Nutzen, Lesen, Schreiben	read(), write(), skip()
3	Abmelden, Freigeben	close()

1. Initialisieren

Bevor ein Strom benutzt werden kann, muss er mit einer vorhandenen Quelle oder Senke verbunden werden. Dies kann entweder ein bereits vorhandenes anderes Strom-Objekt (passender Richtung) sein oder es muss ein entsprechender Dateisystem- oder Kommunikationsdienst des unterlagerten Betriebssystems beansprucht werden. Je nach konkretem technischen Hintergrund sieht diese Phase ganz anders aus: Beim Öffnen einer Datei zum Schreiben läuft etwas ganz anderes ab als beim Reservieren und Initialisieren einer seriellen Schnittstelle.

Bei allen Stromklassen ist die Implementierung dieser ersten Phase in Konstruktoren gelegt. Manche Objekte, die eine URL oder eine parallele oder serielle Schnittstelle repräsentieren, bieten Methoden `getInputStream()` beziehungsweise `getOutputStream()`, die ein entsprechendes Strom-Objekt (meist einer anonymen inneren von InputStream beziehungsweise OutputStream abgeleiteten Klasse) liefern. Hinter einer solchen „Stromliefermethode" steckt natürlich auch ein Konstruktor.

Grundsätzlich gilt: Wenn ein Strom-Objekt erfolgreich, das heißt ohne eine Ausnahme auszulösen, konstruiert oder geliefert wurde, dann ist es mit einer konkreten Quelle beziehungsweise Senke verbunden und es ist benutzbar.

Die einzige Abweichung von dieser Regel sind die so genannten „piped Streams" – sozusagen eine direkte „Röhrenverbindung" zwischen einer Ein- und einer Ausgabe. Sie können auch unverbunden konstruiert werden und bedürfen dann vor ihrer Nutzung eines erfolgreichen Aufrufs ihrer Methode `connect()`.

2. Benutzen

Für das Nutzen von Strom-Objekten, sprich das Lesen oder Schreiben, reicht in vielen Fällen die in den vier in Tabelle 20.1 aufgeführten Klassen definierte Funktionalität aus. Um ein Strom-Objekt zu nutzen, muss man nicht wissen, wie es konstruiert wurde.

3. Abmelden

Bei vielen Ein- und Ausgaben sind am Ende gewisse Aufräumarbeiten wie das Leeren von Puffern und das Freigeben von externen Ressourcen (wie Dateien oder Schnittstellen) erforderlich. Diese Arbeiten werden in jeweiligen Ableitungen der Methode `close()` implementiert, die in allen vier abstrakten Stromelternklassen (Tabelle 20.1) gleich definiert ist.

```
public void close()throws IOException
```

leert alle Puffer, gibt alle externen Ressourcen des Stroms frei und führt alle sonst noch notwendigen Aufräumarbeiten aus. Nach dem Aufruf von `close()` ist der Strom nicht mehr verwendbar. Er sollte „vergessen" und zur „garbage collection" freigegeben werden.

Beispiel 20.5: Abmelden eines Stroms `stream`

```
if (stream != null) try {
   stream.close();
} catch (IOException ioe) {
   // handle close problems if necessary
} finally {
   stream = null; // garbage collect !
} // if try
```

 Am besten gewöhnt man sich nach dem Ende der Nutzung eines Strom-Objekts eine dem Beispiel 20.5 entsprechende Sequenz aus `close()` und auf null Setzen an.

Natürlich gibt es Strom-Objekte, nach deren Nutzung keine Puffer geleert oder externe Ressourcen freigegeben werden müssen. Dementsprechend tun die unter anderem von InputStream und OutputStream geerbten Methoden `close()` gar nichts. Das heißt, dass man auch dann das Schema des Beispiels 20.5 ohne weiteres anwenden kann.

Die beiden abstrakten Klassen InputStream und OutputStream enthalten jeweils lediglich eine einzige abstrakte Methode, nämlich das Lesen beziehungsweise das Schreiben eines einzelnen Bytes.

public abstract int read() throws IOException

liest ein einzelnes Byte vom Eingabestrom und liefert dann 0 bis 255 zurück. Ist der Strom leer oder zu Ende gelesen, wird -1 geliefert. Die Methode wartet bei einem „langsamen" Strom (als Schnittstelle, serielle Tastatureingabe) – und dies unter Umständen auch „ewig".

 Wenn man einen Ausführungsfaden (Thread) nicht von solchen externen und asynchronen Ereignissen abhängig machen kann oder sollte, muss man die Eingabe in einen eigenen (Dämon-) Thread legen. Leider gibt es keine Eingabemethoden mit angebbarer maximaler Wartezeit, was oft manches vereinfachen würde.

public abstract void write(int b) throws IOException

schreibt ein einzelnes Byte in einen Ausgabestrom. Als Byte werden die letzten 8 Bit des int-Werts `b` genommen.

 Wer etwas anderes als 0 bis 255 schreibt, muss wissen, was er tut. Insbesondere kann das Schreiben einer von `read()` als Endeanzeige gelieferten -1 in einen Ausgabestrom sehr unerwünschte Folgen haben.

Alle anderen Methoden von InputStream beziehungsweise OutputStream sind nicht abstrakt. Sie bauen auf diesen beiden abstrakten Methoden auf oder enthalten eine sinnvolle Default-Implementierung (die im Allgemeinen, wie die Default-Implementierung von `close()`, nichts tut).

Es ist auch logisch, nur diese beiden Methoden abstrakt zu machen. Bei allen bekannten und in der jeweiligen abstrakten Klasse (auch default funktionslos) implementierbaren Gemeinsamkeiten aller Ein- und Ausgaben kann man keine Angaben darüber machen, woher im jeweiligen konkreten Fall das Eingabebyte kommt beziehungsweise wohin das Ausgabebyte geht. Das können nur die abgeleiteten konkreten Klassen (für Datei-E/A beispielsweise) wissen (und hierfür gibt es auch keine sinnvolle Default-Implementierung).

Im einfachsten Fall muss eine konkrete (nicht abstrakte) von InputStream abgeleitete Klasse neben dem Liefern eines geeigneten Konstruktors nur die gerade genannte Methode `read()` überschreiben. Das heißt, sie muss lediglich ihr „Wissen" um das konkrete Holen von einem Byte nach dem anderen aus dem Strom einbringen und die Sache ist im Prinzip fertig. Alles andere kann man häufig so wie geerbt verwenden.

 Für OutputStream gilt natürlich Entsprechendes. Das Schreiben von eigenen Strom-Klassen ist in den meisten Fällen wirklich nicht schwierig. (OO und Vererbung sei Dank.)

Mit den drei bisher genannten Methoden hat und weiß man auch alles, was man für ein einfaches Kopieren von einem Eingabe- zu einem Ausgabestrom braucht.

Beispiel 20.6: Kopieren von einem Eingabe- nach einem Ausgabestrom (`import java.io.*` ist erforderlich.)

```
public static boolean copy(InputStream src,
                           OutputStream dst) {
    if (src == null || dst == null)
        return false; // Strom fehlt
    try {
        int buf;
        copLoop: while (true) {
            buf = src.read();
            if (buf < 0) break copLoop;
            dst.write(buf);
        } // copLoop
        dst.close();
        src.close();
    } catch (IOException e) {
        return false; // Problem
    }
    return true; // Alles erledigt OK
} // copy(InputStream, OutputStream)
```

Die Methode `copy()` des Beispiels 20.6 kopiert alle Bytes von einem als Parameter übergebenen Eingabestrom zu einem ebenso angegebenen Ausgabestrom und schließt anschließend beide Ströme. Läuft alles problemlos, gibt sie true zurück, sonst false (das Schließen des nach dem Kopieren ja noch weiter verwendbaren Ausgabestroms lässt man im Sinne einer allgemeinen Anwendbarkeit besser weg oder man macht es von einem zusätzlichen Parameter vom Typ boolean abhängig).

Diese einfache Methode funktioniert für alle Sorten von InputStream- und OutputStream-Objekten. Sie kann beispielsweise von Datei nach Datei genauso gut kopieren, wie von einer URL (vom Internet) zu einer seriellen Schnittstelle. Ohne die OO-Eigenschaft Polymorphie wäre hier im Allgemeinen für jede denkbare Kombination eine eigene Methode erforderlich.

Übung 20.3: Probieren Sie die Methode `copy()` des Beispiels 20.6 in einer Testanwendung mit ein paar Kopiervorgängen aus. Informieren Sie sich in der Online-Dokumentation über die beteiligten Strom-Klassen. Verbessern Sie die Methode `copy()`, indem Sie mehr als jeweils ein Byte auf einmal lesen und schreiben.

Die Bilder 20.5 bis 20.8 zeigen die Vererbungshierarchie und Objektbeziehungen der in Tabelle 20.1 aufgeführten vier Sorten von Ein- und Ausgabeströmen.

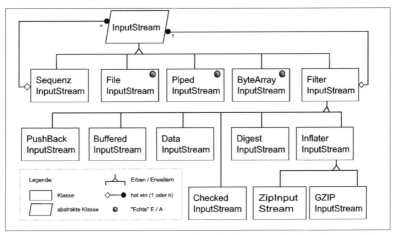

Bild 20.5: Die Vererbungs- und Assoziationsbeziehungen der InputStreams in Java

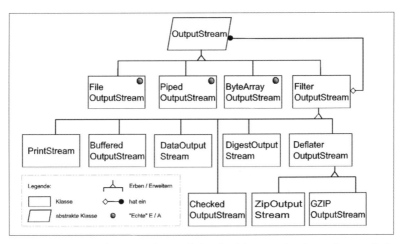

Bild 20.6: Die Vererbungs- und Assoziationsbeziehungen der OutputStreams in Java

Man kann aus den Bildern 20.5 und 20.6 erkennen, dass die Hierarchie der InputStream-
und OutputStream-Klassen gleich aufgebaut ist. Die Struktur wird für die OutputStream-
Klassen (Bild 20.6) erläutert.

Es gibt drei Sorten von OutputStream-Klassen:

1. die abstrakte Klasse OutputStream, die alle gemeinsamen Grundfunktionalitäten der
   Byte-Ausgabe definiert,
2. „echte" Senken für Ausgabe-Bytes, wie FileOutputStream, PipedOutputStream und
   ByteArrayOutputStream im Bild 20.6, sowie
3. die so genannten Filterausgabeströme, die zusätzliche Funktionalität für die Ausgabe
   definieren.

Die Klassen für die „echte" Ausgabe, deren Objekte also Ausgabebytes tatsächlich an
Schnittstellen, Geräte, Dateien etc. weiterleiten, sind im Allgemeinen direkt von
OutputStream abgeleitet. In diesen Klassen wird mit den oben genannten Aufgaben ein
Konstruktor definiert. Außerdem wird die Methode `write()` für die Ausgabe eines
Bytes und gegebenenfalls auch die Methode `close()` überschrieben. Aus Performance-
Gründen wird oft noch die Methode `write()` für die Ausgabe mehrerer Bytes auf ein-
mal überschrieben.

public void write(byte[] b, int off, int len) throws IOException

public void write(byte[] b) throws IOException

schreiben `len` Bytes ab dem Index `off` des Arrays b beziehungsweise das ganze Array
b in den Ausgabestrom.

☞ Die geerbte Methode `write(byte[],int,int)` ruft das `write(int)`
für die Ausgabe eines Bytes in einer Schleife auf, was immer funktioniert, aber langsamer ist als eine geeignet überschriebene Methode
`write(byte[],int,int)`. Die auch vorhandene Methode `write(byte[])`
ruft übrigens `write(byte[],int,int)` auf, so dass das Überschreiben der
letzteren ausreicht.

Filterströme

Die Filterausgabeklassen sind alle von FilterOutputStream abgeleitet. Ein Objekt dieser
Klasse muss mit einem anderen OutputStream-Objekt, im Bild 20.6 durch die „hat ein"-
Assoziation angedeutet, konstruiert werden. An dieses werden letztlich alle
Ausgabeaufträge weitergereicht. Bei der Klasse FilterOutputStream geschieht dies eins
zu eins, während abgeleitete Klassen hier (Vor-) Verarbeitungs- und Pufferungs-
funktionalitäten hinzufügen können.

FilterOutputStream verwirklicht das Entwurfsmuster Proxy (Zwischenschalten eines
Objekts mit gleicher Schnittstelle) und durch die Assoziation mit einer gemeinsamen
Elternklasse (OutputStream) für sowohl die echte Senken als auch die „Filter" wird das
Entwurfsmuster Dekorierer (decorator pattern) verwirklicht.

Dieses Schema ermöglicht es einen „echten" Ausgabestrom, die „Senke", mit beliebig vielen Filtern in beliebiger Reihenfolge zu „verzieren". Eine etwas ingenieurmäßigere zutreffende Vorstellung ist das Hintereinanderschalten von Signalverarbeitungsmodulen („Kästchen") mit gleicher Ein- und Ausgangsschnittstelle.

Ein Beispiel (20.7) zeigt dies am besten. Eine Folge von Bytes soll an das Ende (append) der Datei namens bytefolge.bin mit Pufferung und der Berechnung einer Prüfsumme über alle ausgegebenen Bytes geschrieben werden. Der Algorithmus für die Berechnung der Prüfsumme ist in einem Objekt der Klasse CheckSum gekapselt.

Beispiel 20.7: Dateiausgabe mit zusätzlicher (Vor-) Verarbeitung
(Import von `java.io.*` und `java.util.zip.*` ist erforderlich.)

```
Checksum checksum = new CRC32();
OutputStream datBufCheck = null;
try {
    FileOutputStream fo = new FileOutputStream(
        "bytefolge.bin", true);
    CheckedOutputStream co = new CheckedOutputStream(
        fo, checksum);
    datBufCheck = new BufferedOutputStream(co, 1024);
} catch (IOException ioe) {
    /* handle any problems */
}
```

Wie das Beispiel 20.7 zeigt, lässt sich die ganze genannte Funktionalität durch das Zusammenfügen der entsprechenden „Bausteine" als ein OutputStream `datBufCheck` darstellen. Man kann auch eigene von FilterOutputStream abgeleitete Filterklassen schreiben und sie nach dem gleichen Schema verwenden.

Ohne das verwirklichte (OO-) Entwurfsmuster müsste man grundsätzlich alle benötigten Kombinationen von Ausgabe und Vorverarbeitung einzeln erstellen. So greift man nur in den Baukasten und das ganze Zusammengebaute ist ein OutputStream (Polymorphie). Man kann ihn ohne weiteres der Methode `copy()` des Beispiels 20.6 übergeben und beim Kopieren wird dann gepuffert und die gewünschte Prüfsumme berechnet.

☞ Ein nicht unbedingt übersichtlicher aber weit verbreiteter Programmierstil ist es, dieses Hintereinanderschalten von Filtern, das im try-Block des Beispiels 20.7 in drei Anweisungen geschah, in einer einzigen zusammenzufassen. Der Teil sähe dann so aus:

```
datBufCheck = new BufferedOutputStream(
    new CheckedOutputStream(
    new FileOutputStream("bytefolge.bin",
    true), checksum), 1024);
```

Wie gesagt, es ist nicht unbedingt übersichtlich, aber man muss es lesen und interpretieren können.

Unicodezeichen-Ströme

Bei den Klassen für die Unicodezeichen-Ströme, Bilder 20.7 und 20.8, sind die gleichen Prinzipien und Entwurfsmuster verwirklicht wie bei den Byte-Strömen. Als Verbindung zwischen der Unicode- und der Byte-Welt dienen Objekte der Klassen InputStreamReader beziehungsweise OutputStreamWriter. Bei deren Konstruktion kann auch der Name der gewünschten 8-Bit-Zeichencodierung als String ("Cp850" für Codepage 850, "8859_1" für ISO8859-1 etc.) angegeben werden.

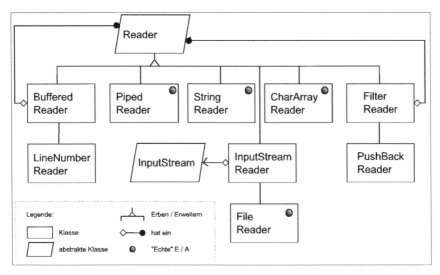

Bild 20.7: Die Vererbungs- und Assoziationsbeziehungen der Reader in Java

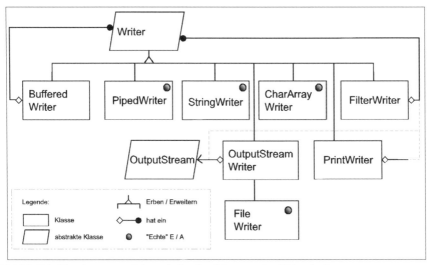

Bild 20.8: Die Vererbungs- und Assoziationsbeziehungen der Writer in Java

```
public OutputStreamWriter(OutputStream out, String enc)

    throws UnsupportedEncodingException
```

erzeugt ein mit dem OutputStream `out` verbundenes Writer-Objekt, wobei für die Umsetzung von Unicode nach Byte die Codierung `enc` verwendet wird.

```
public InputStreamReader (InputStream in, String enc)

    throws UnsupportedEncodingException
```

erzeugt einen mit dem InputStream `in` verbundenes Reader-Objekt, wobei für die Umsetzung von Byte nach Unicode die Codierung `enc` verwendet wird.

Die möglichen Codierungen `enc` können sich je nach Java-Implementierung unterscheiden. Folgende sind (gemäß Java-Standard) aber immer möglich: "US-ASCII", "ISO-8859-1", "UTF-8", "UTF-16BE" (BE = Big Endian), "UTF-16LE" (LE = Little Endian), "UTF-16" (Eingabe egal, BE bei Ausgabe). Hinzu kommen meist: "Cp850", "Cp1252", (Codepages IBM, MS) und "8859_1" (Abkürzung).

20.7 Die Klassen Math und StrictMath

Diese beiden Klassen aus dem Paket java.lang stellen eine Sammlung statischer Methoden dar, die die wesentlichsten mathematischen Funktionen verwirklichen. Der Funktionsumfang beider Klassen ist genau gleich. Ihr Unterschied besteht darin, dass StrictMath verspricht, sich streng an verbreitete Standards, wie IEEE 754, zu halten; vgl. Kapitel 8.2.4.

Dieses „strikt" gilt auch für die zu dem Standard gehörenden Mängel, Rundungsfehler usw. Bei Math ist es den Implementierern ausdrücklich freigestellt, „bessere" Lösungen zu liefern und beispielsweise mathematische Coprozessoren der jeweiligen Plattform voll auszunutzen. Dieses jeweils „besser" ist dann nicht mehr im strengen Sinne plattformunabhängig. Der Unterschied zwischen Math und StrictMath entspricht also in etwa dem Nichtverwenden oder Verwenden des Schlüsselworts strictfp.

Die Implementierung von Math vom Stand JDK1.3.0rc1 für Windows delegiert die meisten Funktionen einfach an StrictMath und die übrigen sind gleich, so dass von der erlaubten besseren Arithmetik (noch) nichts zu sehen ist. Nur die Basis dafür ist gelegt.

 Über den Umfang von Math hinausgehende Funktionen sowie komplexe Zahlen und Funktionen finden Sie im Paket `DE.a_weinert.math`.

Alle im Folgenden aufgeführten Elemente von Math beziehungsweise StrictMath sind public und static.

Die Variablen

```
double E
double PI
```

Die beiden Konstanten stellen die besten mit double möglichen Annäherungen an e und π dar.

e = 2,7182818284590452354 und π = 3,14159265358979323846.

Die Methoden

```
int abs(int a)
long abs(long a)
float abs(float a)
double abs(double a)
```

Sie liefern den Absolutbetrag. Für int und long bekommt man das mit

```
(a < 0) - -a : a
```

auch so hin. Für float und double steckt ein gewisser Aufwand in der Behandlung der vorzeichenbehafteten Null und von NaN (ungültiger Wert).

Ähnliches gilt für die Methoden

```
int min(int a, int b)
int max(int a, int b)
```

die es auch in den Geschmacksrichtungen long, float und double gibt. Sie liefern den kleinsten (min()) beziehungsweise den größten (max()) Wert der beiden Parameter.

```
double IEEEremainder(double f1, double f2)
```

liefert f1 modulo f1 gemäß dem Standard IEEE 754, zu dem f1 % f2 nicht konform ist.

```
double pow(double a, double b)
```

liefert a hoch b, wobei sämtliche Fälle (0.0, ganzzahlig, unendlich, NaN in allen möglichen Kombinationen) unterschieden und sinnvoll gehandhabt werden.

```
double random()
```

liefert eine Pseudozufallszahlenfolge. Das Ergebnis ist größer gleich 0,0 und kleiner 1,0. Die Methode stützt sich auf die Klasse java.util.Random, die man natürlich auch direkt verwenden kann.

```
double atan2(double x, double y)
```

liefert den Arcustangens von x/y, wobei sämtliche Fälle (0.0, ganzzahlig, ∞, NaN in allen möglichen Kombinationen) unterschieden und sinnvoll gehandhabt werden. Diese Methode kann zur Wandlung von kartesischen in Polarkoordinaten verwendet werden. Sie liefert den Winkel im Bereich -π bis +π

```
long round(double a)

int  round(float a)
```

liefert den ganzzahligen gerundeten Wert. Es wird 0,5 addiert und die Methode floor() angewandt. NaN liefert 0.

Alle anderen Methoden der Klassen haben eine Parameter vom Datentyp double und liefern ein Ergebnis vom Datentyp double.

```
acos asin atan cos exp log sin sqrt tan toDegrees toRadians
```

liefern das, was der Name der Methode vermuten lässt, nämlich Sinus, Arcussinus, Arcustangens Cosinus, e hoch, natürlicher Logarithmus, Sinus, Wurzel, Tangens sowie die Wandlung von Bogenmaß nach Grad und umgekehrt.

```
floor ceil
```

liefern den nächstgrößeren beziehungsweise nächstkleineren oder gleichen ganzzahligen Wert (als double). NaN, +0.0, -0.0 sowie + und -∞ werden unverändert geliefert.

```
rint
```

liefert den nächsten ganzzahligen Wert (als double). NaN, +0.0, -0.0 sowie + und -8 werden unverändert geliefert.

20.8 Die Klasse Applet

Diese Klasse ist die Basis für in HTML-Seiten eingebettete ausführbare grafische Programme, so genannte Applets. Beispiele und Erläuterungen finden sich in Kapitel 2.2, Beispiel 2.4, Kapitel 25.5 und auf der CD.

Diese Klasse ist zwar nicht abstrakt, es ist aber sinnlos von ihr Objekte zu erzeugen. Sie dient als Mutterklasse für eigene Applets. Ihrerseits ist die Klasse Applet schon relativ weit „unten" in der Erbfolge der Klassen aus dem grafischen Anwendungspaket java.awt:

java.lang.Object ← java.awt.Component ← java.awt.Container ← java.awt.Panel ←
        ← java.applet.Applet ← Eigenes Applet (wie HelloApplet oder ComplDemo)

Ein Applet ist also auch ein Panel und ein Container und hat, kann und darf alles, was solche Objekte auch können. Insbesondere bestehen die gleichen Möglichkeiten des Hinzufügens von Komponenten und der Ereignisbearbeitung wie bei grafischen Anwendungen.

Die Besonderheit des Applets liegt in der Handhabung durch einen Browser. Er erzeugt ein Objekt der im applet-Tag der HTML-Seite angegebenen von java.applet.Applet abgeleiteten Klasse und ruft situationsgerecht dessen Methoden zur Initialisierung, grafischen Darstellung etc. auf. Dies geschieht auch in mehreren Threads (Multithrading).

Tabelle 20.3: Zustandsübergänge eines Applets (im Browser)

Zustands-übergang	Von Browser oder dem AWT ausgelöst bei	Dabei aufgerufene Applet-Methode
1	Das zugehörige applet-Tag wird erstmalig bearbeitet. Die Klasse des Applets konnte geladen werden.	Default-Konstruktor oder Laden des serialisierten Applet-Objekts (nur Appletviever)
2	Das Applet-Objekt wurde erfolgreich konstruiert beziehungsweise deserialisiert.	`init()`
3 und 7	Die HTML-Seite, die das Applet enthält, gelangt zur Anzeige.	`start()`
4	Ein bisher verdeckter Teil des Applets wird sichtbar.	-
5		`update()` und dadurch gegebenenfalls `paint()`
6	Die HTML-Seite, die das Applet enthält, wird nicht mehr angezeigt, meist dadurch, dass eine andere Seite geladen wird.	`stop()`
8	Das Applet-Objekt soll beseitigt werden. Dies geschieht im Allgemeinen erst dann, wenn das zugehörige Browserfenster geschlossen wird.	`destroy()`

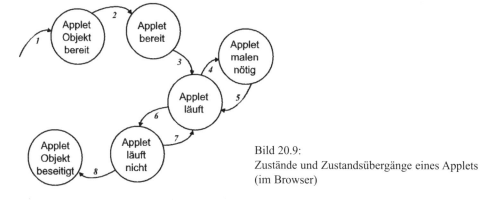

Bild 20.9:
Zustände und Zustandsübergänge eines Applets
(im Browser)

Die meisten dieser vom Browser aufgerufenen Applet-Methoden sind in der abgeleiteten Klasse zu überschreiben, um das gewünschte Applet-Verhalten darzustellen. Die entsprechenden von Applet geerbten Methoden tun nichts oder nur das mindestens Erforderliche. Den (eigenen) Methoden der abgeleiteten Applet-Klasse stehen noch einige Hilfsmethoden in der Klasse Applet und einem AppletContext-Objekt zur Verfügung, die Applet-spezifisch über die Möglichkeiten grafischer Anwendungen hinausgehen.

Bild 20.9 und Tabelle 20.3 zeigen die Zustände, die ein Applet im Browser (oder appletviewer) durchläuft, und die bei Zustandsübergängen aufgerufenen (gegebenenfalls überschriebenen) Methoden.

Methoden, die vom Browser aufgerufen werden

Die Methoden dieser Kategorie müssen in der jeweiligen abgeleiteten Appletklasse bei Bedarf überschrieben werden. Alle aufgeführten Methoden sind public.

```
void init()

void destroy()
```

Wie Bild 20.9 und Tabelle 20.3 zeigen, laufen diese Methoden im Leben eines Applet-Objekts genau einmal. Hier sind einmalige Initialisierungen und die Allokation beziehungsweise Freigaben externer Ressourcen vorzunehmen. Diese Methoden sind auch der Ort, um dauernd benötigte (Hintergrund-) Threads zu starten beziehungsweise (spätestens) zu beenden.

```
void start()

void stop()
```

Diese Methoden werden aufgerufen, wenn die Anzeige der HTML-Seite des Applets im Browser beginnt beziehungsweise endet. Hier sollten nicht dauernd benötigte Ressourcen angefordert und Threads gestartet beziehungsweise freigegeben und beendet werden.

```
void update(Graphics g)

void paint(Graphics g)
```

Diese Methoden werden aufgerufen, wenn das Applet auf der HTML-Seite (oder ein Teil davon) neu gezeichnet oder wenn es mit der HTML-Seite gedruckt werden soll. Die von java.awt.Container geerbte Methode update() löscht den Hintergrund und ruft dann paint() auf.

Die Methoden paint() und update() übernehmen als Parameter eine Referenz auf ein Objekt vom Typ Graphics. Objekte dieser Klasse kapseln ganz allgemein farbige, grafische Ausgabemöglichkeiten auf einer ebenen Fläche. Die Benutzung solcher Objekte ist unabhängig davon, ob es sich um ein Blatt Papier in einem Drucker oder Plotter oder um einen Bildschirm handelt (dank Vererbung und Polymorphie). Alle Graphics-Objekte denken in Pixel-Koordinaten, wobei der Ursprung (0,0) in der linken oberen Ecke liegt und nach rechts und ungewohnterweise nach unten positiv gezählt wird.

Die von java.awt.Container geerbte Methode `paint()` wird im Allgemeinen so über-schrieben, dass sie mit dem übergebenen Graphics-Objekt das ganze Applet neu zeichnet.

Die grafischen Operationen sind sehr aufwendig und brauchen auch nennenswert Zeit. Das Löschen des Hintergrunds und Neuzeichnen kann zu unschönem Flackern führen. Dies kann man vermeiden, indem man die Methode `update()` so überschreibt, dass sie den Hintergrund nicht löscht, sondern nur `paint()` aufruft. In allen nichttrivialen Fällen (in denen man also nicht einfach auf dem bestehenden Bild ‚weitermalen' kann) muss dann das Bild erst im Speicher dargestellt und „mit einem Schlag" ausgegeben werden; dieses Vorgehen wird gelegentlich „Doppelpufferung" genannt. Außerdem sollte man immer wiederkehrende Teile des Bildes wie beispiels-weise Koordinatensysteme und ihre Beschriftung nur einmal generieren und als Hintergrundbild bereitstellen.

 Diese Techniken sind im Applet `Compl Demo` (Kapitel 25.5) demonstriert.

String getAppletInfo()

Diese Methode wird von manchen Browsern und Werkzeugen aufgerufen, um Grundinformationen über das Applet wie Autor, Version und Copyright darzustellen. Sie kann entsprechend überschrieben werden. Die geerbte Implementierung liefert null.

String[][] getParameterInfo()

Diese Methode wird von manchen Browsern und Werkzeugen aufgerufen, um eine Liste der vom Applet möglicherweise ausgewerteten Parameter (Param-Tags) zu erlangen. Es ist ein Array von String-Arrays pro Parameter zu liefern. Das String-Array einer Parameterbeschreibung hat immer die Länge drei: Die Einträge bedeuten Parametername, Parametertyp oder -wertebereich und Bedeutung oder Kurzerläuterung. Das erwähnte Beispiel `Compl Demo` liefert hier den Inhalt seiner Konstante `PAR_INFO`:

```
public static final String[][] PAR_INFO = {
  {"showPi",    "boolean", "Zeige Kreis Pi (default true)"},
  {"showUnit",  "boolean", "Zeige Kreis 1  (default true)"}
};
```

Die geerbte Implementierung liefert null.

(Hilfs-) Methoden für die überschriebenen Applet-Methoden

String getParameter(String name)

Diese Methode liefert den Wert des mit `name` benannten Parameters als String. Gibt es kein Param-Tag mit dem angegebene Namen, wird null geliefert. Gibt es in der HTML-

Seite zwischen dem betreffenden <applet ...>- und </applet>-Tag

```
<param name= showPi value="nicht malen">
```

so liefert

```
getParameter("showPi")
```

den Wert „nicht malen" (welcher vom Code des Applets ComplDemo als false interpretiert würde).

AudioClip newAudioClip(URL url)

AudioClip getAudioClip(URL url)

AudioClip getAudioClip(URL url, String name)

void play(URL url) und play(URL url,String name)

Mit diesen Methoden kann eine Tondatei (.au) geladen und gespielt werden. Die URL-Angabe ist entweder vollständig oder sie wird mit name relativ zu einer Grund-URL ergänzt. Als Grund-URL verwendet man oft die der HTML-Seite, um relativ dazu weitere Ressourcen wie Töne und Bilder zu laden.

Der Unterschied zwischen newAudioClip() und getAudioClip() ist, dass newAudioClip() sofort lädt und getAudioClip() das eigentliche Laden bis zum ersten Abspielen mit play() zurückstellt.

URL getDocumentBase()

Diese Methode liefert das „URL-Verzeichnis", in dem sich die HTML-Datei befindet, in der dieses Applet gerade dargestellt wird.

URL getCodeBase()

Diese Methode liefert die URL des Applets selbst.

Image getImage(URL url)

Image getImage(URL url, String name)

Mit diesen Methoden kann eine Bilddatei (.gif, .jpg) geladen werden. Die Methoden kehren sofort zurück und liefern ein kaum fertiges Image-Objekt, welches in einem eigens hierzu gestarteten Thread nach und nach geladen (und durch update()-Aufrufe) auch nach und nach gezeichnet wird (wenn alles gut geht).

 Dieses umständliche und unter Umständen auch undurchsichtige und störende Verhalten wurde von den Java-Designern als für Applets (wo man trotz langsamer Verbindungen schnell irgendwas sehn will) für angemessen gehalten.

Leider ist dieses Verhalten so tief in der Klasse Image eingegraben, dass auch Anwendungen, die ein Bild von einer lokalen Datei laden (ein Vorgang, der ja nicht anders aussieht als das Lesen einer Text- oder Property-Datei und auch keine andere Handhabung erfordert), mit dem gleichen Zirkus beglückt werden (das Paket `DE.a_weinert.graf` enthält Klassen, die den Umgang mit Bildern erleichtern).

`boolean isActive()`

Diese Methode erlaubt es, die in Bild 20.9 dargestellten Haupt-Zustände zu erfragen. Nach den Übergängen 3 und 7 liefert die Methode true und vor 3 und nach 6 liefert sie false.

`void resize(int width, int height)`

`void resize(Dimension d)`

ändert die Größe des Applets. Dies ist mit etwas Vorsicht zu handhaben, da das Design einer HTML-Seite oft von einer festen, im Applet-Tag angegebenen Größe ausgeht.

`void showStatus(String msg)`

Diese Methode erlaubt es bei manchen Browsern, einen kurzen Text in der unteren Statuszeile auszugeben. Eine solche Anzeige kann sehr kurzlebig sein, da die Browser solche Statusanzeigen meist bald darauf für eigene Zwecke nutzen.

`AppletContext getAppletContext()`

Diese Methode liefert ein AppletContext-Objekt, das weitere nützliche Methoden zur Kommunikation zwischen mehreren Applets einer Seite und zum Laden einer anderen HTML-Seite bietet.

Teil V – Design (Regeln)

In diesem Teil werden Projekt- und Designregeln, Stilrichtlinien (style guide) und Lösungsansätze für einige Problemklassen (design pattern) für Java-Projekte gegeben. Dieser Teil kann, unverändert oder projekt- beziehungsweise firmenspezifisch modifiziert, als Teil des Pflichtenhefts verwendet werden.

Über den Inhalt solcher Richtlinien und insbesondere über Programmierstile gibt es unterschiedliche Ansichten und bei manchen Programmiersprachen wird mit religiösem Eifer auf diesem Gebiet gefochten. Das Folgende lehnt sich an die von Sun vorgegebenen Java-Gewohnheiten weitestgehend an und es hat sich in größeren Java-Projekten bewährt. Ob man nun bei eigenen Projekten das Folgende unverändert oder modifiziert einsetzt oder ob man einen ganz eigenen Satz von Regeln (der bei Java eigentlich nicht total anders sein darf) verwendet, ist nicht so wichtig. Entscheidend ist, dass es solche Vorgaben, Prozessregeln und Lösungsansätze gibt und dass sie allen an einem Projekt Beteiligten bewusst sind. Nichts ist schlimmer, als wenn jeder im Team ein anderes Vorgehen pflegt oder wenn gar ein und derselbe Programmierer nach Tagesform und -laune seinen Stil ständig wandelt.

Das Einhalten von Projekt- und Programmierregeln ist allein kein Erfolgsgarant. Umgekehrt aber kann man sagen, dass Fehler und Probleme in Projekten (auch in eigenen) ihre Hauptursache größtenteils in der Missachtung „der Regeln der Kunst" oder in Nachlässigkeiten bei der Projektführung hatten. Wenn man den Quellcode eines anderen Teammitglieds nicht flüssig lesen und verstehen kann – oder gar den eigenen nach ein paar Wochen – dann läuft etwas falsch.

Man bedenke stets – insbesondere wenn man versucht ist, aus kurzfristiger Bequemlichkeit gegen Programmierrichtlinien zu verstoßen: In jedem Softwareprojekt (in jedem!) sind die Kosten des Lesens höher als die der Schreibarbeit. Das gilt auch im ‚Ein-Mann-Team'.

Die Bedeutung von akzeptierten und durchgehaltenen Festlegungen zu Programmierstilen und Prozessabläufen wird meist unterschätzt. Die Betonung liegt auf akzeptieren (gemeinsam!) und dran halten (alle!). Wenn auch nur ein Teammitglied die gemeinsamen Regeln ‚konsequent' verletzt, sind erfahrungsgemäß die Folgen für die Arbeitszeit der anderen und den Projekterfolg immens.

21 Projektablauf

Jedes Hardware- oder Softwareprojekt durchläuft von Idee oder Auftrag bis Fertigstellung bestimmte Phasen. Dies bedarf schon bei mittleren Projekten einer gewissen Planung bezüglich des Einsatzes von Arbeitszeit, Maschinenzeit und der Bereitstellung von Mitteln und Werkzeugen. Viele Projekte scheitern auch, weil sie nicht oder schlecht geplant sind und zeitlich oder bei den benötigten Ressourcen völlig aus dem Ruder laufen.

Zur Einteilung eines Projektes in Phasen, zu Festlegung von Zwischenergebnissen (‚Meilensteinen') und zu den jeweils erforderlichen Dokumenten und Abläufen gibt es zahllose unterschiedliche Modelle und Vorgehensweisen, die auch unterschiedlich stark formalisiert sind. Das ist auch in Ordnung so, denn ein kleines unkritisches Projekt kann anders ablaufen und gehandhabt werden als ein großes und vielleicht auch sicherheitskritisches, bei dem gesetzliche Vorgaben und Anforderungen von Genehmigungsinstanzen zu berücksichtigen sind.

Entscheidend ist wieder, dass man überhaupt eine Vorgabe zum Projektablauf, zu Phasen, Meilensteinen und eine dem Projekt angemessene darauf bezogenen Planung hat. Die Planung kann im Kopf (kritisch und nur bei kleinsten Projekten gangbar) auf dem Papier (fast immer in Ordnung) oder mit Werkzeugen (im Allgemeinen empfehlenswert) erfolgen. Als Planungswerkzeuge lassen sich Tabellenkalkulationsprogramme (wie Excel) und spezielle Planungsprogramme (wie Project) einsetzen.

21.1 Lebenszyklus

Für die Einteilung eines Projektes in Phasen, an deren Übergängen und Grenzen natürliche Meilensteine liegen, verwendet man meist den Begriff Lebenszyklus. Auch hiefür gibt es zahlreiche Modelle (life cycle models). Bild 21.1 zeigt ein solches Modell, das für ein mittelgroßes (Java-) Softwareprojekt angemessen ist.

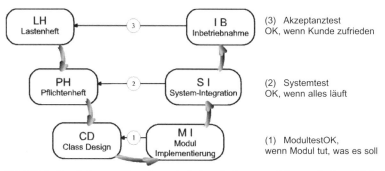

Bild 21.1: Der Lebenszyklus eines einfachen Softwareprojekts nach dem V-Modell

Der in Bild 21.1 dargestellte Lebenszyklus beginnt mit der Erstellung von zwei Dokumenten. Im Lastenheft steht, was das zu erstellende Produkt oder System tun soll. Die Frage „Was" wird hier aus Sicht des Kunden und späteren Benutzers beantwortet, ohne auf Implementierungsdetails einzugehen. Geklärt werden aber Punkte wie

- grafische oder Kommandozeilenanwendung,
- läuft „unverteilt" auf einem System (welcher Sorte),
- läuft verteilt als Client-/Server-Anwendung auf mehreren Systemen (welchen),
- muss eine betriebssystemspezifische ausführbare Datei (.exe) sein,
- muss plattformunabhängig auf virtuellen Maschinen (JVM, Browser) ausführbar sein,
- zu handhabende Codierungen und Dateiformate
  und dergleichen mehr.

Das Lastenheft ist die Grundlage für die Erstellung des Pflichtenheftes. Im Pflichtenheft steht, wie das Produkt oder System zu erstellen ist. Die Frage „Wie" schließt die Festlegung der Programmiersprachen beziehungsweise der einen Programmiersprache (100 % pure Java) und von Programmierrichtlinien ein. Dieser Part kann durch Einbeziehen des Folgenden erbracht werden.

Darüber hinaus legt das Pflichtenheft die Gesamtarchitektur der Lösung fest. Auf dieser Basis wird im nächsten Schritt die Objektstruktur und das Klassendesign, die Klassenhierarchie, festgelegt. Spätestens hier sollte auch klar festgelegt werden, welche Software neu zu schreiben und welche vorhandene einzubeziehen ist.

Nachdem dies geschehen ist, beginnt die Implementierung der einzelnen Module und ihr Test. (Es soll ja „Softwerker" geben, die ein Projekt hiermit beginnen und hernach klären, was das Ganze eigentlich hätte tun sollen.)

Schließlich wird das Ganze zusammengefügt, getestet und (vorsichtig) in Betrieb genommen.

Diese Phasen werden in einer Planung – von Verzweigungen und Zusammenführungen abgesehen – als linearer Ablauf entlang einer Zeitachse (meist von links nach rechts) dargestellt. In Bild 21.1 ist der Lebenszyklus davon abweichend in zwei Zweigen „schräg nach unten" und „schräg nach oben" dargestellt. Bei nicht so genauem Hinsehen bilden diese Zweige den Buchstaben V, der dem Modell den Namen gegeben hat.

Der Vorzug des V-Modells liegt darin, die jeweils sehr enge Beziehung der ersten und letzten Phase, der zweiten und vorletzten Phase (und so weiter je nach Granularität des Modells) des Projekts zu zeigen. In der letzten Phase, der Inbetriebnahme in Bild 21.1, wird, angedeutet durch die mit (3) markierte Linie, das Produkt anhand des Maßstabs Lastenheft beziehungsweise Kundenwunsch, also dem Ergebnis der ersten Phase, getestet.

Ein Fehler, der sich hierbei zeigt, kann das Projekt entlang dieser Linie (3) in Pfeilrichtung zurückwerfen – sprich hier an den Anfang. Diesem Fehler kann eine falsche Umsetzung der Kundenwünsche in das Lastenheft oder der Lastenheftvorgaben in das Pflichtenheft zugrunde liegen. Und dies hätte eigentlich in früheren Tests beziehungsweise Dokumenten-Reviews bemerkt werden müssen. Die V-Darstellung des Lebenszyklus' schärft vor allem das Bewusstsein dafür, wie extrem teuer ein früh gemachter und spät bemerkter (die Kombination ist „tödlich") Fehler ist.

Ein typisches Beispiel ist ein Kunde, der eine kommandozeilengesteuerte Anwendung möchte, die er nachts um 3 Uhr unbeaufsichtigt auf einem Server, an den nicht einmal dauernd ein Monitor angeschlossen ist, automatisch starten kann. Bekommt dieser Kunde nun eine grafische Anwendung, die nach jedem Start mehrere Menüeingriffe mit der Maus erfordert, wird dieser Kunde das Produkt ablehnen.

Noch schlimmer sind frühe Architekturfehler, die erst nach längerem Betrieb und weiter Verbreitung „zuschlagen". Hierzu fallen als (Nicht-Java-) Beispiele schlecht gewählte Datumscodierungen oder eine unglückliche Architektur der Zeitgeber (Timer) einer weitverbreiteten SPS-Familie ein. Ab einer gewissen Verbreitung eines Systems werden solche grundlegenden Architekturfehler, auch nachdem sie erkannt wurden, aus – guten oder schlechten – Kompatibilitätsgründen von Generation zu Generation weitergegeben. Die Erfahrung lehrt, dass sich jede Sorgfalt in frühen Projektphasen und bei Architekturentscheidungen lohnt und dass sich jede Schlamperei hierbei später meist bitter rächt.

21.2 Plattform

Eine reine, also „100% pure" Java-Anwendung, die plattformunabhängig läuft, ist grundsätzlich immer anzustreben. Sie stützt sich so weit wie möglich auf die

- Standard-Java-Bibliotheken,
- Standard-Java-Erweiterungen und auf
- darauf beruhende eigene Klassenbibliotheken.

Die Anwendung läuft auf Standard JVMs und lässt sich einschließlich der Programmdokumentation mit den Standard-Werkzeugen des JDK (javac, javadoc, jar) erzeugen und testen (java, javaw, jdb, appletviewer).

Beim Einsatz fremder Java-Klassenbibliotheken sind solche zu bevorzugen, von denen der Quelltext vorliegt.

In anderen Sprachen geschriebene Prozeduren (native methods) und Fremdbibliotheken sind grundsätzlich zu vermeiden (selbst wenn deren Quelltext vorliegt). Falls man (System-) Dienste braucht, die in Java wirklich nicht darstellbar sind, ist eine Alternative zu native methods der Aufruf von Hilfsprogrammen via System.exec().

21.3 Werkzeugeinsatz

Um kleine bis sehr große Java-Anwendungen, -Bibliotheken oder Applets mit Dokumentation zu schreiben und zu testen, genügen

- ein normaler ASCII-Editor   (wie EditPad),
- die Werkzeuge aus dem JDK   (javac, java/javaw, javadoc, jar) und
- ein Browser   (im Allgemeinen Netscape).

Um das Produkt beim Kunden laufen zu lassen, benötigt man

- ein JRE oder ein JDK und
- einen Browser   (nur für Applets oder die Dokumentation).

Dies alles ist kostenfrei und das JRE ist ohne Lizenzprobleme weiter verbreitbar. Um „Java zu machen" – auch erfolgreich im Großen – muss man also nichts kaufen.

Trotzdem erhebt sich in vielen Fällen die Forderung nach weitergehenden Werkzeugen wie

- Editoren mit Syntaxeinfärbung und kleineren Eingabehilfen oder gar
- integrierten (grafischen) Entwicklungsumgebungen (IDEs).

Die Frage, ob solche Werkzeuge und insbesondere IDEs (und wenn ja, welche) einzusetzen sind, muss für jedes einzelne Projekt entschieden werden.

21.3.1 IDEs (Auswahl- und Entscheidungskriterien)

Manche IDEs beruhen auf umfangreichen speziellen Klassenbibliotheken des IDE-Herstellers, in denen die Java-Standardklassen versteckt oder durch die sie ersetzt werden. Von diesen Klassen sind dann im Allgemeinen keine Java-Quellen verfügbar. Hinzu kommen gelegentlich besondere Lizenzprobleme bei der Weitergabe von Anwendungen, die auf solchen Spezialklassen beruhen. Oft setzen solche Spezial-Bibliotheken direkt auf der Zielplattform auf oder sie sind von IDEs desselben Herstellers für andere Programmiersprachen (Java für Basic-Programmierer) abgeleitet. Für ein portables reines („pure") Java-Design ist das alles tödlich und somit ein K.O.-Kriterium.

Eine IDE sollte also auf den Java-Standardklassen aufsetzen und am besten eine frei wählbare im System bereits installierte Standard-JVM mitverwenden. Eine in diesem Sinne gute IDE baut also ihre Dienste um ein beliebiges installiertes Standard-JDK herum auf und hat kein eigenes (dann auch meist nicht aktuelles) JDK „im Bauch".

Aber auch für IDEs, die auf dem Java-Standard und auf Standard-JVMs beruhen, gilt im Allgemeinen:

- Die positive Wirkung einer IDE wird weit überschätzt
  (Illusion, Programmieren ohne Kenntnis der Programmiersprache sei möglich),
- die Einarbeitungszeit in das Werkzeug allein wird weit unterschätzt, genauso wie die
- meist negativen Wirkungen der Entscheidungen des Werkzeugs auf das Design
  (und sei es nur durch den um einen Faktor 3 bis 10 aufgeblähten Codeumfang).
- Hinzu kommen die Eingriffe oder versuchten Eingriffe solcher Werkzeuge in die Projektführung und Versionsverwaltung, die oft etablierten Verfahren und Firmenstandards zuwiderlaufen.

Bei der Erstellung eines klaren OO-Designs mit einer gut strukturierten Hierarchie von Klassen und Schnittstellen und der Anwendung schlauer Entwurfsmuster nützen die meisten IDEs nicht nur nichts, sondern stehen einem dabei im Weg.

Das einzige, wobei einem IDEs wirklich Arbeit abnehmen können, ist die Herstellung von sehr vielen grafischen Komponenten und teilweise auch von Datenbankabfragen „in Großserie". Aber auch hier gilt die Einschränkung, dass die (meisten) IDEs hier nur null-Layout, das heißt also Pixel-Positionierung verwenden (das können sie dann sehr gut). Solche Komponenten sind aber nicht dynamisch in der Größe änderbar und schon die Portierung auf eine andere Bildschirmauflösung kann sehr unbefriedigende Ergebnisse zeitigen. Dies sollte geprüft werden, bevor viel Arbeit in diese IDE investiert wird. Eine spätere Änderung von Layouts bedeutet bei manchen IDEs einen Neubeginn des IDE-Projekts.

Was manche IDEs auch gut können, ist das gleichzeitige koordinierte Handhaben von Editor, Eingabehilfen, Klassendokumentation sowie Testlauf und gegebenenfalls Debugger. Unter Windows kann man das natürlich auch ohne IDE alles gleichzeitig sehen und betreiben, nur die Koordinierung und Steuerung muss man halt selber machen. Auch hier gilt:

Eine IDE kann durch diese Koordinierung (eben ihre Integrierung aller Werkzeuge) einigen Komfort- und Zeitgewinn bringen – solange man sich in ihren vorgegebenen Bahnen bewegen kann. Außerhalb dieser Bahnen gerät vieles, was in Eigenregie gar kein sichtbares Problem und in Sekunden erledigt ist, zu einem stundenlangen Forschen in IDE-Menüs, -Einstellungen und -Dokumentation.

Zusammengefasst kann man sagen:

Man setze nach gründlicher Prüfung eine geeignete IDE in dem Projekt oder dem Teil davon ein, wo sie wirklich etwas bringt. Das können Datenbankanwendungen oder solche mit vielen Grafikelementen sein. Und wenn man solche Werkzeuge einsetzt, kann und sollte man im Allgemeinen nicht sparen; gute, flexible IDEs mit wenig störenden Eigenschaften erfordern einen so hohen Entwicklungsaufwand, dass sie richtig Geld kosten müssen (und bei entsprechender Qualität auch dürfen).

Wer eine IDE einsetzt, nur weil er es anders nicht kann (Einsatz als Prothese), zahlt seine fehlende Einarbeitung im Lauf des Projekts dann dreifach drauf. Und es gilt immer: With or without a tool, a fool is still a fool.

Die Erfahrungen zeigen, dass der Einsatz einer IDE in einem Projekt eher eine noch gründlichere Vorbereitungs- und Spezifikationsphase als ohne IDE erfordert.

Gründe für eine IDE:

- Projektergebnis in einer Form gefordert, die das JDK allein nicht liefert (.exe, .dll),
- Projekt beinhaltet extrem viele Grafikkomponenten,
- Projekt beinhaltet die Generierung vieler Datenbankzugriffe,
- „Ohne IDE macht es mir keinen Spaß".

Gründe gegen eine IDE:

- unnötige zusätzliche Klassenbibliotheken ohne Quellcode,
- unflexibel bezüglich JDK-Version und / oder nur jeweils veraltete Versionen,
- aufgeblähter Code, unglückliches, unbeeinflussbares Klassendesign,
- Abweichungen vom Java-Standard,
- kann keine anderen Klassenbibliotheken oder Java-Extensions einbeziehen,
- „Ohne IDE kann ich nicht programmieren",
- „Ohne IDE macht es mir keinen Spaß".

21.4 Die Projektlieferung (deliverables)

Am Ende eines jeden Projektes stehen eine oder mehrere fertige Anwendungen, Applets, Klassenbibliotheken und dergleichen. Spätestens im Pflichtenheft ist festzulegen, in welchem Umfang und in welcher Form die Ergebnisse und Dokumente abzuliefern sind. Im Jargon von EU-Projekten nennt man dies die „deliverables".

☞ Ab hier werden in diesem Teil V harte Vorgaben im Pflichtenheftsinne gemacht, so wie sie sich bei größeren Java-Projekten des MEVA-Lab bewährt haben. Um der Kürze willen wird also nicht mehr darauf hingewiesen, dass projekt- und firmenspezifische Abwandlungen unter Umständen sinnvoll sein können.

Bei einem abgeschlossenen Java-Projekt sind abzuliefern

(1) vor allem alle Java-Quellen   (.java - Dateien),
(2) alle weiteren Ressourcen   (Properties-Dateien, Bilder, Audio-Clips,
                                                      HTML-Paketdokumentationen etc.).

Aus beidem muss sich alles andere – lauffähig und einschließlich der Dokumentation – mit den Werkzeugen

* Compiler   (javac)   und
* Dokumentationsgenerator   (javadoc)

erzeugen lassen.

Diese scheinbar so schlichte Anforderung impliziert sehr viel bezüglich Programmierstil und Einsetzbarkeit oder Nicht-Einsetzbarkeit von bestimmten Werkzeugen und Bibliotheken.

Zum Lieferumfang gehört natürlich noch

* begleitende Textinformation (Projektbericht), aus der (mindestens) hervorgeht, welche JDK-Version(en) erforderlich oder geeignet sind sowie
* alles an Dokumentation, was sich nicht sinnvoll in die generierte (javadoc) Programmdokumentation einbeziehen lässt.

In diese Kategorie fallen Bedienungsanleitungen, gegebenenfalls Beschreibung des Hardwareumfelds, Stromlaufpläne sowie die Testberichte, Beschreibungen der Testfälle und die Testdateien.

Alle zum Projekt gehörenden Dateien, Quellen, zusätzlich eingesetzte Werkzeuge, Testeingaben etc. sollen als Datenträger dem Projektbericht beigefügt oder zugreifbar archiviert werden. Als Datenträger ist eine unter Windows (NT) lesbare CD zu verwenden.

Kriterium: Mit dem Papier und der CD muss man – bei Null beginnend – alles neu erzeugen können.

21.5 Dateinamen und Erweiterungen, Verzeichnisse

.java

Eine Java-Quelle hat die Erweiterung .java, und sie muss so heißen wie die (einzige) in ihr definierte öffentliche (public) top-level-Klasse oder die öffentliche Schnittstelle, siehe hierzu auch Kapitel 17.1.

Beispiel 21.1: Öffentliche top-level Klassen bestimmen den Dateinamen

```
public class Matrix extends Object {
    // in der Quelldatei Matrix.java wird
    // die öffentliche Klasse Matrix definiert
}
```

Bei den Namen von Java-Quell- und Klassen-Dateien ist Groß-/Kleinschreibung relevant. Auf Plattformen mit kurzen (8.3) Dateinamen und Dateinamen ohne Groß-/Kleinschreibung kann kein Java laufen.

.class

Der generierte Java-Byte-Code wird in Dateien mit Erweiterung .class und dem Klassen- oder Schnittstellennamen abgelegt, also Matrix.class für das obige Beispiel 21.1. Aus einer Quelle werden durch Übersetzung so viele Klassendateien generiert wie Klassen und Schnittstellen in der Quelle definiert sind (Anzahl .class-Dateien >= Anzahl .java-Dateien).

Für verschachtelte Klassen werden Namen nach dem Schema TopLevel\$Schachtel.class generiert. Das Dollarzeichen wird also als Trennzeichen zwischen den eigentlichen Klassennamen eingefügt (ein Grund mehr, es selbst nicht in Namen zu verwenden, s. u.).

.properties, .ser

Properties-Dateien haben die Endung .properties.
Serialisierte Objekte werden in Dateien mit der Endung .ser abgelegt.

.html, .css

Die Dateien der mit javadoc generierten HTML-Dokumentation haben die Endungen .html und .css.

.gif, .jpg, .au

Java-Klassen zu Bildverarbeitung kennen das JPEG- und das CompuServe-GIF-Format. Dementsprechend haben die Bilddateien des Projekts nur diese Formate und die Endung .gif beziehungsweise .jpg.

Töne können von Java-Applets wiedergegeben werden, wenn sie in einem von Sun definierten Audioformat als .au-Dateien vorliegen. Bei Java-Anwendungen stellt die so genannte Sound-API andere, weitergehende und in der Anwendung wesentlich kompliziertere Mechanismen zur Verfügung.

Pakethierarchie, Verzeichnishierarchie

Die Ablage der Quell- und Klassendateien in Unterverzeichnissen spiegelt die Pakethierarchie wider.

Ausgehend von einem (Projekt-) Arbeitsverzeichnis

```
D:\JavaWork\
```

würden die Dateien zum Paket DE in einem Verzeichnis

```
D:\JavaWork\DE\
```

und die Dateien zum (Unter-) Paket DE.a_weinert.io in einem Verzeichnis

```
D:\JavaWork\DE\a_weinert\io\
```

stehen.

package.html, Dokumentation

Die von javadoc zu verarbeitende allgemeine Information zu Paketen muss mit dem Dateinamen package.html im betreffenden Verzeichnis des Pakets bereitgestellt werden. Der Dateiname package.html ist für alle Pakete gleich. Die Datei enthält einfachen HTML-Text (nur body ohne die body-Tags) mit einigen javadoc-Tags. Zu jedem Paket ist eine solche Datei zu erstellen.

Das Werkzeug javadoc erzeugt im aktuellen oder ausdrücklich (-d) angegebenen Zielverzeichnis eine wiederum der Pakethierarchie entsprechende Verzeichnishierarchie und platziert hierin die generierte HTML-Dokumentation.

Die generierte HTML-Dokumentation mit ihrem Verzeichnisbaum ist grundsätzlich in einem bereitgestellten eigenen Zielverzeichnis (mit der Option -d ziel) abzulegen. Das Mischen von Quellen, Klassen und Dokumentation im selben Verzeichnisbaum ist unübersichtlich. Beispiel 21.2 zeigt eine Möglichkeit zur Trennung der Verzeichnishierarchien.

Beispiel 21.2: Trennen von Quell- und Dokumentationsdatei-Verzeichnishierarchie

```
D:\JavaWork> md .\docs
D:\JavaWork> Javadoc -author -version -package -use
    -d .\docs *.java DE.a_weinert DE.a_weinert.graf
    DE.a_weinert.io DE.a_weinert.math

    ::::::::::    viele, viele Meldungen

Generating .\docs\DE\a_weinert\math\Complex.html...
Generating .\docs\DE\a_weinert\math\SFun.html...
Generating .\docs\serialized-form.html...
```

```
Generating .\docs\package-list...
Generating .\docs\help-doc.html...
Generating .\docs\stylesheet.css...
D:\JavaWork>
```

.jar für Applets und Applikationen

Mehrere Klassen und Ressourcen (Properties, Bilder) können in Java-Archiven mit der
Dateiendung .jar (Werkzeug jar) zusammengefasst und komprimiert werden. Dabei kann
es sich auch um ein Applet mit Zubehör handeln. Viele Browser sind wie auch Netscape
in der Lage, ein solches Archiv auf einmal zu laden und auszupacken (archive-Parameter
im applet-tag). Beispiel 21.3 ist der Auszug aus einer HTML-Datei, die diese
Möglichkeit nutzt. Das Archiv compldemo.jar enthält nicht nur die Applet-Klasse
ComplDemo, sondern auch alle übrigen benötigten Klassen (komplexe Arithmetik in
diesem konkreten Beispiel). Dies alles wird in einem Vorgang geladen und die
Kompression des .jar-Archivs spart noch zusätzlich Zeit.

Beispiel 21.3: Laden eines Applets aus einer Archivdatei

```
<applet code="ComplDemo.class" archive="compldemo.jar"
alt="Complex-Applet" name="Comp1" width=500 height=328>
Wenn Sie das lesen, ist Ihr Browser unfähig,
Applets zu handhaben.</applet>
```

☞ Neben der Verbesserung der Ladezeit löst man mit einem .jar-Archiv für ein
Applet noch ein weiteres Problem: Viele HTTP-Server, Proxies etc. erzwingen
Dateinamen in Kleinschrift. Damit gerät man mit der „Dateiname gleich Klassenname"-
Regel in Konflikt. Die Namen für .jar-Archive sind beliebig wählbar; es ist also auch
Kleinschrift wie im Beispiel 21.3 möglich.

Alle Applets eines Projekts sind mit allem Zubehör, das heißt mit weiteren Klassen,
Bildern, Audioclips, serialisierten Objekten etc. in ein .jar-Archiv zu packen. Der
Dateiname der Archivdatei ist in Kleinschrift zu schreiben.

☞ Wenn man voraussetzt, dass die Nutzer einen geeigneten Browser haben, muss
man die Klassendateien etc. natürlich nicht noch zusätzlich (auf dem HTTP-
Server) ablegen. Ein unfähiger Browser, der den archive-Parameter ignoriert, wird dann
allerdings erfolglos sein.

Auch der Java-Interpreter kann mit der -jar-Option Anwendungen aus geeigneten
Archiven heraus starten. Geeignet heißt unter anderem, dass im Gegensatz zu Applets
nun eine entsprechende so genannte Manifest-Datei namens META_INF/Manifest.mf
zwingend erforderlich ist. Unter Windows kann mit .jar-Dateien die Anweisung
„javaw.exe -jar" verknüpft werden, so dass solche gepackte Anwendungen mit
Doppelklick startbar sind.

Das Vorgehen wird anhand des Beispiels „Hello als grafische Applikation", Beispiel 2.6, gezeigt. Als erstes erstellt man im selben Verzeichnis, in dem sich auch die Klassendateien befinden, eine Textdatei namens hellograf.mf mit dem Inhalt:

```
Main-Class: HelloGraf
```

Danach packt man die Klassendateien der Anwendung in ein Archiv, wobei man den (einzeiligen) Inhalt der Datei hellograf.mf der Manifest-Datei zufügen lässt. Bild 21.2 zeigt das Vorgehen. Der Kompressionseffekt ist bei Klassendateien (typischerweise) relativ gering, aber immerhin ist das Archiv einschließlich Verzeichnisinformation (overhead) und Manifest-Datei noch kürzer als die beiden darin verpackten Klassendateien.

```
Eingabeaufforderung                                             _ □ ×
D:\cd\beispiele>
D:\cd\beispiele>dir HelloG*.*
Datenträger in Laufwerk D: ist Daten0
Datenträgernummer: 64FF-E0E0

Verzeichnis von D:\cd\beispiele

01.03.00  12:42                     582 HelloGraf$1.class
01.03.00  12:42                   1.238 HelloGraf.class
01.03.00  12:42                     841 HelloGraf.java
02.03.00  11:50                      27 hellograf.mf
              4 Datei(en)         2.688 Bytes
                        2.632.794.112 Bytes frei

D:\cd\beispiele>jar cfvm hellograf.jar hellograf.mf hellogr*.class
added manifest
adding: HelloGraf$1.class(in = 582) (out= 393)(deflated 32%)
adding: HelloGraf.class(in = 1238) (out= 740)(deflated 40%)

D:\cd\beispiele>dir HelloG*.*
Datenträger in Laufwerk D: ist Daten0
Datenträgernummer: 64FF-E0E0

Verzeichnis von D:\cd\beispiele

01.03.00  12:42                     582 HelloGraf$1.class
01.03.00  12:42                   1.238 HelloGraf.class
02.03.00  12:33                   1.748 hellograf.jar
01.03.00  12:42                     841 HelloGraf.java
02.03.00  11:50                      27 hellograf.mf
              5 Datei(en)         4.436 Bytes
                        2.632.790.016 Bytes frei

D:\cd\beispiele>java -jar hellograf.jar

D:\cd\beispiele>_
```

Bild 21.2: Die grafische Anwendung `HelloGraf` wird als .jar verpackt

Die nun in einem .jar-Archiv verpackte grafische Anwendung kann man, wie auch in Bild 21.2 gezeigt, mit der –jar-Option von java.exe beziehungsweise javaw.exe aus dem Archiv heraus starten. Bei einer entsprechenden Verknüpfung (die die Java-Installation seit Java 2 herstellt) kann man solche Anwendungen auch mit einem Doppelklick auf die .jar-Datei im Windows-Explorer starten.

Alle Anwendungen, bei denen dies sinnvoll und möglich ist und dem Anwender einen Nutzen bringt, sind auch als startbare .jar-Datei bereitzustellen.

Das Doppelklickstarten ist im Allgemeinen nur für grafische Anwendungen sinnvoll und durch die Verknüpfung von .jar mit javaw (und nicht mit java) so vorge-
sehen. Eine geeignete Verknüpfung sieht beispielsweise so aus:

C:\Programme\JavaSoft\JRE\1.3\bin\javaw.exe -jar %1

Zum Doppelklickstarten von Kommandozeilenanwendungen müsste man diese
Verknüpfung mit dem Explorer und dem Registry-Editor auf beispielsweise

C:\WINNT\system32\cmd.exe /K „C:\Programme\JavaSoft\JRE\1.3\bin\java.exe -jar %1"

oder eine zwischengeschaltete Batch-Datei (.bat) setzen. Die Ergebnisse sind aus verschiedenen Gründen meist unbefriedigend. Man sollte daher auf den .jar-
Doppelklickstart von nicht grafischen Anwendungen verzichten und diese gegebenenfalls einzeln mit geeigneten Start-Batch-Dateien versehen.

.jar als „installed extensions"

Als .jar-Datei gepackte, auch große und hierarchisch gegliederte Klassenbibliotheken
können (ab Java 2) als „installed extensions" dem installierten JDK oder JRE hinzugefügt (Verzeichnis ...\jre\lib\ext\) und so direkt verfügbar gemacht werden. („Direkt' heißt
ohne „classPath-Gefummel".) Beispiel 21.4 zeigt die Vorgehensweise; siehe auch
Kapitel 1.4.

Beispiel 21.4: Packen einer Pakethierarchie in ein Archiv und Zufügen als „installed
extension"

```
D:\JavaWork> jar cfM aWeinertBib.jar DE\a_weinert\*.class
D:\JavaWork> jar uf  aWeinertBib.jar DE\a_weinert\io\*.class
D:\JavaWork> jar uf  aWeinertBib.jar DE\a_weinert\graf\*.class
D:\JavaWork> jar uf  aWeinertBib.jar DE\a_weinert\math\*.class
D:\JavaWork> xcopy aWeinertBib.jar
                 D:\Programme\jdk1.3\jre\lib\ext\
D:\JavaWork> xcopy aWeinertBib.jar
                 C:\Programme\JavaSoft\JRE\1.3\lib\ext
```

 jar.- und .zip.-Dateien sind kompatibel und können mit denselben Werkzeugen
bearbeitet werden.

22   Formale Anforderungen an die Quelle

Verglichen mit OO-Anforderungen und dem Design von Klassen- und Schnittstellen-
hierarchien, dem Einsatz von Entwurfsmustern und dergleichen (Kapitel 23) scheinen die
formalen Anforderungen an die Quellen ein bisschen das Handwerkliche im Kleinen zu
betreffen. Sie sind dennoch nicht minder wichtig.

22.1 Namenskonventionen

Namenskonventionen sind in vielen Programmiersprachen üblich und verbreitete Sitte, wobei sich oft mehrere unvereinbare Stilrichtungen herausbilden.

Bei Java gibt es eine Namenskonventionen, die von Sun Microsystems forciert wird. Ihre Bedeutung geht bei Java über die einer guten Angewohnheit hinaus. Werkzeuge und Klassen, die die sogenannte Introspektion („Reinschauen" in fremde Klassen) nutzen (Beans, DE.a_weinert.Prop, etc.) und die automatische Benennung innerer Klassen setzen die Einhaltung der Java-Namenskonventionen voraus.

Für den Menschen machen Namenskonventionen den Quelltext verständlicher und leichter lesbar. Eingehaltene Konventionen, wie sie in Tabelle 22.1 zusammengefasst sind, können unmittelbar implizite Informationen über die Art eines Bezeichners liefern – ob er eine Konstante, eine Variable, eine Methode, Klasse oder ein Paket bezeichnet.

Tabelle 22.1: Namenskonventionen

Art	Namensregel	Beispiele
Pakete (package)	Weltweit eindeutige Pakete sollten nach Sun ein Präfix erhalten, das aus der umgedrehten URL des Herstellers besteht. Hierbei wird der an den Anfang gesetzte Name der primary domain ganz in Großbuchstaben und der Rest ganz in Kleinbuchstaben geschrieben.	COM.sun java.lang
	Immer gilt: Die Paket/Unterpaketbezeichnung soll die logische Struktur des Projekts spiegeln und aus Namen in Groß-/Kleinschreibung bestehen, die klein beginnen (wie Methodennamen).	DE.a_weinert.io
Klassen (class) Schnitt- stellen (interface)	Klassen- und Schnittstellennamen sollen Hauptwörter sein. Groß-/Kleinschreibung, erster Buchstabe groß, Namensteile durch Binnenmajuskeln getrennt. Klassennamen sollen einfach gehalten werden und keine Abkürzungen oder Akronyme enthalten, außer der weltweit verbreiteten wie HTML oder URL. Solche Abkürzungen werden dann ganz in Großbuchstaben gesetzt.	Punkt BildPunkt URLReader Enumeration
Methoden (x())	Methodennamen sollen Tätigkeitswörter (Verben) oder Verb-Objekt-Zusammensetzungen sein. Groß-/Kleinschreibung, erster Buchstabe klein, Namensteile durch Binnenmajuskeln getrennt.	go() doIt() setHeight()
Variable	Groß-/Kleinschreibung, erster Buchstabe klein, Namensteile durch Binnenmajuskeln getrennt. Sie sollen zwar kurz sein, aber doch die Bedeutung der Variablen direkt angeben. Einzeichennamen, wie i, j, k, sollen kurzlebigen lokalen Variablen vorbehalten bleiben.	xPostion yPosition i
Konstante (final)	Die Namen von Konstanten werden ganz in Großbuchstaben geschrieben und Namensteile werden durch _ getrennt.	static final int MIN_ANZ = 4;

Die Konvention für die Benennung von Paketen mit dem Internet-Domainnamen von hinten (erste Zeile in Tabelle 22.1) geht davon aus, dass jeder so etwas hat. Einzelpersonen und kleine Firmen ohne Domainnamen, aber auch sehr große oder heterogene Firmen haben da ein Problem. Für die Widersprüche zwischen der URL- und der Java-Namenssyntax gelten folgende Regeln:

1) Alle in Java-Namen verbotenen Zeichen, und dies ist insbesondere der in URLs gern verwendete Bindestrich, werden durch einen Unterstrich _ (underscore) ersetzt.
2) Namensteile, die ein Java-Schlüsselwort sind (transient zum Beispiel), bekommen einen Unterstrich angehängt (transient_).
3) Namensteile, die mit einer Ziffer beginnen (2Com zum Beispiel), bekommen einen Unterstrich vorangestellt (_2com).

Der Domainname a-weinert.de bestimmt also nach diesen Regeln den weltweit eindeutigen Grundpaketnamen `DE.a_weinert` und damit `...\DE\a_weinert\` als Grundverzeichnis für Quell- und Klassendateien dieses Pakets und seiner Unterpakete.

☞ Dies ist auch der Grund, warum das Grundpaket der „aWeinertBib" genannten Klassenbibliothek `DE.a_weinert` ist. Bei der vielfach noch eingesetzten, aber nicht mehr weiter gepflegten und „weinertBib" genannten Vorgängerversion hieß entgegen dieser Regel das Grundpaket ebenso `weinertBib`.

Für Java-Namen gilt weiter: Kein Name soll $ oder _ (Underline) enthalten oder gar damit beginnen. Einzige Ausnahme ist ein _ als Trenner von Namensteilen bei Konstanten. Ferner sollen keine Zeichen Unicode > 127 oder gar > 255 in Namen verwendet werden. Ein kleines l (\u006C) ist in manchen Zeichensätzen nicht von einem großen I (\u0049) oder einer 1 (\u0031) zu unterscheiden. Da solche Verwechslungen (für den menschlichen Leser am Bildschirm oder vom Papier) nicht auszuschließen sind, ist das kleine l in Namen möglichst zu vermeiden; insbesondere ist es als Einbuchstabenname nicht zulässig.

Bezeichner von mehr als kurzlebiger temporärer Bedeutung sollen aussagekräftige Namen in Deutsch (Landessprache) oder Englisch sein.

Die hier und in Tabelle 22.1 aufgeführten Konventionen sind die streng einzuhaltenden Grundregeln für die Benennung von Paketen, Klassen, Methoden und Variablen.

Hinzu kommen weitere Konventionen über die Wahl von Namen. Solche Namenskonventionen erleichtern, konsequent eingehalten, das Verstehen von Programmen einschließlich der automatischen Introspektion (introspection) von Klassen erheblich. Es gilt unter anderem:

• Gibt es eine Variable

```
MyType xyZ;
```

so haben die zugehörigen Setz- und Abfragemethoden die Signatur

```
MyType getXyZ();
void    setXyz(MyType xyZ);
```

- Die Namen aller (und nur der) von java.lang.Throwable abgeleiteten Klassen, deren Objekte eine Ausnahme (exception) beschreiben, enden mit „Error" oder mit „Exception".
- Die Namen von Klassen, deren Objekte ein Ereignis im Sinne einer Änderung eines Zustands beschreiben, bestehen aus dem (sinnvoll gewählten) Ereignisnamen, gefolgt von „Event"; z. B. FluidLevelChangeEvent.
- Die Namen von Schnittstellen, die Methoden zur Reaktion auf ein Ereignis oder einen Satz von Ereignissen vereinbaren, bestehen aus dem (sinnvoll gewählten) Ereignisnamen gefolgt von „Listener"; z. B. FluidLevelChangeListener.

Die Namensgebungskonventionen sollen streng eingehalten werden, wie dies auch bei den Java-Standard-Klassenbibliotheken geschieht. Diese Konventionen sind auch tragender Bestandteil vieler Komponentenmodelle für allgemein wiederverwendbare Software wie unter anderem JavaBeans (siehe weiter unten in Kapitel 23.2.5).

22.2 Einrückung (Indent)

Blöcke werden jeweils um Vielfache von drei Leerzeichen eingerückt. Eine Einrückung um jeweils drei Leerzeichen reicht für eine gute Lesbarkeit vollkommen aus und mehr als vier ist übertrieben und führt zu zu langen Zeilen.
Beim Einrücken gilt:

- Öffnende Blockklammern { kommen auf dieselbe Zeile wie die deklarierende Anweisung.
- Schließende Blockklammern } kommen an den Beginn einer Zeile und werden so weit eingerückt wie das erste Schlüsselwort der zugehörigen deklarierenden Anweisung.
- Ein Zeilenendkommentar bei allein stehenden schließenden Blockklammern als kurzer Hinweis, was da geschlossen wurde, ist oft beim Lesen sehr hilfreich. Die Sprache Ada erzwingt etwas Entsprechendes.

Dokumentationskommentare werden nicht mit eingerückt. Beispiel 22.1 zeigt die Anwendung dieser Regeln.

Beispiel 22.1: Einrückungsregeln

```
    /** Hempel ist Krempel. */
    class Hempel extends Object {
        int stvar;
/** Es strampelt. <br>
    *   @param s Die Anzahl der Strampler
    */
        public void strample(int s) {
            stvar += s;
        } // strample(int)

} // class Hempel
```

22.2.1 Zeilenlänge und Tabulatorverwendung

Die Zeilenlänge soll 79 Zeichen nicht übersteigen, da das Anzeigen und Drucken längerer Zeilen auf vielen Ausgabegeräten unschöne und schlecht lesbare Ergebnisse bringt.

Codebeispiele in Dokumentationskommentaren sollen auf 69 Spalten Breite beschränkt bleiben.

Die Verwendung von Tabulatoren im Quelltext ist zu vermeiden; das gilt auch für die Einrückung.

Das Raster einer Tabulatoreinrückung lässt sich zwar in manchen Editoren auf wohl drei Spalten setzen, bei den meisten Ausgabegeräten (Monitor, Drucker etc.) ist es aber auf acht Spalten festgelegt. Das gedruckte Ergebnis sieht dann anders aus als bei der Eingabe und ist im Allgemeinen schlecht lesbar.

 Falls Tabulatoren in der Quelle vorhanden sind, sollte man sie mit einem geeigneten Editor (Editpad: „convert tabs to spaces") in drei Leerzeichen konvertieren lassen.

22.2.2 Zeilenumbruch

Sind Anweisungen und Ausdrücke zu lang, um auf die nach Einrückung verbliebene Zeile (von insgesamt maximal 79 Spalten) zu passen, breche man an folgenden Stellen um:

- nach einem Komma,
- vor einem Operator,
  wobei geklammerte Teilausdrücke möglichst beieinander bleiben sollten.

Lange String-Konstanten sind mit dem +-Operator zu unterteilen. Das ist unbedenklich und wird zur Übersetzungszeit „wegoptimiert". Beispiel 22.2 zeigt die Anwendung dieser Regeln.

Beispiel 22.2: Regeln für zusätzliche Zeilenumbrüche

```
    if ((bedingung1 || bedingung2)
            && (bedingung3 || bedingung4)
            && !(bedingung5 || bedingung6)) {
        machWas();
        machWas(2);
            }
    ergebnis1 = langName2
            * (langName3 + langName4 - langName5)
            + 4 * langName6;

    public boolean methodeMitVielenParametern (int einParam,
            Object nochEinParam,
```

```
        String undNochEiner, Object undDerAuchNoch) {
    return nochEinParam == null ||  einParam == 0
        || nochEinParam.equals( "Mit diesem String, der "
            + "sehr lang ist, soll nochEinParam "+
            + "übereinstimmen");     // zu langer String
  } // methodeMitVielenParametern()

    alpha = (einSehrLangerBoolscherAusdruck)    ? beta
                                                 : gamma;
```

22.2.3 Leerzeichen

Zwischen ein Schlüsselwort (if, switch etc.) und eine öffnende Klammer (kommt ein Leerzeichen.

Zwischen einen Methodennamen und die öffnende Klammer (kommt kein Leerzeichen.

Ein zweistelliger Operator wird von seinen (Teil-) Ausdrücken durch Leerzeichen getrennt. Dies gilt aber nicht für die Elementzugriffsoperatoren . (Punkt) und [] (Indexklammer). Ein einstelliger Operator kommt ohne Leerzeichen vor oder nach „seinen" Ausdruck. Beispiel 22.3 zeigt die Anwendung dieser Regeln.

Beispiel 22.3: Regeln für (zusätzliche) Leerzeichen

```
i = (int)a + (int)b;
t = !t;
tuWas(3);
++i;
x = ar.x[ j--] ;
y = x > 3 && j == 9 ||  !t ? 10.9e3
                        : 0;
```

22.3 Kommentare

Java kennt zwei Arten von Kommentaren:

*   Implementierungskommentare und
*   Dokumentationskommentare.

Erstere sind „normale" Kommentare, entweder als Zeilenendkommentare :

```
x = x + 0;    // blah blah
```

oder als Blockkommentare:

```
/*   blah blah
     blah */
```

Kommentare sind nicht schachtelbar.

Dokumentationskommentare („doc comments") sind mit /** und */ begrenzt und haben eine eigene vom javadoc-Werkzeug verstandene Syntax. Sie müssen jeweils vor der Definition von Klassen, Schnittstellen, Methoden oder nicht lokalen Variablen stehen.

Implementierungskommentare können auch zum Ausblenden von noch nicht benötigtem Code dienen (Dies geht auch mit if(false)). Ihr eigentlicher Zweck ist die Beschreibung von Implementierungsbesonderheiten für einen späteren Leser oder (Weiter-) Programmierer dieser Quelle.

Dokumentationskommentare sollen die Spezifikation beschreiben und von Implementierungsdetails, die nur einen späteren Programmierer dieser Quelle, nicht aber den Anwender im weitesten Sinne interessieren, frei sein. Ein Anwender in diesem Sinne ist auch der Programmierer einer abgeleiteten Klasse.

22.3.1 Implementierungskommentare

Implementierungskommentare sollten sparsam verwendet werden und nur Aspekte beschreiben, die sich dem qualifizierten Leser der Quelle nicht unmittelbar erschließen.

Sehr viele (nötige oder unnötige) Implementierungskommentare sind ein Zeichen schlechter Programmierung. Wenn Kommentare nötig sind, um die Struktur des Codes oder irgendwelche Tricks zu erklären, ist es Zeit, eine andere, klarere Lösung zu erwägen.

Ausgenommen von diesem Verbot „unnötiger" Kommentare sind kurze Zeilenend-kommentare nach schließenden Blockklammern, die sagen, was da gerade geschlossen wurde. So etwas dient der schnellen Orientierung im Quelltext.

Es kann die Lesbarkeit erhöhen, wenn mehrzeilige Implementierungskommentare mit geeigneten Zeichen umrahmt werden. Hierfür sollen, wie im Beispiel 22.4 gezeigt, Sternchen ausdrücklich nicht genommen werden, denn „Sternchen vorn" heißt „Dies ist ein Dokumentationskommentar".

Beispiel 22.4: Zum Einrahmen von Implementierungskommentaren

```
/* - - - - - - - - - - - - - - - - - - - -- - - - -\
| Hier nun ...  Promenturium plagae delendum esse  |
| calculos clatorum dixit ad consiliuum abstrusum. |
\ _ _ _ _ _ _ _ _ _ _ _ _ _ _ _ _ _ _ _ _ _ */
```

22.3.2 Dokumentationskommentare

Dokumentationskommentare sollen konsequent eingesetzt werden. Der Anwender der Klassen oder Schnittstellen, sprich der Programmierer einer anderen Quelle, muss aus der mit javadoc generierten HTML-Dokumentation alles Nötige erfahren.

Wenn man die Quelle inspizieren muss, um die Klassen, Schnittstellen, Applets oder Anwendungen zu verwenden, sind die Dokumentationskommentare ungenügend.

Leider muss dies von einigen (wenigen) JDK-Klassen (und auch noch einer Klasse aus aWeinertBib) gesagt werden.

Die Tags

@author @version @param @return @see @exception und @deprecated

sind konsequent und sinngemäß zu verwenden.

Dokumentationskommentare werden nicht eingerückt. Innere Zeilen mehrzeiliger Dokumentationskommentare beginnen mit „Leerzeichen Sternchen Leerzeichen Leerzeichen". Diese Zeichenfolge wird von javadoc am Anfang einer Zeile ignoriert.

Beispiel 22.5: Fragment des Dokumentationskommentars einer Methode

```
/** Setzen der Weckzeit. <br>
 *  Die Zeit zum Aufwecken kann im Fünfminutenraster gesetzt
 *  werden. Dazwischen liegende Zeitangaben ...
 *  @param h Weckstunde (0..23)
 *  @param m Weckminute (0, 5, ... 55)
 */
        public void setWeckzeit t(int h, int m) {
```

Alle außerhalb der Quelle sichtbaren (nicht privater) Elemente bedürfen grundsätzlich eines Dokumentationskommentars.

Die Beschreibung privater Elemente in Dokumentationskommentaren ist im Allgemeinen nicht nötig. Es kann aber sinnvoll sein, private Elemente nach dem gleichen Schema zu dokumentieren wie die außerhalb der Klasse zugänglichen. Das Einfügen oder Nichteinfügen dieser Beschreibungen in die generierte Dokumentation lässt sich mit der Option -private (statt -package) von javadoc steuern.

Ein Copyright-Hinweis soll jeweils am Ende von Dokumentationskommentaren von (top-level-) Klassen und Schnittstellen erscheinen, sowie in den Paketzusammenfassungen package.html.

☞ In den Dateien package.html müssen übrigens /**, */ und führende Zeilensternchen entfallen.

22.4 Variablen

22.4.1 Vereinbarung

Es soll nur eine Variable pro Zeile (pro Anweisung) vereinbart werden, da dies Kommentierung und Initialisierung lesbarer macht.

Also:

```
int   anzLeute;
int   anzZwerge = 90;
int   anzPurzel;          // Purzel ist eine Zwergsorte
```

und nicht:

```
int   anzLeute, anzZwerge = 90, anzPurzel; // eine Zwergsorte
```

Bei Arrays soll der (Array-) Typ im Typnamen erscheinen; also:

```
double[]  schneeMesswert;
```

und nicht:

```
double    schneeMesswert[]; // sehr schlechter Stil
```

Lokale Variablen sollten gleich bei ihrer Vereinbarung initialisiert werden. Nicht initialisierte lokale Variable sind in Java nicht verwendbar. Der Versuch ist ein Syntaxfehler. Wenn man sie also erst später braucht, sollte man sie auch dort erst vereinbaren.

Lokale Laufvariablen für for-Schleifen, deren Wert nach dem Schleifenblock nicht mehr benötigt wird, sollten in der for-Anweisung vereinbart und initialisiert werden:

```
for (int i = 0; i < a.length; i += 1) { a[ i] = null; }
```

22.4.2 Konstanten

Grundsätzlich sollen Konstanten nie direkt (und gar mehrfach) im Code auftauchen. Man setze dafür eine benannte Konstante ein.

Konstanten werden an der höchsten sinnvollen Stelle der Klassen- oder Schnittstellenhierarchie und immer static vereinbart. Konstante Werte sind immer etwas Gemeinsames. Für denselben Wert und Typ in unterschiedlicher Bedeutung vereinbare man mehrere Konstanten.

Beispiel 22.6: Mehrere Konstanten
(verschiedener Name bei unterschiedlicher Bedeutung trotz gleichen Werts)

```
public class Maerchen {
    static final int MAX_FEEN_ANZAHL = 11;
    static final int MAX_ZWERGE_ANZAHL = 11;
    String[] fee = new String[ MAX_FEEN_ANZAHL];
```

Die wenigen gut begründeten Ausnahmen von diesem Prinzip sind 0 und +1 und -1 zum Weiterzählen und einige Natur- und Kulturkonstanten, deren Bedeutung direkt aus dem

Zahlenwert und dem umgebenden Code ersichtlich ist. Beispiele hierfür sind 23 für die maximale Uhrzeitstunde und 59 für die maximale Minute.

Objekte können und sollten die ab Erzeugung nicht mehr veränderlichen Teile des Objektzustands in final Variablen speichern. Diese können dann auch „ohne Schaden" public gemacht werden, falls sie von einem einfachen Datentyp oder einem unveränderbaren Objekttyp (wie String) sind.

Beispiel:

```
public final int serienNummer;
```

 Eine „blank" final Objektvariable muss entweder in jedem Konstruktor oder in einem (nicht statischen) Block gesetzt werden.

22.4.3 Aufzählungen

Häufig wird eine Aufzählung bestimmter benannter Werte benötigt. Der Wunsch tritt beispielsweise dann auf, wenn die Zustände eines Automaten (wie aufwärts, abwärts, halt und so weiter) zu bezeichnen sind. Bei Sprachen mit einem weitergehenden Typkonzept als Java (das auch Nachteile hat) wie Pascal, Ada und C++, setzt man hierzu Unterbereichstypen (etwa `99..111` und `'x'..'z'`) oder Aufzählungstypen (enum) ein.

Für solche Zwecke werden gern, und in vielen Fällen ausreichend, benannte int-Konstanten eingesetzt (Dies geschieht auch in den JDK-Bibliotheken). Wenn man ihre logische Zusammengehörigkeit betonen will, kann man sie sogar in eine besondere Klasse packen, wie dies im Beispiel 22.7 geschehen ist.

Beispiel 22.7: Benannte Konstanten „Signal" als int

```
class Signal {
    static public final int HALT  = 0;
    static public final int LANGSAM = 1;
    static public final int FREI = 2;
} // class Signal
```

Eine im Beispiel 22.7 Signal gezeigte, an eine Klasse gebundene Konstruktion, vermeidet alle Namenskonflikte mit in anderem Zusammenhang auftretenden gleichen Namen. Signal.HALT und Ampel.HALT sind unterscheidbar. Das gezeigte Beispiel 22.7 ist allerdings nicht typsicher; die Signalwerte sind ja ganz einfache int-Konstanten und eine Signalvariable ist eine int-Variable. Eine Zuweisung von „falschen" Werten und in den meisten Zusammenhängen (wie bei Zuständen von Automaten) völlig unsinnige arithmetische Operationen sind syntaktisch nicht ausgeschlossen. Für viele solche Fälle ist ja alles außer Wertzuweisung und Vergleich (=, ==, !=) sinnlos (Was sollte denn HALT*LANGSAM bedeuten?).

Ein Lösungsmuster (design pattern) für einen typsicheren Aufzählungstypen ist eine entsprechende Anzahl von Objekten einer endgültigen (final) Klasse mit privaten Konstruktoren, wie dies in Beispiel 22.8 gezeigt ist.

Beispiel 22.8: Benannte Konstanten „Signal" als Objekte
Nun sind sie typsicher verwendbar.

```
public final class Signal {
    public final String s;
    static public final Signal HALT  =
                        new Signal("halt");
    static public final Signal LANGSAM =
                        new Signal("langsam");
    static public final Signal FREI =
                        new Signal("frei");

    private Signal(String s) { this.s=s;}

    public String toString() { return s;}
}  // class Signal
 ::::::::
// Verwendung woanders
    Signal einfahrt = Signal.FREI;
    out.println ("Das Einfahrtsignal zeigt "
                            + einfahrt); // *N
```

Das in Beispiel 22.8 gezeigte Schema liefert einen typsicheren Aufzählungstyp; es gibt nur die Objekte HALT, LANGSAM und FREI und mehr können nie gemacht werden. Die Variable einfahrt im Beispiel kann außer null nur diese drei Werte annehmen.

Ein besonderer Vorteil des gezeigten Schemas ist, dass (via toString() und im Beispiel 22.8 in der mit *N gekennzeichneten Zeile ausgenutzt) „die Werte ihren Namen wissen" und auf einfachste Weise liefern. Das kann sonst nur Ada.

 Man sollte bei diesem Lösungsmuster dem unvermeidbaren Wert null eine der Anwendung angemessene Bedeutung wie kaputt oder nicht verfügbar geben.

Die Möglichkeit switch/case zu verwenden büßt man gegenüber der int-Lösung allerdings ein. Hier ist man dann auf „if-else-Ketten" angewiesen:

```
if (einfahrt == Signal.FREI) {
    // Taten für frei
} else if (einfahrt == Signal.LANGSAM) {
    // Taten für langsam ... und so weiter
```

22.4.4 Zugriff auf Klassenvariablen und Klassenmethoden

Auf Klassenkomponenten (static), insbesondere auf statische Methoden soll man nie mit einer Objektreferenz zugreifen. Innerhalb der definierenden Klasse kann man den Namen allein verwenden und außerhalb der Klasse qualifiziere man immer mit dem Klassennamen, wie in Beispiel 22.9 demonstriert.

Der Zugriff über eine Objektreferenz ist zwar erlaubt, da die statischen Komponenten ja auch allen Objekten gemeinsam gehören. Der Leser des Codestückes wird aber zu dem Irrtum verführt, es handele sich um eine Objektkomponente.

Beispiel 22.9: Zugriff auf Klassenelemente
(MAX_ZWERGE_ANZAHL und main(String[]) im Beispiel sind static in Maerchen.)

```
Maerchen siegfried = new Maerchen();
int wenigerZwerge;
wenigerZwerge = siegfried.MAX_ZWERGE_ANZAHL - 1; // So nicht,
wenigerZwerge = Maerchen.MAX_ZWERGE_ANZAHL - 1;  // aber so !
String[] par = { "Wotan siegt"};
siegfried.main(par);    // So nicht!
Maerchen.main(par);     // Nur so!
```

22.5 Definition von Methoden und Konstruktoren

Hier gelten folgende Regeln:

* Kein Leerzeichen zwischen Methoden- oder Klassenname
  und öffnender Parameterklammer (.
* Öffnende Blockklammern { kommen auf dieselbe Zeile wie die deklarierende Anweisung und schließende Blockklammern } kommen an den Beginn einer Zeile und werden so weit eingerückt wie das erste Schlüsselwort der zugehörigen deklarierenden Anweisung (siehe Einrückung).
* Die Ausnahme von der letzten Regel sind leere Blöcke von Methoden und von catch, die als leeres Klammerpaar { } auf die zugehörige Zeile geschrieben werden.
* Konstruktor und Methodendefinitionen werden von vorangehenden oder folgenden Definitionen durch eine Leerzeile getrennt.
* Parameter, deren Wert zum Setzen einer Objektvariablen dient, sollen wie diese benannt werden. In der Methode oder dem Konstruktor unterscheidet man dann die Objektvariable durch this. von der lokalen gleichnamigen Variable (Parameter).
  Entsprechendes gilt für das Setzen von statischen Variablen; hier qualifiziere man mit dem Klassennamen.

Beispiel 22.10: Zu Regeln für die Vereinbarung von Methoden und Konstruktoren

```
class Hempel extends Object {               // 1
    int hampelWert;                         // 2
    int knuffelFaktor;                      // 3
                                            // 4
```

```
    public Hempel(int hampelWert) {          /   5
        this.hampelWert = hampelWert;        // 6
    }                                        // 7
                                             // 8
    void leereMethode() {}                   // 9
                                             // 10
    public void setKnuffelFaktor(            // 11
                        int knuffelFaktor) { // 12
        this.knuffelFaktor = knuffelFaktor;  // 13
    } // setKnuffelFaktor(int)               // 14
} // class Hempel                            // 15
```

22.6 Anweisungen

Grundsätzlich soll man pro Zeile nur eine Anweisung setzen. Also:

```
a = b + c;
++i;
```

Und nicht:

```
a = b + c;   ++i;
```

Der Ausdruck in return-Anweisungen von (nicht-void-) Methoden wird nicht geklammert:

```
return lx <= 0 ? 0 : lx + lx;
```

Bedingte Anweisung und Alternative haben die in Beispiel 22.11 gezeigte Form, wobei für Schleifen und „try-catch" Entsprechendes gilt.

Beispiel 22.11: Zum Stil für Bedingung und Alternative

```
if (bedingung) {
    anweisungen1();
} else if (bedingung2) {
    tue(2);
} else {
    anweisungen3();
}
```

Die Verwendung von Blockklammern auch bei nur einer Anweisung nach do, for und while ist änderungsfreundlich und für den Leser deutlicher. Die Blockklammern sollen nur entfallen, wenn der Block aus einer einzigen (evtl. leeren) Anweisung besteht und auf dieselbe Zeile passt.

```
if (x==99) x=0;

for (sInd=99; sInd!=-1 && a[ sInd] == 18 ; --sInd) ;
```

Bei try, catch und finally sind Blockklammern obligatorisch.

Bei der Verwendung von continue oder break in geschachtelten Blöcken ist das Benennen der Blöcke und labelled continue oder break der Klarheit halber empfohlen. Dies gilt auch, wenn nicht über mehrere Verschachtelungen gesprungen wird, wie im Beispiel 22.12 gezeigt.

Beispiel 22.12: Benannte Blöcke und labelled break zur Verdeutlichung

```
colLoop: for (int c = 0; c < mxC; ++c) {
    linLoop: for (int z = 0; c < mxL; ++z) {
        if (lineIsEmpty()) continue linLoop;
        mulLoop: for (int m = 0; m < mxG; ++m) {
            ......
            if (restIs0()) break mulLoop;
```

Man verwende kein Postinkrement und Postdekrement; vgl. Kapitel 10.4.

Alternative Ausdrücke statt alternative Anweisung

Die Verwendung alternativer Anweisungen, wo alternative Ausdrücke gemeint sind, ist sinnverbergender und laufzeitaufwendiger Programmierstil.

Beispiele:

Statt

```
if (uhu > MAX_WERT)
    return false;
else
    return true;
```

schreibe man

```
return uhu <= MAX_WERT;
```

Anstelle von

```
if (uhu > MAX_WERT)
    uhu = 0;
else
    uhu = uhu + 2;
```

schreibe man

```
uhu = uhu > MAX_WERT - 0 : uhu + 2;
```

22.7 Klammern von Ausdrücken

Von der Rangfolge und der Assoziativität der Operatoren her unnötige Klammen sind sparsam und nur bei der Gefahr von Missverständnissen zu verwenden. „Klammerorgien" tragen im Allgemeinen nichts zur Lesbarkeit bei.

Beispiel 22.13: Zu unnötigen Klammerungen

```
i = a + b - c + d;        // so und
i = ((a + b) - c) + d;   // nicht so

if (i == 1  &&  j == 0) i=0;    // so und
if ((i == 1) && (j == 0)) i=0; // nicht so
```

23 Design

Im Entwurf der Klassenstruktur und der Klassen liegt im Allgemeinen die erste und für den späteren Verlauf wichtigste Leistung in einem Projekt. Die folgenden Konventionen und Hinweise können diese schöpferische Arbeit (nur im Sinne der Fehlervermeidung) erleichtern.

23.1 Klassenstruktur

Am Anfang eines Projektes sollen zwei Fragen stehen:

• Welche Objekte werden gehandhabt?

Und folglich:

• Welche Klassen und Schnittstellen werden gebraucht?

☞ Für diese Klärung kann man auch verschiedene (mehr oder minder formalisierte) Verfahren einsetzen. Eines beruht darauf, in einer Kopie des Lastenhefts wichtige Haupt- und Tätigkeitswörter zu markieren und hieraus Objekte beziehungsweise Klassen und Methoden abzuleiten. Ein weiteres besteht darin Mitgliedern eines Teams die Rollen von Objekten der späteren Anwendung („Raum", „Veranstaltung" beispielsweise) zuzuweisen und ihre Handlungen und Verantwortlichkeiten schriftlich zu fixieren.

Im Allgemeinen werden hier eher zu wenige Klassen (="Objektsorten") angesetzt. Es gilt die Regel:

• Informationen (Zustände) und Verhalten, die (irgendwie) zusammengehören, verpacke man in entsprechende Objekte (Das heißt: Man schreibe oder suche eine passende Klasse).
• Niemals verteile („verschmiere") man zusammengehörende Informationen über mehrere andere Datenstrukturen.

Schlechtes Beispiel: Anstatt dass eine Klasse Person definiert wird und ein (einziges) Array – nämlich vom Typ Person[] – benutzt wird, findet man viele Arrays:

```
String[] name;
int[] versicherungsnummer;
// etc.
```

Zweites schlechtes Beispiel: Dinge, die beim Aufruf von Methoden zu einem „Auftrags-Objekt" zusammengefasst gehören, werden über zahlreiche Parameter verteilt übergeben. Dies ist unübersichtlich, schlecht geeignet für die Handhabung von Default-Werten und änderungsunfreundlich.

Beispiel:

```
void werkzeugWechsel (int magazinNummer,      // Nicht so!
                      String werkzeugBezeichnung,
                      int halterung, String einspannArt,
                      int xStartposition, int yStartposition,
                      int zStartposition, ...........) {
statt

void werkzeugWechsel (WerkzeugStartangabe wst) { // So!
```

Regel:

- Findet man mehrere Methoden oder mehrere Methodenaufrufe mit vielen (>5) oder mehrfach gleichen Parametern vor, sollten diese Informationen in entsprechenden Objekten zusammengefasst werden.

Eine Ausnahme von den Regeln dieses Kapitels bilden lediglich Systeme, die extrem zeit- und speicherplatzkritisch sind (embedded Java). Diese sollten mit einer statischen Ausstattung mit möglichst wenigen Klassen und Objekten entworfen werden.

23.1.1 Klassenhierarchie

Für den Entwurf einer Klassenhierarchie gilt grundsätzlich:

- Gemeinsamkeiten erfassen und „nach oben" in der Vererbungshierarchie schieben.
- Sind die Gemeinsamkeiten dergestalt, dass von der betreffenden Klasse keine Objekte sinnvoll sind (Auto bei Auto → PKW und Auto → LKW), so setze man eine abstrakte Klasse ein.

Beerben heißt Zustände erweitern und/oder Verhalten ändern.

- Man begehe nicht den Fehler, beim Beerben Zustände einzuengen.

Ein Symptom dafür ist, dass beispielsweise die Gleichheit zweier Objektvariablen – oder sonst eine feste Abhängigkeit – dauernd (künstlich und „gewaltsam") erzwungen werden muss. Findet man so etwas vor, drehe man die Vererbungsfolge um.

Standardbeispiel: Sinnvoll ist

```
class Rechteck extends Quadrat
```

und nicht umgekehrt. `Rechteck extends Quadrat` ist richtig, da das Rechteck gegenüber dem Quadrat die mächtigere Zustandsmenge hat (zwei Seitenlängen statt einer). Die gedankliche Schwierigkeit liegt darin, dass man bei dieser Vererbungsfolge sagen kann „Ein Rechteck ist ein Quadrat" (wovor man mathematisch zurückzuckt).

Das scheinbare Problem löst sich auf, wenn man etwas korrekter „Ein Rechteckobjekt kann ein Quadratobjekt darstellen" sagt, was sich ja keinesfalls allgemein umkehren lässt. Die Erbfolge ist in Ordnung, wenn man das Ersetzungsprinzip (von Barbara Liscov) streng einhält. Dieses kann man als wichtige Design-Regel für Klassenhierarchien so formulieren:

(1) Ein Programmstück P ist in Begriffen der Klasse A (A z. B. `Quadrat` oder A z. B. java.io.File) geschrieben. Objekte dieser Klasse A werden in Referenzvariablen festgehalten, als Methodenparameter übergeben, mit den „A"-Methoden manipuliert etc. Alles funktioniert hervorragend.
(2) Die Klasse A wird erweitert/beerbt: B extends A. (B z. B. `Rechteck` oder B z. B. `DE.a_weinert.Datei`)
(3) An beliebigen (an allen oder an einigen) Stellen von P, wo eine Referenz auf ein A-Objekt erwartet wird, wird ein B-Objekt eingesetzt.

Und nun muss streng gelten:

- Durch (3) darf sich das Verhalten von P nicht ändern!

Dass (3) syntaktisch geht, ist nicht die Frage. Dafür sorgen die OO-Eigenschaften – Vererbung, Polymorphie – der Sprache Java. Dass das Programmstück P (das von der Klasse B gar nichts weiß) ein sinnvolles Verhalten beibehält, ist die Kunst des Designers der Klasse B (und in geringerem Maße auch von A).

Eine weitere Regel für den Entwurf einer Klassenvererbungshierarchie ist:

- Man erfinde das Rad (beziehungsweise andere einfache Maschinenelemente) nicht neu.

Anders formuliert: Für Elternklassen (oben in der Klassenhierarchie) setze man wo immer möglich erweiterbare Standardklassen ein. Wenn man also zum Beispiel (sinnvollerweise) eine eigene Dateiklasse (`DE.a_weinert.Datei`) braucht, so leite man diese von java.io.File ab:

```
public class Datei extends File
```

Für sehr vieles findet man in den riesigen Standardklassenbibliotheken Grundfunktionalitäten, die man nur nutzen muss. Die meist lohnende Mühe liegt hier tatsächlich oft im gründlichen Suchen und Beurteilen (auch Testen) der Eignung. Eine solche Suche ist im Allgemeinen leider schlecht unterstützt und damit auch ärgerlich. So nützt einem die Java-API-Dokumentation im Grunde erst dann etwas, wenn man bereits weiß, in welcher Klasse oder zumindest in welchem Paket das Gesuchte zu finden ist. Noch ärgerlicher aber wäre es, etwas genau Passendes zu übersehen und eine Menge geschenkter Funktionalität und Dokumentation ungenutzt zu lassen. Also: Suchen!

23.1.2 Schnittstellen

Man sollte immer anstreben, jede sinnvolle Teilschnittstelle von Klassen als Schnittstelle (interface) zu beschreiben. Hierzu muss man verschiedene denkbare Schnittstellen der betreffenden Objekte logisch trennen und dann sinnvolle Teilschnittstellen finden.

Insbesondere ist es wesentlich, gemeinsame Teilschnittstellen unterschiedlicher Klassen – auch solcher, die in anderen Zweigen der Vererbungshierarchie liegen – zu finden beziehungsweise herauszuarbeiten. Dies kann ein schwieriges Unterfangen sein, das sich aber auf lange Sicht mehr als bezahlt macht.

Leider wurde dies in einigen Standardpaketen versäumt. So wäre eine gemeinsame Schnittstelle der Klassen String und StringBuffer, die die Methoden umfasst, die die Zeichenkette unverändert lassen beziehungsweise keinen neuen String erzeugen, mehr als segensreich. Es würde auch viel zur sinnvollen häufigeren Verwendung von StringBuffer beitragen. Es gibt ja Java-Programmierer, die schon Zehntausende Zeilen Java-Code geschrieben und StringBuffer noch nie angefasst haben. Dafür wird dann reichlich laufzeit- und speicherfressender Unsinn mit String gemacht.

Eine mögliche solche Teilschnittstelle besteht aus all denjenigen Methoden, die ein an sich veränderbares Objekt unverändert lassen. Die Verwendung dieses Schnittstellentyps anstelle des Objekttyps bei Methodenparametern schützt das übergebene Objekt vor Veränderung. Eine sinnvolle Namenskonvention ist es, eine solche Schnittstelle wie die Klasse mit vorangestelltem Const zu benennen, wie in Beispiel 23.1 gezeigt.

Beispiel 23.1: Verwendung einer (Const-) Schnittstelle anstelle des Objekttyps

```
class Zeit implements ConstZeit { .....}

class UhrenRadio {
    public void setzeWeckzeit (Zeit wz) {
        //// könnte wz (versehentlich) ändern
    }
    public void setzeWeckzeit (ConstZeit wz) {
        //// kann wz nur mit gemeinen Tricks ändern
    }
}
```

Auch und gerade bei Schnittstellen gilt die obige (Klassenhierarchie-) Suchregel:

Die Standardbibliotheken enthalten einen immensen Fundus an Schnittstellen. Wann immer eine solche eine für die betreffenden Objekte gebrauchte (Teil-) Funktionalität beschreibt, implementiere man diese Schnittstelle. Man gewinnt (beziehungsweise bekommt geschenkt oder vererbt)

- die Dokumentation und
- eine erweiterte Verwendbarkeit der Klasse.
  (Die Erweiterung ist weltweit, denn die Standardschnittstelle kennt man auch in Tokio.)

Kandidaten unter den Standardschnittstellen, deren Implementierung man bei passender Funktion vorrangig erwägen sollte, sind unter vielen anderen die in Tabelle 23.1 gezeigten.

Tabelle 23.1: Einige allgemein verwendbare Standardschnittstellen

`javax.swing.Action`	`java.awt.event.ActionListener`
`java.beans.BeanInfo`	`java.text.CharacterIterator`
`java.beans.DesignMode`	`java.io.Externalizable`
`java.io.FileFilter`	`java.io.FilenameFilter`
`javax.swing.Icon`	`java.awt.ItemSelectable`
`java.io.Serializable`	`java.lang.Cloneable`
`java.lang.Comparable`	`java.lang.reflect.InvocationHandler`
`javax.naming.Name`	`java.lang.Runnable`
`java.util.Comparator`	`java.util.Enumeration`
`java.util.List`	`java.util.ListIterator`

23.1.3 Exceptions

Wenn die Erzeugung oder Verwendung der Objekte einen neuen Ausnahmetyp erfordert, so muss man natürlich eine entsprechende Klasse, von einer geeigneten anderen Exception-Klasse abgeleitet, schreiben.

Aber auch hier gilt: Die Standardbibliotheken wimmeln von Exception-Klassen, und möglicherweise findet man eine passende, die von ihrem Namen her und mit einem geeigneten (message) Text initialisiert, das Ausnahmeereignis hinreichend beschreibt (IllegalArgumentException ist so ein Standardkandidat). Weitere Kandidaten sind unter einigen anderen die in Tabelle 23.2 gezeigten und teilweise auch deren Erben.

Diese Aufzählung von vorhandenen (meist checked) Exceptions zeigt, dass sich für die meisten denkbaren Ausnahmen bereits eine (zumindest dem Namen nach) passende Klasse finden lässt. Wieder spart man durch Verwenden von Vorhandenem Schreibarbeit insbesondere bei der Dokumentation.

Tabelle 23.2: Einige allgemein verwendbare Ausnahmen

```
java.io.EOFException
java.io.FileNotFoundException
java.io.IOException
java.lang.ArithmeticException          (unchecked)
java.lang.IllegalArgumentException     (unchecked)
java.lang.IndexOutOfBoundsException
java.lang.NumberFormatException        (unchecked)
java.net.UnknownServiceException
java.rmi.AlreadyBoundException
java.rmi.server.ServerNotActiveException
java.security.cert.CertificateException
java.text.ParseException
java.util.NoSuchElementException
java.util.zip.DataFormatException
javax.swing.text.BadLocationException
```

23.2 Klassendesign

Mit der Klasse entwirft man im Allgemeinen den Bauplan für Objekte dieser Klasse. Insofern kann Klassen- und Objektdesign im Folgenden synonym verwendet werden.

Die Ausnahme von dieser Regel sind „Sammelklassen" für statische Methoden wie java.lang.Math und java.lang.StrictMath. Solche Klassen soll man final und abstract deklarieren.

23.2.1 Geheimnisprinzip

Den Zugriff auf (nicht final) Objektvariablen soll man ohne sehr gute Gründe nie öffentlich machen.

Das meist richtige Prinzip lautet:

- Nicht öffentliche Variablen und
- öffentliche Setz- und Abfragmethode
  à la Beans-Property.

23.2.2 Konstruktoren / Erzeugungsmethoden

Die Erzeugung von Objekten einer Klasse wird durch Konstruktoren kontrolliert. Bei mehreren Konstruktoren wiederhole man keinen Code (durch Kopieren), sondern rufe (als erstes) mit this(...) einen anderen Konstruktor auf. Die Konstruktoren wiederum sollten zum Setzen von Objektzuständen die hierfür gegebenenfalls vorhandenen Methoden aufrufen und nicht deren Code als Kopie enthalten.

Das konsequente Vermeiden von mehrfach kopiertem Code ist guter Programmierstil im Sinne OO, Wiederverwendbarkeit, Beerben der Klasse, Wartbarkeit und Testen (Den oder die Fehler gibt es dann auch nur einmal). Von diesem Prinzip sollte nur mit sehr guten Gründen abgewichen werden. In Konstruktoren oder Methoden mehrfach vorhandener gleicher Code ist ein Zeichen für das Fehlen einer (Hilfs-) Methode.

Möchte man das Erzeugen von beliebig vielen Objekten der Klasse erlauben, mache man einen oder mehrere Konstruktoren öffentlich. Manche Nutzer von Klassen (Browser bei Applets) fordern einen parameterlosen Konstruktor (oft etwas ungenau Default-Konstruktor genannt).

Es kann Gründe geben, die Anzahl der erzeugten Objekte einzuschränken. Mögliche Gründe sind:

- Es ist nur sinnvoll, genau ein Objekt einer Klasse zu haben (Entwurfsmuster Singleton).
- Man möchte Objekte mehrfach oder wieder verwenden – und das „automatisch".
- Ist etwa der Objektzustand vom Klassendesign her konstant (wie dies bei java.lang.String der Fall ist), so ist es sinnlos, zwei Objekte mit gleichem Zustand zu erzeugen. Kann man dies konsequent verhindern (was bei java.lang.String nicht ganz geschehen ist), so wird die Semantik der Methode equals() und des Operators == gleich. Dies stellt eine Vereinfachung der Verwendung der Objekte dar.

 Man muss mindestens einen (in diesem Zusammenhang natürlich nicht öffentlichen) Konstruktor „hinstellen", wenn man den sonst automatisch gelieferten public Default-Konstruktor vermeiden will.

Liegen solche Anforderungen vor, so mache man die Konstruktoren nicht öffentlich (oft am besten gleich private) und sehe stattdessen öffentliche statische Erzeugungsmethoden vor, die man üblicherweise makeInstance() oder getInstance() nennt.

Ein weiterer Grund für die öffentliche Bereitstellung statische Erzeugungsmethoden anstelle der Konstruktoren ist die Möglichkeit, Berechnungen und Überprüfungen vor dem (expliziten oder impliziten) Aufruf des Konstruktors der Elternklasse auszuführen.

 Wenn ein Konstruktor eine Ausnahme auslöst, war das Objekt bereits bereitgestellt und wird weggeworfen.

23.2.3 Methoden / Multithreading

Für Methoden gilt sinngemäß das für Konstruktoren Gesagte: Eine Methode soll eher eine andere aufrufen als deren Code ganz oder teilweise als Kopie zu übernehmen. Nur gute Gründe sind eine Entschuldigung, von diesem Prinzip abzuweichen.

Laufzeit ist ein Grund, der hier schnell und meist zu schnell genannt wird. Bevor man Code kopiert, um ein paar Methodenaufrufe zu sparen, verbessere man eher die Laufzeit der mehrfach genutzten Methoden mit anderen Mitteln. Geeignete Mittel dazu sind unter anderem:

- Die Methode final machen.

Dies sollte man bei den Methoden, deren Verhalten auch bei denkbaren Ableitungen der Klasse unverändert bleiben soll. Bei final Methoden ist der Aufwand, zur Laufzeit dynamisch die korrekte Methode in der Klassenvererbungsfolge zu finden vermindert oder er entfällt ganz.

- Unter seltenen Umständen sollte man die ganze Klasse final machen (und damit alle Methoden automatisch auch).
- Methodenparameter final machen.

  Auch dies kann gewisse Optimierungen durch den Compiler ermöglichen.
- Vor allem aber sollte man einen guten Algorithmus wählen. Also zum Beispiel
  - nicht mehrfach dasselbe ausrechnen,
  - Referenzen auf nicht mehr benötigte Objekte sofort auf null setzen (das gilt auch für lokale Variable mit begrenzter Lebensdauer),
  - keine unnötigen (Wegwerf-) Objekte erzeugen, also insbesondere
  - mehrere Textmanipulationen mit StringBuffer statt mit String vornehmen (immer!).

☞ Man sollte es sich zum Prinzip machen, Texte als StringBuffer zu manipulieren. Erst ganz zuletzt, das heißt wenn der Text fertig ist und als String gebraucht wird, wandle man den StringBuffer mit `toString()` in den benötigten String um. Diese Wandlung ist dank der engen Verknüpfung von String und StringBuffer praktisch „umsonst". Allerdings darf man dann diesen StringBuffer nicht mehr (!) anfassen; also die Referenz am besten gleich auf null setzen. Der letzte Punkt wird in der Literatur oft falsch dargestellt. Ein Eifer, dieses in einen String umgewandelte StringBuffer-Objekt wieder zu verwenden (ein an sich löbliches Ansinnen), kann großen Schaden bei Laufzeit- und Speicherverbrauch anrichten.

Algorithmische Verbesserungen an einer zentralen Stelle bringen immer (!) mehr als das Einsparen von ein paar Aufrufen (und als ein Prozessor mit doppelter Taktfrequenz). Grundsätzlich sollte Klärung und Entwurf des Algorithmus' vor der Implementierung kommen.

Mit andern Worten: Die Frage „Wie" sollte gut (!) beantwortet sein, bevor man einen Buchstaben Code tippt.

Grundsätzlich sollten die Objekte damit rechnen, in einer Multithreading-Umgebung zu laufen (vgl. auch Kapitel 16.4). Das ist öfter der Fall als man glaubt und trifft zum Beispiel schon für das kleinste Applet zu. Das heißt, die Methoden können gleichzeitig laufen (Auch ein und dieselbe Methode kann gleichzeitig mehrfach aufgerufen sein).

Die Methoden sollen so geschrieben sein, dass

a) die Konsistenz des Objektzustands gewahrt bleibt und
b) Verklemmungen (deadlocks) vermieden werden.

Die Forderung a) ließe sich leicht erreichen, indem man alle Objektmethoden synchronized macht. Damit schließt man nämlich das bedrohliche ‚Gleichzeitiglaufen' aus. Nur der Preis eines solchen Vorgehens ist hoch – und zwar in den Währungen Laufzeit und Verklemmungsgefahr.

Verklemmungen können auftreten, wenn zwei verschiedene Objekte ein Objekt gleich-zeitig blockieren (das heißt „synchronized" benutzen) wollen. Geschieht dies im selben Thread oder blockieren sich die anfordernden Objekte gegenseitig durch ein weiteres Lock, ist der deadlock da. Ein typischer Vorgang ist:

1) Objekt a der Klasse A sendet Objekt b der Klasse B die Nachricht über ein Ereignis (durch Aufruf einer Listener-Methode von b) und a tut dies synchronized mit a (mit sich).
2) Objekt b will daraufhin (in seiner Listener-Methode) den Zustand von a mit einer set-Methode von a ändern.

Dieser Ablauf ist ganz normal und häufig anzutreffen. Nur: Wenn die set-Methode in A (sinnvollerweise) synchronized ist, ist die Verklemmung (deadlock) da, weil a in Schritt 1) ein Lock auf sich selbst hat, das b nun (im gleichen Thread) auch anfordert.

Aus diesem Beispiel und aus den Laufzeitkosten folgt, dass man synchronized auf die notwendigen Codeblöcke beschränkt anwenden muss. (Im Ermitteln dieses „notwendig" liegt die Kunst.)

Als eine Regel kann man aber sagen, dass set-Methoden synchronized arbeiten sollten, wenn sie mehr als eine einfache Variable ändern. Aber das synchronized kann auf den Block beschränkt bleiben, der die tatsächliche Änderung des Objektzustands vornimmt und es sollte die eventuelle Signalisierung der Änderung auf keinen Fall umfassen. Beispiel 23.2 zeigt ein solches Vorgehen.

Beispiel 23.2: Sparsamer Einsatz von synchronized

```
public void setX(int x) {   // Methode nicht synchronized
    int oldX = this.x;
    if (oldX == x) return;
    if (!erlaubtAlsXWert(x)) return;
    synchronized (this) {
        this.x = x;
        // alle weiteren Konsequenzen der Änderung für
        // das Objekt
    } // sync
    if (listener != null) listener.xChanged(oldX,x);
} // setX(int)
```

Der offensichtliche Nachteil dieses Sparsam-synchronized-Ansatzes ist, dass

a) eine Änderung des Objektzustandes unnötigerweise vorgenommen werden könnte (da in einem anderen Thread inzwischen dasselbe geschehen sein könnte) und dass
b) dem Listener eine Änderung gemeldet wird, die (wiederum durch einen anderen Thread) inzwischen überholt ist.

Mit diesen Effekten muss man leben (können), um die Vorteile sparsames Lock (Laufzeit) und keine Verklemmung bei synchronized Reaktionen auf Änderungsereignisse zu haben. Ein Teil solcher Effekte kann auch durch komplexere Programmierung (wie erneute Abfrage der Änderungsnotwendigkeit im synchronized Block) umgangen werden; hiervor sollten aber Kosten, Nutzen und tatsächliche Notwendigkeit (möglicher Schaden ohne die Maßnahme) sorgfältig abgewogen werden.

23.2.4 equals() und hashCode()

Schon aus den in Kapitel 20.1 geschilderten Gründen sollten beziehungsweise müssen die meisten direkt von Object abgeleiteten Klassen die von dort geerbte (absolut sinnlose) Methode

```
public boolean equals(Object other)
```

überschreiben und viele andere Klassen müssen das auch. Diese Methode soll den Vergleich des Zustands dieses Objekts mit dem des als Parameter angegebenen anderen Objekt realisieren. Zum „Vertrag" (siehe ebenda) gehört dann auch eine zum neuen equals() passende Implementierung von hashcode().

Für das Schreiben von equals() gibt es gewisse Designregeln und -muster, die anhand des Beispiels 23.3 demonstriert werden.

Beispiel 23.3: Zur Implementierung von equals()

```
public class Person {
    int persNummer;                             //  3
    String  name;                               //  4
    transient boolean zuTisch;                  //  5
    boolean weiblich;                           //  6
    boolean verheiratet;                        //  7

    public boolean equals(Object other) {
        if (other == null) return false;        // 10
        if (this == other) return true;         // 11
        if (!(other instanceof Person))         // 12
            return false;

        if (other.getClass() != Person.class)   // 14
            return false;

        Person o = (Person)other;               // 17
        if (o.persNummer != persNummer)         // 19
            return false;

        if (name == null && o.name != null      // 22
            || name != null &&                  // 23
                !name.equals(o.name))           // 24
            return false;

        return ((weiblich == o.weiblich)        // 27
            && (verheiratet == o.verheiratet));
    } // equals(Object)
}  // class Person
```

Die Klasse Person des Beispiels 23.3 stellt ein Rudiment einer Personaldatenerfassung einer Firma dar. Jedes Personenobjekt enthält die Daten Personalnummer, Name, ist gerade zum Essen, Geschlecht und Familienstand (Zeilen 3 bis 7). Das Einnehmen der Mahlzeit ist als transient vereinbart, damit ein solch kurzlebiger Objektzustand nicht serialisiert wird. Eine für eine Firma verwendbare Personenklasse hätte einige Objektelemente mehr, aber um den Entwurf von equals() und hashcode() zu zeigen und auf dabei gern vergessene Punkte hizuweisen, reicht dies.

Die erste Tat von equals() ist immer, zu prüfen, ob als Parameter überhaupt irgendein Objekt übergeben wurde (Zeile 10). Ist das nicht der Fall, ist die Antwort natürlich false.

Vorher oder wie hier gleich danach in Zeile 11 kann man (als Optimierung) auch prüfen, ob es sich bei other um dasselbe Objekt handelt (das natürlich mit sich immer gleich ist). Wenn solche Vergleiche mit sich selbst auszuschließen oder sehr unwahrscheinlich sind, lässt man die kleine Verbesserung der seltenen Fälle besser weg.

Da die allgemein verwendbare Signatur von equals() die Übergabe beliebiger Objekte erlaubt, ist immer als nächstes zu klären, ob das übergebene Objekt vom passenden Typ ist. Ist dies nicht der Fall, ist die Antwort natürlich auch false, das heißt ungleich. Nur ist dies etwas komplizierter als bei der Frage null oder nicht null. Hier muss man sich vom Design der Klassenhierarchie her zwischen zwei Möglichkeiten entscheiden:

1. Man kann auch Objekte abgeleiteter Klassen als möglicherweise gleich ansehen (was bei einer Personenklasse, von der Meister, Angestellter und Direktor abgeleitet werden, sinnvoll sein kann).
2. Nur Objekte exakt derselben Klasse können überhaupt als gegebenenfalls gleich angesehen werden.

Im Fall 1 ist die Abfrage der Zeile 12 richtig und im Fall 2 die der Zeile 14.

 Beides in derselben Methode equals() ist natürlich unsinnig und geschah im Beispiel 23.3 nur zu Demonstrationszwecken. Man muss sich eindeutig entweder für die Zeilen 12 und 13 oder für 14 und 15 entscheiden.

Zeile 17 ist Ausdruck von Schreibfaulheit. Da der Parameter other vom Typ Object ist, muss man ihn für den Zugriff auf Person-Elemente immer mit einem Type-Cast in eine Person-Referenz wandeln. Wenn man an den Abfragen 10 und 12 oder 14 vorbei ist, ist dies ja ohne Gefahr einer Ausnahme (ClassCastException) möglich. Ob man sich wie hier auf Kosten einer lokalen Variablen das mehrfache Hinschreiben des Type-Cast spart, ist eine Optimierungs- und Stilfrage. Hier ist es um der besseren Lesbarkeit des Folgenden willen geschehen. Sonst hätte ab Zeile 17 statt o. immer (Person)other. stehen müssen.

In Zeile 19 des Beispiels 23.3 werden nun die Personalnummern verglichen. Wenn die Handhabung der Personaldaten der Firma garantiert, dass Personalnummern für alle Zeiten eindeutig vergeben werden und als ein Merkmal bei der betreffenden Person blei-

ben, welches unwandelbarer ist als Name und Geschlecht, dann ist die Methode
`equals()` an dieser Stelle sinnvollerweise zuende (aber natürlich in der Form `return`
`o.persNummer != persNummer;`). Es wäre unter solchen Voraussetzungen unsinnig,
weitere Merkmale in den Vergleich einzubeziehen. Dieselben Überlegungen treffen dann
auch für `hashcode()` zu.

Falls (wie in allgemeinen Fällen) weitere Objektmerkmale verglichen werden müssen,
geht es im Beispiel 23.3 mit den Namen weiter, also mit Referenzen auf (String-) Objekte
(Zeilen 22 bis 24).

Bei Referenzen werden leider oft zwei Fehler gemacht. Der erste ist, dass einfach die
Referenzwerte verglichen werden statt dem Sinn von `equals()` entsprechend deren
Inhalte mit der Methode `equals()` wie in Zeile 24. Wird dieser (Anfänger-) Fehler vermieden, so wird als zweiter Fehler gern die Behandlung der Fälle null (Zeilen 22 und 23)
vergessen.

 Nie (!) löst eine Methode `equals()` eine Ausnahme (wie NullPointerException)
aus. Auch die Werte null in Referenzvariablen der zu vergleichenden Objekte
führen zu einer sinnvollen Entscheidung gleich oder ungleich.

In den Zeilen 27 und 28 des Beispiels 23.3 bleibt noch der Vergleich der Boole'schen
Felder zu Geschlecht und Familienstand. Objektfelder, die als transient bei der
Serialisierung des Objektzustands ausgelassen werden, sind häufig aus denselben
Gründen auch für den Vergleich von Objektzuständen irrelevant. Dementsprechend
bleibt die in Zeile 5 vereinbarte Variable `zuTisch` hier unberücksichtigt.

Der Vertrag von `hashcode()`, siehe Kapitel 20.1, bedingt, dass für den zu liefernden
Hash-Wert (Datentyp int) keine Objektfelder einbezogen werden, die bei `equals()`
nicht berücksichtigt wurden. Entsprechend Beispiel 23.3 darf die Variable `zuTisch` auf
keinen Fall den Hash-Wert beeinflussen. Umgekehrt ist erlaubt, weniger Variable als
`equals()` zu berücksichtigen. Ein Hash-Wert, der nur von der Personalnummer
abhängt, wäre also in Ordnung (und im Beispielfall sinnvoll).

Die übliche Verwendung des Hash-Werts als Index für assoziative Speicher erfordert,
dass Objekte unterschiedlichen, aber in gewissem Sinne ähnlichen Inhalts keinen gleichen Hash-Wert liefern sollten. Ähnlich in diesem Sinne wären die Inhalte zweier
Objekte, bei denen nur die Werte zweier Objektvariabler gleichen Typs vertauscht sind
(wie beispielsweise x- und y-Koordinate). Dies bedeutet, dass einfache Additionen allein
(oder andere kommutative Operationen) für die Ermittlung des Hash-Werts ungeeignet
sind. Auch dürfen die Informationen in Bits mit Nummern über 31 von längeren
Datentypen bei der Ermittlung des int- (32-Bit-) Hash-Werts nicht unberücksichtigt bleiben. Man arbeitet aus diesem Grund neben der Addition üblicherweise mit
Schiebeoperationen und Exklusiv-Oder.

Beispiel 23.4 zeigt eine geeignete Implementierung von `hashcode()` als notwendige
Ergänzung der Klasse Person (Beispiel 23.3), die sämtliche in `equals()` berücksich-
tigte Objektfelder einbezieht. Mehr dürfen es ja nicht sein und weniger, wie nur die
Personalnummer oder Personalnummer und Name, wären erlaubt.

Beispiel 23.4: `hashcode()` passend zu `equals()` von Beispiel 23.3

```
public   int hashCode() {
    int   h = persNummer;
    if   (name != null)
         h +=name.hashCode();
    h += weiblich - 1231 : 1237;
    h ^= verheiratet - 96 : 384;
    return h;
} // hashCode()
```

Tabelle 23.3 führt einige bewährte Hash-Code-Algorithmen auf, die für die Implementierung von `hashcode()` eingesetzt werden können.

Tabelle 23.3: Bewährte und übliche Hash-Code-Algorithmen

Typ der Variable val	Hash-Code von val	Anmerkung
boolean	val – 1231 : 1237	Für true/false je eine Primzahl
char	(int)val	Der Wert selbst (als int)
byte	(int)val	Der Wert selbst (als int)
short	(int)val	Der Wert selbst (als int)
int	val	Der Wert selbst
long	(int)(value ^ (value >> 32))	Obere und untere 32 Bit mit Exklusiv-Oder verknüpft.
float	Float.floatToIntBits(val)	Die 32 Bit des float-Werts (als int)
double	Auf die 64 Bit den long-Algorithmus anwenden oder nur die oberen 32 Bit verwenden.	Mit Double.doubleToLongBits(val) in long wandeln. Mit >>32 nach rechts schieben und nach int wandeln.
Array	Siehe unten.	Zusammensetzen der Hash-Werte
Referenz auf ein Objekt	val.hashcode()	hashcode(), wie in der Klasse des Objekts definiert.
null oder Länge 0	0	Für nichts oder leer ist 0 sinnvoll.

Bei long müssen alle 64 Bit als signifikant in den (32-Bit-int-) Hash-Wert eingehen, was hier durch Verschieben der oberen Hälfte um 32 Bit nach rechts und Exklusiv-Oder mit der unteren Hälfte geschieht. Das gleiche Verfahren kann sinngemäß auf einen (64-Bit-) double-Wert angewandt werden, indem dessen Bit-Muster mit `Double.doubleToLongBits()` als long behandelt wird. Da bei einem double die signifikanten Informationen in den oberen Bits liegen, kann man hier auch einfach nur die oberen 32 Bit (um 32 Bit nach rechts verschoben) nehmen.

☞ Double.doubleToLongBits() macht mit einem double-Wert etwas ganz anderes als der Type-Cast (long) nach long. Das erste liefert das („Original"-) Bitmuster der IEEE 754-Darstellung und das zweite wandelt den Zahlenwert (soweit möglich) in einen ganzzahligen Wert.

Sind mehrere Werte von Datentypen mit Darstellungen, die kleiner als 32 Bit sind, zu einem Hash-Wert zu verarbeiten, so kann dies durch Verschieben um entsprechend viele Bitpositionen nach links und Aufodern geschehen. So können beispielsweise zwei char-Werte c1 und c2 mit

```
h = c1<<16 | c2;
```

zu einem int-Hash-Wert h verarbeitet werden und mit

```
h = h << 1;
if (ba[ i]) h |= 1;
```

können (in einer Schleife) bis zu 32 Boole'sche Werte (hier ba[i]) zu einem int-Wert h zusammengefasst werden.

Sind zwei vorhandene Hash-Werte hash und hashNxt zu einem Hash-Wert hash zusammenzuführen, so kann dies mit

```
hash = 31 * hash + hashNxt;
```

geschehen. Das Verfahren lässt sich durch wiederholte Anwendung für beliebig viele Werte nutzen. Bei Arrays erscheint es sinnvoll, die Länge einzubeziehen, falls man möchte, dass Arrays unterschiedlicher Länge mit lauter 0 oder null als Inhalt unterschiedliche Hash-Werte liefern.

Da bei größeren Objekten die Berechnung des Hash-Werts aufwendig sein kann, sind zwei Dinge zu bedenken. Zum einen muss nicht der gesamte Objektzustand in den Hash-Wert eingehen. Hash-Werte sollen im Allgemeinen einen halbwegs eindeutigen Schlüsselwert zum Objektzustand für Zwecke einer assoziativen (inhaltsadressierten) Speicherung liefern und nicht jedes Bit des Objektzustands ist in diesem Sinne signifikant.

Zum anderen kann es bei Objekten, die (wie String) unveränderbar sind, sinnvoll sein, einen einmal berechneten Hash-Wert in einer (transienten) Objektvariablen zu speichern. In diesem Fall ist eine Verbesserung bei equals() möglich, indem gleich nach den null- und Typ-Abfragen die Hash-Werte verglichen werden. (Zur Erinnerung: Bei ungleichen Hash-Werten muss equals() laut Vertrag false liefern.)

23.2.5 JavaBeans-Prinzip

JavaBeans ist eine von Sun Microsystems veröffentlichte Architektur für Java-Softwarekomponenten, die deren universelle (Wieder-) Verwendbarkeit und deren automatisierbare Handhabbarkeit bei der Erstellung von Software und Initialisierung von Objekten zum Ziel hat.

Eine solche Komponente – ein Bean – kann unterschiedlichsten Zwecken dienen und von beliebiger Komplikation oder Einfachheit sein. Falls das Bean eine grafische Komponente ist, muss es von java.awt.Component erben, sonst ist keine Elternklasse vorgeschrieben.

Ein Bean ist durch folgende Eigenschaften gekennzeichnet:

(1) Es unterstützt Introspektion so, dass – in Verbindung mit eingehaltenen Namens- und Signaturkonventionen – Werkzeuge automatisch die Eigenschaften des Beans ermitteln und die Erzeugung und Initialisierung von Objekten unterstützen können.
(2) Die Persistenz der Objekte wird unterstützt (Serialisierung oder Externalisierung ist möglich).
(3) Die Erzeugung und Initialisierung der Objekte und ihre spätere Verwendung sind logisch und programmtechnisch getrennt.
    Dazwischen kann – auch zeitlich oder über (heterogene) Systeme verteilt – eine Serialisierung und Speicherung der initialisierten Objekte liegen.
    Der Objektcode, also die eigentliche Bean-Klasse, ist von komplexen Initialisierungsmethoden freizuhalten.
(4) Properties sind tatsächliche oder gedachte Zustandsvariablen des Bean-Objekts. Sie werden mit einem festgelegten Satz von Abfrage- und Setzmethoden definiert. Und eben diese Methoden unterstützen sowohl die Initialisierung der jeweiligen Property als auch ihre (spätere) normale programmtechnische Verwendung.
(5) Die Anpassung eines Bean-Objekts (customisation) in allgemein verwendbaren, von der eigentlichen späteren Anwendung getrennten Werkzeugen wird unterstützt.
    Die Punkte (1) bis (4) sind die Vorraussetzung dafür.
(6) Ereignisse (events) werden als ein vorgeschriebener Mechanismus unterstützt.
    Damit lässt sich ein Bean mit anderen Objekten verbinden, die auf Zustandsänderungen des Beans reagieren müssen.
    Die „Verdrahtung" solcher Ereignisse wird durch die Hilfsklassen
    java.beans.PropertyChangeSupport   und
    java.beans.VetoableChangeSupport
    komfortabel unterstützt.

Auch wenn man nicht vorhat, ein reinrassiges Bean zu erstellen, so stecken in dieser Architektur doch so viele gut durchdachte Konventionen und Designprinzipien, dass es viel Sinn hat, eigene Objekte (sprich Klassen) so „beanie" wie möglich zu machen.

23.2.6 Property (Beans)

Eine Objekteigenschaft im Sinne einer Bean-Property ist nicht zu verwechseln mit Properties im Sinne der Klassen java.util.Properties oder DE.a_weinert.Prop.

Die Idee ist, dass der Zustand eines Objekts durch einen Satz nicht öffentlicher Variablen dargestellt wird. Diese Variablen mögen tatsächlich vorhanden oder auch nur gedacht sein (Im letzteren Falle muss der „Wert" der gedachten Variablen von anderen eindeutig abhängen). Eine solche tatsächliche oder gedachte Variable heißt Property (im Bean-Sinne) dann und nur dann, wenn sie über eine genormte Schnittstelle von Setz- und/oder Abfragemethoden zugänglich gemacht wird.

Gehört zum Objekt- (Bean-) Zustand (tatsächlich oder gedacht) eine Variable vom Typ MyType,

```
MyType xyZ; // nicht public, ggf. auch private oder protected
```

wobei MyType ein einfacher Datentyp oder ein Referenztyp sein kann, so haben die zugehörigen Setz- und Abfragmethoden die Signatur

```
public MyType getXyZ()
public void    setXyZ(MyType xyZ)
```

Fehlt eine der beiden, so wird die Property dadurch „read only" beziehungsweise „write only" (Fehlen beide, so gibt es die Property gar nicht).

Falls der Datentyp der Property boolean ist, kann

```
public boolean getXyZ()
```

durch

```
public boolean isXyZ()
```

ersetzt werden.

Ist eine Objekteigenschaft durch ein (tatsächliches oder gedachtes) Array vom Basistyp MyType

```
MyType[] xyZ; // nicht public!
```

darstellbar, so haben die zugehörigen Setz- und Abfragmethoden für eine Variable dieses Array die Signatur

```
public MyType getXyZ(int index)
public void    setXyZ(int index, MyType xyZ).
```

Wird eine dieser Signaturen gefunden, so wird xyZ dadurch zu einer so genannten indexed property. Alternativ oder ergänzend sind auch die Zugriffsmethoden

```
public MyType[] getXyZ()
public void     setXyZ(MyType[] xyZ)
```

möglich.

Das Vorhandensein der beiden letzten Methoden impliziert nicht, dass die indexed property tatsächlich als Array implementiert ist. Sie besagt lediglich, dass die Information als Array verfügbar gemacht oder in dieser Form zum Setzen verwendet werden kann.

23.2.7 Events (Beans)

Für das Aussenden und Reagieren auf Ereignisse haben sich in Java und besonders für Beans gewisse Entwurfsmuster durchgesetzt und bewährt. Diese sollen wo immer möglich angewandt werden.

Der Ereignismechanismus hat folgenden Zweck:

* In einem „Quell-" Objekt passiert etwas (Zustandsänderung dieses Objekts).
* Dies wird einem „Ziel-" Objekt mitgeteilt, das hierauf reagieren kann.

Der Mechanismus und zugehörige Schnittstellen (interface) sind so festgelegt, dass beide Klassen (Ziel und Quelle) ohne Kenntnis voneinander geschrieben werden können. Die Kennzeichen dieses Mechanismus' sind:

(1) Die Mitteilung über ein Ereignis wird von der Quelle aktiv zum Ziel geliefert.
(2) Dies geschieht durch den Aufruf einer Methode des Zielobjekts durch das Quellobjekt.
   Die Mitteilung läuft im Thread der Quelle (dem Thread, der das Ereignis feststellt).
   Der Methode des Zielobjekts wird ein Ereignisobjekt als Parameter übergeben, dessen Klasse von java.util.EventObject abgeleitet ist.
(3) Die Mitteilungs-Methoden werden in einer Schnittstelle beschrieben, die von java.util.EventListener abgeleitet ist.
(4) Das Zielobjekt (die Klasse des Zielobjekts) muss diese Schnittstelle implementieren.
(5) Das Quellobjekt muss eine Referenz auf ein „interessiertes" Zielobjekt oder eine Liste von solchen Referenzen halten.
(6) Das Quellobjekt erlaubt das An- und Abmelden von interessierten Zielobjekten.
(7) Das Zielobjekt muss beim Quellobjekt angemeldet werden.

Die Anmeldung „verdrahtet" sozusagen den Kanal von der Ereignisquelle zur -senke, worüber danach die Nachrichten (aktiv von der Quelle) übermittelt werden.

Für die Behandlung einer bestimmten Sorte von Ereignissen sind also zwei Klassen notwendig und gegebenenfalls neu zu erstellen:

* die Ereignisklasse, die von java.util.EventObject abzuleiten ist, und
* die Hörerschnittstelle (listener interface), die von java.util.EventListener abzuleiten ist.

Die Namenskonvention ist, dass diese beiden Klassen denselben Namensanfang (Name der Ereignissorte) haben und dass die Namen mit Event beziehungsweise Listener enden wie im Beispiel:

```
java.awt.event.WindowListener
java.awt.event.WindowEvent
```

Die Listener-Methoden haben die Signatur

```
void ereignissorteEreignisart (ereignissorteEvent e)
```

Dabei ist ‚Ereignisart' das Partizip eines Verbs und es werden so viele Methoden in der Schnittstelle definiert wie zur Unterscheidung der Ereignisarten sinnvoll sind. WindowListener zum Beispiel definiert nach diesem Schema unter anderem folgende Methoden:

```
public void windowDeactivated(WindowEvent e)
public void windowDeiconified(WindowEvent e)
```

Es ist möglich und erlaubt, dass solche listener-Methoden überprüfte Ausnahmen (checked exceptions) androhen. Das Quell-Objekt, das die Nachricht aussendet, muss diese Ausnahmen kontrolliert abfangen.

Die Registrierungsmethoden (anmelden und abmelden) haben die Signatur

```
void addEreignissorteListener (EreignissorteListener h)   und
void removeEreignissorteListener (EreignissorteListener h) .
```

Diese Methoden sollten synchronized sein. Mit einem solchen Paar von Methoden gibt ein (Bean-) Objekt zu erkennen, dass es eine beliebige Anzahl von an den Ereignissorten interessierten Zuhörern handhaben kann („multicast event"). Kann oder soll nur ein Zuhörer (listener) auf einmal gehandhabt werden, so signalisiert ein Bean das in der Signatur der add-Methode durch die Androhung der Ausnahme java.util.TooManyListenersException.

Beispiel:

```
void addEreignissorteListener (EreignissorteListener h)
            throws java.util.TooManyListenersException
```

Besondere Signaturen gelten bei JavaBeans für die so genannten bound und constrained properties:

```
void addPropertyChangeListener (PropertyChangeListener h)
void removePropertyChangeListener (PropertyChangeListener h)
void addVetoableChangeListener (VetoableChangeListener h)
void removeVetoableChangeListener (VetoableChangeListener h)
```

Die Schnittstellen PropertyCangeListener und VetoableCangeListener sind im Paket java.beans definiert. Das erste Methodenpaar meldet Zuhörer an und ab, die an jeder Änderung jeder Bean-Eigenschaft interessiert sind. Die Benachrichtigung erfolgt, nachdem diese Änderung vollzogen wurde.

Das zweite Paar betrifft Zuhörer, die vor einer Änderung einer Eigenschaft informiert sein wollen und diese Änderung gegebenenfalls verbieten können. Das Verbieten

geschieht durch Auslösen der Ausnahme java.beans.PropertyVetoException durch die
listener-Methode

```
public void vetoableChange(PropertyChangeEvent evt)
                          throws PropertyVetoException
```

Die vier aufgeführten add- und remove-Methoden betreffen, wie gesagt, Änderungen
aller Properties eines Bean. Soll die Benachrichtigung nur die Änderung einer Property
(im folgenden Beispiel xyZ) betreffen, so gilt folgende Signatur: Im Methodennamen ist
der Teil PropertyChange beziehungsweise VetoableChange durch den Namen der betreffenden Property zu ersetzen.

Beispiel:

```
void addXyZListener (PropertyChangeListener h)
void removeXyZListener (PropertyChangeListener h)
void addXyZListener (VetoableChangeListener h)
void removeXyZListener (VetoableChangeListener h)
```

23.2.8 Serialisierung

Sofern es irgendwie sinnvoll ist, sollte ein Objekt die persistente Speicherung seines
Zustands erlauben. Mit solchen Objekten ist es dann unter anderem möglich, ein solches
Objekt oder eine ganze Objektstruktur in einer Anwendung zu erzeugen und fertig
initialisiert zu einer anderen Anwendung zu übertragen. Auch eine objektorientierte
Speicherung lässt sich auf dieser Basis realisieren.

Von einem Bean wird die Möglichkeit der persistenten Speicherung auf jeden Fall
gefordert.

Um diese zu ermöglichen, muss die Klasse die Schnittstelle java.io.Serializable oder eine
Ableitung davon wie java.io.Externalizable implementieren. Der Objektserialisierungs-
mechanismus von Java erledigt mit einer bewundernswert einfachen API eine doch recht
komplexe Aufgabe (ganz im Gegensatz zum Paket java.text, von dem das genaue
Gegenteil gesagt werden muss). Was man programmtechnisch tun muss, ist in der
Dokumentation von java.io.Serializable sehr gut beschrieben.

Ein paar Dinge sollte man jedoch beachten. Teile des Objektzustands (sprich Variable),
die
• nach Übertragung des Objekt auf ein anderes Ziel keinen Sinn haben, wie Referenzen
  auf lokale Ressourcen (Dateien) oder die
• redundante Informationen enthalten und sich aus anderen (z. B. in der dann zu schreibenden Methode readObject()) leicht regenerieren lassen,

sollten konsequent als transient vereinbart werden:

```
public transient FileInputStream =
                    new FileInputStream ("D:\tmp\u.txt");
```

Die Serialisierung beziehungsweise Externalisierung von Objekten im Sinne von java.io.Serializable schreibt ein gesamtes Objekt – mit allem was dranhängt – mit `writeObject()`. `readObject()` liefert dann das ganze Objekt – beziehungsweise die ganze Struktur – „neu" zurück.

Hat man eine ganze mit Referenzen zusammenhängende Objektstruktur, so muss man lediglich das eine „Kopfobjekt" ausdrücklich in den ObjectOutputStream schreiben beziehungsweise nur dieses vom ObjectInputStream (beide Klassen in java.io) lesen. Der Rest wird konsistent und redundanzfrei miterledigt.

Von dieser Serialisierung von Objekten, natürlich einschließlich ihres Zustands, muss man die Serialisierung nur des Objektzustands streng unterscheiden.

Die Serialisierung (nur) von Objektzuständen

Der Bedarf nach einer solchen (nur) Zustandsserialisierung tritt auf, wenn zwei Anwendungen (Server und Client) im Wesentlichen die gleiche Objektstruktur (zum Beispiel Prozess, Maschinen, Messstellen) haben. Jeder Client hat einen „Spiegel" der Objektstruktur des Servers.

Der Server ermittelt die Zustände der Objekte und diese sollen jedem Client übermittelt und dort den entsprechenden Objekten vermittelt werden. Im Client dienen die so nachgeführten („Spiegel-") Objektzustände dann beispielsweise der Protokollierung oder grafischen Darstellung.

Es sind aber auch andere Anwendungen einer solchen Zustandsserialisierung denkbar. So könnte eine Anwendung den Zustand einer Objektstruktur in Dateien schreiben und später bei unveränderter Objektstruktur den Zustand der Objekte wiederherstellen.

So etwas wird am günstigsten – und OO-konform – dadurch realisiert, dass ein Objekt die Fähigkeit hat, seinen Zustand auf einen DataOutputStream zu schreiben und durch Lesen derselben Folge von einem DataInputStream genauso wieder herzustellen. Man kann dies dadurch ausdrücken, dass die Klasse dieser Objekte eine Schnittstelle StateSerializable, Beispiel 23.5, (gedacht oder tatsächlich) implementiert.

Beispiel 23.5: Schnittstelle StateSerializable (ohne Dokummentationskommentare)

```
import java.io.*;
public interface StateSerializable {
   public void writeState(DataOutputStream o)
                   throws IOException;
   public void readState(DataInputStream i)
                   throws IOException;
} // interface StateSerialiazable
```

Eine solche Serialisierung von Objektzuständen wird nur möglich, wenn zum Objektzustand keine Referenzen gehören beziehungsweise wenn man diese durch einfache Datentypen ersetzt. Selbst bei gleicher Objektstruktur hat ein Referenzwert in der einen beteiligten Anwendung (Server) keinerlei Bedeutung in einer anderen Anwendung (Client). DataOutputStream und DataInputStream können als Konsequenz auch gar keine Referenzwerte übertragen.

Dies ist zunächst eine Einschränkung des Ansatzes „Zustandsübertragung". Bei einer gegebenen Objektstruktur ist es aber häufig möglich, von die Speicherung von Zuständen als Referenzen abzusehen und dafür einfache Datentypen oder Strings (Stringinhalte) zu nehmen. Dies muss aber von vornherein so geplant werden. Nachträgliche Änderungen in diese Richtung sind oft „blutig".

Ein Beispiel: Ein Objekt Raum soll speichern, welche Tür – sprich welches Tür-Objekt – vor einem bestimmten Ereignis (Einbruchalarm zum Beispiel) zuletzt geöffnet wurde. Der Raum „kennt" alle seine Türen, das heißt er hat ein konstantes Array von Tür-Objekten. Die hier benötigte Information „Welche Tür" kann man entweder als (Tür-) Referenz oder als Index bezogen auf dieses Array speichern. Mit teilweise guten Gründen neigt man oft zu der ersten Lösung. Wenn das Serialisieren des Zustands gefordert ist, ist die zweite Lösung angemessen.

Bei der Übertragung dieser Information zwischen zwei Systemen (Server „Messung" zu Client „Beobachtung/Darstellung") mit bereits vorhandener gleicher initialisierter Objektstruktur ergibt die Übertragung des Index einen Sinn, die (gar nicht mögliche) Übertragung eines Referenzwertes jedoch nicht. Dies muss gegebenenfalls von vornherein bei der Festlegung der Daten- und Objektstrukturen bedacht werden.

24 Prototyping und Testen

Wie schon eingangs gesagt, steht am Ende eines Projekts ein lauffähiges Produkt, das gut dokumentiert ist und allen hier dargestellten Anforderungen genügt.

24.1 Testen

Das Produkt ist mit hinreichend vielen Testfällen zu erproben und die Testfälle und Ergebnisse gehören dokumentiert. Der aufsteigende Zweig im „V"-Lebenszyklus eines Projektes, vergleiche Bild 21.1, ist ja durch Tests geprägt.

Man sollte aber keine Haltung einnehmen, bei der das Testen eine Phase am Ende ist, die dann alles Mögliche aufdeckt. Vielmehr sollte man sich das Testen als dauernden zur Implementierungsarbeit gehörenden Vorgang angewöhnen (am besten so, dass die formalisierte Testphase am Ende nur noch zeigt, dass alles in Ordnung ist).

Tester oder Lieferant von Testfällen und Programmierer sollten für einen Teil der Testfälle unterschiedliche Personen sein.

Negativ ausgehende Tests müssen eine oder mehrere folgender Konsequenzen haben:

- Änderung der Spezifikation, falls diese ungenau, mehrdeutig oder nicht in Übereinstimmung mit den (Kunden-) Anforderungen ist (was natürlich viel früher in einem Review hätte bemerkt werden müssen),
- Nachbesserung des Programms,
- Änderung der Dokumentation,
- Änderung der Bedienungsanleitung,
- Hinweise zur Fehlerumgehung (work around).

Die Testfälle für die Tests während der Implementierung und die am Ende sollten in einem gewissen Sinne vollständig sein. Zu weit gefasst ist dieses Ziel nie erreichbar. Alle prinzipiell unterscheidbaren Sonderfälle bei den Eingangsdaten und damit alle (tatsächlichen oder vergessenen) Zweige der Kontrollstruktur sollten aber berücksichtigt werden.

Gerne vergessene Testfälle sind bei Objekten und Arrays:

- keins (null),
- leer   (Länge 0),
- unterschiedliche Längen
  (wo sie von der Sache her gleich sein sollten, z. B. Zeilen von Matrizen),
- selbes Objekt bei mehreren Objekt- oder Arrayreferenzen
  (wo man von der Sache her an verschiedene denkt, z. B. weisen
  Referenz auf Operand und Ergebnis auf dasselbe Objekt).

Bei Zahlen oft vergessene Testfälle sind:

- 0,
- um 1 zu groß oder zu klein,
- sehr groß, ∞, sehr klein,
- ungültig (NaN).

Und bei Dateien und URLs werden folgende Fälle gelegentlich nicht getestet:

- nicht da,
- Zugriffsproblem, z. B. Datei schreibgeschützt,
- Erzeugungsproblem, z. B. Verzeichnis nicht da, Verzeichnis schreibgeschützt, zu wenig Platz.

Das Verhalten zu all solchen Fällen muss spezifiziert und in Dokumentationskommentaren beschrieben sein. Eine robuste Reaktion mit einem (noch) sinnvollen Ergebnis ist dem Auslösen von Ausnahmen häufig vorzuziehen.

Wenn solche Fälle für private Methoden zum Beispiel völlig auszuschließen sind, ist jedes Dagegen-Anprogrammieren natürlich Ressourcenverschwendung. Die Tatsache, dass dies so ist und gegebenenfalls wie dies auch bei künftigen Änderungen sichergestellt wird, ist zu dokumentieren.

24.2 Prototyping

Insbesondere bei größeren Vorhaben ist es nicht sinnvoll, alles auf einmal (Urknall) zu liefern, und sich dann durch Dutzende von Übersetzungs- und Laufzeitfehlern zu quälen.

Es ist besser, schrittweise von einem Prototypzustand zum nächsten voranzuschreiten. Diese Zwischenzustände sollen fehlerfrei übersetzbar und möglichst auch eingeschränkt lauffähig sein. Wesentliche Zwischenschritte sind zu archivieren.

So genannte Dummy-Methoden, die ihren Schnittstellenanforderungen (formal) genügen, aber noch nichts oder nur wenig tun, sind ein probater Weg zu früher Übersetzbarkeit des Projekts. Dies ist in Beispiel 24.1 gezeigt. Die Multipliziermethode tut noch nicht viel Gescheites, befriedigt aber alle Schnittstellen.

Solche Dummies sollte man in der Quelle und im generierten Kommentar mit einem eindeutigen Suchbegriff wie PROTOTYP oder DUMMY kennzeichnen, damit so ein Zustand nicht unbemerkt das Projektende erreicht.

Eine weitere Sicherheitsmaßnahme ist das hier etwas missbrauchte deprecated-Tag im Dokumentationskommentar. Es liefert dem Benutzer der Methode beim Übersetzen eine Warnung. Der (harmlose) Missbrauch liegt darin, dass hiermit üblicherweise das Verschwinden und nicht das noch Kommen eines Elements verkündet wird.

Beispiel 24.1: Matrix-Klasse mit Multipliziermethode als funktionsloser Prototyp

```
public class Matrix {
/** Multiplikation zweier Matrizen. <br>
 *   PROTOTYP!!! liefert eine Matrix richtiger Größe
 *   aber mit lauter 0.0 zurück.
 *   @deprecated This is a DUMMY, wait for next Version
 *   @param a Erste Matrix, linker Multiplikand
 *   @param b Zweite Matrix, rechter Multiplikand
 *   @return Ergebnismatrix a*b
 *   @exception IllegalArgumentException, wenn keine
 *                        passenden Matrizen a und b
 */
   public static double[][] mult(
                double[][] a, double[][] b)
                throws IllegalArgumentException   {
       try {
          // !!!! PROTOTYP   DUMMY
          return new double[a.length][b[0].length];
       } catch (Exception e){
          throw new IllegalArgumentException (
             "Keine Matrixmultiplikation möglich");
       }
   } // mult
} // class Matrix
```

Das Beispiel 24.1 (Klasse Matrix) mit der Methode mult() ist übersetzbar und die Methode ist bis auf ihren „kleinen Rechenfehler" sogar einsetzbar.

Teil VI – Anhang

In diesem Teil finden Sie Programmbeispiele und Erläuterungen zur CD, Zeichencodetabellen, einen Vergleich zwischen Java und C/C++, Listen von Literatur- und Internetquellen und den Index.

25 Programmbeispiele

In diesem Kapitel werden einige der Java-Beispiele, deren Quellen Sie auf der CD finden, kurz vorgestellt. Vorhandene erprobte Software kann oft Anregungen bei eigenen Projekten geben. Auch bei Programmiersprachen gilt für manche „Wie geht denn ... und wie könnte man denn ..."- Fragen, dass ein Beispiel mehr als viele Worte sagt.

25.1 Erweiterungen von Hello world

Die erste Erweiterung – class HelloPar

Da das ursprüngliche minimale Hello-World nur eine statische Methode enthält und so kaum etwas mit Klassen und Objekten demonstriert, wird es nun etwas aufgebohrt: Es bekommt Instanzmethoden und man muss nun auch eine Instanz bilden.

Die Aufrufparameter werden „ausgewertet". Sind welche da, so werden sie anstelle des Standardgrußes ausgegeben. In diesem Zusammenhang sind Maßnahmen getroffen die das Umlaute-Problem der meisten Windows-Installationen bewältigen. Hierfür wird ein Writer statt eines Streams verwendet. Genauer gesagt: Statt des PrintStreams System.out wird ein PrintWriter mit Encoding „Cp850" benutzt. Die Startparameter dürfen nun Umlaute und Esszet enthalten (Siehe hierzu auch die Klasse Umlaute weiter unten).

Außerdem werden die Klasse und ihre Elemente mit Dokumentationskommentaren (doc-comment, /** bis */) beschrieben.

 Die Quelle und die mit

```
javadoc -version -author -package -use -d docs *.java
```

erzeugte Dokumentation für HelloPar und HelloPar2 finden Sie auf der CD im Unterverzeichnis HelloPar.

Die automatische Dokumentation der Klasse

HelloPar ist auch ausführlich dokumentiert. Mit dem gezeigten Javadoc-Aufruf werden Übersichten über und Beschreibungen jeder der in den angegebenen Quellen definierten Klassen und Schnittstellen jeweils als HTML-Dateien erzeugt. Die Datei mit der Beschreibung der Klasse HelloPar wird als Datei HelloPar.html erzeugt.

In dieser und den anderen HTML-Datei steht nichts drin, was JacaDoc nicht aus der jeweiligen Quelle entnommen hat.

Übung 25.1: Schauen Sie sich die Quellen von HelloPar (und von HelloPar2) und die zugehörige generierte Online-Dokumentation an. Öffnen Sie auch die zugehörige HTML-Datei in einem ASCII-Editor oder wählen Sie Quellansicht (View Source) im Browser.

Ergründen Sie die Zusammenhänge von Dokumentationskommentaren und generiertem HTML-Code.

Ein Erbe von HelloPar – class HelloPar2 extends HelloPar

Die ganze Mühe mit den einzelnen Instanzmethoden und der Dokumentation erscheint bei einer so kleinen Anwendung etwas übertrieben. Sobald die Anwendungen größer werden und es an das Wiederverwenden – zum Beispiel durch Ableiten und Erben – geht, ist der Aufwand auf jeden Fall gut investiert. Eine (letzte) Erweiterung des strapazierten Hello-Programms um eine weitere Funktion soll dies demonstrieren.

Die weitere Funktion ist die Ausgabe von Systemeigenschaften. HelloPar2 erbt alles von HelloPar, so dass die Quelle fast nur noch die zusätzlichen Funktionen enthält. Diese sind in der überschriebenen Methode outHello() implementiert. Durch das Erben ist HelloPar2.java trotz erweiterter Funktionen kürzer als HelloPar.java.

 Die Quellen und die Dokumentation für HelloPar und HelloPar2 finden Sie auf der CD im Unterverzeichnis HelloPar.

Die Anwendung HelloPar2 gibt, wie in Bild 25.1 gezeigt, die so genannten system properties aus. Sie ist damit auch ein Beispiel für den Zugriff auf Systeminformationen. Die Ausgabe wurde mit dem JDK1.3beta erzeugt. Bei Verwendung anderer Versionen gibt es natürlich sinngemäße Änderungen. Die Versionen JDK1.3.0rc1, JDK1.3.0rc3 und JDK 1.3.0 (final) zeigen abweichend von Bild 25.1 unter anderem:

```
java.version         = 1.3.0rc1  | 1.3.0rc3  | 1.3.0
java.vm.version      = 1.3.0rc1-S | 1.3.0rc3-Z | 1.3.0-C
java.runtime.version = 1.3.0rc1-T | 1.3.0rc3-Z | 1.3.0-C
java.class.version   = 47.0       | 47.0       | 47.0
user.timezone        =            |
```

Der erstaunlichste – um nicht zu sagen befremdlichste – Unterschied ist der fehlende Eintrag zur Zeitzone. Hier weiß es die beta-Version besser als die endgültigen und die rc-Versionen. Hier scheint ein älterer Fehler (Bug) wieder aufzuleben.

file.separator ist das Zeichen, welches Verzeichnisse, Unterverzeichnisse und Dateinamen voneinander trennt. Dies ist ein Schrägstrich (/) bei Unix und URLs und ein Gegenschrägstrich (\) bei DOS/Windows. path.separator hingegen ist das Trennzeichen zwischen den Elementen einer Liste von mehreren Dateiangaben; in einem Dateinamen hat das nichts zu suchen. Diese beiden Properties werden in der Java-Literatur oft falsch dargestellt.

```
 DOS-Shell
────────────────────────────────────────────────────────────────
D:\cd\beispiele>  java   HelloPar2
Und nun ein paar Infos zum System:
java.runtime.name          : Java(TM) 2 Runtime Environment,
      Standard Edition
sun.boot.library.path     :D:\Programme\jdk1.3\jre\bin
java.vm.version            : 1.3beta-O
java.vm.vendor             : Sun Microsystems Inc.
java.vendor.url            : http://java.sun.com/
path.separator             : ;
java.vm.name               : Java(TM) HotSpot Client VM
file.encoding.pkg          : sun.io
java.vm.specification.name : Java Virtual Machine Specification
user.dir                   : D:\AW_Prog\Java_Prog
java.runtime.version       : 1.3beta-O
java.awt.graphicsenv       : sun.awt.Win32GraphicsEnvironment
os.arch                    : x86
java.io.tmpdir             : C:\TEMP\
line.separator             :
java.vm.specification.vendor : Sun Microsystems Inc.
java.awt.fonts             :
os.name                    : Windows NT
java.library.path      :D:\Programme\jdk1.3\bin;.;C:\WINNT\System32;
      C:\WINNT;C:\Bat;D:\Programme\util;
      D:\Programme\jdk1.3\bin;C:\WINNT\system32;C:\WINNT
java.specification.name : Java Platform API Specification
java.class.version         : 46.0
os.version                 : 4.0
user.home                  : C:\WINNT\Profiles\weinert
user.timezone              : Europe/Berlin
java.awt.printerjob        : sun.awt.windows.WPrinterJob
file.encoding              : Cp1252
java.specification.version : 1.3beta
user.name                  : weinert
java.class.path            : .;D:\Programme\classes
java.vm.specification.version : 1.0
java.home                  : D:\Programme\jdk1.3\jre
user.language              : de
java.specification.vendor : Sun Microsystems Inc.
awt.toolkit                : sun.awt.windows.WToolkit
java.vm.info               : mixed mode
java.version               : 1.3beta
java.ext.dirs              : D:\Programme\jdk1.3\jre\lib\ext
sun.boot.class.path        : D:\Programme\jdk1.3\jre\lib\rt.jar;
      D:\Programme\jdk1.3\jre\lib\i18n.jar;
      D:\Programme\jdk1.3\jre\classes
java.vendor                : Sun Microsystems Inc.
file.separator             : \
java.vendor.url.bug        : http://java.sun.com/cgi-bin/bugreport.cgi
sun.cpu.endian             : little
sun.io.unicode.encoding  : UnicodeLittle
user.region                : DE
sun.cpu.isalist            : pentium_pro+mmx pentium_pro
      pentium+mmx         pentium i486 i386

D:\AW_Prog\Java_Prog> ■■
────────────────────────────────────────────────────────────────
```

Bild 25.1: Die Ausgabe der Anwendung HelloPar2 mit JDK1.3beta
(Die Zeilenumbrüche sind teilweise „geschönt".)

Übung 25.2: Informieren Sie sich in der Online-Dokumentation über die Klasse Properties und die Schnittstelle Enumeration und vollziehen Sie das Beispiel HelloPar2 nach.

Hello als Applet und als grafische Anwendung

Beide Beispiele wurden bereits zum Testen der JDK-Installation im Kapitel 2.2 benutzt und beide sind auf der CD zu finden.

25.2 Türme von Hanoi

Eine alte Sage erzählt, dass in einem Kloster unweit der Stadt Hanoi einige Mönche seit geraumer Zeit damit beschäftigt sind, einen Stapel von 62 runden Scheiben unterschiedlicher Größe umzuschichten. Ursprünglich waren alle 62 Scheiben auf einem Ausgangsstapel derart geschichtet, dass jede Scheibe kleiner war, als die unter ihr liegende.

Die Aufgabe der Mönche besteht nun darin, den Stapel von dem Quellplatz zu einem Zielplatz umzuschichten. Bei jedem Umschichtvorgang darf jedoch immer nur eine Scheibe bewegt werden. Mehr können die asketisch lebenden Mönche nicht tragen. Außerdem darf zu keiner Zeit eine größere Scheibe auf einer kleineren Scheibe liegen, sonst würden die kunstvoll gestalteten hochgebogenen Dachkanten beschädigt. Also benutzen die Mönche einen Hilfsstapel, aber nur einen, denn mehr Platz haben sie nicht.

Und nun schaffen sie. Der Sage nach soll an dem Tag, an dem alle Scheiben umgeschichtet sind, die Welt untergehen.

Wie – nach welchem Algorithmus – gehen die Mönche aber nun vor. Das Problem lässt sich rekursiv lösen, indem eine Lösung für n Scheiben auf die für n-1 Scheiben zurückgeführt wird. Und die Lösung für zwei (und natürlich für eine) Scheibe kennt man (Oder?).

Und genau der rekursive Ansatz lässt sich direkt programmieren.

 Auf der CD gibt es zwei Beispiele für die Lösung des Spiels „Türme von Hanoi". Eine, Hanoi.java, ist einfach textorientiert und demonstriert so den rekursiven Lösungsansatz klarer als das zweite Beispiel, TvH.java. TvH ist eine grafische, auf aWeinertBib beruhende Anwendung, die sich auch von Hand – und auch falsch – spielen lässt.

Bild 25.2 zeigt den Lauf der grafischen Anwendung TvH. Gerade wird beim automatischen Spielen die oberste Scheibe des mittleren Stapels umgesetzt.

☞ Die grafische Anwendung TvH läuft nicht ohne die Klassenbibliothek aWeinertBib, die man am günstigsten als „installed extension" dem JDK oder JRE hinzufügt; siehe Kapitel 1.4.

Übung 25.3: Wie viele Umschichtungen sind für n Scheiben erforderlich?
Welche Komplexität O(n) hat der Algorithmus? Ist ein besserer Algorithmus unter den
gegebenen Bedingungen möglich?
Wie viele Jahre benötigen die Mönche, wenn Sie für jedes Umschichten einer
Turmscheibe eine Minute benötigen – und droht der Welt von daher eine Gefahr?

Bild 25.2: Die Anwendung TvH spielt Türme von Hanoi (Foto: Annette Weinert)

25.3 Zur Ein- und Ausgabe von Texten – Umlaute

Die Ein und Ausgabe von Umlauten von und nach der Normalein- und -ausgabe (DOS-
Shell) läuft aus bereits (in Kapitel 2.2) geschilderten Gründen oft problematisch.
Anfänger neigen teilweise zu ungeeigneten Bastellösungen, um das Problem zu umge-
hen. Der einzig korrekte Weg ist es, nicht die InputStream- und OutputStream-Objekte
System.in und System.out, sondern Reader und Writer mit einem entsprechenden so
genannten Encoding zu verwenden.

 Die Anwendung Umlaute trägt zur Klärung des Problems auf Ihrem System bei
und zeigt am Beispiel der Ausgabe die richtige Lösung.

Wie die in Bild 25.3 gezeigte Ausgabe des Programms zeigt, ist (für die Ausgabe auf die DOS-Box) die Verwendung der Code-Page 850 „PC-Latin-1" für die meisten westeuropäischen PC-Installationen richtig. Und für die Eingabe der Zeichen in die Java-Quelle muss man einen Editor verwenden, der ISO-8895-1-codierte Zeichen (Anfang von Unicode) liefert, oder man gibt gleich die Unicode-Escapesequenzen ein. Alle anderen Kombinationen gehen daneben– wie sie daneben gehen, lässt sich teilweise anhand der Codetabellen im Kapitel 26 nachvollziehen.

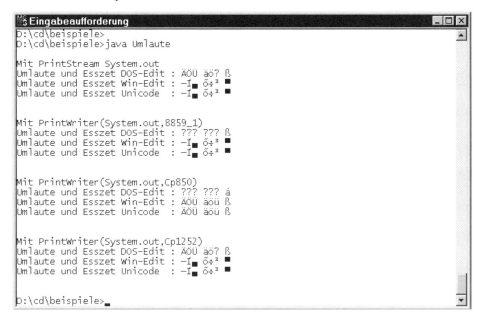

Bild 25.3: Die Ausgabe des Programms Umlaute

Übung 25.4: Probieren Sie auch andere Codierungen aus. Sie können den Namen der Codierung der Anwendung Umlaute als Parameter übergeben. Modifizieren Sie das Beispiel für andere (Sonder-) Zeichen. Am besten machen Sie auch diese und nicht nur eine Codierung durch Startparameter parametrierbar.

25.4 Kopieren von Dateien oder URLs – auch mal was vom Netz

Die Anwendung NCopy kopiert von Datei nach Datei oder von (Internet-) URL nach Datei. Um mit ihr eine Datei über ihre URL vom Netz laden zu können, müssen häufig die so genannten Proxy-Einstellungen des Netzzugangs eingestellt werden. Dies geschieht mit dem Setzen von Umgebungs- oder System-Property -Variablen der JVM mit der -d-Option. Ein entsprechender Aufruf sieht dann so aus:

```
Java -DproxySet=true -DproxyHost=hostName
     -DproxyPort=portNummer NCopy quelle ziel
```

hostName und portNummer sind dieselben, die ein auf dem System laufender Browser wie beispielsweise Netscape auch verwendet. Also konkret beispeilsweise:

```
java -DproxySet=true -DproxyHost=cache -DproxyPort=8080
     NCopy http:/www.fh-bochum.de/index.html
```

Der Java-Aufruf mit dem Setzen der Variablen lässt sich mit den passenden Werten Ihres Netzzugangs dann sinnvollerweise in einer Batch-Datei unterbringen. Mit dieser Anwendung kommt man auch an Dateien heran, deren Laden Browser oft partout nicht anbieten (wie die .class- oder .jar-Dateien von Applets).

☞ Diese Anwendung läuft nicht ohne die Klassenbibliothek aWeinertBib, die man am günstigsten als „installed extension" der JDK- und JRE-Installation hinzufügt.

Übung 25.5: Schauen Sie in die Dokumentation von java.net, java.io.File, DE.a_weinert.Datei und DE.a_weinert.Eingabe. Vollziehen Sie das Beispiel NCopy nach.

Eine Weiterentwicklung von NCopy, genannt UCopy (die Sie statt NCopy verwenden sollten), erlaubt es, diese System-Properties mit den Startparametern der Anwendung zu setzen:

```
java UCopy proxyHost=cache proxyPort=8080
     http:/www.fh-bochum.de/index.html
```

Außerdem können diese und andere Einstellungen in einer Property-Datei namens UCopy.properties hinterlegt werden. UCopy läuft nicht ohne seine Property-Datei, die sich im aktuellen Verzeichnis oder (von überall her erreichbar) im Verzeichnis \jre\lib der JDK- oder JRE-Installation befinden muss. Diese Property-Datei ist eine Textdatei. In ihr sind, gestützt auf die Klasse DE.a_weinert.Prop, viele Einstellungen des Programms (leicht und ohne Neuübersetzung) änder- und anpassbar hinterlegt. Hierzu gehören Default-Einstellungen, der Hilfetext und die (Syntax der) Startparameterauswertung. Die Übertragung der Default-Einstellungen und die Startparameterauswertung mit DE.a_weinert.Prop basiert auf der Möglichkeit der so genannten Introspektion, das heißt der Möglichkeit, zur Übersetzungszeit unbekannte Typen (Klassen) zu erkennen und die öffentlichen Elemente der Klasse und ihrer Objekte zu beeinflussen.

Übung 25.6: Vollziehen Sie auch diesen Aspekt von UCopy nach. Schauen Sie in die Dokumentation von java.lang.Class, java.util.Properties und DE.a_weinert.Prop. Schreiben Sie eine Anwendung PropPar mit einer zugehörigen Property-Datei PropPar.properties, die lediglich die Aspekte Online-Hilfetext und Startparameterauswertung (mit ein paar Testausgaben) verwirklicht. Sie stellt das Gerüst für sehr flexibel einsetzbare Anwendungen dar.

Diese Anwendungen UCopy und NCopy sind ziemlich robust und komfortabel geschrieben. Das heißt, dass sie viele Abfragen, Ausnahmebehandlungen, eine kleine Online-Hilfe und Ähnliches enthalten. Ohne solche Eigenschaften ließe sich ein Kopieren von URL oder Datei nach Datei auch in zwanzig Zeilen (ohne Abstützung auf zusätzliche Bibliotheken) darstellen.

Übung 25.7: Schreiben Sie eine ganz kurze Anwendung zum Kopieren von URL/Datei nach Datei, wo ohne jede Online-Hilfe und Fehlerbehandlung lediglich der Kopieraspekt verwirklicht wird.

25.5 Komplexe Arithmethik – grafisch demonstriert

Im Unterverzeichnis ComplexApplet finden Sie die Anwendung `ComplDemo`, die – eine nicht selbstverständliche Besonderheit – sowohl als Applet als auch als grafische Anwendung laufen kann.

Die Anwendung führt die Grundrechenarten und auch komplexere Funktionen mit komplexen Zahlen in Form des Ingenieuren vertrauten Zeigerdiagramms vor. Bild 25.4 zeigt den Lauf als grafische Anwendung.

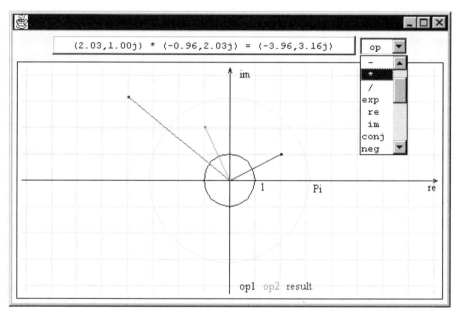

Bild 25.4: `ComplDemo` läuft als Anwendung

Das Hauptanzeigefeld zeigt die komplexe Ebene mit zwei oder drei Zeigern, je nachdem, ob eine einstellige (exp zum Beispiel) oder eine zweistellige (wie +) Operation gezeigt wird. Der erste Operand wird blau, der gegebenenfalls zweite grün und das Ergebnis der komplexen Rechenoperation rot gezeigt.

Die Operandenwerte können mit der Maus geändert werden, wobei der Ergebniszeiger ständig aktualisiert wird. Die Rechnung wird auch im oberen Textfeld angezeigt. In Bild 25.4 wird auch gezeigt, wie man über das rechte obere Auswahlfeld eine andere komplexe Rechenoperation auswählen kann.

Das Koordinatensystem mit Gitternetz und Beschriftung wird einmal beim Start (und bei jeder Größenänderung des Fensters) als Hintergrundbild generiert. Beim Neuzeichnen wird nicht das Fenster gelöscht, sondern das (ja gleiche) Hintergrundbild erneut dargestellt. Dieses Vorgehen mit zusätzlichen Bildspeichern (gelegentlich auch „Bild Puffern" oder „Doppelpuffern" genannt) führt zu einem flimmerfreien Neuzeichnen des Bildes.

 Diese Technik und das Vorgehen zur oben erwähnten Zusammenfassung von Applet und grafischer Anwendung können Sie der Quelle entnehmen.

26   Zeichentabellen – Unicode, ISO8859-1 und Codepage850

Die folgenden Tabellen 26.1 bis 26.3 (letztere mehrseitig von Seite 323 bis 327) zeigen die Zeichen Nr.0 bis Nr.255 des Unicode und der Zeichensätze nach ISO8859-1 sowie der Codepage 850.

Bei den Zeichen 0 bis 127 stimmt die Codierung aller drei genannten Zeichensätze überein und sie entspricht dem Standard-7-Bit-ASCII. Dieser Bereich ist daher kompakt in der Tabelle 26.1 dargestellt.

Bei den Zeichen 128 bis 256 stimmen die Codierungen von Unicode und ISO8859-1 (Latin1) überein. Dieser Bereich ist in Tabelle 26.2 kompakt dargestellt. ISO 8859-1 verbietet es, die Bereiche für Steuerzeichen, also 00 bis 1F sowie 7F bis 9F, für druckbare Zeichen zu benutzen.

Die für die Ein- und Ausgabe von DOS-Shells üblicherweise benutze Codepage 850 und ISO8859-1 zeigen keinerlei Übereinstimmung. Daher gibt es jeweils zwei Spaltenpaare pro Zeichencode in der Tabelle 26.3. Die daraus ersichtliche Nichtübereinstimmung gilt leider auch für solche Zeichen, die – wie Umlaute, Eszett und Zeichen mit Akzenten – in beiden Zeichensätzen enthalten sind. Dies ist besonders ärgerlich, da bei standardmäßiger westeuropäischer PC-Installation DOS und die DOS-Shell von Windows Cp850 und Windows selbst 8859-1 verwenden. Dies führt zu einigenProblemen, die in Kapitel 8.2.6 angesprochen wurden (Mit DOSCp437 ist es ähnlich; viel Spaß).

Eine weitere Komplikation liegt darin, dass sich Windows zum Beispiel mit der Codepage Cp1252 (Windows-Latin1) weitgehend an Latin-1 (ISO 8859-1) hält, aber den dort ausdrücklich freigehaltenen beziehungsweise für die Wiederholung der Steuerzeichen vorgesehenen Bereich 80 bis 9F normwidrig für druckbare Zeichen nutzt. Dies ist teilweise in der Tabelle 26.4 vermerkt.

Zeichen mit Nummern ab 256 gibt es in den 8-Bit-Zeichensätzen CP850 und 8859-1 nicht, wohl aber im 16-Bit-Zeichensatz Unicode, ein paar davon sind in der Tabelle 26.5 dargestellt.

Tabelle 26.1 zeigt die ersten 128 Zeichen von ISO8859-1 (Latin 1), Unicode und ASCII; die Zeichen 20 bis 7F stimmen auch mit den Codepages Cp850 (DOS-Latin1) und Cp437 (DOS-LatinUS) überein.

Tabelle 26.1: Die Zeichen 0 bis 127 der Codepage 850, von ISO8859-1 und Unicode (entspricht dem 7-Bit-Standard-ASCII-Code und Tabelle 8.9)

	00	01	02	03	04	05	06	07	08	09	0A	0B	0C	0D	0E	0F
00	Null	STX	SOT	ETX	EOT	ENQ	ACK	BEL	BS	HT	LF	VT	FF	CR	SO	SI
10	DLE	DC1	DC2	DC3	DC4	NAK	SYN	ETB	CAN	EM	SUB	ESC	FS	GS	RS	US
20		!	"	#	$	%	&	'	(	)	*	+	,	-	.	/
30	0	1	2	3	4	5	6	7	8	9	:	;	<	=	>	?
40	@	A	B	C	D	E	F	G	H	I	J	K	L	M	N	O
50	P	Q	R	S	T	U	V	W	X	Y	Z	[	\	]	^	_
60	`	a	b	c	d	e	f	g	h	i	j	k	l	m	n	o
70	p	q	r	s	t	u	v	w	x	y	z	{	|	}	~	

Tabelle 26.2 zeigt die Zeichen 128 bis 256 von ISO8859-1 (Latin 1) und Unicode. Den Bereich 80 bis 9F (in Tabelle 26.2 schraffiert) lässt die Norm ausdrücklich frei. A0 ist ein festes, nicht trennendes Leerzeichen (non breaking space,   \u00a0).

Tabelle 26.2: Die Zeichen 128 bis 255 von ISO8859-1 und Unicode
(ISO 8859-1 von 00 bis FF ist auch der Anfang von Unicode)

	00	01	02	03	04	05	06	07	08	09	0A	0B	0C	0D	0E	0F
80																
90																
A0		¡	¢	£	≠	¥	¦	§	¨	©	ª	»	¬	√	®	‾
B0	°	±	≈	Δ	´	µ	¶	•	¸	◊	º	«	/	fi	fl	¿
C0	À	Á	Â	Ã	Ä	Å	Æ	Ç	È	É	Ê	Ë	Ì	Í	Î	Ï
D0	□	Ñ	Ò	Ó	Ô	Õ	Ö	˘	Ø	Ù	Ú	Û	Ü	·	°	ß
E0	à	á	â	ã	ä	å	æ	ç	è	é	ê	ë	ì	í	î	ï
F0	∂	ñ	ò	ó	ô	õ	ö	÷	ø	ù	ú	û	ü	˝	˛	ÿ

Tabelle 26.3 zeigt die Zeichen 128 bis 255 der Codepage Cp850 (DOS-Latin1) und von ISO8859-1 (Latin1). Von diesen beiden in Standard-Windows-PCs nebeneinander verwendeten Zeichencodierungen stimmt leider nichts überein. Die in ISO8859-1 freigehaltenen und für druckbare Zeichen verbotenen Codes 80 bis 90 werden von Windows mit der Codepage CP1252 (Windows-Latin1) für druckbare Zeichen verwendet.

Tabelle 26.3 (Anfang): Die Zeichen 128 bis 255 der Codepage 850 und von ISO8859-1 bzw. Unicode.

Hex	Dez	CP 850	Name gemäß ISO/IEC 10646-1:1993(E)	8859-1 Uni-code	Name gemäß ISO/IEC 10646-1:1993(E)
80	128	Ç	Latin capital letter C with cedilla		
81	129	ü	Latin small letter U with diaeresis		
82	130	é	Latin small letter E with acute		
83	131	â	Latin small letter A with circumflex		
84	132	ä	Latin small letter A with diaeresis		
85	133	à	Latin small letter A with grave		
86	134	å	Latin small letter A with ring above		
87	135	ç	Latin small letter C with cedilla		
88	136	ê	Latin small letter E with circumflex		
89	137	ë	Latin small letter E with diaeresis		
8A	138	è	Latin small letter E with grave		
8B	139	ï	Latin small letter I with diaeresis		
8C	140	î	Latin small letter I with circumflex		
8D	141	ì	Latin small letter I with grave		
8E	142	Ä	Latin capital letter A with diaeresis		
8F	143	Å	Latin capital letter A with ring above		
90	144	É	Latin capital letter E with acute		
91	145	æ	Latin small letter AE		
92	146	Æ	Latin capital letter AE		
93	147	ô	Latin small letter O with circumflex		
94	148	ö	Latin small letter O with diaeresis		
95	149	ò	Latin small letter O with grave		
96	150	û	Latin small letter U with circumflex		
97	151	ù	Latin small letter U with grave		
98	152	ÿ	Latin small letter Y with diaeresis		
99	153	Ö	Latin capital letter O with diaeresis		
9A	154	Ü	Latin capital letter U with diaeresis		
9B	155	ø	Latin small letter O with stroke		
9C	156	£	Pound sign		
9D	157	Ø	Latin capital letter O with stroke		
9E	158	˘	Multiplication sign		
9F	159	ƒ	Latin small letter F with hook		
A0	160	á	Latin small letter A with acute		No-break space
A1	161	í	Latin small letter I with acute	¡	Inverted exclamation mark
A2	162	ó	Latin small letter O with acute	¢	Cent sign
A3	163	ú	Latin small letter U with acute	£	Pound sign
A4	164	ñ	Latin small letter N with tilde	≠	Currency sign

Hex	Dez	CP 850	Name gemäß ISO/IEC 10646-1:1993(E)	8859-1 Uni-code	Name gemäß ISO/IEC 10646-1:1993(E)
A5	165	Ñ	Latin capital letter N with tilde	¥	Yen sign
A6	166	ª	Feminine ordinal indicator	¦	Broken bar
A7	167	º	Masculine ordinal indicator	§	Section sign
A8	168	¿	Inverted Question mark	¨	Diaeresis
A9	169	®	Registered sign	©	Copyright sign
AA	170	¬	Not sign	ª	Feminine ordinal indicator
AB	171	fi	Vulgar fraction one half	«	Left-pointing double angle quotation mark
AC	172	/	Vulgar fraction one quarter	¬	Not sign
AD	173	¡	Inverted exclamation mark	√	Soft hyphen
AE	174	«	Left-pointing double angle quotation mark	®	Registered sign
AF	175	»	Right-pointing double angle quotation mark	¯	Macron
B0	176	░	Light shade	°	Degree sign
B1	177	▒	Medium shade	±	Plus-minus sign
B2	178	▓	Dark shade	≈	Superscript two
B3	179	│	Box drawings: light vertical	Δ	Superscript three
B4	180	┤	Box drawings: light vertical and left	´	Acute accent
B5	181	Á	Latin capital letter A with acute	µ	Micro sign
B6	182	Â	Latin capital letter A with circumflex	¶	Pilcrow sign
B7	183	À	Latin capital letter A with grave	•	Middle dot
B8	184	©	Copyright sign	¸	Cedilla
B9	185	╣	Box drawings: double vertical and left	◊	Superscript one
BA	186	║	Box drawings: double vertical	º	Masculine ordinal indicator
BB	187	╗	Box drawings: double down and left	»	Right-pointing double angle quotation mark
BC	188	╝	Box drawings: double up and left	/	Vulgar fraction one quarter
BD	189	¢	Cent sign	fi	Vulgar fraction one half
BE	190	¥	Yen sign	fl	Vulgar fraction three quarters
BF	191	┐	Box drawings: light down and left	¿	Inverted Question mark
C0	192	└	Box drawings: light up and right	À	Latin capital letter A with grave
C1	193	┴	Box drawings: light up and horizontal	Á	Latin capital letter A with acute
C2	194	┬	Box drawings: light down and horizontal	Â	Latin capital letter A with circumflex
C3	195	├	Box drawings: light vertical and right	Ã	Latin capital letter A with tilde
C4	196	─	Box drawings: light horizontal	Ä	Latin capital letter A with diaeresis
C5	197	┼	Box drawings: light vertical and horizontal	Å	Latin capital letter A with ring above
C6	198	ã	Latin small letter A with tilde	Æ	Latin capital letter AE
C7	199	Ã	Latin capital letter A with tilde	Ç	Latin capital letter C with cedilla
C8	200	╚	Box drawings: double up and right	È	Latin capital letter E with grave
C9	201	╔	Box drawings: double down and right	É	Latin capital letter E with acute
CA	202	╩	Box drawings: double up and horizontal	Ê	Latin capital letter E with circumflex

Hex	Dez	CP 850	Name gemäß ISO/IEC 10646-1:1993(E)	8859-1 Uni-code	Name gemäß ISO/IEC 10646-1:1993(E)
CB	203	╦	Box drawings: double down and horizontal	Ë	Latin capital letter E with diaeresis
CC	204	╠	Box drawings: double vertical and right	Ì	Latin capital letter I with grave
CD	205	═	Box drawings: double horizontal	Í	Latin capital letter I with acute
CE	206	╬	Box drawings: double vertical and horizontal	Î	Latin capital letter I with circumflex
CF	207	≠	Currency sign	Ï	Latin capital letter I with diaeresis
D0	208	∂	Latin small letter Eth	☐	Latin capital letter Eth
D1	209	☐	Latin capital letter Eth	Ñ	Latin capital letter N with tilde
D2	210	Ê	Latin capital letter E with circumflex	Ò	Latin capital letter O with grave
D3	211	Ë	Latin capital letter E with diaeresis	Ó	Latin capital letter O with acute
D4	212	È	Latin capital letter E with grave	Ô	Latin capital letter O with circumflex
D5	213	ı	Latin small letter dotless I	Õ	Latin capital letter O with tilde
D6	214	Í	Latin capital letter I with acute	Ö	Latin capital letter O with diaeresis
D7	215	Î	Latin capital letter I with circumflex	˘	Multiplication sign
D8	216	Ï	Latin capital letter I with diaeresis	Ø	Latin capital letter O with stroke
D9	217	┘	Box drawings: light up and left	Ù	Latin capital letter U with grave
DA	218	┌	Box drawings: light down and right	Ú	Latin capital letter U with acute
DB	219	█	Full block	Û	Latin capital letter U with circumflex
DC	220	▄	Lower half block	Ü	Latin capital letter U with diaeresis
DD	221	¦	Broken bar	˙	Latin capital letter Y with acute
DE	222	Ì	Latin capital letter I with grave	°	Latin capital letter Thorn
DF	223	▀	Upper half block	ß	Latin small letter SHARP S
E0	224	Ó	Latin capital letter O with acute	à	Latin small letter A with grave
E1	225	ß	Latin small letter SHARP S	á	Latin small letter A with acute
E2	226	Ô	Latin capital letter O with circumflex	â	Latin small letter A with circumflex
E3	227	Ò	Latin capital letter O with grave	ã	Latin small letter A with tilde
E4	228	õ	Latin small letter O with tilde	ä	Latin small letter A with diaeresis
E5	229	Õ	Latin capital letter O with tilde	å	Latin small letter A with ring above
E6	230	µ	Micro sign	æ	Latin small letter AE
E7	231	˛	Latin small letter thorn	ç	Latin small letter C with cedilla
E8	232	°	Latin capital letter Thorn	è	Latin small letter E with grave
E9	233	Ú	Latin capital letter U with acute	é	Latin small letter E with acute
EA	234	Û	Latin capital letter U with circumflex	ê	Latin small letter E with circumflex
EB	235	Ù	Latin capital letter U with grave	ë	Latin small letter E with diaeresis
EC	236	˝	Latin small letter Y with acute	ì	Latin small letter I with grave
ED	237	˙	Latin capital letter Y with acute	í	Latin small letter I with acute
EE	238	¯	Macron	î	Latin small letter I with circumflex
EF	239	´	Acute accent	ï	Latin small letter I with diaeresis
F0	240	√	Soft hyphen	∂	Latin small letter Eth

Hex	Dez	CP 850	Name gemäß ISO/IEC 10646-1:1993(E)	8859-1 Uni-code	Name gemäß ISO/IEC 10646-1:1993(E)
F1	241	±	Plus-minus sign	ñ	Latin small letter N with tilde
F2	242	_	Double low line	ò	Latin small letter O with grave
F3	243	¾	Vulgar fraction three quarters	ó	Latin small letter O with acute
F4	244	¶	Pilcrow sign	ô	Latin small letter O with circumflex
F5	245	§	Section sign	õ	Latin small letter O with tilde
F6	246	÷	Division sign	ö	Latin small letter O with diaeresis
F7	247	¸	Cedilla	÷	Division sign
F8	248	°	Degree sign	ø	Latin small letter O with stroke
F9	249	¨	Diaeresis	ù	Latin small letter U with grave
FA	250	·	Middle dot	ú	Latin small letter U with acute
FB	251	◊	Superscript one	û	Latin small letter U with circumflex
FC	252	Δ	Superscript three	ü	Latin small letter U with diaeresis
FD	253	≈	Superscript two	″	Latin small letter Y with acute
FE	254	■	Black square	ˌ	Latin small letter Thorn
FF	255		No-break space	ÿ	Latin small letter Y with diaeresis

In Tabelle 26.3 wurden für die Zeichen die englischen Namen der betreffenden ISO-beziehungsweise IEC-Norm verwendet. Für weniger gebräuchliche Begriffe gelten folgende Übersetzungen und Erklärungen:

Acute = Accent aigu

Box drawings = semigrafische Zeichen zum senkrechten und waagrechten Zeichnen einfacher und doppelter Linien (zum Beispiel für Rechtecke)

Circumflex = Accent circonflexe

Cedilla = ein Häkchen unter einem C, das in Spanisch und Französisch die Aussprache als s signalisiert (façade, façon).

Diaeresis = meint auch Umlautpünktchen (obgleich damit eigentlich nur dasjenige Doppelpünktchen gemeint ist, das die Eigenständigkeit eines Buchstaben markiert wie das über dem e in Noël). Diese Unterscheidung wird in Unicode ausdrücklich nicht gemacht.

Grave = Accent grave

Pilcrow = Absatzmarke (Paragraf)

Die in der Tabelle 26.3 für die Codepage Cp850 gezeigte Codierung trifft weitgehend auch für die ähnliche und bei DOS-Shells ebenfalls anzutreffende Cp1252 zu. Die signifikantesten Unterschiede sind in Tabelle 26.4 zusammengefasst.

Tabelle 26.4: Die Unterschiede zwischen den Zeichencodierungen der Codepages Cp850 und Cp1252

Hex	Dez	850	Name gemäß ISO/IEC 10646-1:1993(E)	1252	Name	
80	128	Ç	Latin capital letter C with cedilla	€	Euro sign	= Unicode 20A0
8C	140	î	Latin small letter I with circumflex	Œ	Ligatur OE	= Unicode 0152
99	153	Ö	Latin capital letter O with diaeresis	™	Trademark sign	= Unicode 2122
9C	156	£	Pound sign	œ	Ligatur oe	= Unicode 0153

Tabelle 26.5 (Anfang): Einige Unicodezeichen mit Nummern > 255

Codierung (Hex)	Unicode	Name gemäß ISO/IEC 10646-1:1993(E)
0x0152	Œ	Latin capital ligature oe
0x0153	œ	Latin small ligature oe
0x0192	ƒ	Latin small letter F with hook
0x0393	Γ	Greek capital letter Gamma
0x0398	θ	Greek capital letter Theta
0x03A3	Σ	Greek capital letter Sigma
0x03A6	Π	Greek capital letter Phi
0x03A9	Ω	Greek capital letter Omega
0x03B1	α	Greek small letter Alpha
0x03B4	δ	Greek small letter Delta
0x03B5	ε	Greek small letter Epsilon
0x03C0	π	Greek small letter Pi
0x03C3	σ	Greek small letter Sigma
0x03C4	τ	Greek small letter Tau
0x03C6	φ	Greek small letter Phi
0x207F	ⁿ	Superscript Latin small letter N
0x20A0	€	Euro sign (Euro-Zeichen, Währung)
0x20A7	Pts	Peseta sign
0x2219	•	Bullet operator
0x221A	√	Square root
0x221E	∞	Infinity
0x2248	≈	Almost equal to
0x2261	≡	Identical to
0x2264	≤	Less-than or equal to
0x2265	≥	Greater-than or equal to
0x2320	⌠	Top half integral
0x2321	⌡	Bottom half integral
0x2500	─	Box drawings: light horizontal

Codierung (Hex)	Unicode	Name gemäß ISO/IEC 10646-1:1993(E)
0x2502	│	Box drawings: light vertical
0x250C	┌	Box drawings: light down and right
0x2510	┐	Box drawings: light down and left
0x2514	└	Box drawings: light up and right
0x2518	┘	Box drawings: light up and left
0x251C	├	Box drawings: light vertical and right
0x2524	┤	Box drawings: light vertical and left
0x252C	┬	Box drawings: light down and horizontal
0x2534	┴	Box drawings: light up and horizontal
0x253C	┼	Box drawings: light vertical and horizontal
0x2550	═	Box drawings: double horizontal
0x2551	║	Box drawings: double vertical
0x2552	╒	Box drawings: down single and right double
0x2553	╓	Box drawings: down double and right single
0x2554	╔	Box drawings: double down and right
0x2555	╕	Box drawings: down single and left double
0x2556	╖	Box drawings: down double and left single
0x2557	╗	Box drawings: double down and left
0x2558	╘	Box drawings: up single and right double
0x2559	╙	Box drawings: up double and right single
0x255A	╚	Box drawings: double up and right
0x255B	╛	Box drawings: up single and left double
0x255C	╜	Box drawings: up double and left single
0x255D	╝	Box drawings: double up and left
0x255E	╞	Box drawings: vertical single and right double
0x255F	╟	Box drawings: vertical double and right single
0x2560	╠	Box drawings: double vertical and right
0x2561	╡	Box drawings: vertical single and left double
0x2562	╢	Box drawings: vertical double and left single
0x2563	╣	Box drawings: double vertical and left
0x2564	╤	Box drawings: down single and horizontal double
0x2565	╥	Box drawings: down double and horizontal single
0x2566	╦	Box drawings: double down and horizontal
0x2567	╧	Box drawings: up single and horizontal double
0x2568	╨	Box drawings: up double and horizontal single
0x2569	╩	Box drawings: double up and horizontal
0x256A	╪	Box drawings: vertical single and horizontal double
0x256B	╫	Box drawings: vertical double and horizontal single
0x256C	╬	Box drawings: double vertical and horizontal

Codierung (Hex)	Unicode	Name gemäß ISO/IEC 10646-1:1993(E)
0x2580	▀	Upper half block
0x2584	▄	Lower half block
0x2588	█	Full block
0x258C	▌	Left half block
0x2590	▐	Right half block
0x2591	░	Light shade
0x2592	▒	Medium shade
0x2593	▓	Dark shade
0x25A0	■	Black square
0x2122	™	Trademark sign

27   Die Grammatik der Sprache Java

Die folgende Grammatik definiert formal die Syntax einer so genannten „compilation unit" von Java. Ein Java-Programm besteht aus einer oder mehreren solcher Übersetzungseinheiten.

Die Grammatik besteht aus nicht terminalen Symbolen wie beispielsweise DocComments, Identifier, Number, Operator etc. und den terminalen Symbolen der Sprache wie Literale und Schlüsselworte. Terminale Symbole sind in Anführungszeichen eingeschlossen, zum Beispiel '++' .

Jede Regel der Grammatik hat die Form: Nichtterminal-Symbol = Meta-Entsprechung ;

Das Semikolon am Ende der Grammatikregel gehört zur Grammatik, also zur Syntax der Metasprache. Ein Semikolon als terminales Symbol muss in der Form ';' , d. h. in Anführungszeichen, dargestellt werden. Also zum Beispiel:

     Satzzeichen = `.` | `,` | `;` | `:` | `?` | `!` ;

Ein Häkchen als terminales Symbol wird meist als ``` ``` dargestellt.

In der Metasprache steht ferner:

    | für Alternativen,
    (...) für Gruppen,
    [...] für kein oder einmaliges Vorkommen,
    < ... > für ein- oder mehrmaliges Vorkommen und
    { ... } für kein oder mehrmaliges Vorkommen.

So bedeutet der Anfang der Grammatik

CompilationUnit = [PackageStatement] { ImportStatement } { TypeDeclaration } ;

dass eine Übersetzungseinheit mit einem oder keinem „PackageStatement" beginnen kann, gefolgt von keinem, einem oder mehreren „ImportStatement" und schließlich gefolgt von keiner, einer oder mehreren „TypeDeclaration". Die für die Definition von CompilationUnit verwendeten nicht terminalen Symbole werden nun in weiteren Aussagen der Grammatik definiert, bis diese vollständig ist, das heißt bis alles auf terminale Symbole zurückgeführt ist.

Ein Quelltext, der nach den Regeln der Grammatik eine CompilationUnit ist, ist syntaktisch richtiges Java; über die semantische Richtigkeit ist damit noch nichts ausgesagt.

Es folgt die Grammatik der Sprache Java in einer Kurzfassung, die die (bekannte und einfache) Syntax der nicht terminalen Symbole Identifier, Number, String und Character nicht enthält:

CompilationUnit = [PackageStatement] { ImportStatement } { TypeDeclaration } ;

PackageStatement = 'package' PackageName ';' ;

ImportStatement = 'import' PackageName '.' '*' ';' | 'import' (ClassName | InterfaceName) ';' ;

TypeDeclaration = [DocComment] ClassDeclaration | [DocComment] InterfaceDeclaration | ';' ;

ClassDeclaration = { Modifier } 'class' Identifier ['extends' ClassName]
['implements' InterfaceName { ',' InterfaceName }]
'{' { ClassDeclaration | FieldDeclaration } '}' ;

InterfaceDeclaration = { Modifier } 'interface' Identifier
['extends' InterfaceName { ',' InterfaceName }]
'{' { InterfaceDeclaration | FieldDeclaration } '}' ;

FieldDeclaration = [DocComment] MethodDeclaration
[DocComment] ConstructorDeclaration
[DocComment] VariableDeclaration
| StaticInitializer | Initializer | ';' ;

MethodDeclaration = { Modifier } Type Identifier '(' [ParameterList] ')' { '[' ']' }
('{' { Statement } '}' | ';') ;

ConstructorDeclaration = { Modifier } Identifier '(' [ParameterList] ')'
'{' { Statement } '}' ;

VariableDeclaration = { Modifier } Type VariableDeclarator { ',' VariableDeclarator } ';' ;

VariableDeclarator = Identifier {'[' ']' } ['=' VariableInitializer] ;

VariableInitializer = Expression | '{' [VariableInitializer { ',' VariableInitializer }] '}' ;

StaticInitializer = 'static' '{' { Statement } '}' ;

Initializer = 'static' '{' { Statement } '}' ;

ParameterList = Parameter { ',' Parameter} ;

Parameter = TypeSpecifier Identifier { '[' ']' } ;

Statement = VariableDeclaration
|Expression ';'

'{' { Statement } '}'
'if' '(' Expression ')' Statement ['else' Statement]
'while' '(' Expression ')' Statement
do' Statement 'while' '(' Expression ')' ';'
'try' Statement { 'catch' '(' Parameter ')' Statement } ['finally' Statement]

	| 'switch' '(' Expression ')' '{' { Statement } '}'
	| 'synchronized' '(' Expression ')' Statement
	| 'return' [Expression] ';'
	| 'throw' Expression ';'
	| 'case' Expression ':'
	| 'default' ':'
	| Identifier ':' Statement
	| 'break' [Identifier] ';'
	| 'continue' [Identifier] ';'
	| ';' ;
Expression	= Expression Operator Expression
	| Expression 'instanceof' (ClassName | InterfaceName)
	| Expression '?' Expression ':' Expression
	| Expression '[' Expression ']'
	| '++' Expression | '--' Expression
	| Expression '++' | Expression '--'
	| '-' Expression | '!' Expression | '~' Expression
	| '(' Expression ')'
	| '(' Type ')' Expression
	| Expression '(' [ArgList] ')'
	| 'new' ClassName '(' [ArgList] ')'
	| 'new' TypeSpecifier < '[' Expression ']' > { '[' ']' }
	| 'new' '(' Expression ')'
	| 'true' | 'false' | null' | 'super' | 'this'
	| Identifier | Number | String | Character ;
Operator	= '+' | '-' | '*' | '/' | '%' | '^' | '&' | '|' | '&&' | '||' | '<<' | '>>' | '>>>'
	| '='
	| '+=' | '-=' | '*=' | '/=' | '%=' | '^=' | '&=' | '|=' | '<<=' | '>>=' | '>>>='
	| '<' | '>'
	| '<=' | '>=' | '==' | '!='
	| '.' | ',' ;
ArgList	= Expression { ',' Expression } ;
Type	= TypeSpecifier { '[' ']' } ;
TypeSpecifier	= 'boolean' | 'byte' | 'char' | 'short' | 'int' | 'float' | 'long' | 'double'
	| ClassName | InterfaceName ;
Modifier	= 'public' | 'private' | 'protected' | 'static' | 'final'
	| 'native' | 'synchronized' | 'abstract' | 'strictfp' | 'transient' ;
PackageName	= Identifier | PackageName '.' Identifier ;
ClassName	= Identifier | PackageName '.' Identifier ;
InterfaceName	= Identifier | PackageName '.' Identifier ;

28   Java in Vergleich mit C und C++

Die gewollte syntaktische Nähe zwischen C und Java erleichtert den Umstieg zwischen diesen beiden wichtigen Sprachen und auch das Lernen der anderen auf der Basis der einen schon erheblich. Diejenigen, die C oder C++ beherrschen und vielleicht tief im C-Denken verhaftet sind, neigen dazu, in Java zahlreiche „C++-Features" zu vermissen; diese werden in diesem Kapitel diskutiert. Andere Eigenschaften der Sprache Java wie die plattformunabhängige Abarbeitung auf einer JVM und die automatische Speicherverwaltung und -bereinigung werden unter dem Aspekt der Laufzeit und der eigenen Kontrolle über interne Vorgänge aus C-Sicht häufig übertrieben diskutiert ([Gillam99]).

Präprozessor

Java hat und braucht keinen Präprozessor. Die import-Anweisung kann als Entsprechung des #include betrachtet werden. Dies gilt allerdings nur in einem sehr weiten Sinne. Eine import-Anweisung importiert nämlich nichts, sondern macht dem Compiler lediglich Namen bekannt, siehe Kapitel 19.2.

Im Übrigen wäre es nicht verboten, einen C-Präprozessor wie cpp.exe auf eine entsprechende Quelle einer anderen Programmiersprache anzuwenden. Es ist allerdings vor dem bei C und C++ üblichen Effekt zu warnen, dass eine Quelle ohne den Kontext umfangreicher #include-Files und #defines, die effektiv eine jeweils neue Programmiersprache hervorbringen, nicht les- und verstehbar ist.

Also: bleiben lassen.

Templates, #defines

Was in C++ mit Templates und teilweise auch mit #defines konstruiert wird, lässt sich in Java im Allgemeinen mit Hilfe des objektorientierten Ansatzes ausdrücken. So sind zum Beispiel Klassen und Methoden, die etwas mit Klassen vom Typ Object anstellen können, auf alle Klassen (-Typen) typsicher anwendbar.

Java hat genau eine in der Klasse Object wurzelnde Objekthierarchie.

Patterns

Zu Java gibt es keine so umfangreiche Literatur zu Entwurfsmustern (patterns), die sich im Zusammenhang mit C++ schon zu einem eigenen Forschungsgebiet entwickelt hat. Eine kritische Betrachtung der meisten dieser Muster zeigt, dass hier mehr die Probleme der Sprache C++ anstelle von Anforderungen der Anwendungen oder von allgemeinen Problemen betrachtet werden (Manche Artikel im C++-Report wie die Kolumnen von Andrew Koenig, in denen das Wort Java nie vorkommt, sind die beste Java-Reklame).

Diese Einschätzung bezieht sich lediglich auf diejenige pattern-Sekundärliteratur, die C++-Programmiertricks unter der Flagge pattern beschreibt. Sie gilt natürlich nicht für die ausgezeichnete pattern-Primärliteratur (Englisch [Gamma95], Deutsch [Riehle96]). Die in diesem Werk beschriebenen Entwurfsmuster sind in den im JDK mitgelieferten Java-Klassen ausgiebig verwendet worden, so das Entwurfsmuster Dekorierer (decorator pattern) bei den Streams (um nur das in Bild 4.7 gezeigte Beispiel zu nennen). Um das Java-API (und anderes) richtig zu verstehen und anzuwenden, sollte man dieses grundlegende Buch eigentlich gelesen haben.

Konstanten (const)

const ist in Java zwar als Schlüsselwort reserviert, es ist aber keine (Stand Java 2). Benannte Konstanten – im Sinne unveränderbarer Variablen eines Typs – werden mit dem Schlüsselwort final vereinbart. Beispiel 28.1 zeigt das für drei benannte Konstanten.

Beispiel 28.1: Benannte Konstanten „Farbe" als int

```
class Farbe {
    static public final int ROT  = 0;
    static public final int GELB = 1;
    static public final int BLAU = 2;
}  // class Farbe
```

Die Werte von ROT, GELB und BLAU des Beispiels 28.1 sind in Java nun wirklich und endgültig konstant. In C können const-Variablen noch über Pointer manipuliert werden.

Auch Methodenparameter können als final deklariert werden. Sie können dann innerhalb der Methode nicht mehr (als lokale Variable) verändert werden. Variablen können auch ohne eine oben gezeigte Initialisierung als final deklariert werden. Es muss dann innerhalb der Methode beziehungsweise in den Konstruktoren der Klasse genau eine unbedingte Zuweisung vor der ersten Verwendung erfolgen. Der Compiler erzwingt diese Bedingungen. Methodenparameter und lokale Variablen sind, wenn final, zudem als Teil des Zustands von Objekten der in der betreffenden Methode definierten inneren Klassen qualifiziert.

Es ist in Java allerdings nicht möglich, einzelne Objekte nach ihrer Konstruktion als konstant zu deklarieren, wie dies in C++ mit const (wenn auch umgehbar) der Fall ist. „final" wirkt nur auf Klassenebene. Und „final" hat mit dem genannten Problem nun nichts zu tun; es gibt einen scharfen logischen Unterschied zwischen C++-const und Java-final.

Es gibt, um das C++-const-Verhalten in Java zu erreichen, prinzipiell zwei Wege:

Ein Weg ist die Definition zweier verwandter Klassen mit und ohne Manipulatormethoden beziehungsweise mit öffentlichen und nicht öffentlichen Manipulatormethoden (etwa analog zu String und StringBuffer) für konstante und nicht konstante Objekte.

Der zweite Weg ist es, alle Methoden, die den Objektzustand unverändert lassen, in einer Schnittstelle (interface) zu definieren und wo immer eine „const"-Referenz benötigt wird den Schnittstellentyp zu verwenden; vergleiche Kapitel 23.1.2. Die Wirkung entspricht dann exakt dem const in C++ (und ist genau wie in C++ mit einem Type-cast umgehbar).

Aufzählungen (enum)

Eine im Beispiel 28.1 Farbe gezeigte, an eine Klasse gebundene Konstruktion kann auch anstelle der enum-Aufzählung von C++ verwendet werden. Durch die Bindung an eine Klasse wird auch der Namensraumkonflikt von C vermieden (In C haben alle enum-Typen einen eigenen, gemeinsamen Namensraum).

Das gezeigte Farbe-Beispiel 28.1 ist allerdings nicht typsicher; die Farben sind ja ganz einfache int-Konstanten. Ein typsicheres enum in Java kann man mit einer entsprechenden Anzahl von Objekten einer endgültigen (final) Klasse mit privaten Konstruktoren darstellen, wie dies in Kapitel 22.4.3 beschrieben ist.

Zeiger (pointer) und Zeigerarithmetik

Vergessen Sie es! Java hat und braucht keine Zeigerarithmetik.
Java-Referenzen weisen entweder auf ein tatsächlich existierendes Objekt oder auf nichts (Wert null); alles andere ist ausgeschlossen. Es gibt keine Operationen, die zu anderen undefinierten Zuständen führen könnten.

Im Gegensatz zu C und C++ hat Java richtige „echte" Arrays (Datenfelder) , die zudem als Objekte auch noch ihre Länge wissen (a.length):

```
int[] a = new int[ 90];
for (int index = 0; index < a.length; ++index) {
    a[ index] = index * index;
}  // for index
```

Um es deutlich zu machen: Arrays in Java sind kein syntaktischer Ersatz für Zeigerarithmetik. Sie sind echte Objekte mit eigenem Zustand und Verhalten; sie erben alles (alle Methoden, Synchronisationsmöglichkeiten etc.) von der Klasse Object. Nur weiter beerben kann man Arrays nicht. Und übrigens sind Strings in Java keine char-Arrays (die man natürlich auch haben kann).

Datenstrukturen wie Listen und dergleichen werden über Referenzen implementiert. Hier muss man nicht alles selbst machen, da man Implementierungen zu den meisten Standard-Datenstrukturen (als Container-Klassen und Ähnliches) bereits im JDK vorfindet, genauso wie der C++-Programmierer Manches in der STL findet.

Für die so genannte funktionale Programmierung, gemeint ist das, was man in C++ so mit Funktionspointern machen würde, kann man (im Allgemeinen auch adäquatere) objektorientierte Ausdrucksformen finden, wobei sich gerade hier die inneren Klassen von Java als mächtiges Mittel erweisen.

Verbunde (structure)

Das Schlüsselwort structure gibt es in Java nicht. Die structure von C kann in Java (und C++) als Klasse ohne Methoden implementiert werden. In C++ entspricht structure auch konsequenterweise einer class (mit default-Zugriffsrechten public).

Varianten (union)

Varianten heißt das Übereinanderlegen von Variablen, auch solchen verschiedenen Typs, im Speicher. Varianten gibt es bei Java nicht. Diese Möglichkeit ist in gewissem Sinne gefährlich und nicht implementierungs- und plattformunabhängig darstellbar.

Ein OO-konformer Ersatz ist die Darstellung der Varianten als Kinder einer gemeinsamen, gegebenenfalls abstrakten Elternklasse und eine Referenz vom Typ dieser Elternklasse im besitzenden (zu variierenden) Objekt.

if mit Zahlen

In C++ sind Konstrukte wie

```
if (jupi-90) {  ...  }
```

möglich. Hier wird der Block ausgeführt, wenn der Ausdruck jupi-90 ungleich 0 ist.

In Java ist das so syntaktisch falsch. Java hat den Datentyp boolean, der bei C und C++ so sehr fehlt. Die Bedingung von if-Anweisungen muss in Java ein Ausdruck vom Datentyp boolean sein. Das Beispiel lautet in Java also:

```
if (jupi != 90) {  ...  }
```

Dies ist nun auch gültige C-Syntax, und es ist, wohl auch in C, besser lesbar.

Der Datentyp bool, den C++ ab 1997 im ANSI-Standard bietet, führt aus historischen Gründen so viel nummerischen Ballast mit sich, dass er nicht als boolean im Sinne von Algol bis Ada und Java gelten darf.

Funktionen

In C++ gibt es sowohl Klassen mit Methoden als auch (globale und Datei-lokale) Funktionen. In Java gibt es nur noch Klassen und Methoden. Dies geschah getreu dem Grundsatz, dass eine Programmiersprache nicht verschiedene Möglichkeiten zum Erzielen ein und desselben Effektes bieten sollte. Statische Methoden sind das Äquivalent für globale Funktionen.

Unbestimmte Anzahl von Argumenten, vargs

Methoden mit variabler Argumentanzahl gibt es in Java nicht. Der objektorientierte Ansatz bietet hier andere Ausdrucksmöglichkeiten (wie zum Beispiel die Übergabe von Objekten, die die Schnittstelle Enumeration implementieren).

Auf Funktionen mit variabler Argumentanzahl, bei denen der Aufruf mit vielen Argumenten im Wesentlichen dem mehrfachen Aufruf mit wenigen Argumenten entspricht, kann man sowieso verzichten. C++ zeigt dies beim Ansatz mit den Streams anstelle von Xprintf.

Überladen von Operatoren

In C++ können fast alle Operatoren (+, -, *, =, new) für Klassen neu definiert werden. Diese Möglichkeit ist hauptsächlich bei der Erweiterung nummerischer Typen – komplexe Zahlen, Polynome etc. – sinnvoll. Man kann dann auch für Objekte solcher Klassen einfach a = b + c; hinschreiben.

Im Allgemeinen und in C++ besonders wird das Überladen von Operatoren für die tollsten, unsinnigsten und unüberschaubarsten Konstruktionen genutzt. Außerdem ist die Sache wohl nicht ganz einfach: Ein Gerücht besagt, dass selbst die besten C++-Programmierer keinen fehlerfreien copy-Konstruktor hinbekommen. Diese Möglichkeit war daher nie unumstritten.

Java hat die Möglichkeit des Operatorüberladens nicht. Man muss in den Klassen geeignete Methoden bereitstellen und dann entsprechend `a = b.add(c);` hinschreiben, was etwas weniger gut lesbar als `a = b + c;` ist.

Nur für die Klasse String verwirklicht Java so etwas, das wie das Überladen des Operators + aussieht:

string1 + string2	entspricht	string1.concat(string2)
obj1 + string2	entspricht	obj1.toString().concat(string2)
string1 + obj2	entspricht	string1.concat(obj2.toString())
string1 += obj2	entspricht	string1 = string1.concat(obj2.toString())

Wenn mindestens ein Operand von + ein Ausdruck vom Typ String ist (beziehungsweise wenn der linke Operand von += eine String-Variable ist), bewirkt der Operator das Aneinanderhängen von zwei Strings zu einem neuen (mit der Methode concat aus der Klasse String).

obj1 und obj2 können auch Ausdrücke einfacher Datentypen sein. Hier setzt Java automatisch die entsprechenden Formatierungsmethoden der wrapper-Klassen oder der Klasse String ein.

Mehrfachvererbung

Es ist in C++ wie auch in Java möglich, von einer Klasse mehrere verschiedene andere abzuleiten.

In C++ kann man darüber hinaus eine neue Klasse von mehreren Klassen ableiten; das heißt sie kann von mehreren Eltern unmittelbar erben. Unter diesen Erblassern können auch unterschiedliche Erben einer gemeinsamen Urgroßmutter sein. So sind mit den Möglichkeiten der Mehrfachvererbung zahlreiche Mehrdeutigkeiten und immense Probleme verbunden: Auf welchem Weg wurde ein bestimmtes Konstrukt geerbt? In welcher Reihenfolge laufen welche Konstruktoren? Und so fort.

Java kennt keine Mehrfachvererbung und hat damit die zugehörigen Probleme nicht.

Im C++-Sinne sind in Java übrigens alle Methoden virtuell und sie werden – ganz im Gegensatz zu virtuellen C++-Methoden – auch bei Aufrufen innerhalb von Konstruktoren so gehandhabt. In Java sind die Abläufe bei der Konstruktion von Objekten einfach und klar geregelt (siehe Kapitel 17.3). Es gibt dabei keine Ausnahmen oder Sonderregelungen, wie sie C++ für Konstruktoren, ctor-Initializer und dergleichen hat. Die komplexen Regeln dazu sind ja eine echte Geißel für C++-Programmierer.

Als Teiläquivalent der Mehrfachvererbung kann eine Klasse mehrere unterschiedliche Schnittstellen (interface) implementieren. Und natürlich kann eine Klasse Objekte unterschiedlicher anderer Klassen als Komponente definieren („Hat ein" statt „Ist ein"). An Stellen, wo man als C++-Programmierer versucht wäre, Mehrfachvererbung einzusetzen, sollte man solche anderen Möglichkeiten konsequent ausloten.

Destruktoren, Speicherfreigabe (free, dispose, delete)

Das Vernichten und Freigeben von nicht mehr benötigten Objekten gehört in C++ und C zu den unproduktivsten und fehlerträchtigsten Programmieraufgaben. Dies wird in Java vom Laufzeitsystem automatisch erledigt (garbage collection). Dementsprechend gibt es keine Destruktoren und keine Funktionen zur Speicherfreigabe.

Es gibt auch die (eher seltenen) Fälle, in denen man sich vor der endgültigen Vernichtung eines Objekts um die Freigabe von dort belegten anderen Ressourcen (wie Geräte, Dateien, aber nicht des von anderen Objekten belegten Speichers) kümmern muss. Hierfür (und ganz allgemein für nicht mehr benötigte Objekte und Klassen) beachte man die Hinweise in Kapitel 17.6.

Die Bedenken, dass die automatische garbage collection das Laufzeitverhalten diesbezüglich kritischer Java-Anwendungen unvorhersagbar macht, sind nicht ganz von der Hand zu weisen. Für solche Fälle kann die Automatik je nach JVM ganz oder teilweise abgeschaltet werden. Hier muss man unter Unständen die Müllabfuhr zu jeweils unkritischen Zeitpunkten mit System.gc(); direkt herbeirufen. Bei wirklich zeit- und speicherplatzkritischen (embedded) Anwendungen wird man sowieso anstreben, dass sie nach ihrer Initialisierung mit einer festen Ausstattung an Objekten laufen. Es gibt beispielsweise Subsets von Ada, bei denen genau das erzwungen wird.

Zum Themenkomplex Speicherverwaltung gehört auch der Einsatz von Debuggern. Der Haupteinsatzzweck von solchen Werkzeugen bei der C/C++-Entwicklung, nämlich das Nachspüren nach Speicherverwaltungsproblemen, ist bei Java gar nicht gegeben und Laufzeitfehler enthalten – im Exception-Objekt – ausführliche Informationen bis hin zur „schuldigen" Zeile. So gab und gibt es große Java-Projekte, die völlig ohne Benutzung des Java-Debuggers jdb zur Serienreife entwickelt wurden.

Erst das Aufkommen von just in time Compilern und anderen Optimierungen beseitigt die Quellzeileninformation aus den Exceptions und dann greift man vielleicht zum jdb als zuverlässigem Mittel, um jede JIT-Optimierung zu verhindern (das sollte eigentlich auch anders gehen).

Undefinierte Basisdatentypen und Auswertungsreihenfolgen, unsigned

In C und C++ ist die Bedeutung der Standarddatentypen und die Reihenfolge der Auswertung von Ausdrücken nicht festgelegt. (Was ist zum Beispiel in C ein int?) Ein und dieselbe Konstruktion kann je nach Zielsystem und gar schon Compiler allein ganz unterschiedliche Ergebnisse haben.

In Java muss man ohne solche „Überraschungen" leben. Die Größe, die Codierung und die Speicherreihenfolge der Bytes (sofern sie, wie in Dateien, nach außen sichtbar wird) sind für alle einfachen Datentypen festgelegt. Rundungsfehler bei double-Ausdrücken sind eine gewisse Ausnahme; ohne den Modifizierer strictfp dürfen sie implementierungsabhängig sein, allerdings nur in dem Sinne, dass eine Implementierung ohne strictfp besser sein darf als IEEE 754.

Es gibt auch keinen unsigned-Modifizierer für ganzzahlige Datentypen (byte, short, int, long); sie alle sind vorzeichenbehaftet (2er-Komplement-Darstellung). Wenn der bei C mit unsigned mögliche Faktor 2 im Wertebereich positiver Zahlen fehlt, muss man in Java zum nächstgrößeren Datentyp übergehen.

Dies ist einer der Gründe, warum die Methoden von Byte- (0..255) Input- und OutputStreams Ein- und Ausgabewerte zum Teil als int liefern beziehungsweise übernehmen.

Da man in Java nicht über den (ganzzahligen) Datentyp ausdrücken kann, ob man bei Verschiebeoperationen nach rechts logisch oder arithmetisch schieben möchte, gibt es hierfür einen zusätzlichen Operator, nämlich >>> als logic right shift, der „Nullen nachzieht". Der Operator >> ist arithmetic right shift, der das Vorzeichenbit unverändert lässt. In Java sind die Auswertereihenfolge von Unterausdrücken und die Reihenfolge von Operationen und damit auch die Reihenfolge der Gelegenheiten, bei denen Ausnahmen „zuschlagen" dürfen, exakt festgelegt. Diese Robustheit und Vorhersagbarkeit kostet den Compiler allerdings auch gewisse Optimierungsmöglichkeiten (wie das Umstellen und Weglassen der Auswertung von Teilausdrücken). In seltenen laufzeitkritischen Fällen muss der Java-Programmierer dies selbst auf Quelltextebene tun.

Sprünge (goto)

In C++ gibt es Sprünge (goto), in Java nicht. Dies wird ein ernsthafter C++-Programmierer nun am wenigsten vermissen, weil er so etwas nicht benutzt.

Die einzig sinnvolle Anwendung für goto in C++ ist das Verlassen von mehreren verschachtelten Schleifen oder Verzweigungen (switch case), da continue und break nur die Ausführung der aktuellen Schleife beziehungsweise Verzweigung beeinflussen.

Das Verlassen auch übergeordneter Blöcke ist in Java durch die Konstrukte labelled break und labelled continue in sauberer Weise im Sprachumfang enthalten; siehe Kapitel 16.

friend

Ein Schüsselwort, mit dem sich über die üblichen allgemeinen Abstufungen private bis public hinaus besondere Beziehungen zwischen den Objekten zweier Klassen herstellen lassen, gibt es in Java nicht. Etwas Entsprechendes und einiges darüber hinaus lässt sich mit dem Mechanismus der geschachtelten und der inneren Klassen erreichen, für den es in C++ kein direktes Äquivalent gibt.

29   Quellen

Java-Lehrbuch

[JavaTut]   Campione, Mary, & Walrath, Kathy,   The Java™ Tutorial – Object-Oriented
Programming for the Internet, The Java Series from Addison Wesley, 4. Auflage (oder
höher)

[JavaGrg]   Krüger, Guido, JAVA 1.1 lernen, Addison Wesley, Bonn 1997

Java-Beschreibung und Java allgemein

[JavaPL]   Arnold, Ken, & Gosling, James, The Java™ Programming Language, The Java Series
from Addison Wesley, 4. Auflage (oder höher)

[JavaLSp]   Gosling, James, Joy, Bill, & Steele, Guy, The Java™ Language Specification,
The Java Series from Addison Wesley, 4. Auflage (oder höher)

[JavaVM]   Lindholm, Tim, & Yellin, Frank, The Java™ Virtual Machine Specification,
The Java Series from Addison Wesley

[JavaNut]   Fanagan, David, Java in a nutshell, O'Reilly, 1997

Spezielle Java-Themen

[Gillam99]   Gillam, Richard,   Learning to love Loss of Control, C++ Report, Januar 1999,
p.62–65

[Gill99b]   Gillam, Richard, Fun with inner classes, C++ Report, July-August 1999, S.8 ff.

[Patt99]   Patten, Bob, Gradlienard, Garry, Using resource bundles to internationalise text,
Java Report, February 1999, S. 37 ff.

[Hunt99]   Hunt, John, The Collection API, Java Report, April 1999, S. 17 ff.

[Rob00]   Robinson, Matthew & Vorobiev, Pavel, Swing Introduction, Manning Publishers 2000

Java-Klassenbibliotheken

[JavaApi1]   Yellin, Frank, & Gosling, James, The Java™ Application Programming Interface,
Volume 1: Core Packages, The Java Series from Addison Wesley

[JavaApi2]   Yellin, Frank, & Gosling, James, The Java™ Application Programming Interface,
Volume 2: Window Toolkit and Applets, The Java Series from Addison Wesley

[JavaClL1]   Chan, Patrick, & Lee, Rosanna, & Kramer, Douglas, The Java™ Class Libraries,
Second Edition, Volume 1, Sun Microsystems

[JavaClL2]   Chan, Patrick, & Lee, Rosanna, The Java™ Class Libraries, Second Edition,
Volume 2 (applet, awt, beans), Sun Microsystems

[JavaFCR]   Grand, Mark & Knudsen, Jonathan, Java, Fundamental Classes Reference, O'Reilly,
1997

Objektorientiertes Entwerfen und Programmieren, Projekte

[Rumb94]   Rumbaugh, J., Blaha, M., Premerlani, W., Eddy, F. & Lorensen, W., Objektorientiertes
Modellieren und Entwerfen, München (Hanser), 1994

[Rumb97]   Rumbaugh, J., Jacobson, I. & Booch, G., The Unified Modeling Language,
Document Set 1.1, Rational Software Corporation, 1997

[Gamm95]   Gamma, Erich, Helm, Richard, Johnson, Ralph & Vlissides, John, Design Patterns,
Addison-Wesley, 1995

[Riehle96] Gamma, Erich, Helm, Richard, Johnson, Ralph & Vlissides, John, ins Deutsche übersetzt von Riehle, Dirk, Entwurfsmuster (Originaltitel: Design Patterns), Addison-Wesley, Deutschland, 1996

[Neum98] Neumann, Horst A., Objektorientierte Softwareentwicklung mit der Unified Modelling Language (UML), Hanser, 1998 (ISBN 3-446-18879-7)

[Meye90] Meyer, Bertrand, Objektorientierte Softwareentwicklung, Hanser, 1990 (ISBN 3-446-1577-5)

[DeMa98] DeMarco, Tom, Der Termin, Ein Roman über Projektmanagement, (aus dem Amerikanischen übersetzt) Hanser, 1998 (ISBN 3-446-19432-0)

Grundlagen der Informatik

[Wirth75] Wirth, Niklaus, Algorithmen und Datenstrukturen, Stuttgart, 1975 (oder neuer)

[Horner1] Horner, Christian, & Kerner, Immo O., Lehr- und Übungsbuch Informatik, Band 1: Grundlagen und Überblick, Fachbuchverlag Leipzig, 1995

[Horner2] Horner, Christian, & Kerner, Immo O., Lehr- und Übungsbuch Informatik, Band 2: Theorie der Informatik, Fachbuchverlag Leipzig, 1996

[Horner3] Horner, Christian, & Kerner, Immo O., Lehr- und Übungsbuch Informatik, Band 3: Praktische Informatik, Fachbuchverlag Leipzig, 1997

[MrzZei97] Merzenich, Wolfgang, & Zeidler, Hans Christoph, Informatik für Ingenieure, Teubner, Stuttgart, 1997

Andere Programmiersprachen

[Kerni90] Kernighan, Brian W., & Ritchie, Dennis M., Programmieren in C Hanser, 1990 (ISBN 3-446-15497-3)

[Ellis95] Ellis, Margaret A., & Stroustrup, Bjarne, The annotated C++ Reference manual, Reading, Mass., 1995

[Wei92] Weinert, Annette, Programmieren mit Ada und C: Eine beispielorientierte Gegenüberstellung, Vieweg, Braunschweig, 1992 (ISBN 3-528-05240-6)

[Gonz91] Gonzalez, Dean W. Ada programmer's handbook and language reference manual, Redwood City, Ca., 1991 (ISBN 080532528X)

[Taft97] Taft, Tucker, Duff, Robert A., (Eds.), Ada 95 reference manual: language and standard libraries, International standard ISO/IEC 8652:1995(E), Springer, Berlin 1997 (ISSN 3540631445)

Internet-Ressourcen

http://www.unicode.org Startseite der Unicode Inc.

http://www.javasoft.com Startseite von Sun Microsystems
Zahlreiche Informationen zu Java, unter anderem die neusten Versionen des JDK.

http://www.w3.org Die Startseite der www-Organisation, Standards, RFCs, Informationen zu HTML, XML etc.

http://www.internic.net Hier findet man eine HTML-Beschreibung.

http://www.fh-bochum.de/ Die Startseite der FH Bochum.

http://www.hanser.de/index.htm Die Startseite des Verlags.

http://www.fh-bochum.de/fb3/meva-lab/weinert.html Die Startseite des Autors.

http://www.fh-bochum.de/fb3/meva-lab/java4ing/ Weitere Informationen zu diesem Buch.

http://www.javagrande.org/ Das Java Grande Forum. Es möchte die Verwendung von Java bei sehr großen Anwendungen voranbringen und kümmert sich auch um nummerische Probleme.

http://math.nist.gov/javanumerics/ Java-Numerik in Zusammenarbeit mit Java Grande.

Abkürzungen

Wie in jedem Fachgebiet wimmelt es auch in der Elektrotechnik und Informatik von Abkürzungen und Java liefert hier manche dazu. In diesem Kapitel werden Abkürzungen und Akronyme erläutert. Kurze Erklärungen zu einigen Java-Begriffen sind im folgenden Kapitel zu finden.

AC   Wechselstrom (alternating current)

AGP   Accelerated Graphics Port, Hochgeschwindigkeitsbus zwischen CPU und Grafikausgabe

APM   Advanced Power Management, Stromsparfunktionen

ANSI   American National Standards Institute

API   Programmierschnittstelle zu allgemein verwendbaren Bibliotheken und den Funktionen des Ziel-Betriebssystems (Application Programming Interface)

ARP   Address Resolution Protocol (TCP/IP-Protokoll, Übersetzung von IP- in MAC-Adressen)

ASCII   American Standard Code for Information Interchange, Festlegungen für die Codierung von (Text-) Zeichen

AWT   Abstract Window Toolkit, plattformunabhängige Programmierschnittstelle für grafische Ein- und Ausgabefunktionen

BASIC   Beginner's all-purpose Symbolic Instruction Code, niedrige, völlig veraltete Programmiersprache

B&B   Bedienen und Beobachten (von Prozessen)

BCD   Binary Coded Decimal; binär codierte Dezimalzahl.
Es wird eine Ziffer in 4 Bit (einem „Nibble") codiert, wobei von den 16 möglichen Werten 0..15 nur der Bereich 0..9 genutzt wird beziehungsweise erlaubt ist.

BDK   Beans Development Kit

BIOS   Basic Input/Output System, grundlegende Betriebssystemdienste, unter anderem für den Rechnerstart im Allgemeinen in einem ROM hinterlegt

Bit   Binary digit, kleinste Informationseinheit (0-1, true-false, ja-nein)

BTO   Build to order, kundenspezifisch

C   Programmiersprache (das ist eigentlich keine Abkürzung, sondern ein Durchbuchstabieren von Programmiersprachen: A, B, BCPL,C, ?)

C++   Objektorientierte Weiterentwicklung von C

CAD   Computer aided design

CASE   Computer aided Software Engineering

CAPI   Common ISDN Application Programming Interface

CD   Compact Disc, optisches entfernbares Plattenspeichermedium (ca. 800 MByte)

CEPT   Conférence Européenne des Administrations des Postes et des Télécommunications

CGI   Common Gateway Interface, Verfahren zur Übertragung von Parametern an HTTP-Server-Programme beziehungsweise -Skripte

CORBA   Common Object Request Broker (ORB) Architecture

COSS   CORBA Object Services Specifications

COM   Component Object Model (Microsoft)

COBOL   Common Business oriented language, Programmiersprache für Geschäftsprogramme

CPU   Central processing unit; Prozessor

DBMS   Datenbankmanagementsystem (database management system)

DC   Gleichstrom (direct current)

DDL   Data definition language

DECT   Digital European Cordless Telecommunication (Standard)

DES   Data Encryption Standard (der US-Regierung, Exportrestriktion)

DFÜ   Datenfernübertragung

DIN   Deutsches Institut für Normung

DLL   Dynamic Link Library; zur Programmlaufzeit ladbare Bibliothek

DOS   Disc operating system; Plattenbetriebssystem (oft einschränkend im Sinne MS-DOS verwendet)

DSA   Digital Signature Algorithm, ein (Verschlüsselungs-) Standard der US-Regierung (mit Exportrestriktion)

DTD   Document Type Definition, eine Metasprache zur Beschreibung von Seitenbeschreibungssprachen wie beispielsweise HTML

DPI   Dots per Inch (Auflösung von Ausgabegeräten / Druckern in Punkte pro Zoll)

DV   Datenverarbeitung

DVD   Digital video disk

E/A   Ein- und Ausgabe

EBCDIC   Extended binary Coded decimal interchange code (veraltete Zeichencodierung)

ECM   Error Correction Mode

ECMA   European Computer Manufacturer's Association

EE   Enterprise Edition   (Bezeichnung für die Mächtigkeit von SW-Tools)

EMC   Electromagnetic compatibility (=EMV)

EMV   Elektromagnetische Verträglichkeit

EU   Europäische Union

EVA   Eingabe, Verarbeitung, Ausgabe, Standardstruktur vieler Algorithmen

FAQ   Frequently Asked Questions (Hilfetexte in Frage-Antwort-Form)

FB   Fachbereich; insbesondere Fachbereich Elektrotechnik und Informatik der FH Bochum

F&E   Forschung und Entwicklung

FH   Fachhochschule

FIFO   First in – first out; (Warte-) Schlange, Prinzip der Warteschlange

FORTRAN Formula translation language; In den 60er Jahren verbreitete, inzwischen total ver-
           altete Programmiersprache, Domäne: sehr große arithmetische Anwendungen

FS   File System, Dateisystem (Betriebssystemdienst)

FTP   File Transfer Protokoll, ein Internet-Protokoll zur Übertragung von (einzelnen, unver-
           knüpften) Dateien

GIF   Graphics Interchange Format; Format für Bilddateien

GPRS   General packet radio service; internationaler Datenübertragungsstandard

GSM   Global System for Mobile Communications (Standard für den digitalen Mobilfunk)

GUI   Graphical User Interface; graphische Anwenderoberfläche.
           Java wird die Erstellung einer GUI mit den Klassen des AWT unterstützt.

GUID   Global unique identifier; Nummer, die einem Nutzer in einem Netz (meist heimlich)
           zugeordnet wird

HART   Highway addressable remote transducer; Datenübertragung über analoge 4 bis 20mA-
           Prozessignalleitungen

HLL   High level language; höhere Programmiersprache

HTML   Hypertext Markup Language. Beschreibungssprache für verknüpfte Seiten, die unter
           anderem mit HTTP im www übertragen werden. Die Beschreibung von HTML ist der
           RFC 1866.

HTTP   Hypertext Transfer Protokoll. Ein Internet-Protokoll zur Übertragung von www-
           Seiten

HW   Hardware

IC   Integrated circuit; Integrierte Schaltung

ICE   Ein Emulator für eine HW-Komponente, die diese in der realen HW-Umgebung ersetzt
           und zusätzliche Mess- und Eingriffsmöglichkeiten bietet (in circuit emulator)

IDE   Integrated development environment; integrierte Entwicklungsumgebung

IDL   Interface Definition Language (insbesondere der OMG)

IEC   International Electrotechnical Commission

IEEE   The Institute of Electrical and Electronics Engineers, Inc. (auch Normungsgremium)

IEEE 754   Norm zur internen Darstellung und Berechnung von Gleitkommazahlen auf digitalen
           Rechnern; sie wird unter anderen von dem Intel-Co-Prozessoren 8087 und seinen
           Nachfolgern implementiert.

I/O   Ein- / Ausgabe (von Prozesssignalen; input/output)

IOR	Interoperable Object Reference (insbesondere für CORBA)
ISDN	Integrated Services Digital Network
ISO	International Organization for Standardization
IT	Information Technology (DV)
JAF	JavaBeans Activation Framework
JAR	Java Archive; Java-Archiv. Insbesondere zur Zusammenfassung mehrerer zu einer Anwendung oder einem Applet gehörender Klassen- und sonstigen Dateien. Das Dateiformat entspricht .zip. JAR ist auch das JDK-Werkzeug zum Erstellen und Handhaben solcher Archive.
JCA	Java Cryptography Architecture (der Java Security API)
JCE	Java Cryptography Extensions (zur JCA, Exportrestriktion wegen DAS, DES)
JDBC	Java Database Connectivity (Java Datenbankanschluss)
JDC	Java Developer Connection (Ein www-Service)
JDK	Java Development Kit; der Werkzeugsatz für die Entwicklung mit Java
JEB	Enterprise JavaBeans (ungleich JavaBeans)
JFC	Java Foundation Classes (grafische Klassenbibliothek = Swing)
JIT	Just in time compiler; Ergänzung eines Emulators um Übersetzungsfunktionen mit dem Ziel höherer Leistung
JNDI	Java Naming and Directory services Interface
JNI	Java Native Interface
JPEG	Joint Photographic Experts Group, die Gruppe und ein Format für Bilddateien (.jpg)
JSDK	Java Servlet Development Kit
JSP	Java Server Pages
JTC	Joint Technical Committee; gemeinsames technisches Gremium (z. B. der ISO)
JVM	Java virtual machine; der eigens für Java erfundene Prozessor. Er wird im Allgemeinen auf dem jeweiligen Zielsystem emuliert.
LAN	Local area network; Datennetz für mittlere Entfernungen
LED	Leuchtdiode (light emitting diode)
LIFO	Last in – first out; Stapel (Stack), Prinzip des Stack
LOC	Lines of Code (Anzahl der Quellzeilen; einfaches Komplexitätsmaß für Software)
LSB	Least significant bit; niederwertiges Bit (Bit 0 in beispielsweise einem Byte)
MAC	Media Access Control (Protokollschicht: HW-Zugriff aufs Netzwerk)
MAC	Apple Macintosh PC

MByte	Megabyte, 1024 KByte, also 1024 * 1024 = 220 Byte
MEVA	Das MEVA-Lab ist das Labor für Medien und verteilte Anwendungen des Fachbereichs Elektrotechnik und Informatik (FB3) der FH Bochum; der Autor ist Leiter dieses Labors.
MHz	Megahertz, Millionen Schwingungen pro Sekunde, Frequenzeinheit
MIME	Eine Internet-Spezifikation, die das Versenden von binären Dateianhängen mit elektronischer mail beschreibt (Multipurpose Internet Mail Extensions)
MIPS	Million Instructions per second, Geschwindigkeitsmaß für Prozessoren
MSB	Most significant bit; höchstwertiges Bit (zum Beispiel Bit7 in einem Byte)
MS	Microsoft (bestimmt weitgehend das Marktgeschehen bei PC-Software)
MS-DOS	Microsoft Disc operating system; Betriebssystem für PCs
MTBF	Mean time between failures, statistische ausfallfreie Betriebsdauer (von HW)
MTTR	Mean time to repair, Mittelwert der Ausfalldauer (von HW)
MVC	Model/View/Controller
NaN	Not a Number (ungültiger Wert, IEEE 745, float, double)
NMI	Non maskable interrupt; nicht sperrbarer Interrupt, eigenes, besonderes Hardwaresignal zum Prozessor.
NT	New Technology (meist synonym für MS-Windows NT)
NTFS	Windows NT File System
OCR	Optical Character Recognition, Schrifterkennung
ODBC	Open Database Connectivity
ODBS	Objektorientiertes Datenbanksystem
ODL	Object definition language
ODMG	Object Database Management Group
OEM	Original Equipment Manufacturer, Hersteller für andere Marken
OMG	Object Management Group (Standardisierungsgremium)
OO	Objektorientierung, objektorientiert
OOP	Objektorientiertes Programmieren
ORB	Object request broker
PC	Personal Computer; Persönlicher Rechner. Einengend sind meist Rechner mit Intel-80x86-Architektur und Microsoft-Betriebssystemen – MS-DOS, Windows – gemeint.
PDF	Portable Document Format
PGP	Pretty Good Privacy, Verschlüsselungsverfahren
POP	Post Office Protocol (i.a. mit nachgestellter Versionsnummer: POP3)

QM	Qualitätsmanagement
QS	Qualitätssicherung
R&D	Research and Development (= F&E)
RAM	Random access memory; Schreib-/ Lesespeicher
RFC	request for comment; Internet-Standards und -Vornormen
RMI	Remote Method Invocation; Aufruf einer Methode auf einem anderen Knoten
ROM	Read only memory; Festwertspeicher
RSA	Verschlüsselungsverfahren nach Rivest, Shamir und Adleman
RTF	Revision Task Force (insbesondere der OMG)
RTTI	Run time type information; Laufzeittypinformation
SCSI	Small Computer System Interface (parallele Standard-Schnittstelle für Peripherie)
SGML	Allgemeine Seitenbeschreibungssprache, HTML-Vorfahre (Standard Generalized Markup Language)
SIG	Special Interest Group, im Allgemeinen eine Benutzervereinigung
STL	Standard Template Library, Bibliothek mit generischen Einheiten
SMS	Short Message Service (Kurznachrichtendienst)
SMTP	Simple Mail Transfer Protocol (ein TCP/IP-Protokoll für E-Mail)
SNA	System Network Architecture (IBM Kommunikationsarchitektur)
SPS	Speicherprogrammierbare Steuerung, kleines Automatisierungsgerät
SQL	Structured query language, Datenbankbearbeitungssprache
SRAM	Static RAM, schnelles statisches RAM
STL	Standard Template Library, Bibliothek mit generischen Einheiten
SW	Software
TC	Technical Committee, Arbeitsgruppe (oft eines Normungsgremiums)
TCP/IP	Transmission control protocol / Internet protocol
TDDSG	Teledienstdatenschutzgesetz
TDG	Teledienstgesetz
TLV	Tag Length Value, Datendarstellungsform auf Byte-Ebene in Art-Byteanzahl-Inhalt-Tripeln
TM	Trademark, Geschütztes Warenzeichen (wie zum Beispiel Java™)
TWAIN	Tool without any important name, Standard für die Scanneranbindung

UCS   Universal Character Set gemäß ISO/IEC 10646, sprich Unicode

UML   Unified Modelling Language; Sprache zur Darstellung von Objektbeziehungen

URL   Uniform resource locator; Adresse einer Datei im Internet

USART   universelle, serielle, asynchrone Schnittstelle zum Empfangen und Senden

USV   Unterbrechungsfreie Stromversorgung; im Allgemeinen ein elektronischer Umformer von 220V 50Hz auf 220V 50Hz Sinus mit akkugepuffertem Gleichstromzwischenkreis

UTC   coordinated universal time; eine international einheitliche (astronomische) Zeitdefinition

UTF   Unicode Transformation Format

UTF-8   UTF 8-bit encoding form, Serialisierung von Unicodezeichen als Sequenz von 1 bis 4 Bytes

UUID   Universal unique identifier, Nummer, die einem Nutzer in einem Netz (meist heimlich) zugeordnet wird

V.24   Serielles Übertragungsprotokoll

VBX   Visual Basic Extensions (Microsoft)

VM   Virtual Machine, gedachte oder simulierte Rechnerarchitektur

VRML   Virtual Reality Modelling Language

W3   Amerikanische Kurzform für www

W3C   WWW-Consortium; Standardisierung der www-Verfahren und Protokolle, RFCs

WAN   Wide Area Network   (Netzwerk zur Datenübertragung, > 2km)

WAP   Wireless application protocol   (Schrumpf-HTTP)

WML   WAP meta language

www   World Wide Web, Gesamtheit der HTML-Seiten im Internet

WYSIWIG What you see is what you get. Sie sehen, was Sie bekommen. Editoren und Werkzeuge, die die Gestaltung gleich in der Form des später sichtbaren (Layout-) Ergebnisses erlauben (Word im Seitenansichtsmodus ist WYSIWIG).

X86   INTEL-80x86-Rechnerarchitektur, binärkompatible Linie von 8086 über 80286, 80386, 80486 bis Pentium.

XML   Extensible mark-up language, erweiterbare Datenbeschreibungssprache

Glossar

In diesem Kapitel werden einige Java-Begriffe kurz erläutert. Abkürzungen und Akronyme sind im vorangegangenen Kapitel zu finden.

abstrakte Klasse	Von abstrakten Klassen können keine direkten Instanzen (Objekte) gebildet werden. Es können aber Unterklassen abgeleitet werden, die Methoden und Variablen erben.
Access control	Die Zugriffskontrolle ist die Möglichkeit, den Zugriff zu den Variablen und Methoden einer Klasse zu beschränken. Dies geschieht mit den Modifizierern public, protected, kein Modifizierer und private.
Applet	Ein Java-Programm, das in eine HTML-Seite eingebettet auf einem Java-fähigen Browser oder mit einem Appletviewer läuft. Mit Java-Applets kann eine Webseite mit „Rechenleistung" versehen werden.
Appletviewer	Ein von Sun Microsystems erstelltes Werkzeug aus dem JDK, mit dem Applets auch ohne Browser betrachtet, getestet und serialisiert werden können.
Array	Ein Array, oder deutsch Datenfeld, ist eine indizierte Folge von Daten, bei der jedes Element vom gleichen (Basis-) Datentyp ist. Die Elemente haben keinen eigenen Namen, auf sie wird durch einen Index (ganzzahliger Ausdruck in eckigen Klammern) Bezug genommen.
AWT	Das Abstract Window Toolkit ist eine Sammlung von allgemein anwendbaren Klassen, um Anwendungen mit einer grafischen Benutzeroberfläche zu schreiben. Die Erstellung ist plattformunabhängig. Die Grundidee ist es, grafische Elemente in Behälter (Container) zu betten. Klassen für Komponenten sind Button, TextField, Canvas, Choice, List, TextArea, Checkbox, MenuItem, Scrollbar, Label und andere mehr. Klassen für Container sind unter anderem Window, Frame, Panel, Dialog und FileDialog. Die entsprechenden Swing-Klassen heißen meist genauso mit einem vorangestellten „J".
Big Endian	Bei einem mehrere Byte umfassenden Datum werden die niederwertigen Bytes (LSB) in niedrigeren Speicheradressen gespeichert (Intel) beziehungsweise zuerst übertragen.
Binnenmajuskel	Großer Buchstabe inmitten eines Wortes mit Groß-/Kleinschreibung. Der Einsatz dient meist zur Verdeutlichung von Wortbestandteilen, Beispiel TextArea.
Browser	Ein Programm zum Lesen und Anzeigen von Informationen im World Wide Web (www) und zur Interaktion mit diesen Objekten (zum Beispiel Netscape-Navigator).
Bytecode	Der Befehlssatz der JVM (java virtual machine). Er wird vom Java-Compiler (javac) geliefert und ist im Allgemeinen in Klassendateien (.class-files) verpackt. Auch von anderen (OO-) Sprachen, wie Ada95, kann nach Bytecode übersetzt werden.

Cast	Die Umwandlung eines Objekts eines Datentyps in einen anderen Datentyp. Die Syntax des Cast-Operators ist der in Klammern vorangestellte Typname. Beispiel: (float) -59.
Class	Die Klasse ist die Zusammenfassung von Attributen (Variablen) und Methoden zu Typ (siehe Signatur) und Implementierung. Von einer Klasse können Objekte instanziert werden. Im Allgemeinen wird nur ein Teil der Methoden und vor allem der Variablen sichtbar, das heißt von Objektreferenzen aus zugänglich gemacht. Die übrigen Methoden und Variablen sind gegebenenfalls verborgene Implementierungsdetails; sie gehören nicht zum Typ.
.class-Datei	Eine Datei, die alle wesentlichen Informationen über eine Klasse enthält. Sie enthält unter anderem ihre Methoden in maschinenunabhängigem Java-Bytecode. Der Java-Compiler Javac erzeugt solche .class-Dateien.
CLASSPATH	Eine Umgebungsvariable, mit der alle Verzeichnisse, in denen sich .class-Dateien befinden, angegeben werden. Der (default-) Klassenlader einer JVM sucht fehlende Klassen, die er zur Ausführung bereitstellen soll, in den dort angegebenen Verzeichnissen. Fehlt die Angabe, so sucht er sie im aktuellen Verzeichnis und Java-Klassen im \lib-Verzeichnis des JDK und in ...\jre\lib\ext\ .
Class variable	Eine Klassenvariable existiert genau einmal pro Klasse unabhängig von der Anzahl der Instanzen. Sie sind durch das Schlüsselwort static gekennzeichnet.
Compiler	Ein Übersetzer. Ein Programm, das Quellcode in ein ausführbares Format oder in eine andere, im Allgemeinen niedrigere Programmiersprache (zum Beispiel von Pascal nach Assembler) übersetzt.
Conditionals	Kontrollflusskonstrukte, die die Verzweigung zu verschiedenen Anweisungen oder die Berechnung verschiedener Ausdrücke von einer Bedingung abhängig machen. In Java sind es case (switch case default), if (if then else), try (try catch finally) und der ?-Operator (? :).
Constructor	Der Konstruktor ist eine (Art) Methode, die beim impliziten und expliziten Erzeugen (new) einer Instanz einer Klasse aufgerufen wird. Der Name der Konstruktoren einer Klasse ist der Klassenname. Wenn die Klasse keinen Konstruktor definiert, wird ein parameterloser öffentlicher default-Konstruktor erzeugt. Macht man einen parameterlosen Konstruktor (mindestens) protected, ist kein implizites Erzeugen von Objekten dieser Klasse möglich. Ein solches Vorgehen ist eine Voraussetzung für die Verwendung der Entwurfsmuster Singleton und (abstrakte) Fabrik.
Encapsulation	Kapselung ist die Möglichkeit, Daten und Methoden so in einer Klasse zu halten, dass der Zugriff darauf von außen nur auf genau definierte Weise zugelassen wird und interne Strukturen und Implementierungsdetails verborgen bleiben. Die Implementierung kann dann geändert, verbessert und erweitert werden, ohne dass der Code, der die Klasse verwendet, geändert werden muss. Diese OO-Eigenschaft ist für die Handhabbarkeit und Wartbarkeit von Software insbesondere in großen Projekten sehr wertvoll.

Exception
Eine Ausnahme ist eine Verletzung der Semantik und damit eine Bedingung, die dem weiteren normalen Kontrollfluss des Programms widerspricht und diesen sinnlos macht. So sind nach dem Fehlschlagen einer Dateioperation im Allgemeinen alle weiteren Aktionen mit dieser Datei (außer vielleicht close()) sinnlos. In Java werden auf solche Situationen hin besondere Objekte (einer von Throwable abgeleiteten Klasse) erzeugt und der betreffende Anweisungsblock verlassen.

Exception handler
Code, der auf eine Ausnahmesituation reagiert. In Java sind dies die catch-Blöcke.

Expression
Ein Ausdruck ist eine Konstante oder eine Operation, die einen Wert aus der Wertemenge eines Datentyps liefert. Dies kann auch eine Referenz auf ein Objekt oder ein (neues) Objekt in einem möglichen Zustand sein. Drei Beispiele: a > 3 (Typ boolean), Math.sin (45*180/Math.pi) (Typ double), new Otto(„von Habsburg") (Typ Otto).

extends
Schlüsselwort bei der Definition einer Klasse zu Bezeichnung der Oberklasse: class PKW extends Fahrzeug {...}. In Java hat jede definierte Klasse zumindest die Oberklasse Object; dies kann, aber muss nicht ausdrücklich angegeben werden:class MeineNeueBasisKlasse extends Object.

final
Ein Modifizierer, der einen gewissen Grad der Endgültigkeit festlegt. Für Klassen verhindert er weitere Ableitungen, für Methoden deren Überschreiben in einer abgeleiteten Klasse, für Variablen eine mehr als einmalige Wertzuweisung oder Initialisierung (sie ist de facto dann eine Konstante) und für Methodenparameter deren Änderung als lokale Variable. Jedes final-Setzen erlaubt auch gewisse Optimierungen. Außerdem gehören final lokale Variable und Methodenparameter zum Zustand von Objekten entsprechender innerer Klassen (ab JDK1.1).

garbage collection
Automatische Speicherbereinigung. Das Beseitigen von nicht mehr gebrauchten Objekten. Java hat garbage collection.

garbage collection thread
Ein niederpriorer Java-Thread, in dem die garbage collection läuft.

Hashing
Wird auch Streuspeicherung genannt. Man versteht darunter Verfahren zum Speichern und schnellen Auffinden von Werten auf Grund eines Schlüssels. Dazu ist die Adresse oder der Index der Speicherstelle auf Grund des Schlüssels zu berechnen. Im Allgemeinen übersteigt die Mächtigkeit der Wertemenge der Schlüssel die der benötigten und verfügbaren Speicherstellen bei weitem. Das Problem wird durch eine so genannte Hash-Funktion gelöst, die zu jedem Schlüsselwert einen ganzzahligen Wert liefert. Deren Bereich wird gegebenenfalls noch mit modulo (Primzahl!) auf die Anzahl der verfügbaren Speicherstellen (sprich häufig den Indexbereich eines Arrays) reduziert. Da man die gespeicherten Werte quasi mit dem Inhalt des Schlüssels adressiert, spricht man auch von inhaltsadressierter oder assoziativer Speicherung. In Java ist jedes Objekt, in dessen Klasse die Methode hashcode() geeignet implementiert wurde, als Schlüssel für Hashing geeignet. Hashing wird in einigen mit dem JDK mitgelieferten Container-Klassen (Hashtable, HashMap, WeakHashMap etc.) verwirklicht.

HotJava	Ein Java-fähiger Browser von Sun Microsystems.
init()	Die nicht statische Startmethode eines Applet.
Inheritance	Vererbung ist eine Eigenschaft von objektorientierten Sprachen, bei denen Klassen die Methoden und Variablen von allgemeineren Klassen annehmen können. Eine Unterklasse enthält automatisch alle Methoden und Variablen, die auch in der Oberklasse enthalten sind. Der Zugriff darauf durch die Implementierung der abgeleiteten Klasse(n) kann mit Modifizierern gesteuert werden. Eine abgeleitete Klasse kann Methoden und Variablen hinzufügen und ererbte Methoden überschreiben, sofern diese nicht „final" sind.
Instanz	Synonym für ein Objekt einer Klasse. Von einer Klasse können mehrere Instanzen gebildet werden, sofern dies nicht absichtlich verhindert wird. In der Literatur wird ganz selten statt Instanz auch das zutreffendere Wort Exemplar gebraucht.
Instanzvariable	Eine Objektvariable ist eine Variable, die einmal pro Instanz existiert, also soviel mal, wie eine Klasse Instanzen hat.
Interface	Eine Schnittstelle ist eine Sammlung von Methoden und Konstanten ohne Implementierung. Andere Klassen können eine solche Schnittstelle implementieren und so den Vertrag (contract) dieser Schnittstelle erfüllen. In Java kann eine Klasse auch mehrere Schnittstellen implementieren. Schnittstellen sind Referenztypen. Sie können in Methodenparametern oder als Basistyp von Arrays verwendet werden. Erlaubte Werte von Schnittstellenreferenzausdrücken sind null und Referenzen auf Objekte von Klassen, die die Schnittstelle implementieren.
java-Datei	Die Datei, die den Java-Quellcode enthält. Eine Übersetzungseinheit.
java.applet	Ein Paket des JDK, das die Klassen für Applets enthält.
java.awt	Ein Paket des JDK für die Entwicklung grafischer Benutzerschnittstellen (das AWT).
javax.swing	In gewissem Sinne der Nachfolger von java.awt
java.io	Das Paket für die Ein- und Ausgabe.
java.lang	Das Paket, das die Grundeigenschaften der Sprache unterstützt und definiert. Dieses Paket wird mit allen seinen Klassen automatisch importiert.
java.net	Ein Paket des JDK, das Netzwerkverbindungen unterstützt.
java.util	Ein Paket, das allerlei Nützliches enthält, was keinem anderen Paket zugeordnet werden sollte oder konnte.
JavaScript	Eine Java-ähnliche Skriptsprache von Netscape. JavaScript ist etwas anderes als Java. Applets sind in Java (oder Ada) geschrieben, nicht in JavaScript.
Literale	Konstante Zahlen oder Zeichenwerte im Quelltext, wie 1.5e10 oder "Emil".

Little Endian	Bei einem mehrere Bytes umfassenden Datum werden die höherwertigen Bytes (MSB) in niedrigeren Speicheradressen gespeichert (Motorola) beziehungsweise zuerst übertragen.
Loops	Schleifen sind Kontrollflusskonstrukte, die die wiederholte Ausführung von Anweisungen steuern. In Java sind es while, do while und for.
main()	Die (statische!) Startmethode einer Java-Anwendung. Jede Klasse kann eine Methode der Signatur void main(String[]) haben und so den Start einer Java-Anwendung darstellen. Die main-Methode der Klasse, die beim Start der JVM (als Parameter) angegeben wurde, startet die Anwendung.
Methode	Ein Unterprogramm, das zu einer Klasse oder einem Objekt gehört und auf den Klassen- beziehungsweise Objektzustand wirkt. (Siehe auch Signatur.)
Modifier	Ein Modifizierer ist ein Java-Schlüsselwort, das in Deklarationen verwendet wird, um den Zugang oder die Ausführung zu steuern und zusätzliche Informationen bereitzustellen. Java- Modifizierer sind abstract, private, public, protected, final, native, static, strictfp, synchronized, transient und volatile.
Multiple inheritance	Mehrfachvererbung ist die Fähigkeit einer Klasse, aus mehreren Klassen zu erben. Java unterstützt die (problematische) Mehrfachvererbung nicht, wohl aber die Implementierung mehrerer Schnittstellen.
native	Methoden, die bei Java mit dem Schlüsselwort native deklariert werden, sind in einer anderen Sprache implementiert. Der (einzige) Sinn von native-Methoden sind besondere Zugriffe auf spezielle Hardware- und Betriebssystemeigenschaften des Zielsystems, die von keiner Java-Klasse geboten werden, oder die Weiterverwendung einer vorhandenen bewährten, zum Beispiel in C++ geschriebenen Bibliothek. Bevor man native verwendet, sollte man intensiv nach einer (100% pure) Java-Lösung suchen. Programme, die native Methoden verwenden, die nicht zum Lieferumfang des JDK gehören, sind nicht mehr portabel!
new	Der Java-Operator, mit dem eine neue Instanz einer Klasse erzeugt wird, zum Beispiel MyClass mco = new MyClass().
Objekt	Eine intelligente selbständige Einheit mit Zustand und Verhalten. Man kann ihr Botschaften (Befehle und Anfragen) schicken. In Java ist ein Objekt eine von einer Klasse gebildete Instanz.
override	Eine Methode, die von einer Oberklasse geerbt wird, wird durch eine eigene ersetzt. Man sagt auch, sie wird überschrieben (overwrite). Diese und andere eigene Methoden können auf die Methode der Oberklasse mit dem Schlüsselwort super zugreifen. Beispiel: void resetAll() {meineNeueVariable = 0; super.resetAll();} final Methoden können nicht überschrieben werden.
package	Ein Java-Schlüsselwort, um den Inhalt einer Quelldatei, das heißt einer Übersetzungseinheit, einem Paket (package) zuzuordnen.
public, private und protected	Modifizierer für die Zugriffskontrolle, siehe access.

Pufferung	Zwischenspeicherung. Pufferung wird bei der Ein- und Ausgabe oft angewandt. Bei der Eingabe werden von der Quelle (dem Gerät) mehr Daten abgeholt als die Anwendung anfordert. Weitere Lesebefehle werden danach so weit möglich aus dem Puffer bedient. Bei der Ausgabe werden die Daten von Schreibbefehlen im Puffer gesammelt und später in größeren Portionen an die Senke (das Gerät) weitergereicht. Der Zweck der Pufferung ist einmal, durch das Holen beziehungsweise Liefern von größeren Datenblöcken die Schnittstellen und Geräte besser zu nutzen und zum Zweiten die Entkopplung asynchroner Vorgänge, also des zeitlichen Verhaltens von Geräten und Schnittstellen von dem zeitlichen Verhalten der Anwendung. Aus den gleichen Gründen wird bei grafischen Anwendungen Pufferung angewandt, wobei ein Bild oder Bildbereich zunächst in einem Puffer aufbereitet und danach in einem Schritt ausgegeben wird.
run()	Die (nicht statische!) Startmethode eines Ausführungsfadens (Thread).
Runnable	Eine Schnittstelle (java.lang.Runnable). Sie erlaubt Objekten einer Klasse, die diese Schnittstelle implementiert, einen eigenen Ausführungsfaden (Thread) zu bilden.
Scope	Der (Sichtbarkeits-) Bereich legt fest, wo eine Methode oder eine Variable unter ihrem Namen „bekannt" ist. Eine in einer Methode definierte Variable ist nur innerhalb einer Methode sichtbar, sie hat einen lokalen Bereich (scope). Eine innerhalb einer Klasse definierte Variable oder Methode ist in dieser Klasse und über Objektreferenzen sichtbar. Sie hat einen Klassenbereich.
ServerSocket	Eine Java-Klasse, die Netzwerkverbindungen für Serverobjekte unterstützt.
ServicePack	Ein Reparatursatz für große Anwendungsprogramme und für Betriebssysteme, welcher ohne völlige Neuinstallation vorhandene Fehler beseitigen soll. ServicePacks können natürlich auch eigene neue Fehler mitbringen. Zu Windows NT 4.0 können derzeit die ServicePacks 4.0 und 6.2a als stabil und Jahr-2000-fest gelten.
Signatur	Eine Methode wird durch ihren Namen, ihren Rückgabetyp und die Typen ihrer Parameter gekennzeichnet. Diese Kennzeichnung heißt Signatur. Die Methoden einer Klasse müssen sich in der Signatur unterscheiden, wobei ein Unterschied lediglich im Rückgabetyp allein nicht ausreichend ist. Die Signatur einer Methode ist auch ihr Typ. Die Menge aller Signaturen der (sichtbaren) Elemente einer Klasse oder einer Schnittstelle ist deren Typ.
Socket	Eine Java-Klasse, die das Aufbauen von Netzwerkverbindungen unterstützt.
Statement	Eine Anweisung kann unter anderem eine Deklaration, ein Ausdruck oder eine Kontrollflussanweisung sein.
Stack	Auch Stapel oder Keller genannt. Eine Speicherstruktur, die einen lesenden Zugriff jeweils nur auf die zuletzt gespeicherte Information erlaubt. Das Lesen löscht gleichzeitig die gelesene Information. Die Schreib- und Leseoperationen werden üblicherweise als Push und Pop bezeichnet. Da

nur auf die Oberseite des Stapels zugegriffen werden kann, gibt es beziehungsweise benötigt man zum Lesen und Schreiben keine Adress- oder Indexinformation. Wird der Stack mit einem Zeiger auf einem Speicher mit wahlfreiem Zugriff (RAM) implementiert, so ist das zusätzliche Hineingreifen in den Stapel prinzipiell möglich. Das Anlegen lokaler Variabler auf einem Stack setzt im Allgemeinen eine solche Implementierung voraus.

static
Ein Java-Schlüsselwort für Variable, Methoden und geschachtelte Klassen. Entsprechende Variablen gibt es nur und genau einmal; sie und statische Methoden gehören zur Klasse und gegebenenfalls allen Objekten gemeinsam. Geschachtelt definierte Klassen werden durch dieses Schlüsselwort zu Klassen erster Ordnung (top-level).

Stream
Kontrollierter Strom, sprich eine (zeitliche) Sequenz von Daten von einer Quelle (Eingabestrom) oder zu einer Senke (Ausgabestrom). Java besitzt einige Klassen, um Ströme zu erstellen und zu verwalten. Klassen, die Eingabedaten verarbeiten, werden aus den Klassen InputStream oder Reader abgeleitet, Klassen, die Ausgabedaten verarbeiten, werden von den Klassen OutputStream oder Writer abgeleitet.

String
Eine Zeichenkette. String-Konstante werden im Quelltext mit doppelten Anführungszeichen dargestellt: "Dies ist ein string mit Zeilenvorschub \n". In Java sind unveränderliche Zeichenketten Objekte der Klasse java.lang.String; für veränderliche Zeichenketten gibt es die Klasse java.lang.StringBuffer.

Subclass
Eine abgeleitete Klasse, auch Unterklasse oder Kindklasse genannt, die Methoden und Variablen einer anderen Klasse erbt und deren Verpflichtungen (Vertrag, Versprechen) voll übernimmt.

Die Anweisung: class SubClass extends SuperClass

bedeutet, dass SubClass Unterklasse von SuperClass ist.

super
Ein reserviertes Wort, das sich auf die unmittelbare Oberklasse einer Klasse bezieht. Auf Elemente der Oberklassen kann mit der Syntax super.elementDerOberklasse zugegriffen werden (sofern dies erlaubt ist).

super()
Syntax für den Aufruf eines Konstruktors der Oberklasse;
(nicht etwa super.Oberklassenname())

Superclass
Die Oberklasse, von der andere Klassen geerbt haben, auch Elternklasse genannt.

synchronized
Ein Java-Schlüsselwort, das den gleichzeitigen Zugriff von so gekennzeichneten Methoden oder Blöcken (aus mehreren Threads heraus) auf die betreffenden Objekte oder Klassen ausschließt.

this
Schlüsselwort für die Referenz auf das aktuelle Objekt. Zum Beispiel:
set (int x) {this.x=x;}

this()
Syntax für den Aufruf eines (anderen) Konstruktors derselben Klasse;
(also this() und nicht etwa Klassenname())

Token   Die kleinste Einheit in einer Sprache, die die lexikalische Analyse des
                             Compilers erkennen und unterscheiden muss (Operator, Separator,
                             Identifier etc.).

Virtuelle Maschine   Ein abstraktes, logisches Modell eines Computers. Beispielsweise hat die
                             JVM (Java virtual machine) den Java-Bytecode als Maschinensprache.

Index

Die CD zum Buch

Die CD zum Buch installiert von selbst nichts, auch wenn Sie (unvorsichtigerweise) das „Autorun" von CDs nicht unterbunden haben. Um sich über den Inhalt der CD zu informieren schauen Sie sich die Datei index.html an. (Wenn Sie noch keinen Browser installiert haben gehen Sie in's Verzeichnis install\netscape.)

Die Systemvoraussetzungen sind

- ein Pentium- oder ein vergleichbarer PC,
- ein Windows32, also NT, 95, 98 oder Nachfolger,
- 50 bis 150 MByte Plattenplatz je nach Umfang der installierten Werkzeuge,
- 64 MByte Arbeitsspeicher (RAM).

Beim Arbeitsspeicher ist ein Ausbau über die minimalen 64 MByte empfehlenswert, denn für einen „erfreulichen" Lauf vieler Softwareentwicklungswerkzeuge ist der Speicherausbau viel wichtiger als die Prozessortaktrate.

 Auf der CD finden Sie

- das JRE, mit dem Sie die mitgelieferten Java-Anwendungen laufen lassen können,
- das JDK (1.3.0) und Borland JBuilder2
- zusätzliche Bibliotheken beziehungsweise JDK-Extensions
  - jaxax.comm (Zugriff auf serielle und parallele Schnittstellen) und
  - aWeinertBib, also das Paket `DE.a_weinert` und Unterpakete.
- EditPad,
- Netscape,
- Acrobat-Reader,
- die (Lehr-) Beispiele aus dem Buch und viele mehr zur Anregung und zum Üben,
- der Buchtext als .pdf-Datei und (damit) einige Bilder aus dem Buch dann in Farbe,
- diverse Java-Anwendungen, deren Quellkode auch als Beispiel dienen kann, unter anderem
  - Tidy (Überprüfung und Verbesserung von HTML-Seiten),
  - UCopy, Update, DataService, MakeIndex, KnopfGen und andere mehr,
- SelfHTML (HTML-Dokumentation).

Zusätzlich zu den Quellen, Archiven und Installationsdateien ist sehr vieles, unter anderem die Dokumentation, bereits übersetzt beziehungsweise entpackt, und damit direkt von der CD nutzbar, dabei.

Die CD kann aktueller sein, als das Buch. Weitere Ergänzungen, Aktualisierungen und Korrekturen zu der CD und zum Buch finden Sie unter
http://www.fh-bochum.de/fb3/meva-lab/java4ing/index.html.

Bei sehr vielen, aber nicht bei allen mitgelieferten Java-Anwendungen und Klassenbibliotheken konnte der Quellkode auf der CD mit veröffentlicht werden. Fragen Sie bei Interesse nach.

Achten Sie auf die Hinweise in den Dateien mit Namen readme und copyright (und Endungen .html oder .txt).